高等院校金融学专业系列教材

网 络 金 融

胡 征 编 著

清华大学出版社
北 京

内 容 简 介

本书通过选用大量最新的文献资料，结合网络金融的创新与发展，翔实而全面地介绍了网络金融的理论与实务的相关知识，系统涵盖了网络金融知识领域的各个部分。全书共分十一章，分别阐述了金融与金融市场、网络金融、电子货币与应用、电子支付系统、网络银行、网络证券与网络期货、网络保险、网络金融创新、网络金融安全、网络金融的经营管理、网络金融风险与监管等内容。

本书每章选取真实的案例引入，综合系统的知识体系，最后通过实践训练，使读者全面掌握网络金融的理论与实务知识。

本书既可作为高等学校经济类和管理类相关专业的课程教材，又可作为相关领域的金融机构从业人员的培训教材，对于广大网络金融自学者也是一本有益的参考读物。

图书在版编目(CIP)数据

网络金融/胡征编著. —北京：清华大学出版社，2017（2020.9重印）
(高等院校金融学专业系列教材)
ISBN 978-7-302-44837-2

Ⅰ. ①网… Ⅱ. ①胡… Ⅲ. ①金融网络—高等学校—教材 Ⅳ. ①F830.49

中国版本图书馆 CIP 数据核字(2016)第 197330 号

责任编辑：汤涌涛
封面设计：刘孝琼
责任校对：周剑云
责任印制：杨 艳
出版发行：清华大学出版社
     网   址：http://www.tup.com.cn, http://www.wqbook.com
     地   址：北京清华大学学研大厦 A 座   邮   编：100084
     社 总 机：010-62770175   邮   购：010-62786544
     投稿与读者服务：010-62776969, c-service@tup.tsinghua.edu.cn
     质量反馈：010-62772015, zhiliang@tup.tsinghua.edu.cn
     课件下载：http://www.tup.com.cn, 010-62791865
印 装 者：三河市金元印装有限公司
经   销：全国新华书店
开   本：185mm×230mm 印 张：22.5   字 数：488 千字
版   次：2017 年 1 月第 1 版   印 次：2020 年 9 月第 5 次印刷
定   价：55.00 元

产品编号：062481-02

前　　言

　　网络是现代社会的神经中枢，金融是国家经济的血脉。网络金融是网络经济和电子商务发展的必然产物，其扩展了传统金融的广度和深度，已成为新经济时期金融的主要发展方向。要想及时掌握网络金融的相关概念、方法和原理，了解网络金融在发展中的创新知识和新技术，把握网络金融在管理、监管等方面的特点，就需要对网络金融的知识体系进行系统的梳理。本书力图通过实例与理论结合的方式，介绍网络金融的相关知识、技术和方法，使读者不仅掌握网络金融服务方面的经济学和管理学知识，同时也掌握基本的计算机和网络应用技术技能。

　　本书具有以下几个方面的特点：①在体系安排上，每一章节均由实际案例导入，从现实问题出发，引出相关的理论内容；②在知识架构上，吸收了众多学者、产业界和金融从业人员的意见，使全书具有普适性和系统性；③在理论与实际的联系上，注意以实训任务为引领，每章结尾都编写了与之相关的实践训练，以促进内化吸收；④在实用性上，以案例分析和实训为载体，将知识点融入实操中；⑤在编选案例时，注意选取源于社会实践的典型案例，注重其时代性、社会性、市场性、实用性、理论性、典型性与操作性。

　　全书共分为十一章，第一章介绍了金融与金融市场的概念及金融机构的相关知识；第二章在阐明网络金融的概念、特征及功能的基础上，介绍了互联网金融的概念及其与网络金融的区别和联系，并对网络金融的产生与发展做了表述；第三章介绍了电子货币与应用的知识，分别对银行卡及网络货币的概念、使用做了详细说明，并就电子货币对传统金融活动的影响展开了分析；第四章从系统的角度介绍了电子支付系统，特别是对第三方支付和移动支付做了介绍；第五章对网络银行的概念、产生、主要业务、体系结构和手机银行的知识做了介绍；第六章分别介绍了网络证券的基本知识、网络证券发行与结算、网络证券交易和网络期货等相关内容；第七章在说明了网络保险概念的基础上，介绍了网络保险的业务模式和网络保险的创新发展；第八章从技术创新、产品创新、服务创新等不同角度综合介绍了网络金融创新的状况；第九章提出了网络金融安全问题，并指出可以从安全技术、认证技术、安全协议与标准等方面来保证网络金融安全；第十章选取了金融机构某一方面的经营管理来介绍如何开展网络金融机构的经营管理；第十一章介绍了网络金融风险与监管方面的基础知识和存在的问题，为如何防范网络金融风险提供了分析思路。

　　本书在编写过程中参考了大量的书籍、报刊以及网站的资料，未能一一注名，在此一并表示感谢。

　　由于编者水平有限，书中难免存在疏漏和不足，恳请同行和读者予以批评指正。

编　者

目　　录

Contents 目录

第一章 金融与金融市场

【学习要点及目标】

- 掌握金融与金融市场的概念。
- 理解金融市场的功能。
- 掌握金融机构的构成。

【核心概念】

金融 金融市场 中央银行 商业银行 政策性银行 非银行金融机构 证券公司 保险公司

【引导案例】

"一带一路"的建设和发展将更多依赖于金融

"一带一路"是"丝绸之路经济带"和"21世纪海上丝绸之路"的简称。"一带一路"战略顺应了全球化趋势和各国共同合作的愿望，有着良好的发展前景。无论古代丝路经济还是新丝路经济，其发展都离不开各国之间的贸易与分工合作，而信用和货币是支撑贸易发展的重要基础，"一带一路"的建设和发展将更多依赖于金融这一载体进行。

中国工商银行、中国农业银行、中国银行、中国建设银行、交通银行五家国有大型银行已开始在"一带一路"沿线国家或地区设立分支机构，积极参与"一带一路"建设。

从中国工商银行2014年年报获悉，中国工商银行已经构建与"一带一路"战略所涉国家和区域高度重合的境内外经营网络布局，在沿线17个国家拥有70多家分支机构，金融服务辐射范围基本覆盖"一带一路"规划区域，截至2014年年末已为73个"一带一路"境外项目提供了109亿美元的融资支持。

"积极参与'一带一路'建设，表面上看是执行国家战略要求，但其中蕴含着许许多多的银行商机。"中国建设银行行长张建国表示，中国建设银行服务"一带一路"的整体金融服务方案已经基本成形，与之相配套的信贷政策和产品政策未来会进一步完善。中国建设银行已把"一带一路"作为业务转型的重点。2014年年底，中国建设银行总行对机构做了调整，集团客户部更名为战略客户部，其中一个主要目的，就是要支持中国企业走出去，为这些企业提供一揽子综合金融服务方案。

据悉，截至2015年3月末，随着中国银行万象分行正式开业，中国银行海外机构已覆盖"一带一路"沿线 16 个国家,中国银行已在 42 个国家和地区设立海外机构。"国际化是中国银行最大的特色和优势,我们将牢牢抓住战略机遇,努力成为'一带一路'的金融大动脉。"中国银行董事长田国立表示。

2014 年,国内保险业总资产突破 10 万亿,"一带一路"建设促使保险基金运用有了新的契机。而保险作为市场化的风险管理与资金融通机制,将为'一带一路'建设提供重要服务支撑和有效风险保障。人保财险董事长吴焰建议将保险作为制度性安排纳入"一带一路"顶层设计,加大对装备出口、营运责任等基础设施互联互通相关险种的支持,对保险公司的国际化业务给予适当的税收减免优惠,对国有保险公司"走出去"相关业务的考核放宽短期盈利要求等,引导更多国内保险资源投向"一带一路"建设。

大型险企已开始海内外布局。2014 年以来,中国信保对"一带一路"战略进行了多次部署。2014 年,该公司中长期出口信用保险承保金额达到 272.5 亿美元,海外投资保险承保金额达到 358.4 亿美元,为埃塞俄比亚首都至吉布提铁路、肯尼亚首都至蒙巴萨铁路等重大项目提供了融资保险。

人保财险近年来在海外积极布局责任险,开发了出口产品责任保险、针对海外工程建设的各项相关责任保险以及境外展会专利纠纷法律费用保险等,缓解了相关企业在海外拓展过程中的后顾之忧。人保财险相关负责人表示,2015 年将围绕"一带一路"战略,侧重于与大型企业和机构的合作,一方面提供风险保障服务,同时为项目提供多种服务。各大保险公司对"一带一路"的布局不仅包括保险产品的开发设计,同时也包括积极谋划在基础设施、医疗、养老等方向的投资机会。

(资料来源:李静,郑英英."一带一路"的金融机遇.农村金融时报,2015.4.9)

【案例导学】

"一带一路"战略目标是要建立一个政治互信、经济融合、文化包容的利益共同体、命运共同体和责任共同体,是包括欧亚大陆在内的世界各国,构建一个互惠互利的利益、命运和责任共同体。"一带一路"的建设依赖金融引擎驱动。如果把经济比作人体,那么金融就是经济的血脉,它包括银行、证券、保险等相关行业。经济的好坏可以根据金融市场的情况做出一定的判断,经济需要金融的流通才能汲取营养,获得运转的动力。那么,什么是金融?什么是金融市场?金融机构包括哪些?通过对本章的学习,读者可以了解金融市场的产生和发展的过程;理解金融市场包括风险管理,集中资源、优化资源配置,清算和结算以及提供激励四大功能;掌握银行、证券、保险和金融中介这些主要金融机构的性质、分类、业务种类和作用。

第一节 金融与金融市场概述

一、金融

随着金融业的不断发展，金融已经成为现代经济的核心，现代经济也正在逐步转变为金融经济。

(一)金融的含义

金融是指货币流通和信用活动以及与之相关的经济活动。狭义的金融是指资金融通；广义的金融还包括金融机构体系和金融市场的构成。

金融的内容可概括为货币的发行与回笼，存款的吸收与付出，贷款的发放与回收，金银、外汇的买卖，有价证券的发行与转让，保险、信托、国内及国际的货币结算等。从事金融活动的机构主要有银行、信托投资公司、保险公司、证券公司、投资基金，还有信用合作社、财务公司、金融资产管理公司、邮政储蓄机构、金融租赁公司以及证券、金银、外汇交易所等。

(二)金融的本质

在金本位时代，黄金是世人公认的最好价值代表。金，指的是金子；融，最早指固体融化变成液体，也有融通的意思。所以，金融就是指将黄金融化分开交易流通，即价值的流通。如今黄金已在很大程度上被更易流通的纸币、电子货币等所取代，但是黄金作为流通手段的职能并没有变。金融的本质是价值流通，所有经济活动都会带动金融(资金和价值)的流动。离开了流通性，金融就变成"一潭死水"，价值就无法转换；价值无法转换，经济就无法运转；经济无法运转，新的价值也无法产生；新的价值无法产生，人类社会就无法发展。

金融产品的种类有很多，主要包括银行、证券、基金、保险、信托等。金融所涉及的学术领域很广，主要包括会计学、财务学、投资学、银行学、证券学、保险学、信托学等。金融业主要包括银行业、证券业和保险业。其中，银行业包括中央银行、国有商业银行、私营商业银行与政策性银行，证券业包括债券与股票。

(三)金融的核心

金融的核心是跨时间、跨空间的价值交换，所有涉及价值或者收入在不同时间、不同空间之间进行配置的交易都是金融交易，金融学就要研究跨时间、跨空间的价值交换为什么会出现、如何发生、怎样发展。

比如，货币就是如此。货币的出现首先是为了把今天的价值储存起来，等明天、后天或者未来任何时候，再用储存在其中的价值来购买别的东西。但是，货币同时也是跨地理位置的价值交换。今天在张村把东西卖了，带上钱，走到李村，又可以用这笔钱去买想要的东西。因此，货币解决了价值跨时间的储存、跨空间的移置问题，货币的出现对贸易、对商业化的发展是革命性的创新。

又如，明清时期发展起来的山西"票号"主要以异地价值交换为目的，让本来需要跨地区运物、运银子才能完成的贸易，只要凭借山西票号出具的"一张纸"即汇票就可以完成。其好处是大大降低了异地货物贸易的交易成本，让物资生产公司、商品企业把注意力集中在他们的特长商品上，把异地支付的工作留给票号经营商，体现出各自的专业分工。在交易成本如此降低之后，跨地区贸易市场不快速发展也难。

相比之下，借贷交易是最纯粹的跨时间价值交换。你今天从银行或者从张三手里借到一万元，先用上，即所谓的"透支未来"，以后你再把本钱加利息还给银行或张三。对银行和张三来说，则正好相反，他们把今天的钱借出去，转移到以后再花。

到了现代社会，金融交易已经超出了上面这几种简单的人际交换安排，要更为复杂。比如，股票所实现的金融交易，表面看也是跨时间的价值配置，今天你买下601009招商银行股票，把今天的价值委托给了招商银行和市场，今后再得到投资回报；招商银行则先用上你投资的钱，今后再给你回报。你跟招商银行之间就这样进行价值的跨时间互换。但是，这种跨时间的价值互换又跟未来的事件连在一起，也就是说，如果招商银行未来赚钱了，它可能给你分红，但是，如果未来不赚钱，招商银行就不必给你分红，你就有可能血本无归。所以，股票这种金融交易也涉及既跨时间、又跨空间的价值交换，这里所讲的"空间"指的是未来不同的赢利/亏损状态、未来不同的境况。

当然，对金融的这种一般性定义可能过于抽象，这些例子又好像过于简单。实际上，在这些一般性定义和具体金融品种之上，人类社会已经推演、发展出了规模庞大的各类金融市场，包括建立在一般金融证券之上的各类衍生金融市场，它们都是为类似于上述的简单金融交易服务的。金融交易范围从起初的以血缘关系体系为主，扩大到村镇、地区、全省、全国，再进一步扩大到全球。

(四)融资

广义上讲，融资也叫作金融，是指当事人通过各种方式到金融市场上筹措或贷放资金的行为。融资包括直接融资(也称直接金融)与间接融资(也称间接金融)。

1. 直接融资

直接融资是指没有金融中介机构介入的资金融通方式。在这种融资方式下，在一定时期内，资金盈余单位通过直接与资金需求单位协议，或在金融市场上购买资金需求单位所发行的有价证券，将货币资金提供给需求单位使用。商业信用、企业发行股票和债券，以及企业之间、个人之间的直接借贷，均属于直接融资。直接融资是资金直供方式，与间接融资相比，投融资双方都有较多的选择自由。而且，对投资者来说收益较高，对筹资者来说成本却又比较低。但由于筹资人资信程度很不一样，造成了债权人承担的风险程度很不相同，且部分直接融资的资金具有不可逆性。

2. 间接融资

间接融资是直接融资的对称，是指通过金融中介机构进行的资金融通方式。在这种融资方式下，拥有暂时闲置货币资金的资金盈余单位通过存款的形式，或者购买银行、信托、保险等金融机构发行的各种有价证券，将其暂时闲置的资金先行提供给这些金融中介机构，然后再由这些金融中介机构将集中起来的资金以贷款、贴现等形式，或通过购买需要资金的单位发行的有价证券，有偿地提供给资金需求单位使用。资金的供求双方不直接见面，他们之间不发生直接的债权债务关系，而是由金融机构以债权人和债务人的身份介入其中，实现资金余缺的调剂。间接融资同直接融资相比，其突出特点是比较灵活，分散的小额资金通过银行等中介机构的集中可以办大事，同时这些中介机构拥有较多的信息和专门人才，在保障资金安全和提高资金使用效益等方面有独特的优势，这对投融资双方都有利。

二、金融市场

经济活动中，各经济要素形成的市场主要有三大类，即商品市场、要素市场和金融市场。随着商品市场和要素市场交易活动的不断扩大，金融市场的交易活动范围也不断扩大，交易内容不断更新，交易方式越来越多样化。就全球范围看，金融市场正在经历深刻的变革，金融创新和金融全球化已经成为这个时期的主题。

(一)金融市场的产生

金融市场是指资金供求双方通过金融工具买卖实现资金融通的场所，是市场规律支配下的金融商品融通的机制和网络。金融市场作为一个经济范畴是与商品货币经济紧密联系的，是商品经济不断发展的产物，为市场交易活动提供了便捷的服务工具。

商品经济是金融市场形成的基础，随着商品经济的高度社会化和市场化，现代金融市场便应运而生。商品经济流通的范围扩展到哪里，资金融通就需要伸展到哪里，金融市场也就在哪里应运而生。在加快了货币流通和资金周转速度的同时，金融市场也给资本的形成和流动提供了便利，使整个社会的资金高度运转起来，从而促进了商品、资本流通的更大发展。如今，凡是市场经济发达的国家，都离不开发达的金融市场，金融市场已成为一国乃至世界经济运转的中心。

随着商品市场、要素市场的发展需要，以及金融体制的改革和完善，金融市场逐步发展起来。金融市场的形成需要具备以下几个条件。

1. 商品经济的高度发展

发达的商品经济中存在着大量的资本金的供给和需求，这是金融市场能够建立和运行的基本条件。市场经济发展到一定阶段必然要求有一个完整的门类齐全的商品市场。商品生产者需要在商品市场购买原料、出售商品以保证商品生产和流通的正常进行，同时需要在要素市场购买相应的劳动力、科学技术知识以保证商品生产所需生产要素。商品经济进一步发展，出现了信用，为了能够通过信用方式融通资金，则需要有融通资金的场所，即要求有金融市场，以解决资金的筹集、分配和流动问题。

2. 完善和健全的金融机构体系

金融市场是金融机构体系的产物，金融机构体系是金融市场活动的中心。金融机构体系既是资金的提供者，也是金融市场的中间人，发挥资金供求的桥梁作用。一个高效而有权威的中央银行的存在是金融机构体系健全的标志，这个中央银行能够保证商业银行及其他金融机构经济行为的合法化和规范化，同时也能有效利用利率、再贴现率、公开市场业务操作和存款准备金率等金融工具来贯彻货币政策，以保证金融市场的稳定运行和健康发展。

3. 多种金融工具的存在

金融工具是金融市场的基本构成要素之一，它来源于多种融通资金的信用形式。只有存在多样化的交易工具，才能满足社会上众多投资者和筹资者的多样性需求，加速金融资产的流动，促进社会资金的合理配置，使金融市场的形成具备必要条件。

(二)金融市场的发展

从实践来看，金融市场的出现和发展是一个渐进的过程，是金融活动自身发展的必然产物；从理论上看，金融市场的内涵又是一个不断丰富发展和完善的过程，在不同的商品经济发展阶段呈现不同的特点。在银行中间业务和金融工具创新浪潮的推动下，金融市场不断演进、不断发展、不断创新，成为现代市场经济高度发展的一个重要组成部分。

金融市场有广义和狭义之分。广义的金融市场把社会上的一切金融业务，包括银行存贷款业务、保险业务、信托业务、贵金属买卖业务、外汇买卖业务、金融同业资金拆借业务和各类有价证券的买卖都列入金融市场的范围内；狭义的金融市场则把银行存贷款业务、保险业务、信托业务排除在外，只把贵金属买卖业务、外汇买卖业务、金融同业资金拆借业务和各类有价证券的交易活动看作典型的金融市场行为。随着商品经济的进一步发展，为了适应经济全球化的需要，金融市场的发展也不断变化，金融市场的业务范围进一步拓宽，广义和狭义的区分越来越模糊。

不同的经济发展阶段，金融市场的交易内容是不同的。在商品经济不发达的阶段，金融市场的交易内容主要是以民间的口头协议方式进行货币间的借贷，这是金融市场的雏形；

随着商品经济的进一步发展，金融市场的交易内容主要是以银行为中心进行的全社会资金借贷活动；在商品经济高度发展时期，进入市场的交易内容主要是通过金融中介进行的各种证券交易，具体表现为各类金融工具的发行和买卖活动等。

随着电子通信和互联网技术的发展，金融市场的交易活动发生了巨大的变化，形成明显区别于商品市场和要素市场的特征。现代化金融交易活动将全球市场的交易活动联结在一起。从货币资金借贷到货币互换，从具体的商业银行票据承兑贴现到无形的电子货币联网清算，从简单的债券股票发行交易到复杂的股指期货交易，都明显地说明金融市场上的交易活动已不仅仅是简单的交换关系和买卖关系，而是各种关系交织在一起所形成的复杂信用关系。

现代金融市场的发展必须具备以下几个条件。

1. 健全的金融法律法规

健全的金融法律法规是金融市场正常运行的根本保证。只有健全的立法，才能保障交易双方的正当权益，维持交易市场的有序运行。

2. 高效的监管水平

金融市场是现代经济的核心，同时也是一个竞争性和风险性比较高的领域。一旦金融市场出现问题就会给国民经济造成巨大的影响。因此，只有实施高效的监管，才能保障金融市场的安全运行。

3. 四通八达的现代网络系统

随着世界经济从工业化进入信息化，信息资源、信息技术和信息产业的发展程度已经成为制约社会和经济的重要因素。要发展现代化的金融市场，必须要有现代化的信息通信网络和立体交通设施。

(三)金融市场的功能分析

随着金融市场的不断发展，金融市场在经济运行中的功能越来越显著，具体表现在以下几个方面。

1. 风险管理功能

首先，金融市场为投资者提供了多种金融产品，投资者通过对金融产品的选择，可以灵活利用各种有价证券的组合来分散风险，从而提高投资的安全性和营利性。例如，持有股票、债券的投资者，可以根据对市场行情的预测随时抛出或者买入，以避免风险及获得盈利。其次，金融市场上提供的多种交易方式使投资者可以利用期货交易、期权交易、掉期交易等方式最大限度地降低和消除风险。再次，金融市场是一种有组织的市场，具有完善的法规制度和管理机制，从而使各种交易能规范有序地进行。在风险无处不在、无时不在的现代经济活动中，经济主体可以有效地对资产进行保值从而实现分散风险、转嫁风险及资产的升值。例如，保险公司就是主要进行风险分散的中介机构，它们利用大数法则，从希望转移风险的客户那里收取合理保费，对合同范围内发生的事故进行相应的经济赔偿。

以证券市场为例，快速流动、高度分散的证券市场可以为投资者提供以下两个方面的风险管理功能：一是风险定价。证券市场在现代金融理论中又称为公开市场，其中交易的标的主要是一些标准化的媒介物，如股票、债券等基础金融产品，以及其他在此基础上派生出来的标准化衍生产品，如股票指数期货、股票指数期权、利率期货、利率期权等。由于这些标的是一些标准化的媒介物，我们就可以运用各种定价方法对其进行合理、科学的风险定价。二是分散风险。由于证券市场的流动性好，变现性强，投资者可以方便地构造风险最小的最优风险组合，并可根据市场及时做出调整，以有效地降低风险。

我们知道在现实经济活动中，资金和风险是经常密切联系在一起的，但是在金融市场上可以转移或消除风险。以商业融资为例，假设 A 公司希望进行一项投资，需要 10 万美元，但是 A 公司不想单独承担这项投资的风险。它可以给出与投资该项目的投资者分享这项投资的 40%利润的承诺，在股票市场发行股票，来获得 3 万美元的资本；同时在一家商业银行以 5%的利率，获得 2 万美元的贷款。这两种方式都可以使 A 公司转移风险。如果该项投资不慎，年终时 A 公司的价值为 1 万美元，A 公司本身损失资金 5 万美元，但也只是整个项目投资 10 万美元中的一部分，而投资者损失了 3 万美元的全部投资，放款者银行失去了借给这个公司的 2 万美元中的 1 万美元。也就是在这个项目中，A 公司实现了转移商业风险的目的，放款者和投资者为 A 公司的项目分担了一部分商业风险。

相同的，在上面这个例子中，银行贷给 A 公司 2 万美元时，可以要求 B 公司提供担保，这样，银行可以将损失的风险从它自己转移给担保公司 B，也就意味着银行为 A 公司提供 2 万美元资金而不承担风险。

2. 集中资源、优化资源配置功能

在现代经济中，金融的运行依靠各种金融机构或中介机构的市场活动来进行。金融市场作为沟通经济中储蓄和投资的一种转化渠道，其货币市场和资本市场就构成这些资金的盈余者和短缺者相互沟通所需要的渠道。各种不同类型的金融工具及完善的市场交易条件，为资金在各经济主体之间的流动配置提供了便利条件，使得有限的资源能够得到合理的运用。

现实经济活动中，资金的分配不均衡是一种常态。对于企业、居民、政府来说，在资金的周转过程中，暂时闲置的资金需要得到合理的利用以实现最大限度的盈利，而一时周转不开的经济主体需要获得短期的调剂资金。金融市场具有对资金在时间上和空间上的资源配置进行优化的作用，可以为一部分人手中多余的资金提供获利的途径，而使另一部分拥有好的投资项目却缺乏资金的人因此而获得资金。

优化资源配置是指在资源供给有限而资源配置需求无限的情况下，最合理地分配资源，

使其发挥最佳的效用。优化资源配置的实质是使社会所拥有的各种资源，在国民经济各个部门、各个企业、各个生产环节和各个工序之间得到合理分配，以尽可能少地耗损资源，使生产效率最大化。

在金融市场中，资产的优化配置必须依靠利率来实现。利率既是使用资金的价格，也是提供资金的回报率，还是资源优化的杠杆。当某一市场的利率提高时就会吸引更多的资金流入；反之，当某一市场的利率下降时就会有更多的资金流出。资金在不同的市场间自由流动，其结果是引导资金的合理配置。在现实的经济运行中，资金短缺问题最严重，投资收益率最高的行业或部门对所需资金愿意支付的价格越高，即利率越高，就能吸引越多的资金，并通过资金的流动引导越多的社会资源进入该行业或部门，所以资金流动的最终结果是社会资源得到高效率的重新配置。例如，许多企业的投资者，比如说股东，当他们想把自己的资金转向利润率更高的公司时，就可以通过卖出低利润率公司的股票、买进高利润率公司的股票来实现这一转移。再如，一个企业要向利润率更高的公司投资，但是自身的资金却固定在机器、厂房等固定设备上，这时企业只要把它的资产拿到市场上进行抵押，就可以获得相应的资金，进行新的投资。结果会使资金从低利润率的部门、企业、行业向高利润率的部门、企业、行业流动，相应促进这些部门、企业、行业的发展，这在客观上就起到了集中资源、优化资源配置的作用。

3. 清算和结算功能

金融系统提供清算和支付结算的有效途径，可为顺利、有效地完成商品、服务和资产的交易提供便利。金融支付清算系统，也称清算系统或支付结算系统，它是一个国家或地区对伴随着经济活动而产生的交易者之间、金融机构之间的债权债务关系进行清偿的制度安排，是由提供支付服务的中介机构、管理货币转移的规则、实现支付指令传送及资金清算的专业技术手段共同组成的，是用以实现债权债务清偿及资金转移的制度性安排。支付清算系统可以促进经济活动，方便市场交易，减少使用现金，维护市场秩序，规范结算行为，防止支付风险，加快资金周转，提高社会资金使用效率，打击洗钱、逃债、逃贷、腐败等，维护金融稳定，为中央银行实施公开市场操作等货币政策提供基础。商业银行通过支付结算业务成为全社会的转账结算中心和货币出纳中心，它不仅能为银行带来安全、稳定的收益，同时也是积聚闲散资金、扩大银行信贷资金来源的重要手段。

在企业、居民、政府购买商品和服务时，清算结算系统在为支付货币提供高效手段的同时也提供有效的支付系统，使家庭和企业不必为完成交易而耗费时间。它是连接资金和经济活动的纽带，是实现经济正常运行的必要手段，对加快资金周转、提高资金效益、促进商品流通和经济发展具有重要作用。金融市场竞争加剧使得金融产品日益多样化、复杂化，也使得金融系统越来越多地采用科技进步成果，以提高金融系统运营效率，增强金融系统竞争性，改进金融系统管理效率。这就极大地促进了金融支付清算系统的改革和完善，推动了支付工具和支付方式的变革。计算机工具的应用，更提高了支付系统的效率。

4. 提供激励功能

金融市场具有提高资源配置效率的作用。现实经济活动中，合同各方通常无法方便地监督和控制其他人，当交易中的一方拥有另外一方没有的信息或一方作为另一方的代理人为其决策时，就要考虑激励问题。激励是指开发代理人的内在潜能，使代理人在最大化自己利益的同时，最大化委托人的利益，防止偷懒行为。金融系统提供了解决激励问题的方法，从而使金融系统的其他好处，如储备、风险分担和专业化可以实现。

金融系统提供解决激励问题的方法非常丰富。例如，贷款的抵押，当放款者做出贷款的决策时，要求贷款者用相应的资产作为抵押，通过抵押减少放款者监督借款者的成本，放款者只要注意用于抵押的资产市值足够偿付贷款的到期本金和利息即可；或通过一定的技术手段来达到激励目的，如在公司的贷款完全归还以前，允许放款者与股东分享市场价格的变化带来的收益，依一定比例分享利润；或放款者有权将贷款转为一定数量的股票，成为股东，这样当股东和债主出现利益冲突时，管理者就不会以债主的利益为代价来保护股东的利益，由此就不会造成道德风险问题，使对双方都有利的贷款协议能顺利实现。

再以金融系统中的证券市场为例，证券市场为投资者监控公司提供了两种机制。第一，股东直接对公司进行干预。作为投资者的股东有两种监控公司的方式：一是主动型监控。股东可以参加股东大会，选举董事会成员，或就公司有关经营管理的其他重大事项进行投票表决，对管理层构成直接约束。二是被动型监控。如果股东对公司管理层经营管理行为不满意，可以卖出股票；如果出现大量股票抛售，公司股价急剧下跌，既会影响公司在市场上的再次融资，也会给管理层带来第二种监控机制的压力，即外部接管的压力。第二，外部接管的压力。当一上市公司管理层经营不善、业绩不佳、盈利下降时，在有效的金融市场上，这些信息就体现为其股价的下跌。当股价下跌至某一价位，专事外部接管的投机者认为通过改组管理层可以提高公司业绩、提升公司市场价值时，他们就会大量买入该公司股票以达到控股目的，然后以控股股东身份改组公司管理层。在外部接管的潜在威胁下，管理层不得不努力工作，以提高公司业绩，防止股价下跌。

证券市场还提供了一种激励公司管理层的有效手段，这就是与公司股票价格挂钩的管理合同，也称为经理人持股制度。其具体做法是：公司管理人员的薪酬收入中，只有少部分的现金，大部分收入是股票或股票认购证、股票期权等与股票挂钩的权证。管理人员薪酬与公司股票挂钩的好处是：如果公司经营管理完善，业绩提高，公司股价上升，管理人员的股票收入也会增加；否则，管理层收入有限。当然，这种激励机制也是以市场的有效性为前提的。如果公司业绩不能在股价中反映出来，即使管理层收入与股票挂钩，也不能激发他们改善经营管理的积极性；相反，还可能引诱他们的短期投机行为，甚至直接参与本公司股价的炒作。

第二节　金融机构概述

　　金融市场和金融机构是现代金融体系中最为活跃的因素，金融市场为社会经济各个部门的融资活动提供了便利，金融机构则是资金融通的主要媒介和枢纽。金融机构是指专门从事货币信用活动的中介组织及其相互联系的统一整体，是金融市场不可缺少的中介主体，金融市场上的各种金融活动都要借助于一定的金融机构来完成。在市场经济条件下，金融机构以中央银行为核心，构建成相互联系、分工协作的金融机构体系。

　　就全球范围而言，各国的金融体系都具有以中央银行为核心、商业银行为主体、各类银行和非银行金融机构并存的特点。我国目前的金融机构体系呈现出以中央银行(中国人民银行)为领导，国有商业银行为主体，政策性银行、保险、信托等非银行金融机构与外资金融机构并存和分工协作的状态。

一、银行金融机构

　　银行金融机构主要由中央银行和商业银行构成。

(一)中央银行

　　中央银行是管理国家金融的国家机关，是在商业银行的基础上发展形成的国家金融管理机构，是现代各国金融系统的核心。与普通的商业银行不同，它不经营普通金融业务，不以营利为目的，是国家宏观经济和金融调控的主体。

　　具体而言，中央银行具有以下职能、特点及地位。

1. 中央银行是一国金融活动的中心和信用制度的枢纽

　　(1) 中央银行是发行货币的银行，肩负起维护本国货币正常流通和币值稳定的职责。国家赋予中央银行集中垄断货币发行的特权，其发行的纸币为无限法偿货币。

　　(2) 中央银行是国家的银行。中央银行代理国库，向政府融通资金，制定货币政策和实施金融宏观调控。另外，中央银行保管外汇、黄金储备，代表政府从事国际金融活动，并提供咨询。

　　(3) 中央银行是银行的银行。中央银行从事"存、放、汇"银行业务的对象不是普通的居民、企业、政府，而是商业银行和其他金融机构。中央银行通过"存、放、汇"业务对商业银行和其他金融机构的业务经营活动施以有效影响，充分发挥金融监管职能。

2. 中央银行的特殊地位，决定了它在现代经济发展中有着巨大的推动力和不可替代的影响力

　　(1) 中央银行是现代经济发展的推动机。资金是现代社会经济发展的重要推动力，央行作为唯一的货币发行单位，可以根据经济发展对货币增长的客观需要来调控货币发行量，发挥货币对扩大再生产的第一推动力和持续推动力作用；作为一国货币信用制度的枢纽，中央银行通过发挥最终贷款者这一职能，可以满足经济发展对扩大信用的需求，形成现代社会经济高度发展的巨大支撑力量。

(2) 中央银行是社会经济和金融运行的稳定器。中央银行作为管理全国金融事业的国家机关，能够通过强化稳定经营而提高金融体系的稳定性，从而有效地防范、减少各商业银行和金融机构因片面追求盈利而增加的经营风险。中央银行在维护好本国金融秩序的同时，还可以与其他有关国家金融当局和国际金融组织密切合作，将金融领域的多种隐患消灭在萌芽状态，发挥着促使本国经济、金融健康运行的稳定器作用。

(3) 中央银行是维持本国经济持续发展的调节器。中央银行运用各种经济手段控制货币发行，调节信贷的规模，以维持本国经济的可持续发展。作为国家进行宏观调控的机构，中央银行发挥着保障一国经济的持续、稳定、健康发展的作用。

(4) 中央银行是提高经济金融运转效率的推进器。中央银行服务职能的发挥，对提高社会经济和金融的运转效率有着巨大的推进作用。迅速发展的现代计算机和网络技术，使清算系统中的资金周转速度加快，提高了社会资金的运转效率，也提高了对宏观经济、金融监管的调节能力。同时，代理国库业务有利于提高国家预算收支的工作效率，集中管理外汇、黄金有利于国家外汇、黄金储备运转效率的提高。

(二)商业银行

商业银行是在商品交换和市场经济的发展中孕育和发展起来的，是为适应商品生产的扩大和市场经济发展的需要而形成的一种金融机构组织。现代商业银行在现代各国金融体系中都居于主导地位，已经成为各国经济活动中最主要的资金集散机构和金融服务机构，是一国金融机构体系的骨干。

总体而言，商业银行的性质可以概括为：以盈利为目的，以吸收社会公众存款为其主要资金来源，以发放贷款为主要资金运用，以多种资产为其经营对象，能将部分负债作为货币流通，同时可进行信用创造，并向客户提供多功能、综合性的金融服务。其中，吸收活期存款是商业银行的一大特色。以活期存款为基础，广泛开展转账结算业务，由此形成派生存款，进而影响存款货币供应量，这是商业银行区别于其他金融机构的重要标志。

1. 商业银行的职能

在现代经济活动中，商业银行的职能与作用是其本质属性的延续和具体表现。

1) 信用中介

商业银行一方面通过授信业务把社会上的各种闲散资金集中起来，形成负债；另一方面又通过授信业务把资金投向社会经济的各个领域，成为银行资产。因此，商业银行既是社会借贷者的集中，又是社会贷款者的集中。

2) 支付中介

商业银行作为货币经营机构，具有为客户保管、出纳和代理先支付货币的功能，即支付中介职能。这一职能的发挥是整个社会经济正常、稳定运行的必要条件。这一功能一方面极大地减少了现金的使用，从而节约了纸币的印刷、保管等流通费用；另一方面起着加速结算过程和货币资金的周转，从而促进社会再生产扩大的作用。

3) 信用创造

在执行流通和转账结算业务的过程中，商业银行运用自己吸收的存款发放贷款，贷款又转化为派生存款，利用派生存款再增发新的派生存款，如此循环反复，在整个银行体系中迅速形成数倍于原始存款的派生存款。这一信用创造职能充分发挥了货币对经济的第一推动力和持续推动力作用，又发挥了对宏观经济调控的重要杠杆作用。

2. 商业银行的业务

商业银行的业务大体可以分为三类：负债业务、资产业务、中间业务与表外业务。

1) 负债业务

负债业务是商业银行在经营活动中尚未偿还的业务，是商业银行形成资金来源的业务。狭义负债业务主要是指银行存款和借款等一切非资本性的债务；广义负债业务是在狭义负债业务的基础上再加上资本性票据和长期债务资本，即商业银行的资本金业务、存款业务和借贷业务。

2) 资产业务

资产业务有多种分类方式。各国的商业银行资产分类也不尽相同，我国一般分为以下几类。

(1) 现金资产业务。现金资产是银行资产中流动性最高的资产，持有一定数量的现金主要是为了满足银行经营过程中的流动性需要。商业银行的现金资产由库存现金、存放在中央银行的存款准备金、存放在同业银行的款项和应收款项组成。

(2) 贷款资产业务。贷款是商业银行的传统核心业务，也是商业银行最主要的盈利资产，是商业银行实现利润最大化目标的主要手段。

(3) 证券投资业务。现代商业银行的总资产中证券投资已成为商业银行重要的资产业务，它不仅为银行带来稳定的利润，还为银行在流动性管理以及资产优化配置等方面起到了积极作用。

(4) 其他资产业务。其他资产包括商业银行自己拥有的固定资产、在子公司的投资和预付费用(如保证费)等。随着电子化运营以及自助银行、网络银行的拓展，银行用于设备的资金增长较快，但是占总资产的比重仍较低。

3) 中间业务与表外业务

中间业务是指银行接受客户委托，为客户提供各种服务，并从中收取佣金、手续费、管理费的一种业务。表外业务是指所有不在银行资产负债表内直接反映的业务。中间业务与表外业务具体可以分为以下几类。

(1) 结算业务。支付结算是银行代客户清偿债权债务、收付款项的一种传统业务，如票据业务结算、支付结算等。

(2) 代理业务。代理业务是指接受政府、企业单位、其他银行或金融机构及居民个人委托，以代理人的身份，代表委托人办理一些经双方议定的经济事务。代理业务主要有以下几种：①代理收费业务，如代发工资，为消费者购买住房、汽车等耐用品办理个人分期付款；②代理保管业务，其方式主要有出租保管箱、密封条等；③代客户理财业务，该业务是指客户将一定的金额交存银行，委托银行代为管理，银行到期按协定支付给客户一笔高于同期存款利率的收益；④个人外汇买卖业务，该业务是指商业银行接受客户委托，代理外汇以取得收入或手续费收入的业务。

(3) 信息咨询业务。信息咨询业务是以转让、出售信息和提供智力服务为主要内容的中间业务。商业银行运用自身的大量信息资源，以专门的知识、技能和经验为客户提供所需要的信息和多项智力服务。

(4) 担保业务。担保业务是银行应某一交易方申请，承诺当申请人不能履行合约时由银行承担对另一方的全部损失赔偿的经济行为，主要有备用信用证、商业信用证等。

(5) 投资银行业务。该业务是指商业银行为客户提供财务咨询，担任投资顾问，从事企业产权交易和收购、兼并、重组等中介服务的业务。投资银行业务不仅可以为商业银行带来丰厚的收入，而且有利于加强对信贷企业的监督，密切与客户的联系，巩固银行业务的市场份额。

(6) 融资租赁业务。融资租赁业务是指以商品资金形式表现的借贷资金运动形式，是集融资和融物为一体的信用方式，兼有商品信贷和资金信贷的双重特性。

二、证券公司

要详细了解证券公司，必须对证券市场有所了解，下面就对证券市场做一下详细介绍。证券市场是股票、债券、投资基金等有价证券发行和交易的场所。资本的供求矛盾是社会再生产的重要矛盾。一方面，社会上存在着大量的闲置资本，需要寻找投资机会以实现资本的增值，它们形成资本的供给；另一方面，经济的发展又需要有更多新增的资本投入，需要向社会筹集更多的资本，它们形成资本的需求。证券市场就是为解决资本的供求矛盾而产生的市场，是经济发展到一定阶段的产物。证券市场实现了投资需求和筹资需求的对接，从而有效地化解了资本的供求矛盾。

证券市场分为发行市场和流通市场。发行市场又称初级市场或一级市场，它是股份有限公司发行股票、筹集资金，将社会闲散资金转化为生产资金的场所。发行市场由证券发行者、证券承销商(中介机构)和认购投资者三个要素构成，主要职能是通过发行证券为上市公司筹集资金；流通市场又叫作二级市场，是提供投资者买卖已发行证券的场所，主要通过证券的流通转让来保证证券的流动性，进而保证投资者资产的流动性。发行市场是流通市场的基础，决定着流通市场上流通证券的种类、数量和规模；流通市场则是发行市场存在和发展的保证，维持着投资者资金周转的积极性和流动的灵活性，两者互为条件又相互制约，有着密不可分的关系。

(一)证券市场的职能

证券市场具有以下几个方面的职能。

1. 融通资金

融通资金是证券市场的首要功能。在市场经济条件下，要使社会再生产顺利进行，要求企业能够迅速、有效地筹集到所需的资金。发行股票可以迅速地把社会闲散资金汇集成为长期资本，而且可以无限期使用；发行债券则可以根据企业自身的需要确定融资条件和期限，使用时一般也不受债权人的限制。证券直接融资更有利于资金的供需双方明确债权、债务关系，并且给不同需求的市场主体提供了多种可选择的投融资工具，特别是给中小投资者提供了便利的投资渠道。在证券市场上所筹得的资金，具有期限长、相对稳定、成本低的优点。

2. 配置资源

证券市场配置资源主要是从对资金进行有效配置、发挥资金导向作用来实现的。投资者可以通过各种市场信息渠道了解企业状况，选择投资对象。一般而言，生产经营有方、技术先进、产品市场广阔的企业有良好发展前景，对投资者的吸引力较强；而那些业绩差、前景暗淡的企业则难以通过证券市场获得所需资金，从而使资金在各产业部门之间进行再分配。因此，证券市场在引导社会资金流向、调整产业结构方面发挥着重要作用。此外，政府在证券市场发行债券融资，一般无信用风险，而且收益稳定，流动性较好，很容易吸收大量的社会资金，从而引导社会资金投入到符合国民经济发展要求的产业和项目中去，减少资金的盲目使用，使有限的资源得到合理配置。

3. 转换机制

企业如果要通过证券市场筹集资金，必须改制成为股份有限公司。股份公司的所有权和经营权相互分离，并且有一系列严格的法律法规对其进行规范，这样企业能够自觉地提高经营管理水平和资金使用效率；而且企业成为上市公司之后，会一直处于市场各方面的监督和影响之中，如由于股东的投资收益与企业效益息息相关，因此股东必然会关心企业的生产经营和发展前景。企业股票价格的涨跌会直接影响企业形象，而且长期经营不善的企业会成为收购兼并的对象。这些因素都促进公司转换经营管理机制，提高经营管理水平，从而提高在金融市场上融通资金的能力。

(二)证券公司的业务

证券公司是专门经营证券业务，具有独立企业法人地位的金融机构。作为一国金融市场最主要的金融机构之一，证券公司在证券市场上扮演着重要的角色，实现资金供求双方对资金余缺的调剂，为资金供求双方提供适合其各自需要的各种金融产品，并为证券交易双方提供服务。通过代理发行、承销或包销各类有价证券，发行者能方便和迅速地筹措到长期资金；通过派驻证券交易所的代表，代理买卖和自营买卖各类有价证券，各类有价证券能按公平的市场价格在投资者之间自由转移。

1. 证券公司的分类

1) 经纪类证券公司

经纪类证券公司是指只允许专门从事证券经纪业务，代理证券买卖交易的证券公司。

2) 综合类证券公司

综合类证券公司是指除经营证券经纪业务外，还从事证券承销、证券自营和证券咨询等业务的证券公司。

2. 证券公司的业务

1) 证券经纪业务

证券经纪业务是指通过收取一定佣金，促成买卖双方的交易行为的证券中介业务。这一业务是争夺市场份额的主要渠道之一，也是证券公司的利润来源之一。

2) 证券自营业务

证券自营业务是指证券公司以获得证券买卖差价为目的，用自己的名义和资金进行证券买卖的经营业务，一般可以分为柜台式买卖和交易所式买卖。

3) 证券承销业务

证券承销业务是指证券公司依照协议或合同为发行人包销或代销证券的行为，只有具有经营股票承销资格的证券公司才能承销股票。

4) 咨询服务业务

咨询服务业务是指证券公司拥有丰富的证券市场信息和专业的研究人员，可以利用其信息及专业优势为投资者提供服务，帮助客户建立更为有效的投资策略。

5) 其他业务

证券公司还可以经营经国务院、证监会核定的其他证券业务，如可以从事资产证券化、基金管理、收购与并购、衍生工具创造等交易业务。

三、保险公司

保险公司是专门从事保险业务的金融机构，因此要了解保险公司，就必须对保险的相关知识有所了解。

保险是通过损失分担机制来运行的，通过集合可能发生众多同质风险的单位和个人，将可能遭受的风险损失在所面临同质风险并参加了保险的经济单位或个人中分担，实现对少数成员因该风险所致经济损失的补偿行为。同时，保险还确立了一种法律关系。对于个别经济单位和个人而言，保险是一种有效的风险处理方法，通过保险，投保人所受的风险成本降到最低，能达到经济上的效益。

保险本质是多数单位或个人为了保障其经济生活的安定，在参与平均分摊少数成员因偶发的特定危险事故所导致损失的补偿过程中，形成的互助共济价值形式的分配关系。简而言之，其本质是指在参与平均分摊损失补偿的单位和个人之间形成的一种分配关系。首先，保险是一种社会化的安排，在这种安排下，个人和机构通过用相对少的保险费换取经济安全，免遭潜在的巨大损失，以保护自己，即经济补偿是保险的本质特征。其次，保险的对象是面临相似风险的经济组织和个人。再次，保险公司通过对损失的统计预测来科学、系统地收取和积聚保费，形成经济补偿的保险基金。最后，风险事故发生后根据保险合同条款来支付损失。

(一)保险的作用

1．保险在宏观经济中的作用

保险在宏观经济中的作用，是指保险职能发挥对全社会和国民经济总体所产生的经济效应。具体表现在以下几个方面。

(1) 保障社会再生产的正常进行。保险具有补偿功能，能及时和迅速地对再生产过程中的连续性和均衡性在因遭受各种灾害事故而被迫中断和失衡时发挥修补作用，从而保证社会再生产的连续性和稳定性。

(2) 推动商品的流通和消费。保险为克服交换行为中交易双方的资信风险和产品质量风险的障碍提供便利，产品质量保证保险不仅为消费者提供了产品质量问题的经济补偿承诺，而且还为厂商的商品作了可信赖的广告。

(3) 推动科学技术向现实生产力的转化。保险可以为企业开发新技术带来的风险提供保障，为企业开发新技术、新产品解决后顾之忧，促进先进技术的推广运用。

(4) 保险对财政和信贷收支平衡的顺利实现发挥着保障性作用。保险公司积蓄的巨额保险基金还是财政和信贷基金资源的重要补充。

(5) 由于保险在对外贸易和国际经济交往中是必不可少的环节，保险公司的外汇收入是一种无形的贸易收入，这一收入对于增强国家的国际支付能力起着积极的作用。

2．保险在微观经济中的作用

保险在微观经济中的作用，主要是指保险作为经济单位或个人风险管理的财务手段所产生的经济效应。具体表现在以下几个方面。

(1) 有利于受灾企业及时恢复生产。投保企业一旦遭受合约内的事故而遭受损失，就能按照保险合同约定的条件及时得到保险赔偿，获得资金，重新恢复生产。

(2) 有利于企业加强经济核算。保险能把企业不确定的巨额灾害损失化为固定的少量的保险费支出，并摊入企业的生产成本或流通费用中，灾害发生时企业不会因灾损而影响企业经营成本的均衡，而且还保证了企业财务成果的稳定。

(3) 有利于企业加强风险管理。保险公司具有丰富的危险管理经验，不仅可以向企业提供这些危险管理经验，而且可以通过一系列的危险检查、分析、监督等活动尽可能消除潜在危险因素。

(4) 有利于安定人民生活。参加保险是家庭风险管理的有效手段。人身保险可以作为社会保险和社会福利的补充，对家庭正常的经济生活起到保障作用。家庭财产保险可以使受灾家庭恢复原有的物质生活条件。

保险公司的资金来源主要是靠投保人缴纳保费和发行人寿保单的方式筹集资金，对发生意外灾害和事故的投保人予以经济补偿，是一种信用补偿方式。保险公司收入的保费，除支付赔偿给付和业务开支外，剩余的款项形成一笔巨额资金，在没有形成巨额赔款的支付之前，这笔资金比银行存款还稳定可靠，可以进行长期投资。所以保险公司一般主要以进行有价证券的投资为主，如购买政府债券、企业债券和股票，或发放不动产抵押贷款。保险公司一方面通过出售保单吸收资金，另一方面又通过各种途径将其运用出去，因此具有了一定的信用中介功能。

(二)保险公司的业务种类

保险公司有许多种类，大体可分为商业财产保险、商业人身保险、政策保险和社会保险。

1. 商业财产保险

商业财产保险主要有以下几种。

1) 普通财产保险

普通财产保险，也称火灾保险，是指以存放在固定场所并处于相对静止状态的财产为保险标的，由保险人承担保险财产遭受事故损失的经济赔偿责任的一种财产保险。

2) 运输保险

运输保险是指以处于流动状态的财产为保险标的，由保险人承担保险财产遭受事故损失的经济赔偿责任的一种财产保险，包括运输货物保险和运输工具保险。运输货物保险是以运输过程中的各种货物为保险标的，以运行过程中可能发生的有关风险为保险责任的一种财产保险；运输工具保险专门承保各种机动运输工具，如机动车辆、飞机等各种以机器为动力的运载工具。

3) 工程保险

工程保险是指以各种工程项目为主要承保对象的一种财产保险，具体可以分为：①建筑工程保险，是指承保各种建筑工程，即适用于各种民用、工业用和公共使用的建筑单位，如房屋、道路、桥梁、港口、机场、道路、水坝、娱乐场所、管道及各种市政工程项目等；②安装工程保险，是指以各种大型机器设备的安装工程项目为保险标的的工程保险，保险人承保安装期间因自然灾害或意外事故造成的物质损失及有关法律赔偿责任；③科技工程险，主要有海洋石油开发保险、卫星保险和核电站保险等。

4) 责任保险

责任保险是指以保险客户的法律赔偿风险为承保对象的一种保险，具体可分为公众责任保险、产品责任保险、雇主责任保险、职业责任保险。

5) 信用与责任保险

信用与责任保险是由保险人作为债务担保人的一种担保业务，当债务人在保险合同列明的原因内丧失信用或者违反保证而不能向原债权人履行债务时，由保险人连带承担差额责任，保险人在代替债务人向债权人赔偿以后，保留向债务人追偿的权利。

2. 商业人身保险

人身保险是以人的生命和身体为保险标的的一种保险。按照保障范围划分，人身保险可以分为如下几种。

1) 人寿保险

人寿保险是以人的生命为保险标的，以人的生死为保险事件，当发生保险事件时保险人履行给付保险责任的一种保险。人寿保险是人身保险中的重要组成部分，其保障项目包括死亡和期满生存，即如果被保险人在保险有效期内死亡或按照合同规定到期时仍生存时，保险人按照约定支付死亡保险金或生存保险金。

2) 意外伤害保险

意外伤害保险是以被保险人因遭受列明的意外伤害事故造成伤残、死亡为保险事故的人身保险，还可以附加承保因遭受列明的意外伤害事故所产生的治疗费用。

3) 健康保险

健康保险是以被保险人的身体为保险标的，对被保险人因遭受疾病或意外伤害事故所发生的医疗费用损失或导致工作能力丧失所引起的收入损失，以及因为年老、疾病或意外伤害事故导致需要长期护理的损失提供经济补偿的保险。

3. 政策保险

政策保险主要有以下几种。

1) 出口信用保险

出口信用保险是指保险人在延期付款的条件下，以出口方的应收货款为担保责任的保险，即当进口方因破产或无力偿付货款、拖欠货款、拒付货款，进口方国家出现汇率管制、进口管制、发生战争、暴动致使出口方无力收回货款时，由保险人替进口方先行支付，然后设法向进口方进行追偿的保险。

2) 投资保险

投资保险是指承保投资人因投资所在国发生战争、叛乱、罢工、暴动，政府有关部门的征用、没收、汇兑限制，而给投资人造成的投资本金损失的保险。

3）农业保险

农业保险是为农业生产发展服务提供的一种风险工具，主要承保种植业和养殖业。

4）存款保证保险

存款保证保险是指由符合条件的各类存款性金融机构集中起来建立一个保险机构，各存款机构作为投保人按一定存款比例向其缴纳保险费，建立存款保险准备金，当成员机构发生经营危机或面临破产倒闭时，存款保险机构向其提供财务救助或直接向存款人支付部分或全部存款，从而保护存款人利益，维护银行信用，稳定金融秩序的一种制度。

4．社会保险

社会保险主要有以下几种。

1）养老保险

养老保险是指国家和社会根据一定的法律和法规，为解决劳动者在达到国家规定的解除劳动义务的劳动年龄界限，或因年老丧失劳动能力退出劳动岗位后的基本生活而建立的一种社会保险制度。

2）工伤保险

工伤保险是社会保险的一个组成部分。它通过社会统筹，建立工伤保险基金，当保险范围内的劳动者在生产经营活动中所发生的或在规定的某些情况下，遭受意外伤害、职业病以及因这两种情况造成死亡，在劳动者暂时或永久丧失劳动能力时，劳动者或其遗属能够从国家、社会得到必要的物质补偿，以保证劳动者或其遗属的基本生活，以及为受工伤劳动者提供必要的医疗救治和康复服务的一种社会保险制度。

3）医疗保险

医疗保险是指当劳动者因疾病、伤残或生育等原因需要治疗时，由国家和社会提供必要的医疗服务和物质帮助的一种社会保险制度。

4）失业保险

失业保险是指国家为完善劳动制度，保障失业职工基本生活，维护社会安定而开办的具有福利性质的保险。

5）生育保险

生育保险是指通过国家立法规定，在劳动者因生育子女而导致劳动力暂时中断时，由国家和社会及时给予物质帮助的一项社会保险制度。

四、其他非银行中介机构

(一)合作性金融机构

正如同金融是经济的衍生物一样，合作金融是在合作经济的基础上发展起来的。在合作经济基础上产生的合作金融是以金融资产参与合作，并为合作组织成员提供金融服务的经济金融形式。

作为一种特殊的金融形式，合作金融与商业金融、政策金融相对应。与商业金融相比，合作金融体现互助的目的，以为组织成员提供服务为目标，追求社区效益或者说是社会效益；而商业金融则以盈利为目的，最终追求股东利润最大化。与政策金融相比，合作金融是一种由经济个体自发形成、自愿组合的金融形式；而政策金融主要体现了国家和政府的由上而下的意图。

目前，以信用合作社、合作银行或信用合作社联盟等为主要形式的合作性金融组织已成为世界各国金融体系中的重要组成部分。

信用合作社主要是为了适应商品经济生产和流通领域对资金的需求而产生的。信用合作社大体可以分为两种类型：一类是由小生产者和其他劳动者个人联合出资组建的信用合作社；另一类是由生产合作社或消费合作社等直接出资组建的信用合作社。我国的信用合作社分为农村和城市信用合作社。

《农村信用合作社管理规定》对农村信用合作社的定义是"经中国人民银行批准设立，由社员入股组成，实行社员民主管理，主要为社员提供金融服务的农村合作金融机构"。《城市信用合作社管理办法》对城市信用合作社的定义是"依照本办法在城市市区内由城市居民、个体工商户和中小企业法人出资设立的，主要为社员提供服务，具有独立企业法人资格的合作金融组织"。这些基本上与前述的合作原则是一致的。

农村信用合作社是农村集体金融组织，其特点是由农民入股，由社员民主管理，主要为入股社员和乡镇企业提供金融服务。农村信用合作社在计划经济体制下，一度成为国家银行在农村的基层组织，并由农业银行或中国人民银行管理，相当程度上丧失了它应有的合作性质。1996年进行了农村信用合作社改革，一是实现农村信用合作社与农业银行脱钩，二是恢复它合作金融组织的性质。农村信用合作社的业务与一般商业银行基本相同。

城市信用合作社是城市集体金融组织，它主要为集体企业、民营企业、个体工商户以及城市居民提供金融服务，其业务范围与一般商业银行亦基本相同。

(二)信托投资公司

信托是指委托人基于对受托人(信托投资公司)的信任，将其合法拥有的财产委托给受托人，由受托人按委托人的意愿以自己的名义，为受益人的利益或者特定的目的，进行管理或者处分的行为。概括地说是"受人之托，代人理财"。信托在资产管理、资金融通、社会中介和代理、沟通及协调经济关系等方面具有独特的功能，是一种灵活便利的财产管理制度。它是以代人理财为主要经营内容，以受托人的身份经营信托业务的金融机构。由于信托投资公司受托代为管理和运用的信托财产一般期限都比较长，对委托人来说，只有需要长期进行管理和运用的财产才有必要采用信托这种方式。

信托业务范畴包含商事信托、民事信托、公益信托等领域。国际上的金融信托业务，主要是经营处理一般商业银行存、放、汇以外的金融业务。随着各国经济的发展，市场情况日趋复杂，客户向银行提出委托代为运用资金、财产或投资于证券、股票、房地产的信托业务与日俱增。

国内的信托业务必须由经央行批准的金融信托投资公司经营，主要包括资金信托、动产信托、不动产信托和其他财产信托四大类信托业务。

信托的业务领域主要有以下三类。

1. 法人信托业务

法人信托是指由公司、社团等法人委托信托机构办理的各种信托业务。法人信托又称机构信托、公司信托、团体信托，是个人信托的对称。

法人信托的业务包括以下几个方面。

(1) 融资服务。信托机构是拥有庞大金融资产的金融机构，既可以做一般贷款(即债权性融资)，也可以做股权性融资。因此，当企业需要资金时，除了找银行，还有一个重要的渠道就是信托公司，它不但可以像银行一样发放贷款，而且还可以作为股东直接向企业投资。

(2) 动产设备信托。当企业需要购置大型机器设备而资金不足时，可以和信托公司联系，由信托公司给设备制造商出具"受益凭证"，制造商据此从银行取得借款进行生产，生产出设备归企业使用，企业完全付清款项后设备归企业所有。

(3) 附担保的公司债券信托。附担保的公司债券多采用信托的方式进行担保。目前我国发行的企业债券全部都是信用债券，只有信用级别很高的企业才能发行附担保的公司债券。

2. 个人信托业务

个人信托品种主要有两个层次：一方面是针对富有阶层的，主要体现为投资和财产转移；另一方面是针对普通居民的保障性品种，如子女的教育信托、养老金信托、储蓄性信托等。

目前，我国个人信托产品主要以资金信托(又称金钱信托)为主，即以信托公司通过发行集合资金信托计划，个人投资者购买的形式完成。随着我国经济的发展，人们的财富不断增长，对于富裕阶层来说，信托有时可以解决别的法律制度无法解决的问题，可以通过遗产信托的方式把财富一代一代积累下去。

3. 通用信托业务

通用信托业务是指既可以由个人作为委托人，又可以由法人作为委托人的信托业务。

(三)金融租赁公司

金融租赁是指出租方和租赁方以书面形式达成的协议，在一个特定的期限内，由出租方购买承租方选定的设备和设施，同时拥有所有权，而承租方拥有使用权，是具有融资、融物双重职能的租赁交易。

在我国，金融租赁公司是指经中国人民银行批准，以经营融资租赁业务为主的非银行金融机构。

经中国人民银行批准，金融租赁公司可经营下列本外币业务：第一，直接租赁、回租、转租赁、委托租赁等融资性租赁业务；第二，经营性租赁业务；第三，接受法人或机构委托租赁资金；第四，接受有关租赁当事人的租赁保证金；第五，向承租人提供租赁项下的流动资金贷款；第六，有价证券投资、金融机构股权投资；第七，经中国人民银行批准发行金融债券；第八，向金融机构借款；第九，外汇借款；第十，同业拆借业务；第十一，租赁物品残值变卖及处理业务；第十二，经济咨询和担保；第十三，中国人民银行批准的其他业务。

(四)邮政金融机构

我国现行的邮政金融组织体系是由邮政部门的管理体制决定的。邮政储汇局是原邮电部批准的局级管理单位，在原邮政总局领导下，履行对全国邮政金融业务的管理职能，对邮政总局负责。

我国的邮政金融业务包括邮政储蓄业务、邮政金融资产业务和邮政金融中介业务。

1．邮政储蓄业务

邮政储蓄业务是全国储蓄业务的重要组成部分，可以办理活期存款、定期存款、定活两便储蓄存款、通知存款等。其本身极具特色的业务是将汇兑业务和储蓄业务相结合的汇转储业务，以及集邮储蓄和个人预定报刊储蓄业务，即分别将集邮业务和报刊发行业务与储蓄业务结合起来，为集邮爱好者和报刊订户提供便利的业务。

2．邮政金融资产业务

邮政金融资产业务是邮政金融部门对通过邮政业务筹集的资金以及由于汇兑业务时间差形成的资金进行的各种运用。各国政府出于经济运行和保障广大公民利益方面的需要出发，对邮政金融机构资金运用都规定了具体的法令和政策。

3．邮政金融中介业务

邮政金融中介业务主要是结算性中间业务和管理性中间业务。目前我国邮政金融的中间业务有邮政汇兑业务、邮政划拨业务(代收电话费、水费、电费等)和邮政代理保险业务。其中，邮政代理保险业务是指邮政部门受保险人委托，向企事业单位、社会团体、居民个人销售保险产品，代收保费的一种业务。

(五)基金管理公司

投资基金是一种利益共享、风险共担的集合投资方式，是指通过发行基金单位来集中投资者的资金，并由基金托管人托管，基金管理人管理和运用资金，从事股票、债券、外汇、货币等金融工具投资，以获得投资收益和资本增值的金融工具。投资基金在不同国家或地区称谓有所不同，美国称为共同基金，英国和中国香港地区称为单位信托基金，日本和中国台湾地区称为证券投资信托基金。

基金管理公司有狭义与广义之分。狭义的基金管理公司是指依照《证券投资基金管理暂行办法》规定设立并从事基金管理业务的公司；广义的基金管理公司是指从事基金管理业务，向投资者提供资产管理的公司。

基金管理公司的主要业务包括以下几个方面。

1．发起设立基金

发起设立基金，是指基金管理公司在基金批准成立前所做的一切准备工作，包括基金品种的设计，签署基金成立的有关法律文件，提交申请设立基金的主要文件及申请的审核与批准。

2．基金管理业务

基金管理业务，是指基金管理公司根据专业的投资知识与经验，投资运作基金资产的行为，是基金管理公司最基本的一项业务。作为基金管理人，基金管理公司最主要的职责就是组织投资专业人士，按照基金契约或基金章程的规定，制定基金资产投资组合策略，选择投资对象，决定投资时机、数量和价格，运用基金资产进行有价证券的投资，向基金投资者及时披露基金管理运作的有关信息和定期分配投资收益。

3．受托资产管理业务

受托资产管理业务，是指基金管理公司作为受托投资管理人，根据有关法律法规和投资委托人的投资意愿，与委托人签订受托投资管理合同，把委托人委托的资产在证券市场上从事股票、债券等有价证券的组合投资，以实现委托资产收益最大化的行为。随着机构投资者的不断增加，法律、监管的市场环境的逐渐完善，受托资产管理业务将逐渐成为基金管理公司的核心业务之一。

4．基金销售业务

基金销售业务，是指基金管理公司通过自行设立的网点或电子交易网站，把基金单位直接销售给基金投资人的行为。基金管理公司可以直接销售给基金单位，也可以委托其他机构代理销售给基金单位。

(六)投资银行

投资银行是与商业银行相对应的一类金融机构，是指主要从事证券发行、承销、交易、企业重组、兼并与收购、投资分析、风险投资、项目融资等业务的非银行金融机构，是资本市场上的主要金融中介。投资银行是美国和欧洲大陆的称谓，英国称之为商人银行，在日本则指证券公司。投资银行的组织形态主要有四种：一是独立型的专业性投资银行，这种类型的机构比较多，遍布世界各地，它们有各自擅长的业务方向，比如美国的高盛、摩根斯坦利；二是商业银行拥有的投资银行，主要是商业银行通过兼并收购其他投资银行，参股或建立附属公司从事投资银行业务，这种形式在英、德等国非常典型，比如汇丰集团、瑞银集团；三是全能型银行直接经营投资银行业务，这种形式主要出现在欧洲，银行在从事投资银行业务的同时也从事商业银行业务，比如德意志银行；四是一些大型跨国公司兴办的财务公司。在我国，投资银行的主要代表有中国国际金融有限公司、中信证券等。国际知名的四大投资银行一般是指美林、摩根士丹利、高盛和花旗。

(七)在华外资金融机构

在总结多年对外资金融机构监管经验的基础上，根据我国加入 WTO 的承诺，以及银行监管的国际惯例，2001 年 12 月 30 日，国务院公布了《国务院关于修改<中华人民共和国外资金融机构管理条例>的决定》。根据现行《中华人民共和国外资金融机构管理条例》的规定，中华人民共和国外资金融机构是指依照中华人民共和国有关法律、法规的规定，经批准在中国境内设立和营业的下列金融机构：总行在中国境内的外国资本的银行；外国银行在中国境内的分行；外国的金融机构同中国的公司、企业在中国境内合资经营的银行；总公司在中国境内的外国资本的财务公司；外国的金融机构同中国的公司、企业在中国境内合资经营的财务公司。

我国对外资金融机构的引进主要采取以下三种形式。

(1) 允许其在我国设立代表机构，工作范围是进行工作洽谈、联络、咨询服务，而不得从事任何直接盈利性的业务活动。

(2) 允许其设立业务分支机构。

(3) 允许其与我国金融机构和工商企业合作设立中外合资金融机构。

本章小结

网络金融学就是一门以网络金融为研究对象的新学科，是传统金融学在网络时代的延伸和发展。它涵盖了电子货币、电子支付、网络银行、网络证券、网络期货、网络保险、网络金融创新、网络金融安全以及网络金融经营管理和政策等课题。在当前网络经济迅猛发展的形势下，网络金融学不仅有着学术研究的理论意义，同时具备对实际产业应用的指导意义。

本章介绍了金融与金融市场的基础知识。首先阐述了金融市场的产生、发展及其具备的四大主要功能，即风险管理，集中资源、优化资源配置，清算和结算，提供激励。其次，针对金融机构的性质、分类、业务种类和作用做了详细介绍，为网络金融概念的引入奠定了基础。

本章习题

一、问答题

1. 什么是金融？金融市场是什么？
2. 金融市场有哪些基本功能？
3. 举例说明金融机构的分类。

二、实践训练

实训项目：选取一家银行、保险、证券公司，依次浏览它们的官方网站。

实训目的：结合实践了解金融机构的性质、业务种类。

实训步骤：

(1) 选取招商银行、中信证券、人寿保险公司；
(2) 依次浏览它们的网站；
(3) 查看这些金融机构的简介；
(4) 浏览这些金融机构各自的主要业务。

第二章　网络金融

【学习要点及目标】

- 理解网络金融的概念。
- 理解互联网金融的概念。
- 掌握网络金融与互联网金融的区别和联系。
- 了解网络金融的特征与功能。
- 了解网络金融产生的背景和发展现状。

【核心概念】

网络　网络金融　互联网金融

【引导案例】

网络时代让百姓走近金融

如今，理财门槛不再是 5 万元，几块钱也可以。2013 年年末，"草根理财神器" 余额宝规模突破 1853 亿元。2014 年年初，苏宁 "零钱宝"、微信理财通相继上线。互联网理财市场夺人眼球，让不少专业人士大呼：互联时代，金融的玩法开始变了。

玩法的改变，意味着参与者的改变。手机装上 APP(应用软件)，零散的资金就可以买到货币基金。金融理财迎来了平民时代：金融不再只是投行人士、基金经理等人群的俱乐部，人人皆可涉足金融领域。

金融是高管控领域，恰恰最先被互联网突破，可以说，互联网是天生的颠覆者，让金融更开放和普惠，让不懂金融或不够条件的人们也能感受到金融的力量。

过去谈起金融，人们首先想起的是专业化、神秘化，比如老百姓一般弄不清 "7 日年化收益率" 后的真实收益，搞不懂 "新三板扩容" 的意义。其次是精英化，谈起保荐人、注册会计师、基金经理等，总让人感觉高不可攀，大量资本和资讯在精英圈子中流动。基于市场不完美和信息不对称，金融掌握定价权，影响市场的走势，自然好赚钱，而要加入这样的圈子则壁垒重重。最后，金融还 "嫌贫爱富"，更愿意服务大企业、大客户，而对小微企业、农村、个人服务不足。

互联网本质是点对点的平等交互与分享，而银行机构的设置正是对此种高效对接的阻断，互联网技术帮老百姓打破了金融藩篱。如今，老百姓财富多起来了，理财观念强了，既需要保值增值，又需要支付便利，专业网站和相关产品的出现同时满足了这两种需求。比如余额宝，"转入"实现投资功能，获取较高收益；"转出"则实现支付或转账功能，还免了手续费。

我们相信，在不远的将来，大多数老百姓不需要懂得深奥的模型、精巧的定价方式，也不需要明白软件技术，只要在指尖上，就能"玩转"复杂的金融工具。当然，对于风险的管控和提示，互联网金融也不能大意。

互联网金融带来的好处远不止这些。一直以来，小微企业融资难，传统金融不愿去做。现在，电商利用积累下的海量企业数据和信用记录，通过云计算平台对客户信息进行挖掘、预测还款能力，使得风险可控和交易成本降低，为许多人实现了梦想。还可以预见，在基础金融供给不足的农村，通过移动互联、电子银行等渠道的建设，将打通农村金融服务的"最后一公里"。

总的来看，互联网金融促进了公平和效率，让人人皆享有金融权利。未来，互联网金融的发展还将有助于完善投融资功能和支付体系，有助于多层次金融需求的满足，更有助于普惠金融的实现。

(资料来源：朱家顺. 网络时代让百姓走近金融. 2014.1.15)

【案例导学】

随着信息技术的飞速发展与深入应用，网络正逐步成为人类社会发展的战略性基础设施，推动着生产和生活方式的深刻变革，并不断重塑经济社会的发展模式。网络与金融这两个行业独立发展又互为促进，金融运行、金融组织、金融产品更加紧密地与信息技术结合在一起，催生了网络金融的迅速崛起，相关话题无处不在。那么，什么是网络金融？什么是互联网金融？网络金融究竟是如何产生和发展的呢？通过对本章的学习，读者可以理解网络金融和互联网金融的概念，知晓网络金融和互联网金融之间的区别和联系、网络金融的特征与功能，进而了解网络金融是如何产生和发展演变的。

第一节　网络金融概述

正如比尔·盖茨所说，"网络将改变一切"，金融业也不能例外。在汹涌澎湃的电子商务浪潮的冲击下，循规蹈矩的金融业也开始拥抱网络。

一、网络金融的概念

网络金融是在网络上实现的金融活动，是网络环境下金融创新的产物。为更好地理解网络金融的概念，首先有必要弄清网络的概念。

1. 网络的概念

石器时代、青铜时代、蒸汽时代、电气时代、信息时代……人类是如此喜欢用技术的创新来定义时代，实在是因为这些技术的创新对人类社会的发展产生了巨大的影响。这种影响小至个人生活习惯、中到生产方式、大到人类文明发展。

21 世纪的一些重要特征就是数字化、网络化和信息化，它是一个以网络为核心的信息时代。要实现信息化就必须依靠完善的网络，因为网络可以非常迅速地传递信息。因此，网络现在已经成为信息社会的命脉和发展知识经济的重要基础。网络对社会生活的很多方面以及社会经济的发展已经产生了不可估量的影响。这里说的网络是指"三网"，即电信网络、有线电视网络和计算机网络。网络金融中讨论的"网络"一般都指的是计算机网络。所谓计算机网络，是指以用户共享资源为目的，通过数据通信将同一地区或不同地区的多台计算机互连而形成的计算机系统，是计算机技术资源和通信技术紧密结合的产物。计算机网络向用户提供的最重要的功能有两个：连通性和共享。所谓的连通性就是指上网用户之间可以交换信息，好像这些用户的计算机都可以彼此直接连通一样；所谓共享就是指资源共享，资源共享的含义是多方面的，可以是信息共享、软件共享，也可以是硬件共享。

请读者注意以下两个意思相差很大的名词：Internet 和 internet。

1) Internet

以大写字母 I 开始的 Internet 是一个专用名词，是指当前全球最大的、开放的、由众多网络相互连接而成的特定计算机网络。Internet 的中文名称为因特网，取自于 Internet 的英文音译。因特网是世界上最大的互联网络，可以这样理解：计算机网络把许多计算机连接在一起，而因特网则把许多网络连接在一起。

2) internet

以小写字母 i 开始的 internet 是一个通用名词，它泛指由多个计算机网络互连而成的网络。internet 的中文名称为互联网。

2. 网络金融的定义

对于"网络金融"这个新兴的名词，人们尝试着从不同方面对它进行定义，但直到目前为止，仍然是众说纷纭。本书认为，网络金融是指基于信息技术、通信技术和网络技术，借助于客户的个人计算机、通信终端或其他智能设备，通过金融企业内部计算机网络或专用通信网络、因特网或其他公共网络，向客户提供金融产品与服务的活动，包括网络金融活动所涉及的所有业务和领域，如相关的技术、监管、运营、法律等。

虽然网络金融是网络与金融相结合的产物，但网络金融却不是二者的简单相加，即"网络金融≠网络技术+金融"，网络技术给现代金融业所带来的，不仅仅是技术的进步，而是在更广泛的意义上彻底改变了金融服务的理念和金融业的发展模式。在经济全球化和信息化时代，人们对金融服务提出了更高的要求，迫切希望能在任何时间、任何地点以任何方式获得全方位的金融服务(即"三 A"金融服务：Anywhen、Anywhere、Anyhow)。网络金融能超越时空的限制，为广大用户提供大量的金融信息和全方位的金融服务，从这个意义上讲，网络金融是现代金融业未来发展的一个重要趋势。

二、网络金融的特征

网络金融具有以下几方面的特征。

(一)高效性与经济性

与传统金融相比，网络技术使得金融信息和业务处理的方式更加先进，系统化和自动化程度大大提高，突破了时间和空间的限制，而且能为客户提供更丰富多样、自主灵活、方便快捷的金融服务，具有很高的效率。网络金融的发展使得金融机构与客户的联系从柜台式接触改变为通过网上的交互式联络，这种交流方式不仅缩短了市场信息的获取和反馈时间，而且有助于金融业实现以市场和客户为导向的发展战略，也有助于金融创新的不断深入发展。

从运营成本来看，虚拟化的网络金融在为客户提供更高效的服务的同时，由于无须承担经营场所、员工等费用开支，因而具有显著的经济性。此外，随着信息的收集、加工和传播日益迅速，金融市场的信息披露趋于充分和透明，金融市场供求方之间的联系趋于紧密，可以绕过中介机构来直接进行交易，非中介化的趋势明显。

(二)信息化与虚拟化

从本质上说，金融市场是一个信息市场，也是一个虚拟的市场。在这个市场中，生产和流通的都是信息：货币是财富的信息；资产的价格是资产价值的信息；金融机构所提供的中介服务、金融咨询顾问服务等也是信息。网络技术的引进不但强化了金融业的信息特性，而且虚拟化了金融的实务运作。例如，经营地点虚拟化——金融机构只有虚拟化的地址，即网址及其所代表的虚拟化空间；经营业务虚拟化——金融产品和金融业务大多是电子货币、数字货币和网络服务；经营过程虚拟化——网络金融业务的全过程全部采用电子数据化的运作方式，由银行账户管理系统、电子货币、信用卡系统和网上服务系统等组成的数字网络处理所有的业务。

(三)一体化

网络金融的出现极大地推动了金融混业经营的发展，主要原因在于以下几个方面。

首先，在金融网络化的过程当中，客观上存在着系统管理客户所有财务金融信息的需求，即客户的银行账户、证券账户、资金资产管理和保险管理等有融合统一管理的趋势。

其次，网络技术的发展使得金融机构能够快速有效地处理和传递大规模信息，从而使得金融产品创新能力大大加强，能够向客户提供更多量体裁衣的金融服务，金融机构同质化现象日益明显。

最后，网络技术降低了金融市场的运行成本，金融市场透明度和非中介化程度提高，这都使得金融业竞争日趋激烈，百货公司式的全能银行、多元化的金融服务成为大势所趋。

三、网络金融的功能

网络金融使人们通过网络终端完成日常工作生活需要的金融服务。网络金融服务的出现和发展使金融机构的服务网点无限扩大，意味着其服务发生了变革，这在缩短客户业务办理时间、节约往返交通成本和推进绿色金融方面发挥了重要作用。

功能是指一事物对另一事物的积极的、正面的、有利的作用或活动。网络金融的功能一般是指网络金融所具有的积极的、正面的、有利的作用或活动。网络金融运行结构与环境共同决定网络金融功能与效率，而网络金融结构顺应环境对网络金融功能需求的变化而变化。由此可见，网络金融的功能与网络金融的结构存在内在的密切联系。

对于网络金融的功能，应从整体、系统上以整体观进行讨论。

(一)网络金融的基本功能与辅助功能

具体来说，网络金融的基本功能包括：一是电子商务交易活动中的便利支付，这使得网上消费真正变为现实，如旅游、订票、购物等；二是提供存款业务功能(这往往需要借助自动化物质手段才能实现)；三是提供网络支付业务功能；四是提供网络贷款业务功能。与此同时，网络金融还具有相应的辅助功能，如信息查询服务功能、网络理财服务功能等。

(二)网络金融的显性功能与隐性功能

显性功能是有助于系统的调节或适应的那些客观结果，这些调节或适应结果是系统的参与者所需求并知道的；相应地，隐性功能则是那些既未被需求也未被认识到的结果。对于网络金融来说，其显性功能包括网上存款、支付、结算、贷款、提供咨询服务、提供理财服务等功能，其隐性功能主要指那些因意识、技术、法律等因素还未被需求也未被认识到的功能(比如，网络金融能否提供数字图书馆、智能分析、自主学习等方面的功能)。隐性功能在一定条件下可以转化为显性功能。在熟悉与充分发挥网络金融的显性功能的同时，还应注意发现和挖掘其隐性功能。

(三)网络金融的正效应与负效应

正功能有助于一个体系的顺应或适应，反功能则会削弱一个体系的顺应或适应，在经验上也可能有非功能的后果。正功能相当于正效应，反功能相当于负效应，非功能相当于无效应。因此，对于网络金融来说，其正效应主要指存款、贷款、支付、结算、提供理财业务、提供咨询服务、提供代理服务等功能，其负效应主要指风险性后果(如承担的损失、成本、费用)。

四、移动金融

(一)移动金融的概念

移动金融是指交易双方为了某种货物或者服务，以移动终端设备为载体，通过移动通信网络实现的金融交易。移动金融所使用的移动终端可以是手机、PDA、移动 PC 等。从本质上讲，移动金融就是指将移动网络与金融系统结合，以移动通信网络作为实现移动支付的工具和手段，为用户提供商品交易、缴费、银行账号管理、掌上炒股等金融服务的业务。移动金融包含移动银行、移动支付、移动证券和移动保险等形式，是近年来受到通信业与金融业共同关注的重要发展领域。

移动金融的诞生是个体经济地位提升、商业消费文化盛行及信息技术发展的综合性产物。由于金融业务的网络化和虚拟化使消费者手中的货币变成了由账号和密码组成的一串数字，移动金融业务的出现让消费者仿佛随身携带着银行，随时可以进行款项的收付、查询，并可进行证券和外汇的交易，不丢失任何一个可投资的机会。

(二)移动金融的优势

从企业和用户两个角度来看，移动金融的优势各不相同。

1. 企业角度的优势

一方面，企业利用无线通信技术可以提高整个金融系统的自动化程度，无形中提高了业务处理效率，减少了人力支出，从而可以降低成本，提高收益。另一方面，利用无线通信技术，可以提高整个金融系统的可用性，人性化服务程度相应提高，可以形成比较优势，增大对现有客户的黏性，同时吸引新客户，进而形成规模经济，获得高额利润。

2. 用户角度的优势

对于银行客户来说，移动金融服务具有的最大优势是可移动性。用户使用移动金融服务无须依赖物理金融机构或其附属的 ATM 自动柜员机等固定终端，也无须在固定的地点完成在线金融服务，而是能从根本上实现随时随地获取信息并及时完成相关业务处理，真正做到客户服务的方便和快捷。

<h1 style="text-align:center">第二节 互联网金融</h1>

一、互联网金融的概念

事实上，网络金融不过是把线下的业务搬到线上来处理，金融业利用互联网技术实现其线下产品和业务的线上延伸应该和真正意义上的互联网金融还是有很大区别的。本节尝试着从互联网特性的角度去审视互联网金融和网络金融(网络金融亦可以理解为金融互联网)的差异。

若要为互联网金融做出一个标准化的定义，大致可以定义为：借助互联网技术，融合开放、透明、分享、协作、互动的互联网精神，实现去中心化的资金融通、在线支付和信息中介等业务的一种新兴的普惠金融模式。

事实上，对于"互联网金融"很难下一个很精准的定义。第一，站在不同从业者的角度，很难摆脱主体思想的困扰。第二，互联网金融实际上是动态的概念，需要历史地去看待和评价。因为只有开放地去看待问题，才能与互联网的发展方向切合。第三，互联网金融与网络金融实际上是一条发展的链条。现实世界的业态主要分布在中间状态，有些可能距离理想化的互联网金融更近一些，有些可能靠近网络金融这一端，因此若要区分也只能做一个大致的判断。

二、互联网金融与金融互联网的区别

互联网金融的核心意义是实现去中介化，即所说的金融脱媒，互联网金融使得市场信息不对称程度非常低。资金供需双方直接交易，银行、券商和交易所等金融中介都不起作用，可以达到与现在直接和间接融资一样的资源配置效率，并在促进经济增长的同时，大幅度降低交易成本。金融互联网的初衷是用计算机系统、电子渠道取代人工和银行网点，最大限度地降低人工和网点成本，满足客户随时随地获得金融服务的需求。目前，金融互联网的发展趋势是：凡计算机系统能处理的金融交易尽量不用人力，凡电子渠道能销售的金融产品尽量不用网点，凡远程集中能处理的业务尽量借助互联网降低人工和场地成本，凡数据挖掘能找到目标客户尽量用移动互联网方式营销客户。

事实上，是否具备互联网精神、能否以客户需求为导向并注重客户体验等要素是互联网金融与金融互联网的本质区别。互联网金融与金融互联网的差异，更多体现于理念的不同而造成的模式不同。互联网金融与金融互联网的比较如表 2-1 所示。

表 2-1　互联网金融与金融互联网的比较

比较项	互联网金融	金融互联网
发展理念与思维	互联网观念、思维方式	传统观念、思维方式
管理方式	现代管理方式	传统管理方式
组织架构	相对独立，多变	附属、分支，相对稳定
客户群体	开放、年轻的客户	稳健、保守的客户
客户体验	较好：便捷、快速、互动	较差：烦琐、缓慢、单向
价格策略	免费、低价	相对高价、有资金门槛
信息透明度	对称、透明	不对称、不透明
去中介化	去中介化	中介化
导向与出发点	客户需求导向	自我、盈利导向

三、互联网金融的层次

　　互联网金融包括三个层次，由下到上形成一个金字塔结构，这三个层次依次为交易技术、交易结构和权利契约。这三个层次存在自下而上的递进与支撑关系，如图 2-1 所示。

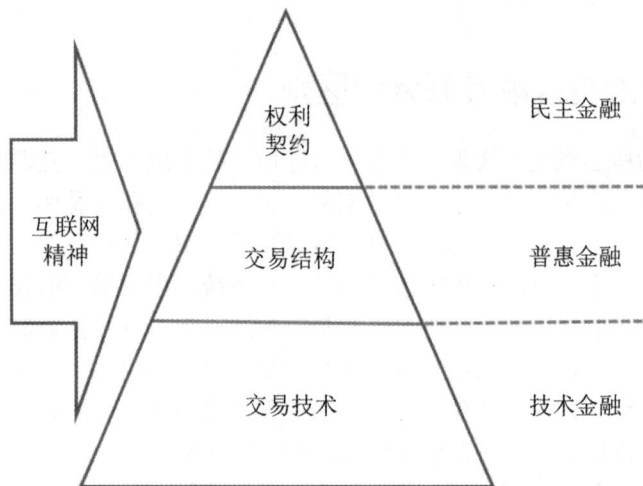

图 2-1　互联网金融的三个层次

　　其中，交易技术是互联网金融的基础，表现为交易方式、交易渠道的变化(由线下转为线上、由实体机构转为网络平台)，交易成本的节约(如业务的远程办理)和交易效率的提高(如数据审贷、自助操作等)。它是互联网金融的开端，亦是传统金融业务模式与业务渠道的网络化，继之以互联网行业对于金融业务的渗透(如网上支付、电商金融)，并伴以新型金融形态(P2P 借贷、众筹融资、基金超市等)。交易技术对金融的影响直接而明显，是当前金融创新的技术驱动力。交易技术相对独立，能够在不影响金融行业格局的情况下推动金融发展，可归结为技术金融。

【小资料 2-1】何为 P2P、P2B、P2C

P2P 是 Peer to Peer，意思是"个人对个人"，是一种个人对个人的借款形式。一般由 P2P 网贷平台作为中介，借款人在平台上发布借款需求，投资人通过投资向借款人进行借款，借款人到期还本付息，投资人到期收取本金并获得收益。

P2B 是 Person to Business，是一种个人对(非金融机构)企业的借款形式。企业在平台上发布借款融资的需求，有空闲资金和投资意愿的投资人向借款企业投资，到期时企业还本付息，投资人收本拿息。

P2C 是 Personal to Company，也是个人对企业、公司的一种借款形式，大体和 P2B 相同，主要的区别在于 P2C 面向的企业主要是中小微企业，并不限制是否是金融机构。

网络金融 P 模式自从进入大众视线就以高收益赚足了眼球，最早的 P2P 平台是不提供或只提供简单的审查，不对本金和利息做出任何保障，后来为了获取投资者的信赖，一些平台才开始推出保本保息的担保投资服务。

而 P2B 和 P2C 在起步时就确立了一种担保机制，即理财平台都会与持有融资性担保机构经营许可证的融资性担保公司合作，为借款企业提供连带责任担保。即便这样，风险也不容忽视，融资方一旦发生违约还款或逾期，就会对这些投资者造成很大的影响。

互联网金融的交易结构显著区别于传统金融单一、集中的模式，表现为交易结构的多元化。这种多元化需要交易技术的强力支撑，在没有互联网的情况下，大范围高效率的点对点服务不可想象，正是互联网的去中心化特质为金融行业的去中心化带来了可能。交易结构的多元化是互联网金融的核心层次。它承上启下，连接技术与权利。一方面，它使得交易技术的作用上升一个台阶，突破了金融创新的内在动力，展现出时代环境、新型文化对于金融行业的真正改造；另一方面，它使得金融服务具备丰富性、易获得性、平等性和普惠性，为金融长尾问题的解决奠定了结构基础，并形成民主金融的结构支撑。从以多元化结构满足多样化需求的角度，这个层次上的互联网金融可归入普惠金融的范畴。

权利契约的变化居于互联网金融的顶层，是对传统金融行业最具颠覆性的冲击。其影响深远，而展现速度慢于交易技术和交易结构，目前主要体现于虚拟货币等"边缘"领域。但交易链的变化必然导致权利结构的变化，随着大大小小或传统或新兴的金融力量逐渐崛起，它们对于传统金融权利的分割已成定局。金融权利的分散必然导致市场竞争的加剧，用户在此过程中同样会显著扩大自身的金融权利，尤其是大量普通人借助 P2P 融资平台等渠道同样可提供金融服务，成为未来庞大的分散化金融体系的重要组成部分，服务的提供者与使用者之间的权利契约将更加民主、平等。因此，这个层次的互联网金融可归入民主金融的范畴，它不但意味着金融参与者数目的扩大，更意味着普通参与者权利的提升，如同电子商务中已经呈现明显趋势的消费者地位的反转。

对互联网金融三个层次起到共同催化与推动作用的是互联网精神，如只有互联网技术，而没有分享、协作、普惠的精神，仅靠交易技术难以催生新型的交易链与主体结构；同样，如果只有去中心化的交易结构，而没有自由、平等的精神，互联网金融也只能局限于普惠金融层次，虽然用户可以获得更多的金融服务，却无法掌握更大的金融权利，亦无法从根本上保障金融权利的长期性、稳定性和可靠性。因此，互联网精神是互联网金融三个层次的共同支柱和融合剂。没有互联网精神就没有作为整体的互联网金融，只有林林总总、五花八门的技术化、互联网化金融现象，这也是我们认为互联网金融首先是基于互联网精神的根本原因。

互联网金融的另一种观点是把传统的网银业务(即银行业务的网络化应用，如网银支付、转账等)以外的创新业务，一概归入"互联网金融"。在国内知名的网络咨询公司艾瑞网的报告《2013 年互联网创新金融模式》一文中，就把"互联网金融"划分为四种模式：支付结算(主要指第三方支付，是独立于商户和银行为商户和消费者提供的支付结算服务)、网络融资(包括 P2P 贷款、众筹融资、电商小贷等)、虚拟货币(指以比特币为代表的非实体货币，以提供多种选择和拓展概念为主)、渠道业务(指金融营销，为基金、券商等金融或理财产品的网络销售)。艾瑞网的这种划分显然是将金融业在网络化传统业务以外的所有活动都列入了"互联网金融"的范畴。也就是说，"互联网金融"是网络金融传统业务以外的创新模式。

第三节　网络金融的产生与发展

一、网络金融产生的背景

坦率地讲，网络金融并不是"新贵"，而是金融业务和信息技术长期融合发展到特定阶段的产物。经历若干年的磨砺，促使网络金融普及的根源，既有技术方面的客观条件，也有内在的经济驱动因素，还有行业背景的原因。

(一)技术背景——信息技术的飞速发展

信息技术与网络技术的迅猛发展及其与金融业自身特性的结合，是金融服务得以电子化和网络化的重要背景和物质基础。从技术角度讲，20 世纪末信息革命的突飞猛进式发展，对于经济社会结构产生巨大影响，使得电子化、自动化、现代化的金融服务系统基本全面形成，网络金融应运而生，成为世界金融发展的基本趋势。大数据、云计算、移动互联网等新一代技术的发展实现了应用环境的又一次质变，使去中心化的连接、开放、协作更为畅通，使大幅提升金融服务的可获性、及时性和便利性成为可能。

1. 信息网络技术推动了金融业务处理的自动化进程

网络金融的重要特点之一就是业务处理的自动化，而只有信息网络技术发展到一定程度，才能将传统的存贷款、交易、结算等业务程序化，纳入电子化处理体系，使得业务处理能够在电脑终端、ATM、商场 POS 机、移动智能终端上通过网络自动完成。

2. 信息技术网络的发展支持了金融机构内部管理的信息化和智能化

网络金融的发展核心在于高效完善的内部管理体系，而信息化和智能化的管理信息系统正是基于信息技术和网络技术发展起来的，这些技术的出现和不断创新使得内部管理信息的流动、分析、预测、控制和决策能够实现高度集成化，从而大大减少了信息传递缓慢、信息流通不对称、协调决策成本高的现象，是网络金融兴起的技术支撑。

3. 信息技术的高速发展是网络金融虚拟化经营的物质基础

在网络金融下，金融产品和服务形式不断创新，出现了大批电子化的金融工具，金融业务处理呈现自动化、电子化、网络化的趋势，传统的金融机构被逐渐虚拟化，原先以人为主的物理网点逐渐被无人化的电子网点所取代，许多业务可以直接利用计算机或移动智能终端通过网络系统处理，促使其运行无形化和虚拟化。而这些，都是以信息技术和网络技术的发展为基础的。

4. 信息技术同时也是金融业务融合和全球金融一体化的重要推动力

正是在信息技术，尤其是互联网迅猛发展的情况下，资本的全球流动达到前所未有的快捷，国际金融业务的拓展和处理变得非常方便和高效，时间和空间的限制大大缩小，这些都极大地推动了金融业务的融合和混业经营的发展。同时，国际金融机构之间的合作和统一管理变得越来越容易实现，加上网络技术的发展带来了金融创新和更激烈的竞争，引发了国际性金融机构兼并浪潮的出现，成为全球金融一体化的重要推动力。

(二)经济背景——网络经济与电子商务的发展

20 世纪 90 年代开始，作为一种前所未有的崭新的经济运行和商贸运作模式，网络经济和电子商务引发了社会、经济和商业领域的深刻变革。在这场变革中，网络金融的产生和发展实际上是网络经济和电子商务的内在要求，是具有其必然性的。经济模式的变迁如表 2-2 所示。

表 2-2　经济模式的变迁

类　型	属　性	功　能	举　例
农业经济	自然经济	满足人们生产的基本需要	"谷贱伤农"
工业经济	货币经济	有效运用金融资本	"牛奶倒入大海"
网络经济	知识经济	以信息和知识为基础，减少物质和能源的消耗	"产销合一"

1. 网络经济的含义

网络经济作为一种新的经济形态，不仅仅指以计算机网络为核心的一种新行业经济，或因此新行业而派生的一些相关行业。网络经济是指以经济全球化为背景，以知识为基础，以信息技术为支撑，以互联网为载体，以电子商务为主导，以中介服务为保障，以人力资源为核心，以不断创新为特点，以应用知识为目的，实现信息、资金和物资的流动，促进整个经济持续增长的全新的社会经济活动和社会经济发展形态。

网络经济的核心资源是信息，网络在时间和空间上的无限性和自由性为信息的获取、加工和传递提供了最大的便利，使一切信息数字化、虚拟化。从这一角度来看，网络经济是信息经济。随着网络无国界的延伸，以及知识无国界的影响，网络经济必定是全球化的经济。

2. 网络经济的特征

网络经济是知识经济的一种具体形态，这种新的经济形态正以极快的速度影响着社会经济与人们的生活。网络经济与传统经济相比，具有以下显著特征。

(1) 以知识为核心。网络经济是以知识为核心的经济，是建立在知识和信息的生产、分配和使用基础上的经济；资本在其发展中的重要性趋于降低，逐渐成为知识的一种功能，知识将支配资本。网络经济是以高科技产业为第一支柱，以信息和知识资源共享为依托的新型经济。以美国为例，其国家经济增长的重要源泉归功于5000家大大小小的软件公司，它们对世界经济的贡献绝不亚于名列前茅的500家世界大公司。

(2) 全球化。网络经济是全球化经济，消除时空差距是网络使世界发生的根本性变化之一。网络突破了传统的国家、地区界限，连接世界各国的信息网络使整个世界变成了"地球村"，在网络上，不分种族、民族、国家、职业和社会地位，人们可以自由地交流、漫游，以此来沟通信息。网络突破了时间的约束，使人们的信息传输、经济往来可以在更小的时间跨度上进行。网络经济可以24小时不间断地运行，基于网络的经济活动对空间因素的制约降低到最小限度，网络经济能做到全球性的资源优化配置、资产优化重组，并将竞争扩展到全球范围。

(3) 网络经济的外部性。一般的市场交易是买卖双方根据各自独立的决策缔结的一种契约，这种契约只对缔约双方有约束力而并不涉及或影响其他市场主体的利益。但在某些情况下，契约履行产生的后果却往往会影响到缔约双方以外的第三方(个体或群体)。这些与契约无关的却又受到影响的经济主体，可统称为外部，它们所受到的影响就被称为外部效应。契约履行所产生的外部效应可好可坏，分别称为外部经济性和外部非经济性。通常情况下，工业经济带来的主要是外部非经济性，如工业"三废"，而网络经济则主要表现为外部经济性。正如凯文·凯利提出的"级数比加法重要"的法则一样，网络形成的是自我增强的虚拟循环。增加了成员就增加了价值，反过来又吸引更多的成员，形成螺旋形优势。

(4) 新的分工和专业化。随着网络经济的发展，企业之间信息传输的速度加快、效率增强，分工合作进一步加剧，企业的内部劳动组织更加紧密，同时获取信息的方便性使企业内部的分工减少，从而使得企业专业化的机会增多。

(5) 数字化和标准化。网络经济是无形的数字化经济。假使网络只有一个用户使用，那它们的价值就为零；只有得到更多人的认可和使用，一项技术的价值才能得到最大程度的体现。造成"多"的最好的方法就是符合"标准"，所以，网络经济运行是标准化的。

(6) 边际效益递增性。边际效益随着生产规模的扩大会显现出不同的增减趋势。在工业社会物质产品生产过程中，边际效益递减是普遍规律，因为传统的生产要素——土地、资本、劳动都具有边际成本递增和边际效益递减的特征。与此相反，网络经济却显现出明显的边际效益递增性。①网络经济边际成本递减。信息网络成本主要由三部分构成：一是网络建设成本，二是信息传递成本，三是信息的收集、处理和制作成本。由于信息网络可以长期使用，并且其建设费用与信息传递成本及入网人数无关，所以前两部分的边际成本为零，平均成本都有明显递减趋势。只有第三种成本与入网人数相关，即入网人数越多，所需收集、处理、制作的信息也就越多，这部分成本就会随之增大，但其平均成本和边际成本都呈下降趋势。因此，信息网络的平均成本随着入网人数的增加而明显递减，其边际成本则随之缓慢递减，但网络的收益却随入网人数的增加而同比例增加；网络规模越大，总收益和边际收益就越大。②网络经济具有累积增值性。在网络经济中，对信息的投资不仅可以获得一般的投资报酬，还可以获得信息累积的增值报酬。这是由于一方面信息网络能够发挥特殊功能，把零散而无序的大量资料、数据、信息按照使用者的要求进行加工、处理、分析、综合，从而形成有序的高质量的信息资源，为经济决策提供科学依据。同时，信息使用具有传递效应。信息的使用会带来不断增加的报酬。举例来说，一条技术信息能够以任意的规模在生产中加以运用。这就是说，在信息成本几乎没有增加的情况下，信息使用规模的不断扩大可以带来不断增加的收益。这种传递效应也使网络经济呈现边际收益递增的趋势。

(7) 创新效应。网络经济是创新型经济。创新是网络经济时代最显著的特征之一。金融创新包括两个层面，一个是物质层面的，即技术创新的层面，如在金融资本的融通上，投资、融资都更容易和快捷了；另一个是制度层面的，强调通过制度创新营造一个能够不断鼓励人们投入劳动，进行发现和发明的金融生态环境。网络技术的发展日新月异，以此为基础的网络经济需要强调研究和创新，创新是企业持续发展的动力与保障。因此，技术创新、管理创新、制度创新、观念创新已经成为市场主体生存和发展的关键，成为新经济增长的强大推动力。

(8) 快捷性。网络经济是一种速度型经济，现代信息网络可用光速传输信息。网络经济以接近于实时的速度收集、处理和应用大量的信息，经济节奏大大加快，一步落后将会步步落后。产品老化在加快，创新周期在缩短。因此，网络经济的发展趋势应是对市场变化发展高度灵敏的"即时经济"或"实时运作经济"。

(9) 风险性。由于网络经济是最新、最先进的信息技术以及软件的应用，具有很大的不确定性；再加上充分竞争导致网络企业生产周期短、淘汰率高，因而网络经济是高风险经济。

(10) 扁平化。由于网络的发展，经济组织结构趋向扁平化，处于网络端点的生产者与消费者可直接联系，"产销见面"成为主流，降低了传统的中间商层次存在的必要性，从而显著降低了交易成本，提高了经济效益。为解释网络经济带来的诸多传统经济理论无法解释的经济现象，有学者提出了"直接经济"理论。该理论认为，如果说物物交换是最原始的直接经济，那么，当今的新经济则是建立在网络上的更高层次的直接经济，从经济发展的历史来看，它是经济形态的一次回归，即农业经济(直接经济)——工业经济(迂回经济)——网络经济(直接经济)。直接经济理论主张网络经济应将工业经济中迂回曲折的各种路径重新拉直，缩短中间环节，即网络经济是中间层次作用弱化的"直接"经济。信息网络化在发展过程中会不断突破传统流程模式，逐步完成对经济存量的重新分割和增量分配原则的初步构建，并对信息流、物流、资本流之间的关系进行历史性重构，压缩甚至取消不必要的中间环节。

(11) 竞争与合作并存。网络经济是竞争与合作并存的经济。信息网络扩大了企业之间的竞争与合作的范围，加快了竞争与合作之间转化的速度，世界已进入到一个新的竞合时代，在竞争中有合作，在合作中有竞争，合作也是为了竞争。竞争合作使企业的活力增强了，提高了应变能力，形成了企业的可持续竞争优势。天赋的自然资源或可供利用的资金不再是核心资源，而信息与知识已成为企业的核心资源。

3. 电子商务的发展

科学技术进步使人们的社会、经济、文化生活不断出现新的事物和变化，电子商务的出现将成为未来信息社会商务活动的主要形式。电子商务是一种发展趋势，它的产生会使资本经济转变为信息经济，对企业的成败发挥着关键性作用。因此，通过电子商务人类将真正进入信息社会。

(1) 在电子商务体系中，网络金融是不可缺少的核心环节。

完整的电子商务活动由商务信息、资金支付、商品配送三阶段构成，商务系统、客户系统、支付体系和互联网是构成电子商务的必备四要素。其中，电子支付系统是电子商务中最关键的环节，起着承上启下、连接买卖双方，实现资金流和支付信息流转移的重要交易中枢作用，因而网络金融，尤其是网络银行在电子商务中具有无可取代的重要地位。

(2) 金融电子商务是网络经济和电子商务的重要组成部分。

基于互联网的电子商务技术为金融业展现了广阔的虚拟化商务空间，除了提供中介结算服务外，其他金融业务也可以经由金融电子商务实现，从而使得网络金融成为网络经济和电子商务的重要组成部分。从经济驱动角度讲，实体经济某些领域(如个体和小微企业)存在巨大的金融服务需求；数额庞大的民间资本迫切需要更高效的投资方式和渠道；加之利率市场化等各项改革深入推进等。这诸多因素促使我国金融业大胆寻求突破，在支付、融资、理财、投资、保险等方面陆续出现"微改变"，并最终通过网络的聚合效应促成了一定当量的"核裂变"。

(三)行业背景——日趋激烈的同业竞争

1. 巨大市场空间和新竞争规则下的选择

在网络经济下，数以亿计的网络用户被互联网连接起来，为金融业提供了巨型的市场空间和庞大的客户群。以网络为依托的电子商务推动了金融机构采取网上服务的全新经营方式，并且重新构建了金融服务市场的竞争规则，发展网络金融成为大势所趋。

2. 全新运作模式下降低成本的需要

网络金融的巨大吸引力之一在于其低成本、高效率的运营。传统银行的建立成本巨大，而网络银行的成立主要需要硬件、软件、少量智能资本的投入，省却了其余有形设施，成本较低，运营成本也可以大大降低。这些成本优势和管理优势，是金融机构对网络金融趋之若鹜的重要原因。

(四)传统金融运作的简单描述

1. 传统金融业在经济中的地位

在传统经济中，以银行业为主体的金融业是社会经济的"中枢"，也是一个高度信息化的产业，其信息相对集中的优势是其他任何行业所望尘莫及的。从一国中央银行来说，其独揽本国货币发行权及实施金融监管、调节货币流通量的职能必然决定了其至高无上的地位。

2. 传统金融的功能

传统金融的功能包括资金媒介功能、支付服务功能、转移和分散风险功能、稳定币值和保证经济健康运行的功能。

3. 传统金融业的运作特点

传统金融业运作的特点有以下几个。

(1) 金融机构都是传统意义上的物理化的砖瓦实体机构，金融业务采取柜台交易。

(2) 传统金融支付服务和其他服务的提供，体现的是"以量取胜"的"产品中心主义"。

(3) 传统金融服务业中有大量实物单据存在。

(4) 每个金融机构都有一个稳定的客户群和自己的竞争优势，不同大小的金融机构彼此间的差距难以打破。

(5) 传统金融运作存在风险以及金融危机的可能性，但风险及危机爆发的形式简单，影响的广度和深度都相对较小。

(五)网络金融兴起的必然性

(1) 计算机和网络通信技术的不断发展与日益成熟为金融网络化提供了物质技术条件和良好的外在运行环境。

(2) 网络经济是以现代网络技术为核心的信息产业的全面发展为标志的，而信息产业是高投入、高风险型的产业，它的风险资本的融资需要有能够承担风险的金融业的配合与支持。

(3) 网络经济条件下的电子商务活动中金融业务的重要性日益增强，需要金融业全面的支持。

(4) 金融业激烈的竞争，迫使各金融机构改革，以引进先进的技术设备，并为客户提供全方位的、完备的、高质量的金融服务作为竞争制胜的法宝。

(5) 与其他经济部门相比，金融产业的服务基本上不需要物质的转移，金融活动更容易信息化，更适合借助于计算机网络运行。

二、网络金融的发展现状

(一)支付网络化

任何一笔电子商务交易都必不可少地包含信息流、货币流和商品流。它们时刻同在，互为因果。首先，这就像复调音乐，三条旋律主线相互缠绕彼此追逐，高潮过后揉为一点。任何一个交易者在完成一笔交易之前必然同这"三流"打完了交道。其次，信息技术的不断进步、物流系统效率的不断提高为这"三流"的一体化整合创造了条件。三者之间在这个大环境下有效互动，构成了一个完整的电子商务模型：信息流是模型的肉体，是资金流和物流的基础；资金流和物流是模型的血液，是信息流的结果。

资金流作为电子商务的三个构成要素之一，是实现电子商务交易活动的不可或缺的手段，其流动的效率与成本直接关系到电子商务开展的成败，这就对支撑资金流流动的支付结算方式提出了更高的要求。而传统的支付方式，如现金、支票、信汇、电汇等，在经济性、效率性、安全性、便捷性等方面还存在诸多局限与弊端，并成为影响电子商务发展的瓶颈。因此，政府、企业以及家庭个人对解决资金流的运行效率和服务质量的要求也越来越高。在这种背景下，特别是信息网络技术的进步，促使资金流的支付结算系统不断从手工操作走向电子化、网络化与信息化。

(二)货币电子化

最近几十年，一些新的货币形式正在出现，比如现在流行的电子货币。电子货币无形无影，它依托金融电子化网络，以电子计算机技术和通信技术为手段，以电子数据形式储存在计算机系统中，通过计算机网络系统，以电子信息传递的形式实现货币流通和支付的功能。银行卡就是我们常见的电子货币载体之一，电子货币的产生是货币史上的一次飞跃。现在，电子货币已经广泛地渗透到现代生活中，它在完成交易支付时比纸币更加便利和快捷。使用电子货币，可以存款取款；可以代替现金实现转账支付，直接用于消费结算；也可以向银行办理消费信贷。此外，与纸币相比，电子货币更不易被伪造，使用起来更加安全、便利。

(三)支付工具演变与货币演变关系

支付工具的演变和货币的演变并非完全一致。支付工具总是领先于货币的演变。支付工具与货币的对应关系大致如表 2-3 所示。

表 2-3　支付工具与货币对应关系

支付工具	法定货币	技术变革
足值货币→铸币	足值货币(原始货币，如牛、羊；贵金属，如金、银)	冶炼技术
铸币→银行券等	铸币	冶炼技术的进一步发展
银行券→国家纸币等	银行券、纸币	造纸术
国家纸币→银行卡→电子货币等	现金、电子货币	造纸术、印刷防伪技术、信息网络技术

从表 2-3 可以看出，支付工具本质上是直接或间接地依附于法定货币，能直接或间接地反映货币具有支付手段职能的载体。但是，支付工具与法定货币本身并非一一对应，它比法定货币具有更加广泛的内容。比如，目前法定货币为纸币，支付工具则由两大类构成：一类是直接反映纸币具有支付手段职能的现钞、银行卡(包括借记卡和信用卡)等；另一类是间接反映此职能的电子货币。现钞和银行卡等支付工具之所以能直接反映纸币的支付手段职能，在于它们与纸币在价值上具有一一对应的关系；电子货币虽然还不是法定货币，其"价值量"依赖于与现行货币保持等额的兑换关系，从而电子货币也能间接地反映纸币具有支付手段职能。

(四)金融机构网络化

网络金融开启了金融服务的新时代，无论是生产者还是消费者，无论是商家还是客户，都明显感受到了网络金融所带来的效率、效益和便利。网络金融的主体是银行，网络金融的先行者也是银行，银行在网络金融的发展中一直起着主导作用。但同时，网络证券、网络保险和网络期货等其他网络金融形式也对网络金融内容的丰富和水平的提高起着积极的推动作用。

1. 网络银行

网络银行，又称网上银行、在线银行，是指银行利用互联网技术，通过互联网向客户提供开户、查询、对账、行内转账、跨行转账、信贷、网上证券、投资理财等传统服务项目，使客户可以足不出户就能够安全便捷地管理活期和定期存款、支票、信用卡及个人投资等。可以说，网络银行是在互联网上的虚拟银行柜台。网络银行包含两个层次的含义：一个是机构概念，指通过信息网络开办业务的银行；另一个是业务概念，指银行通过信息网络提供的金融服务，包括传统银行业务和因信息技术应用带来的新兴业务。

自1995年10月加拿大皇家银行在美国建立世界上第一家网络银行——安全第一网络银行(SFNB)以来，网络银行在世界范围内迅速发展。网络银行的产生在银行业掀起了一场前所未有的管理模式与思想观念的变革，导致银行的物理形态、组织结构、经营范围、业务流程、货币形式、支付方式、运行模式、服务手段等方方面面都在不断转型和变化。

【小资料 2-2】关于网络银行的一项调查

汇丰银行青岛分行曾对用户做了一个专项调查，结果显示，客户对网络银行服务的满意程度大大超过了传统银行。调查中假设对传统银行的金融服务满意指数为100，则电话银行服务的满意指数为120，自动柜员机服务的满意指数为200，网络银行服务的满意指数则在 210 之上。同时，汇丰银行的调查还显示了网络金融服务方面要特别注意的两个问题：一是客户普遍认为安全问题是网络金融交易的第一要素；二是网络金融业务客户的忠诚度高过传统金融业务的客户，因为网络金融业务的客户一旦认可了他接受的网络机构，习惯了网上操作程序，就不会轻易变动。因此，网络金融机构的品牌形象和服务质量十分重要。

2. 网络证券

网络证券亦称网上证券，是电子商务条件下的证券业务的创新。从概念上讲，网络证券有广义和狭义之分。狭义的定义通常是指投资者利用互联网网络资源，包括公用互联网、局域网、专网和无线网络等电子方式和手段，获取证券的即时报价，分析市场行情，并通过互联网委托下单，实现实时交易的品种，包括股票、债券和共同基金，以及指数的期权和期货。从广义的角度看，网络证券交易指通过互联网进行证券投资的全过程，在这一过程中，IT 手段渗透到网上证券活动的各个环节，包括信息采集与加工处理、信息发布、信息查询、证券分析、交易、支付、清算和交割等全过程。

3. 网络保险

网络保险亦称网上保险，是指保险公司或新型网上保险中介机构以互联网和电子商务技术为工具来支持保险的经营管理活动的经济行为。通俗地说，网络保险就是通过互联网进行保险咨询、险种费率查询、承保、理赔等一系列业务活动。美国是网络保险的起源地，在网络用户数量、普及率等方面，美国的网络保险业都拥有着明显的优势。目前，几乎所有的美国保险公司都已经上网经营，为消费者提供了全新的保险体验。

4. 网络期货

网络期货亦称网上期货，是指投资者在互联网上进行的各种期货交易活动的总称，投资者利用互联网资源，获取期货的即时报价，分析市场行情，并通过互联网委托下单，实现实时交易，包括商品期货、股指期货、利率期货、货币期货。

本章小结

在当前以网络为核心的信息时代里，在汹涌澎湃的电子商务浪潮的冲击下，网络与金融这两个独立的行业逐渐融合在一起，网络金融时代已悄然来临。网络金融作为网络信息技术与现代金融相结合的产物，为人们提供了便利的网络支付业务，使得网上消费真正变为现实，还提供了网络贷款业务、网络理财服务等。与传统金融比，网络金融具有高效性、经济性、信息化、虚拟化、一体化等特征。网络金融具体表现为支付网络化、货币电子化、金融机构网络化。

网络金融的产生与发展取决于网络和信息技术、网络经济的深化和电子商务的发展等基础条件。金融网络化经历了银行电子化、金融市场网络化的历程。信息技术的飞速发展为网络金融的发展提供了技术背景，网络经济与电子商务的发展是网络金融的经济背景，日趋激烈的同业竞争是网络金融的行业背景。本章在阐明了网络金融与互联网金融概念的基础上，分析了网络金融与互联网金融的区别与联系，介绍了网络金融的特征与功能，并对网络金融的产生背景、发展历程及现状进行了分析。

本章习题

一、问答题

1. 如何理解网络、网络金融及移动金融的概念？
2. 何谓互联网金融？互联网金融与网络金融有什么区别与联系？
3. 网络金融具有哪些特征？其功能是什么？
4. 网络金融是在怎样的背景下产生的？
5. 简要概括网络金融发展的现状。
6. 你身边经常接触到的网络金融产品有哪些？
7. 纯网络金融机构会取代传统金融机构吗？
8. 互联网金融的出现对现有的金融机构产生了什么影响？

二、实践训练

实训项目：浏览P2P、众筹融资、第三方支付互联网金融机构的网站。

实训目的：结合实践了解互联网金融机构。

实训步骤：

(1) 登录一个P2P、众筹融资、第三方支付的网站;

(2) 浏览互联网金融机构的主要业务，列举其主要产品;

(3) 体验互联网金融机构的各种服务和产品;

(4) 比较网络金融机构与互联网金融机构服务的区别。

第三章 电子货币与应用

【学习要点及目标】

- 了解电子货币产生的背景。
- 明确电子货币的作用和功能。
- 熟知电子货币的概念、特征和类型。
- 掌握电子货币的主要形式及应用。
- 了解电子货币对传统金融活动的影响。

【核心概念】

电子货币　银行卡　网络货币　电子现金　比特币　电子钱包　货币职能　货币工具　货币供给

【引导案例】

招商银行"一卡通"

"一卡通"是招商银行向社会大众提供的以真实姓名开户的个人理财基本账户，它集定活期、多储种、多币种、多功能于一卡，多次被评为消费者喜爱的银行卡品牌。

招商银行"一卡通"的功能如下。

(1) 一卡多户：具有人民币、美元、港币、日元、欧元等币种的活期、定期等各类储蓄账户。

(2) 通存通兑：可在招商银行同城任一网点办理各储种存取款业务；在全国各网点办理人民币、港币、美元活期储蓄账户的异地存取款业务。

(3) 自动转存：凡存有整存整取存款且到期后，银行自动按原存期连本带息代为办理存款转存。

(4) 自助转账：在招商银行柜面申请自助转账服务功能后，可以直接使用电子银行相关自助渠道，办理以下业务。

① 通过网上银行、手机银行、ATM 自助设备、自助查询终端渠道办理同一客户项下同城"一卡通"、存折间的资金划转。

② 通过网上银行、手机银行、ATM 自助设备、自助查询终端渠道办理向任意预先指定账户的资金划转。

③ 通过网上银行、手机银行、ATM自助设备、自助查询终端渠道办理向任意第三方账户的资金划转。特别说明的是，办理同一"一卡通"内的人民币或同外币同一钞汇类型账户间的定活互转，无须到柜台办理申请手续，由计算机系统自动开通。

(5) 商户消费：可在招商银行和中国银联的特约商户直接进行消费结算。

(6) 自动柜员机提款：在招商银行开户地自动柜员机上可办理人民币活期取款、修改密码、第三方转账及查询活期账户余额等业务；在招商银行非开户地自动柜员机上可办理人民币活期取款业务；还可在加入中国银联的他行自动柜员机上办理人民币活期取款、活期账户余额查询等业务。

(7) 自助存款机：在招商银行开户地自助存款机上可办理人民币活期、整存整取、零存整取等存款业务；在招商银行任一自助存款机上可办理一卡通的有卡或无卡存现，其中，无卡存现不支持招商银行老八位卡片存现。

(8) 查询服务：招商银行柜台、自助银行、电话银行、网上银行、手机银行等各种渠道，为客户提供存款利率、汇率、业务简介及各类账务查询。

(9) 电话银行：招商银行电话银行提供自动语音服务和人工服务。

① 直接拨打95555，并根据自动语音提示可以办理账务查询、转账、挂失等业务。

② 95555电话银行人工服务可提供24小时业务咨询服务，并受理客户的投诉。

(10) 手机银行：作为国内首家推出手机银行的金融企业，招商银行不断创新，推出了一系列新一代手机银行产品，包括iPhone版、Java版、Mobile版、网页版、WAP版等，满足客户的多种需求，倾力打造新一代移动金融生活平台。

(11) 网上个人银行专业版：在招商银行柜台申请"网上个人银行专业版"功能后，可通过网上银行同步管理一卡通、存折、信用卡，并进行转账汇款、自助缴费、投资管理、贷款管理、理财计划、财务分析、功能申请等业务。

(12) 网上个人银行大众版：凭招商银行一卡通即可直接通过网上个人银行(大众版)办理如下个人银行业务：账户查询、自助转账、自助缴费、网上支付、投资管理、贷款管理等。

(13) 网上支付：在招商银行柜台或网上银行申请"网上支付"功能后，可通过招商银行网上商城中的特约商户在线选购全国各地商品或享受其他服务，同步完成消费款项的支付。

(14) 银证转账：在招商银行柜台或招商银行特约券商处申请银证转账服务功能后，通过招商银行电话银行、网上银行等自助设备，可实现活期账户与指定券商处开立的证券保证金账户之间的资金相互划转，该功能主要适用于外币资金在活期账户与证券保证金之间的划转。

(15) 第三方存管：在券商柜台办理预指定且到招商银行柜台办理第三方存管功能确认后(部分券商可以在券商柜台办理第三方存管一站式开户)，通过招商银行电话银行、网上银行等电子银行自助设备，可实现活期账户与指定券商处开立的证券保证金账户之间的资金相互划转，该功能主要适用于人民币资金在活期账户与证券保证金之间的划转。

(16) 银基通：可通过柜台、电话银行、网上银行、手机银行办理各项开放式基金认购、申购、赎回等交易及查询业务，其他各项开放式基金转托管转出等业务在柜台办理。

(17) 受托理财：可通过招商银行柜台、电话银行、网上银行、手机银行等渠道查询理财产品资料、账户持仓情况、当前交易委托及账户历史交易等信息，并可办理招商银行理财产品的认购、申购、赎回、撤单等交易。

(18) 代理保险业务：凭一卡通及投保单、身份证件等投保材料，可在招商银行各网点购买各类保险产品，并享受电话销售、网上销售保险理财服务。

(19) 黄金业务：在招商银行相应渠道开通了"招财金"代理个人黄金交易业务后，可通过不同渠道进行交易所挂牌交易的各类贵金属交易品种的买入、卖出等交易委托、查询等业务，并可通过招商银行柜面渠道办理招商银行个人金银投资品代购业务。

(20) 外汇买卖：在招商银行柜台或网银专业版申请个人外汇买卖业务后可以在招商银行电话银行、自助查询终端、网上个人银行专业版、财富账户专业版等多渠道办理外汇买卖委托、查询等业务。客户可轻松参与并投资于国际外汇市场获取一定的投资回报。

(21) 自助贷款：在与招商银行签署协议后，以存入招商银行一卡通内的自有本外币定期储蓄存款作质押，可通过电话银行、网上银行和自助终端等电子银行自助设备向招商银行申请获得贷款并可通过以上渠道自助还款。

(22) 自助缴费：在招商银行柜台或电话银行、网上银行、手机银行等电子银行渠道申请自助缴费服务功能后，可通过招商银行电话银行、网上银行向招商银行的特约收费单位自助缴纳各类费用。

(23) 代理业务：根据单位或个人书面委托，银行可为单位或个人办理工资发放或代缴各种费用。

(资料来源：佚名. 招商银行"一卡通". 2015.6.13, http://www.cmbchina.com/)

【案例导学】

随着社会生产力的提高，社会商品交换的需求和数量在不断增长，货币的形态也从贝壳、贵金属、普通金属，发展到纸币和票据，再发展到今天的电子货币。以计算机技术为核心的信息技术的发展，引起了人们的生产和生活方式的巨大变革，也推动了货币形态的发展。为适应电子商务的发展，人们开发出了形形色色的电子支付手段和工具——电子货币，也有人称为电子通货、数字现金、数码通货、电子现金等。人们所称的"电子货币"所含范围极广，如信用卡、储蓄卡、借记卡、IC卡、消费卡、电话卡、煤气卡、电子支票、电子钱包、网络货币、智能卡等，几乎包括了所有与资金有关的电子化的支付工具和支付方式。那么，为什么电子货币会如此引人注目？电子货币有哪些主要的形式？如何使用电子货币？电子货币给传统金融活动带来了什么影响？通过对本章的学习，读者可以了解电子货币产生的背景、特征、定义及分类，明确电子货币与传统货币的区别，掌握电子货币的主要形式及应用，以及电子货币对传统金融活动的影响等相关知识。

第一节 电子货币概述

电子货币作为现代经济高度发展和金融业技术创新的产物，是以电子和通信技术飞速发展为基础的，也是货币支付手段职能不断演化的结果，从而在某种意义上代表了货币发展的未来。

一、电子货币的产生

随着科学技术的进步和生产力水平的进一步提高，商品生产进入现代化的大规模生产，经济结构也发生了重大变化，商品流通渠道迅速扩大，交换日益频繁，尤其是在不断加快的经济全球化进程以及信息技术的快速发展下，大规模的商品生产和商品流通对货币支付工具提出了新的要求，迫切要求有一种新的、先进的货币工具与高度发达的商品经济相适应。于是，在高度发达的信用制度和技术条件下，一种新型的货币形式——电子货币便应运而生。

(一)货币的演变与发展

1. 货币的演变

货币自诞生以来，经历了实物货币、金属货币、信用货币等数次转变。货币的"祖先"脱胎于一般的商品。某些一般的商品由于其特殊的性能，适合用作交易媒介，于是就摇身一变成了商品家族的新贵——货币。比如贝壳，今天的人们已经很难想象它曾经是叱咤风云的"钱"。除了贝壳，还有龟壳、布帛、可可豆、鲸鱼牙，甚至玉米等，都曾在不同地区、不同时代充当过货币。后来，取代实物货币的是金属，比如金、银、铜、铁等，它们都曾长时间扮演过货币的角色。在金属货币之后诞生了纸币，也就是所谓的信用货币。

我国是世界上最早使用货币的国家之一，在我国的汉字中，凡与价值有关的字，大都从"贝"。由此可见，贝是我国最早的货币。随着商品交换的迅速发展，海贝已无法满足人们的需求，人们开始用铜仿制海贝。铜贝的出现，是我国古代货币史上由自然货币向人工货币发展的一次重大演变。我国最古老的金属货币是铜铸币，有三种形式：一是"布"，是铲形农具的缩影；二是"刀"，是刀的缩影，三是铜贝，在南方楚国流通，通常称之为"蚁鼻钱"。秦统一中国后，秦始皇于公元前210年颁布了中国最早的货币法"以秦币同天下之币"，规定在全国范围内通行秦国圆形方孔的半两钱。到了汉武帝时期，中央收回了郡国铸币权，由中央统一铸造五铢钱，从此确定了由中央政府对钱币铸造、发行的统一管理。

信用货币以纸币为主要表现形式。我国在10世纪末的北宋年间，已有大量用纸印制的货币——"交子"，"交子"成为经济生活中重要的流通和支付手段。元代则在全国范围内实行纸钞流通的制度，其中具有代表性的是忽必烈在位时发行的"中统元宝钞"。银行券是随着资本主义银行的发展而首先在欧洲出现于流通中的一种用纸印刷的货币。最初，一般商业银行都可以发行银行券，发行银行券的银行保证随时可按面额兑付金币、银币。到了 19 世纪，在工业化国家中，纸币的发行权逐渐集中于中央银行。19 世纪末 20 世纪初，在银行券广泛流通的同时，事实上贵金属铸币的流通数量日益减少，表现出纸制钞票的流通终将取代铸币流通的趋势。

2. 货币的发展

货币是充当一般等价物的特殊商品，其最主要的职能是作为交易的媒介执行流通手段和支付手段。货币形式服从于货币内容并随着时代的发展而不断地进化，用一种象征性的货币来代替另一种象征性的货币是一个永无止境的过程。这样，货币所可能采取的形式就具有无限多样性。不同形式的货币变化是生产力发展的必然结果。随着人类社会文明和科学技术的发展，生产力水平发生了巨大变化，货币的表现形式也经历了几次大的变革。

迄今为止，货币形式经历了实物货币、金属货币、代用货币、信用货币、电子货币等阶段。实际上，从早期的朴素商品货币到贵金属货币再到纸币和银行账户上的记录数据，货币形式经历了从价值实体到价值符号的演变。货币的发展阶段如表 3-1 所示。

表 3-1　货币的发展阶段

货币的阶段	货币的性质	货币的表现形式	货币的特点
实物货币阶段	产生于人类社会最简单的商品交换时期，充当物交换的媒介，用常见的且大家都普遍接受的商品作为固有的一般等价物	贝壳、兽皮、牛、羊、谷帛、牲畜	体积笨重、不便携带；质地不匀、难以分割；容易腐烂、不易储存；大小不一，难以比较
金属货币阶段	弥补了实物货币的不足，又满足了当时商品交换的需要	金、银、铜、铁	价值比较稳定，经久耐用、易于分割、便于储藏
代用货币阶段	由于金银的采掘跟不上商品生产和流通发展的需要，就逐渐产生了代用货币，用以代替金属货币，实现商品交易	不足值的铸币、政府或银行发行的纸币	成本低；便于携带和运输；避免金属货币流通中所产生的问题
信用货币阶段	以国家信用作为保证，由国家通过信用程序强制发行	纸币、期票、汇票、支票	完全割断了与贵金属的联系；国家的信誉和银行的信誉是基本保证
电子货币阶段	以电子信号为载体	磁卡、IC 卡、信用卡、借记卡、智能卡、数字现金	无面额约束；提高了货币的流通效率；降低了货币的流通费

每一次人类货币形态的更新，无疑都表明了人类文明的发展进入到一个新的历史时期，因此说货币是人类文明发展各个历史阶段的里程碑。

【小资料 3-1】 货币发展史上的三次革命

货币形式在货币发展史上经历了三次大的变革与飞跃。

1. 贵金属货币的出现是农业社会的产物

贵金属货币的出现解决了物物交换昂贵的搜寻成本和呈几何级数增加的交换比率两大难题，使得以物易物的直接交换方式演变为以货币为媒介的间接交换方式，贵金属货币超脱了其使用价值，成为一般价值形式，开始具有社会的属性。

2. 纸质货币的流行是工业革命的产物

随着工业革命对社会生产力的解放，通过国家的权威性和银行的信誉，纸币的出现突破了贵金属货币的稀缺性对不断扩大的商品生产和交换的制约，大大推动了商品经济的发展，这时货币成为一种价值符号，其价值依赖于公众的普遍接受性与信誉性，货币虚拟化程度大大提高。

3. 电子货币的出现是信息革命的产物

随着信息技术革命和网络经济的迅猛发展，纯观念的电子货币应运而生。电子货币是在电脑网络组成的虚拟空间中流通的一种无形货币，它用数字脉冲进行传输，通过计算机系统进行处理和存储，极大地突破了现实世界的时空限制，可以在瞬间将巨额资金从地球的一端传到另一端。

从货币的发展趋势看，其价值尺度从最初的名副其实逐渐虚化，变得名不副实，甚至成为纯粹的"观念化"的货币。电子货币没有实际价值，也没有货币实体，它在执行价值尺度的职能时，只是想象的或观念的货币。电子货币的出现是信息革命的产物，电子货币的产生和流通使实体货币与观念货币发生分离，真实货币演变为虚拟货币，是新技术革命和网络经济发展的必然结果，它有效地解决了在市场全球化的大背景下降低信息成本和交易费用的问题。电子货币极大地突破了现实世界的时空限制，信息流、资金流在网上的传送十分迅速、便捷，时空差距不再是网络世界的障碍。同时，网络和电子货币还减少了巨额货币印钞、发行、现金流通、物理搬运和点钞等大量的社会劳动和费用支出，极大地降低了交换的时空成本。并且由于电子货币的方便性、通用性和高效性等特点，电子货币在使用和结算过程中，不仅简化了以往使用传统货币的复杂程序，而且电子货币的使用和结算不受时间、地点、服务对象等的限制，人们可以在自己方便的时间内完成交易，无论所购商品是在国内还是国外。总之，电子货币的出现加快了市场全球化，加强了全球经济的联系，人们通过网络和电子货币可以更快、更省地处理经济事务。所有的这些都大大降低了信息搜寻成本，减少了交易费用，节余了更多的社会财富，提高了资源优化配置的范围和效率。因此，电子货币的产生和发展可以说是货币发展的高级阶段，是货币史上的第三次革命。

(二)电子货币产生的原因

电子货币的产生有以下几个方面的原因。

1. 追求利润最大化是电子货币产生的基本原因

由于行业的竞争日益激烈，使得传统业务所带来的利润越来越微薄，这就迫使金融进行不断的创新以弥颓势。这样一来，为丰厚回报而进行的业务创新就给电子货币的出现提供了契机。因为对于电子货币的提供商而言，发行电子货币既可以作为金融创新以寻找新的利润增长点，又可以作为一种新颖的服务手段来吸引客户以增加潜在的收益。

2. 电子商务的兴起内在地需要电子货币的发展

由于信息技术的进步以及在商业贸易中的深入，网上购物、虚拟交易等新的商务模式让人们在有了新的消费体验的同时也感到支付上的不便，人们对能够快捷安全地进行支付的新货币形式就有了内在的需求。电子货币不但可以满足这一需求，而且也具备了基本的货币特征，能够为人们所广泛接受，所以电子货币在这种环境下迅速发展也就顺理成章了。

3. 信息、加密技术的发展给电子货币的发展提供了技术支持

没有信息技术和加密技术的高度发展，今天我们所能看到的各种信用卡、储值卡、数字现金等电子货币形式被普遍地接受并使用是不可想象的。这是因为人们对货币的安全性有很高的要求。也就是说，电子货币本身必须是安全的，而且应该同时被认为是安全的才可以广泛地进入流通。信息技术和加密技术的发展对这一安全性给予了极大的保障。

4. 降低交易费用是电子货币产生并发展的根本原因

纵观货币形态的演化历史，都体现着这样一种内在机制，就是货币自身的物质价值与其代表的商品价值逐渐剥离；同时其大小和重量也逐渐变小，慢慢地从可见演化为不可见；这些演变无外乎都是为了提高货币流通效率、降低货币流通费用，从而降低商品的交易费用，这也是电子货币产生并发展的根本原因。

二、电子货币的概念与特征

(一)电子货币的概念

电子货币作为一种新型的支付工具，关于其概念，目前尚无统一的定论。在对电子货币的概念进行界定前，有必要先了解一下部分国际组织关于电子货币的定义。

在 1998 年欧洲央行(ECB)发布的《电子货币报告》中，电子货币被宽泛地定义为："电子化存储于技术设备中的货币价值，可以广泛地用于向除了发行者之外的其他方进行支付；并且，电子货币作为一种无记名的预付工具在交易中不需要与银行账户相关联。"

2002 年欧洲议会与理事会发布的《电子货币指令》将电子货币的法律概念定义为："对发行者的债权所代表的货币价值，并满足存储于电子设备中；作为支付方式能够被除了发行者之外的其他方所接受。"《电子货币指令》于 2004 年起被欧盟国家转译为各国的法律并实施。

目前关于电子货币的概念较为权威的是 1998 年巴塞尔委员会给出的定义："电子货币是指在零售支付机制中，通过销售终端、各类电子设备和公共网络(如 Internet、移动电话等)，以'储值'产品或预付机制进行支付的货币。"

> **【小资料 3-2】 巴塞尔委员会**
>
> 成立于 1974 年的巴塞尔委员会，至今已有 13 个成员国，是一个致力于跨国银行监管合作的重要国际金融组织。尽管委员会所制定的巴塞尔文件不具有强制性的法律效力，但因成员大多是世界上最主要的金融发达国家，其所关注的往往是银行业最基本、最重要的问题，因此相应的文件常常被当作国际惯例，为许多国家所遵循或借鉴。

> **【小资料 3-3】 预付型、后付型、即付型电子货币**
>
> (1) 预付型电子货币——"先存款，后消费"，如目前在我国广泛使用的借记信用卡和储值卡。
>
> (2) 后付型电子货币——"先消费，后付款"，如国际通用的维萨(VISA)卡和万事达卡(Master Card)等贷记信用卡，由发卡者提供消费信用。
>
> (3) 即付型电子货币——在消费的同时从银行账户即时自动转账，如使用 ATM(自动柜员机)或银行 POS(销售点终端)的现金卡。

相比较而言，我国并没有明确规定电子货币的内涵。2004 年颁布的《中华人民共和国电子签名法》对电子货币有所涉及，但主要规定了电子签名及其认证，为电子签名技术应用于电子货币提供了法律保障，却没有涉及电子货币的概念。电子货币作为一种新的货币形式，不仅法律上没有对其做出解释，甚至在理论界至今也没有达成共识。在充分考虑电子货币在我国发展的现状，并在借鉴其他地区和国际组织经验的基础上，本书将电子货币定义为"储值"或"预付"类电子支付工具，分为基于卡和基于网络或软件两大类，是指消费者向电子货币的发行者支付传统货币，而发行者把与传统货币的相等价值，以电子数据(二进制数据)的形式存储在计算机系统中，并可以通过网络以电子信息代替纸张实现资金流通和支付功能的信用货币。

(二)电子货币的特征

电子货币作为计算机技术、信息技术与金融业相结合的产物，与纸质等传统货币相比，具有以下几个方面的特征。

1. 以计算机技术手段为依托，以各类电子设备为价值载体

电子货币主要有卡基(基于卡)和数基(又称网基，基于网络或软件)两种载体。以卡类为载体的电子货币，卡中的芯片能够根据事先存储在里面的程序和外部销售终端或其他设备(如电子钱包)的指令存储和处理信息。借助特殊的设备和终端，卡中代表消费者可使用的资金或币值信息可以被识别，并且按照指令进行转移。而以计算机为载体的电子货币进行交易时，需要借助个人计算机和因特网，交易前要先下载或从发行人那里获得专门的软件，通过特殊的软件和计算机系统的处理，实现电子货币数额的计算和转移。这种强大的存储和处理能力是传统的提款卡所不具备的。提款卡主要是通过输入密码同中央数据库相联系，通过中央数据库增减相应的金额，卡本身不存在代表电子货币信息的增减。

2. 货币信息化、数字化

电子货币说到底不过是观念化的货币信息，它实际上是由一组含有用户的身份、密码、金额、使用范围等内容的数据构成的特殊信息，因此也可以称其为数字货币。人们使用电子货币交易时，实际上交换的是相关信息，这些信息传输到开设这种业务的商家后，交易双方进行结算，要比现实银行系统的方式更省钱、更方便、更快捷。

3. 价值传送的无纸化

电子货币是现实货币价值尺度和支付手段职能的虚拟化，是一种没有货币实体的货币。电子货币是在电子化技术高度发达的基础上出现的一种无形货币。一般来说，电子货币的价值通过销售终端从消费者手里传送到货物销售商家手中，商家再回赎其手里的货币。商家将其手里持有的电子货币传送给电子货币发行人从其手里回赎货币，或者传送给银行，银行在其账户上借记相应金额，银行再通过清算机构同发行人进行结算。整个过程是无纸化的。所谓无纸化是与票据、信用卡相比较而言。同时，电子货币可以在各个持有者之间直接转移货币价值，不需要第三方(如银行)的介入，这也是电子货币同传统的提款卡和转账卡的本质区别。在这一点上，电子货币的功能很类似于真正的货币。

4. 是可以进行支付的准通货

电子货币能否被称为通货，关键在于电子货币能否独立地执行通货职能。就目前而言，电子货币可以起到支付和结算的作用，但电子货币只是蕴涵着可能执行货币职能的准货币。首先，电子货币缺少货币价格标准，因而无法单独衡量和表现商品的价值和价格，也无法具有价值保存手段而只有依附于现实货币价值尺度职能和价值储藏职能。其次，由于电子货币以一定的电子设备(智能卡和计算机)为载体，其流通和使用必须具备一定的技术设施条件及软件的支持，因此尚不能真正执行流通手段的职能。最后，尽管目前电子货币最基本的职能是执行支付手段，但是现有的各种电子货币中的大多数并不能用于个人之间的直接支付，而且向特约商户支付时，商户一方还要从发行电子货币的银行或信用卡公司收取实

体货币后，才算完成了对款项的回收，电子货币不能完全独立执行支付手段的职能。由此可见，现阶段的电子货币是以既有通货为基础的新的货币形态或是支付方式。

三、电子货币的功能与作用

(一)电子货币的功能

电子货币已成为信息化社会中必不可少的结算工具，随着电子货币的功能和应用环境的逐渐完善，电子货币在人们生活中发挥着越来越重要的作用。电子货币的功能主要表现在以下几个方面。

(1) 转账结算功能，即电子货币可以直接进行消费结算，代替现金转账。

(2) 储蓄功能，即可以利用电子货币进行存取款。

(3) 兑现功能，即异地使用货币时可以进行货币兑换。

(4) 消费信贷功能，即可以先向银行贷款，提前使用货币，这是传统货币所不具备的。

(二)电子货币的作用

纵观货币的发展史，我们发现，货币形态始终朝着降低交易成本、提高交换效率的路径演绎、发展，货币形态、货币制度的演进过程实际上也是不断降低交易费用的一种制度变迁过程。由此可以预言，作为一种重大金融创新的电子货币，将在未来的网络经济中扮演极其重要的角色，对社会经济运行和发展产生重要的积极意义。对于电子货币的作用，可总结归纳为如下四点。

1. 繁荣商业，促进电子商务的发展

电子货币的应用极大地拓展了市场交易的时间和空间，网络为商家提供了巨大的潜在顾客源，使商家得以用少量的资金投入，换取市场的大幅扩张，客户可以足不出户，随时随地上网选购所需的商品，商家和客户可方便地在网上通过电子货币完成支付过程。因为电子货币以无形的数字信号形式存在，其在传递与转移上具有传统货币形式难以比拟的优势。通过电子货币进行结算，对于生产厂商而言可以瞬间以最低的成本收回资金，面临的风险很小，因此他们可以放心地给顾客发送商品；而对于顾客而言，由于免除了烦琐的支付手续，可轻松购物，从而有效地拓宽市场交易面。因此，电子货币对电子商务的发展起到了巨大的促进作用。

2. 提高资金的运行效率，降低交易成本

任何交易都包含着一个最基本的环节，即资金的支付与转移。传统的货币结算主要依靠的是银行与客户面对面地进行人工操作，借助于邮政、电信部门的委托和较完善的网络设施进行传递，从而出现资金占压大、资金周转速度慢等特点。而通过电子货币，采用先

进的数字签章、数字加密等安全防护技术，顾客足不出户，便能利用网络迅速完成款项的收支及资金的调拨，大大简化了资金转移的手续，显著地提高了资金运营的效率。同时，电子货币还免除了货币印制、存储、运输、安全保卫、点钞等方面巨额的社会劳动和费用支出，而且具有可任意分割、无面额约束、不同币种之间的转换较容易等诸多优越性。

3. 促进经济活动更加虚拟化

电子货币的出现，创造了在虚拟空间从事商业活动的金融环境，为在网络环境下开展经济活动、提供金融服务提供了可能。其结果必然是电子货币将使社会经济活动虚拟化，使人们目前从事的实物经济活动向虚拟经济活动转移并将形成虚拟社会和虚拟经济。

4. 加快世界经济一体化和金融全球化的进程

电子货币以计算机技术为依托进行存储与流通，无须实体交换，从而可有效地突破物质世界的时空限制，使资金流、信息流的传递变得十分迅速。电子货币与网络技术的结合，将跨越时空的限制，使国际贸易变得非常简单。此外，由于电子货币与网络金融的发展，也将使金融市场的自然疆界日趋模糊，加速资本在国际的流动和全球性资本的形成，为全球金融市场的融合构建起坚实的基础。显然，电子货币的应用与普及将加快世界经济一体化和金融全球化的进程。

四、电子货币与传统货币的比较

人类自开始使用电子货币至今也不过五十多年的时间，电子货币是在传统货币的基础上伴随着计算机的迅速发展而逐步发展起来的，所以它与传统货币无论是在职能还是作用等方面均存在着许多共同之处。如前所述，电子货币与传统货币的本质都是固定充当一般等价物的特殊商品，这种特殊性体现在一定的社会生产关系上。二者同时具有价值尺度、流通手段、支付手段、储藏手段和世界货币五种职能。它们对商品价值都有反映作用，对商品交换都有媒介作用，对商品流通都有调节作用。但电子货币作为信息技术与金融行业相结合的一种全新的货币形式，与传统货币相比，两者之间还是存在着十分明显的差别，具体表现在以下几个方面。

1. 发行机制不同

电子货币是由不同的发行主体自行开发设计发行的产品，使用范围受到物理设备、相关协议的限制，被接受和使用的程度依赖于各发行者的信誉与实力，其发行机制需针对不同的商户根据不同的产品进行调整，而且发行效力不具有强制性。而传统货币则由中央银行或特定机构垄断发行，中央银行承担其发行的成本与收益，发行机制由中央银行独立设计、管理与控制，并被强制接受、流通和使用。

2. 发行主体不同

电子货币的发行者有中央银行、商业银行、非银行金融机构，还有信息产业公司和其他企业(如信用卡公司、电信公司、大型商家和各类俱乐部)等。而传统货币是由中央银行唯一发行的，中央银行拥有一国货币发行的垄断权，而且正是这一独占权为中央银行获得铸币税收入、行使基本职能和保持独立性奠定了基础。电子货币发行的多元化、私人化，在某种程度上呼应了哈耶克自由货币理论对中央银行制度的挑战。信息化时代的电子货币似乎恰好为哈耶克的这种极端自由化的货币学说提供了生存的土壤。

【小资料 3-4】 哈耶克自由货币理论

哈耶克自由货币理论主要表现在"中立货币论"和"货币非国家化"。哈耶克从彻底的经济自由主义出发，认为竞争是市场机制发挥作用的关键。货币保持中立时，对经济影响最小，对经济发展最有利；而政府对于货币发行权的垄断对经济的均衡造成了破坏。哈耶克宣称：货币非国家化是货币发行制度改革的根本方向，由私营银行发行竞争性的货币(即自由货币)来取代国家发行垄断性的货币是理想的货币发行制度。其理论背后是反对任何形式的国家干预，主张彻底经济自由的实质。因此，他的这一主张被称为"货币非国家化"或"自由货币说"。

3. 传递方式不同

传统货币需要持款人随身携带，而大量的货币则需要动用运钞车和保安人员进行押送，运送时间长，传递数量和距离也十分有限；而电子货币利用网络和通信技术进行电子化传递，传递的只是各个金融机构间的数字信息，不存在大量现金的转移，既打破了时空的界限，又可以在极短的时间内将大量货币传送到联网的任何地方去，既方便快捷又安全高效。

4. 形态的虚拟性和币值的无限可分性不同

电子货币作为一种虚拟货币，不具有物理形态，其币值的空间具有无限可分割性，可以满足任何小单位的交易支付；而传统货币具有物理形态，其币值是固定的，不可无限分割。

5. 防伪技术不同

电子货币的防伪不同于纸质货币，纸币的防伪主要依赖于物理手段，通过在现钞上加入纤维线、金属线、水印和凹凸纹等方法实现，并且纸质伪币的使用和流通具有一定的地域性；而电子货币则主要依赖于加密算法、数字签名或认证系统等电子技术手段，当电子货币的加密编码和关键技术数据被犯罪分子掌握时，伪造起来很容易，从而会严重影响正常的货币流通秩序，降低电子货币的流通效率。这就要求电子货币的防伪技术必须及时更新，以防范系统性的攻击行为。

6. 匿名性程度不同

传统货币既不是完全匿名的，也不可能做到完全非匿名，因为传统货币总离不开面对面的交易，交易双方或多或少地可以了解到对方的一些个人信息。相比而言，电子货币要么是匿名的，几乎不可能追踪到其使用者的个人信息；要么是非匿名的，可以详细记录交易，甚至交易者的所有情况。

7. 交易方式不同

传统货币通常需要面对面进行交易，而电子货币基本上不需要面对面进行交易。交易双方不见面、不接触是电子货币的重要特点。

8. 存储空间不同

大量的传统货币需要保存在钱箱、保险箱或金库里，需要占用很大的空间；电子货币所占的空间极小，电子货币是用电子脉冲代替纸张传输和显示资金的，通过计算机系统处理和存储，没有传统货币的大小、重量和印记。

9. 流通的地域范围不同

在欧元未出现以前，货币的使用具有严格的地域限定，一国货币一般都是在本国被强制使用的唯一货币，而电子货币打破了地域的限制，只要商家愿意接受，消费者就可以使用电子货币支付，且流通速度远远快于传统货币的流通速度。

五、电子货币的分类

根据不同的划分依据，电子货币有不同的分类方法，具体如下。

(一)按被接受程度分类

根据电子货币的被接受程度，可将其分为单一用途电子货币和多用途电子货币。

1. 单一用途电子货币

单一用途电子货币往往由特定的发行者发行，只能被特定的商家所接受，或只能用于购买特定的产品或服务，如各种电话卡、就餐卡、公交卡等。

2. 多用途电子货币

多用途电子货币根据其发行者与其他商家签订协议的范围的扩大，而被多家商户所接受，可购买多种产品与服务，还可以储存、支取货币，如银行卡、信用卡等。

(二)按载体分类

根据电子货币的载体不同，可将其分为卡基(以卡片为基础)电子货币和数基(以互联网或以软件为基础)电子货币。

1. 卡基电子货币

卡基电子货币以卡片为基础，就是通常所说的多功能预付卡或电子钱包，载体是各种物理卡片，包括智能卡、电话卡等，使用中其作为现钞或硬币等传统货币的替代品，为面对面的支付提供了便利。发行卡基电子货币的机构包括银行、信用卡公司、电信公司、大型商户和各类俱乐部等。消费者在使用卡基电子货币时，必须携带卡片，用于消费的电子金额需要预先储存到卡中。

2. 数基电子货币

数基电子货币是以互联网或软件为基础，依赖软件识别与网络传递，无须特殊的物理介质，其持有人可以随时随地通过网络使用特定的数字指令完成电子货币的支付。

(三)按使用方式和条件分类

根据电子货币使用方式和条件的不同，可将其分为认证或匿名系统和在线或离线系统。将其组合形成四类，分别是在线认证系统、在线匿名系统、离线认证系统、离线匿名系统。认证是指电子货币的持有者在使用电子货币时，需要对其身份进行确认，其个人资料被保存在发行者的数据库中，以电子货币进行的交易是可被追踪的；匿名是指电子货币的持有者在使用电子货币时需进行身份认证，其交易不能被追踪；在线是指客户使用电子货币支付时，需要在网络上利用电信设备连接商家或第三方进行确认；离线是指电子货币的使用者在支付时不需要联网，甚至不需要验证。

第二节　电子货币的主要形式及应用——银行卡

一、银行卡的起源

何为银行卡？从广义上说，凡是由银行发行的、具有支付功能的卡片，都可以称为银行卡。在国内，说起银行卡，既有借记卡，也有信用卡。而在国外，银行卡则主要指信用卡。作为一种集消费信用、转账结算、存取现金等全部或部分功能于一身的支付工具，银行卡以其方便、快捷、灵活的特点而备受人们的青睐。

借记卡主要扮演着两个角色，一个是存款证明的介质，一个是实时支付的工具。借记卡产生以前，存款证明通常是存折和存单的形式。但纸质的存款凭证既不利于保存也不利于携带。随着银行电子时代的到来，以及人们消费、支付要求的提高，出现了既能作为存取款凭证又能作为支付工具的塑料卡片，借记卡由此产生。

相比而言，信用卡的产生则颇费周折。说起信用卡，人们自然会想到银行，其实信用卡作为一种支付工具，却并非由银行首创，而是脱胎于早期的"商家信用卡"。

这种信用卡 20 世纪初起源于美国。一些百货商店、饮食店、汽油公司为招徕顾客，推销商品，扩大营业额，有选择地在一定范围内发给顾客一种类似金属徽章的信用筹码，后来逐渐演变成为用塑料制成的卡片，作为客户购货、消费的凭证，开展了凭信用筹码在本商店、公司或汽油站购货的赊销服务业务，顾客可以在这些发行筹码的商店及其分号赊购商品，约期付款。这就是信用卡的雏形。

1915 年，美国商人弗兰克·麦克纳马拉在纽约一家饭店招待客人，就餐后才发现自己没带钱包，深感尴尬的麦克纳马拉不得不打电话叫妻子带现金来饭店结账。由此，麦克纳马拉产生了设计一种能够证明身份及具有支付功能的卡片的想法。1950 年，他与其商业伙伴在纽约创立了"大莱俱乐部"(Diners Club)，即大莱信用卡公司的前身，并发行了世界上第一张以塑料制成的信用卡——大莱卡。

1952 年，美国加利福尼亚州的富兰克林国民银行作为金融机构首先进入信用卡领域，由此揭开了银行发行信用卡的序幕。1959 年，美国的美洲银行在加利福尼亚州发行了美洲银行卡。此后，许多银行加入了发卡的行列。到 20 世纪 60 年代，信用卡很快受到社会各界的普遍欢迎，并得到迅速发展，不仅在美国，而且在英国、日本、加拿大以及欧洲各国也盛行起来。从 20 世纪 70 年代开始，新加坡、马来西亚、中国香港和中国台湾等国家和地区，也开始开展信用卡业务。

目前，国际上主要有维萨国际组织(VISA International)、万事达卡国际组织(MasterCard International)两大组织，及美国运通国际股份有限公司(American Express)、大莱信用证有限公司(Diners Club)、JCB 日本国际信用卡公司三家专业信用卡公司。

20 世纪 70 年代末期，在我国大胆引进外国先进科学技术和管理经验的同时，信用卡作为国际流行的信用支付工具也进入了我国，并得到较快的发展。1979 年，中国银行广东省分行首先与香港东亚银行签订协议，开始代理东亚信用卡业务，信用卡从此进入了中国。不久，上海、南京、北京等地的中国银行分行先后与香港东亚银行、汇丰银行、麦加利银行以及美国运通公司等发卡机构签订了兑付信用卡协议书。

1985 年 3 月，中国银行珠海分行第一张"中银卡"问世。1986 年 6 月，中国银行北京分行发行了长城信用卡。经中国银行总行命名后，长城信用卡作为中国银行系统统一的信用卡名称，在全国各地的中国银行分支机构全面推广。长城信用卡的诞生和发展，不仅填补了我国金融史册上的一项空白，而且预示着我国传统的"一手交钱、一手交货"的支付方式，将由此开始发生重大的变革。

二、银行卡概述

(一)银行卡的概念

广义的银行卡是指由商业银行、非银行金融机构(含保险、邮政金融机构)或专业发卡公司(统称为发卡机构)向社会发行的具有消费结算、转账结算、存取现金等全部或部分功能的信用凭证和支付工具。

狭义的银行卡则特指由商业银行发行的银行卡。银行卡既可由发卡机构独立发行，也可与其他机构或团体联合发行。

(二)银行卡的分类及功能

1. 银行卡的分类

按照结算方式、使用范围、持卡对象、介质类型、授信额度、合作单位等的不同，可以将银行卡划分为不同的种类，具体如表 3-2 所示。

表 3-2　银行卡的类型及特性

分类方式	类　型	特　性
结算方式	贷记卡	允许先消费，再付款，即可透支消费，提供短期消费信贷
	借记卡	必须先存款，后消费，不可透支，具有取款、消费、储蓄功能
	复合卡	兼备信用卡和借记卡的功能
使用范围	国际卡	可以在全球各地使用，如维萨卡和万事达卡
	地方卡	只局限在某一地区范围内使用，如各商业银行发行的境内卡
持卡对象	单位卡	持有者为各企业或事业单位中的指定人员，卡中金额属于单位
	个人卡	持有者是有稳定收入的个人，卡中金额属于个人
介质类型	IC 卡	卡中嵌有芯片，专门用于存储卡的使用者信息和数据
	磁卡	卡中磁条内存有客户业务的相关数据信息
授信额度	普通卡	授信额度较低
	金卡	授信额度较高
合作单位	联名卡	与航空公司、商场等营利性机构合作发行，消费可打折的银行卡
	认同卡	与非营利性的社会团体或机构联合发行的银行卡，一般属公益性质
	基本卡	不与任何机构合作，由银行自己发行

很明显，根据银行卡的不同性质，可以区分不同类型的银行卡，下面将重点介绍一下按结算方式和介质类型的不同来分类的银行卡。

1) 按结算方式分类

根据结算方式的不同，银行卡可分为贷记卡、借记卡和复合卡。

(1) 贷记卡，也就是我们通常说的信用卡(Credit Card)，是指银行向金融信用上可信赖的客户提供无抵押的短期周转信贷的一种手段，是目前国际上流行的支付手段与结算工具。贷记卡是由发卡机构给予持卡人一定的信用额度，持卡人可在信用额度内"先消费、后还款"，以非现金付款为交易方式的银行卡。申领贷记卡无须预先开立存款账户，无须存入备用金，发卡者根据持卡人的资信状况给予某一信用额度，持卡人在这一限定的金额内消费，对于透支额，持卡人如果在规定的还款日期前还清，即可享受一定的免息优惠，如果超过这一规定的还款时间，持卡人就不再享受免息优惠，而应支付未偿还部分款额自超过期限日起按规定利率计算的透支利息。持卡人也可以选择最低还款方式还款，即持卡人每月只需还透支金额的一部分，这个比例由发卡机构规定，持卡人偿还金额后，发卡机构就恢复信用卡的授信额度，持卡人又可以再次享受透支额度，不过选择最低还款方式不再享受免息优惠。利用贷记卡取现金视同预借现金，也不享受免息还款期待遇，自发卡机构记账日起按一定的比例计收利息至清款日止，并且办理预借现金时须承担按每笔预借现金金额一定比例计算的手续费。

(2) 借记卡，也就是我们通常说的储蓄卡(Debit Card)，是指"先存款、后消费"，不能透支的银行卡。借记卡的主要作用是储蓄存款，持卡人通过银行建立的电子支付网络和卡片所具有的磁条或芯片读入和人工密码输入，可实现刷(插)卡消费、ATM 提现、转账、各类缴费。消费或提款时资金直接从储蓄账户划出。借记卡最大的特点是持卡人先在银行开设活期储蓄存款账户，消费时不能透支，卡内的金额按活期存款计付利息。借记卡的申办十分简单，开立一个储蓄账户即可申办一张借记卡，无须银行进行审批，一般可实现即办即取。

(3) 复合卡，亦称为准贷记卡，是指持卡人须先按发卡机构(银行)的要求存入一定的金额作为备用金，当备用金账户余额不足时，可以在发卡机构规定的授信额度内透支的信用卡。复合卡是一种具有中国特色的信用卡种类，国外并没有这种类型的信用卡。20 世纪 80 年代后期，中国银行业从国外引入信用卡产品，因为当时中国个人信用体制并不是很完善，中国银行业对国外的信用卡产品进行了一定的更改，将国外传统的信用卡"存款无利息、透支有免息期"更改为"存款有利息、透支不免息"。

贷记卡、借记卡和复合卡三种银行卡具有的一个共同特点是，银行卡内并没有实际的现金，这些卡的持卡人所拥有的真正的钱是存在银行的保险柜中的，这些银行卡只是证明持卡人的身份和持卡人在银行里有相应金额的存款。

2) 按介质类型分类

随着银行卡的普及，我国银行卡伪卡欺诈案发生的数量正在呈上升趋势，犯罪分子盗取老百姓银行卡内余额、盗刷信用卡的花样不断翻新。为降低银行卡被复制的风险，央行力推安全性能更高的金融 IC 卡。

(1) 磁卡。磁卡以液体磁性材料或磁条为信息载体，将液体磁性材料涂复在卡片上或将宽 6～14mm 的磁条压贴在卡片上，如图 3-1 所示。磁卡的信息读写相对简单容易，使用方便，成本低，从而较早地获得了发展，并进入了多个应用领域，如电话预付费卡、收费卡、预约卡、门票、储蓄卡、信用卡等。但磁卡与后来发展起来的 IC 卡相比有以下不足：信息存储量小、磁条信息易泄露或伪造、保密性差，需要计算机网络或中央数据库的支持等。

图 3-1　磁卡

(2) IC 卡。IC 卡全称是集成电路(Integrated Circuit)卡，它将集成电路芯片镶嵌于塑料基片上，利用集成电路的可存储特性，保存、读取和修改芯片上的信息，如图 3-2 所示。IC 卡的概念是 20 世纪 70 年代初提出来的，经过 40 多年的发展，IC 卡已被广泛应用于金融、交通、通信、医疗、身份证明等众多领域。按照与外界数据传送的形式来分，IC 卡有接触式和非接触式两种。接触式 IC 卡的芯片金属触点暴露在外，肉眼可以看见，通过芯片上的触点可与读写外界接触交换信息，目前使用的 IC 卡多属这种。非接触式 IC 卡的芯片全部封于卡基内，无暴露部分，通过无线电波或电磁场的感应来交换信息，通常用于门禁、公交收费、地铁收费等需要"一晃而过"的场合。

图 3-2　IC 卡

2. 银行卡的功能

银行卡由于卡的种类不同，功能也有所差别，概括起来主要有以下几种。

1) 存款

可以在自助设备上存款，通过自动柜员机(ATM)或自动存款机(CDM)按程序操作，并放入现金即可到账；也可以在银行的网点柜台上存款，其中储蓄卡只需向开卡的存折中存款，信用卡直接进行存款，但需要在存单上签名。

2) 取现、消费和转账

取现和转账可以在当地或异地银行网点柜台上完成，也可以在自助设备上完成，消费则可以直接在商家的 POS 设备上完成消费。此外，信用卡还可以透支，无须向银行申请，购物时直接在授信额度内进行消费。

3) 代收、代付和结算功能

通过银行卡，可以代发工资、代收水电费、代收电话费等，汇款、炒股等也可以通过信用卡进行资金划拨。

4) 网上支付

银行卡是目前电子商务的重要支付手段，只要网站与银行签订协议，就可以实现网上交易的电子支付。

5) 自助服务功能

持卡人凭卡在自动柜员机上自助操作，可 24 小时办理现金存取、转账、查询余额、更改密码等业务。而银行卡与其他移动工具(如手机、电脑等)结合起来，催生了移动理财、家居理财服务等互联网金融自助服务功能。

3. 银行卡的产业链构成

银行卡产业结构和价值链中主要包括四类参与主体：第一类是整个产业的消费方——持卡人和特约商户；第二类是整个产业的供给方，包括发卡机构、收单机构和银行卡组织，其中发卡机构可以是银行，也可以是一些非银行机构，如信用卡公司，及一些其他行业的企业，如旅行社、电信、石油、保险等公司；第三类是中间供应商，包括机具、芯片生产厂商、系统供应和维护商，以及各类第三方服务机构；第四类是整个产业的宏观管理者，即政府和行业管理者。

银行卡产业链主要由发卡机构、收单机构、银行卡组织以及各种专业化服务机构、相关产品和技术供应商构成，它们通过业务关联组成银行卡产业集群。

1) 发卡机构

发卡机构(Issuer)的主要职能是向持卡人发行各种银行卡，并通过提供各类相关的银行卡服务收取一定费用。通过发行银行卡，发卡机构获得持卡人支付的信用卡年费、透支利息、持卡人享受各种服务支付的手续费、商户回佣分成等。

2) 收单机构

收单机构(Acquirer)主要负责特约商户的开拓与管理、授权请求、账单结算等活动，其利益主要来源于商户回佣、商户支付的其他服务费(如 POS 终端租用费、月费等)及商户存款增加。大多数发卡银行都兼营收单业务，也有一些非银行专业服务机构经营收单业务。

3) 银行卡组织

银行卡组织(Banknet)在银行卡产业链中主要起到跨行交易的信息转接和资金清算的作用，为完成上述功能它还必须制定一系列的业务和技术规则，其核心是跨行转接网络，所以经常被称为银行卡网络，负责运营这个网络的则是银行卡组织，卡是支付方式的一种，因此银行卡组织也常被称为支付组织。目前国际上共有六大银行卡组织，分别是维萨国际(VISA International)组织和万事达卡国际(MasterCard International)组织两大组织，以及美国运通(America Express)国际股份有限公司、中国银联(China UnionPay)股份有限公司、大莱信用卡(Diners Club)有限公司、JCB 日本国际信用卡公司四家专业信用卡公司，如图 3-3 所示。

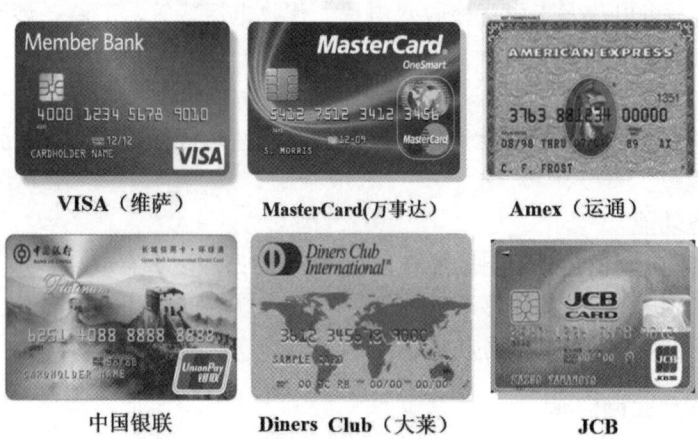

VISA（维萨）　　　　MasterCard(万事达)　　　Amex（运通）

中国银联　　　　Diners Club（大莱）　　　JCB

图 3-3　主要银行卡组织

【小资料 3-5】　三大银行卡组织简介

VISA(维萨卡)是目前世界上最大的信用卡和旅行支票组织，也是进入中国市场最早的国际发卡组织，拥有全球最具规模的电子支付网络。

MasterCard(万事达卡)是全球第二大信用卡国际组织，于 1988 年进入中国，目前国内主要商业银行都是万事达卡的会员。

中国银联是中国银行卡联合组织，通过银联跨行交易清算系统，实现商业银行系统间的互联互通和资源共享，保证银行卡跨行、跨地区和跨境的使用。中国银联已与境内外数百家机构展开广泛合作，银联网络遍布中国城乡，并已延伸至亚洲、欧洲、美洲、大洋洲、非洲等境外 150 个国家和地区。

VISA、MasterCard、银联卡的标识如图 3-4 所示。

图 3-4　VISA、MasterCard、银联卡标识

4) 第三方服务供应商

银行卡产业链中的第三方服务供应商(Third Party Service Supplier)包括除银行卡组织以外的信息交换和转接业务机构、第三方金融服务公司、支付处理支援商等。其中信息交换和转接业务机构提供交易信息转接职能；第三方金融服务公司提供商户管理、设备维护、信用分析、交易清算以及相关咨询等专业化服务；支付处理支援商提供与银行卡产业相关的硬件、软件及相关服务。

银行卡产业内的第三方服务供应商的种类非常广泛，涉及工业企业和服务类企业，有劳动密集型企业，也有技术密集型企业，它们分别为整个产业的消费方和供给方提供各类产品和服务，并通过规模经营来降低成本，同时获得相应的报酬。

4. 银行卡交易的类型

按交易地点划分，银行卡交易可以分为银行网点交易和特约商户交易两类。银行网点交易又可以分为本地交易和异地交易、本行交易和跨行交易、柜台交易和自助交易等；而特约商户交易也包括了本地交易和异地交易、本行交易和跨行交易，同时还包括网上交易。

5. 银行卡的交易过程

银行卡可以用于购物、支付费用、存取现金等，因此，银行卡的交易过程就包括持卡人利用银行卡购物、支付费用或存取现金等的过程。

1) 银行网点交易

银行网点交易是持卡人通过银行网点支取现金的交易方式。本地交易和异地交易、本行交易和跨行交易、柜台交易和自助交易互相交叉，形成银行网点交易的多种交易方式。目前 ATM 交易成了银行网点交易的主要方式。

2) 特约商户交易

特约商户交易也称销售点交易，它包括网上交易。网上交易是随着互联网的发展，网上购物、付费逐渐走进大众生活，成为支付方式的一个重要组成部分后形成的。

银行卡的交易过程示例如下：当持卡人从发卡机构处获得银行卡后，银行卡交易的起点是持卡人在商户处刷卡消费，而整个交易的完成涉及商户、发卡机构、收单机构和银行卡组织，如图 3-5 所示。

【小资料 3-6】 银行卡业务名词

(1) 持卡人：卡的合法持有人，即卡对应的银行账户相联系的客户。

(2) 发卡行：发行银行卡、维护与卡关联的账户，并与持卡人在这两方面具有协议关系的机构。

(3) 收单行：指跨行交易中兑付现金或与商户签约进行跨行交易资金结算，并且直接或间接地使交易达成转接的银行。

(4) 特约商户：与收单行或银联商务签有商户协议，受理银行卡的零售商、公司或其他组织。

(5) 签账单：持卡于特约商户刷卡消费，特约商户会于取得授权后，打印出一式二联签账单请持卡人签名，其中一联由特约商户保存用以向收单行收款，另一联交于持卡人作为支付消费款项的一种凭据。

(6) 刷卡手续费：特约商户接受客户刷卡后，按规定标准支付给银行和银联组织的手续费用，持卡刷卡人消费不需要另外支付手续费。

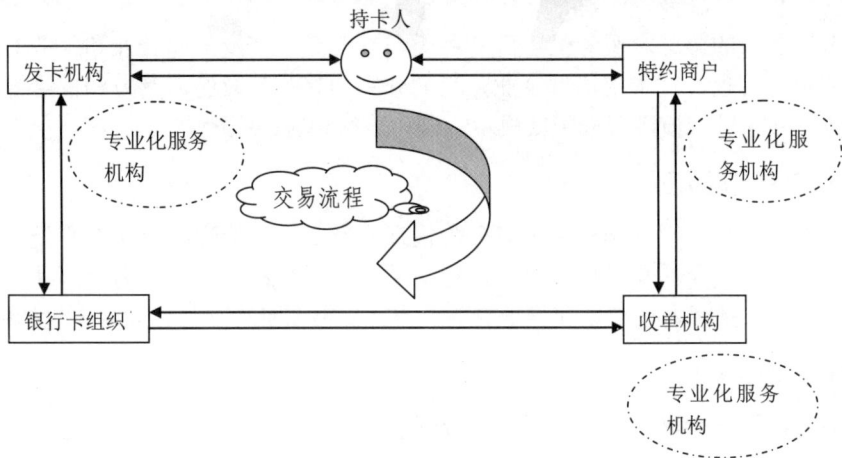

图 3-5　银行卡的交易过程示例

三、银行卡的应用

1. 认识银行卡

1）信用卡识别

信用卡的正面如图 3-6 所示，背面如图 3-7 所示。

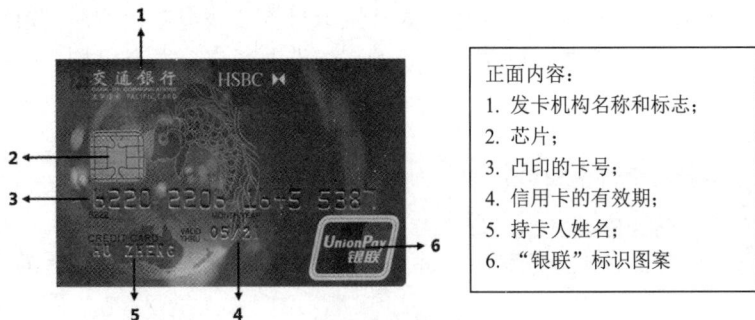

正面内容：
1. 发卡机构名称和标志；
2. 芯片；
3. 凸印的卡号；
4. 信用卡的有效期；
5. 持卡人姓名；
6. "银联" 标识图案

图 3-6　信用卡正面

2）借记卡识别

借记卡的正面如图 3-8 所示。

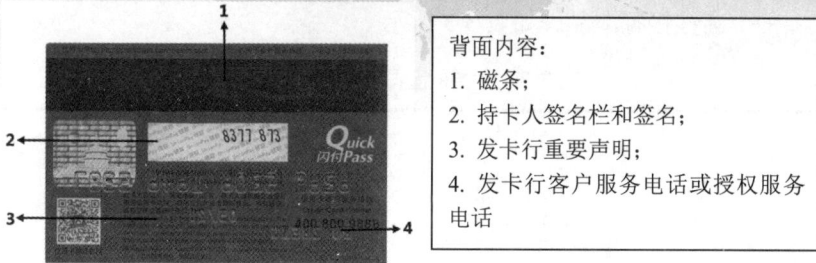

背面内容:
1. 磁条;
2. 持卡人签名栏和签名;
3. 发卡行重要声明;
4. 发卡行客户服务电话或授权服务电话

图 3-7 信用卡背面

正面内容:
1. 发卡机构名称和标志;
2. 芯片;
3. 凸印的卡号;
4. "银联"标识图案

背面内容:同信用卡

图 3-8 借记卡正面

3) 双币种卡的识别

双币种卡的正面及背面如图 3-9 所示。

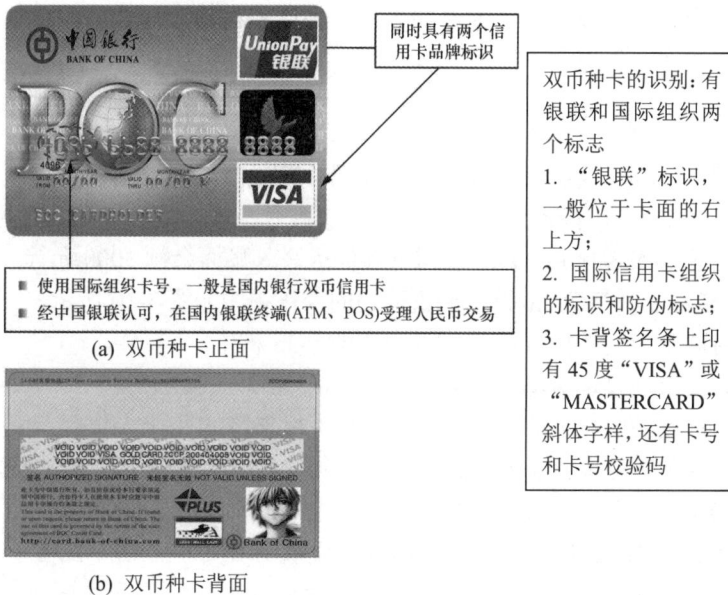

同时具有两个信用卡品牌标识

双币种卡的识别:有银联和国际组织两个标志
1. "银联"标识,一般位于卡面的右上方;
2. 国际信用卡组织的标识和防伪标志;
3. 卡背签名条上印有 45 度 "VISA" 或 "MASTERCARD" 斜体字样,还有卡号和卡号校验码

■ 使用国际组织卡号,一般是国内银行双币信用卡
■ 经中国银联认可,在国内银联终端(ATM、POS)受理人民币交易

(a) 双币种卡正面

(b) 双币种卡背面

图 3-9 双币种卡

我国主要的全国性银行卡品牌如表 3-3 所示。

表 3-3　主要的全国性银行卡品牌

发卡银行	品牌名	发卡银行	品牌名	发卡银行	品牌名
中国银行	长城卡	中国工商银行	牡丹卡	中国建设银行	龙卡
中国农业银行	金穗卡	交通银行	太平洋卡	深圳发展银行	发展卡
中国光大银行	阳光卡	上海浦东发展银行	东方卡	华夏银行	华夏卡
中国民生银行	民生卡	广东发展银行	广发卡	中信实业银行	中信卡
招商银行	一卡通	兴业银行	兴业卡	国家邮政储汇局	绿卡

2. 银行卡的个人化

一般来说，卡制造商提供的卡都是仅具备最基本软、硬件配置的"白卡"，必须在发行阶段对之个人化(Personalization)后才能实际应用。所谓"个人化"，是指相关部门根据系统设计要求，将系统应用信息及持卡人个人信息写入或制作于卡上，使具有普遍通用意义的白卡变为具有个人特殊意义的可用卡的过程。

个人化的内容通常包括：①卡的软、硬件逻辑格式化。②系统应用信息和个人应用信息的初始化写入。前者包括表明卡的来源的发行商代码、用作金融交易的充值凭证、保护发行商利益的发行商密码等；后者则包括持卡人密码、姓名、年龄、应用数据等。③在卡面上印刷卡号和发行单位名称、持卡人照片等。对于大规模应用，个人化可由卡制造商或发行部门完成，例如，公交卡由公交公司发行；而中小规模应用则由应用部门或应用开发商完成，例如，智能小区门禁、停车卡可由物业管理公司来发卡。

3. 银行卡当面交易流程

使用 IC 储蓄卡完成一次购物的操作过程如下：某银行(发卡方)发给客户一张 IC 储蓄卡(也称扣款卡、现金卡、电子存折)，卡内存有客户账号，银行接受客户上交的现金 1000 元后在不可读存储区写入客户 PIN 码，在保密存储区写入账面余额 1000 元等，完成卡的个人化。客户持 IC 储蓄卡到某商店(受卡方)去购物的操作顺序如图 3-10 所示。

第一步，将储蓄卡(余额 1000 元)插入商店的 POS 机中。

第二步，售货员通过键盘输入交易金额(如 400 元)，并显示在客户设备的显示板上。

第三步，客户设备的显示板提示客户输入个人标志符 PIN(个人银行卡密码)。客户输入 PIN 后，由 POS 机自动与智能卡中存储的 PIN 号相比较(或认证)，如比较一致(或认证通过)，就打开智能卡的保密存储区，准备受理交易。

第四步，接着 POS 机内部进行一连串的处理，如读出卡中的客户账号，并与 POS 机中的黑名单进行查对；读出卡中的余额，核实资金是否够用；计算交易后的余额，修改卡中余额(扣款，余额 600 元)；将交易金额(400 元)登入 POS 机的交易日志记录并计算出安全校验码加在日志记录里以保证数据的安全；同时把这笔交易记录也写到储蓄卡中，最后给客户打印收据。客户取走商品和卡。

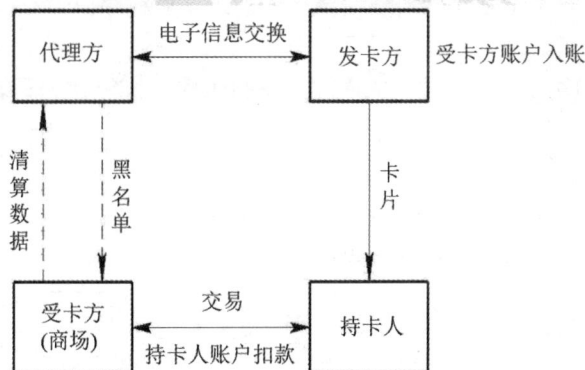

图 3-10　使用 IC 储蓄卡完成一次购物的操作过程示意图

第五步，在适当的时间(例如晚上)将 POS 机的交易细节汇总到商店的开户银行(代理方)。随后，商店的开户银行就会通过信息交换系统与发卡银行联系，发卡银行根据开户银行发来的交易细节将交易金额(400 元)转入商店在开户银行的账户，整个过程就结束了。

从上面的例子可以看到，由于智能卡容量大、保密性好，持卡人的账目信息(包括金额)可直接存储在智能卡中，因此持卡人消费时，受卡方只需查看卡中的信息并直接在卡中处理交易，过一段时间(如晚上)受卡方再同异地银行进行清算(清算是指最终记账，对前期完成的一笔或多笔交易进行资金转账)。这样大大方便了用户，缩短了交易时间。

智能卡的使用相当于将持卡人从集中式数据库管理方式下解脱出来。每张卡相当于一个流动的小数据库，这些数据库非实时地与中央数据库打交道、交换数据。也就是说，将集中式数据处理方式转化为分布式数据处理方式，这将大大减小对网络实时性、安全性的要求，实现脱机、非实时联机处理，降低了网络成本。

3. 银行卡网上交易流程

为了更具体地了解银行卡的网上交易过程，现以招商银行的"一卡通"为例，介绍在互联网上使用银行卡的过程。

1) 开通网上支付功能申请

招商银行一卡通的用户可以登录招商银行官方网站(www.cmbchina.com)，单击"个人银行"超链接，进入支付卡申请页面，开通网上支付功能，也可以直接在招商银行的营业点办理，取得网上支付权限和专用密码。

2) 专户转账

进行网上消费前需将资金通过招商银行的电话银行或网上"支付卡理财"自助转入此专户，用户随时可以通过"支付卡理财"查询账户余额及明细、挂失和修改密码。

3) 选购商品

只要是接受招商银行一卡通付款的网上商店，用户就可以在那里选购商品和服务，选购完之后，选择使用一卡通付款，系统就会自动进入支付程序。

4) 网上支付

进入网上支付程序后，用户只要依次输入支付卡账号和专用密码，在客户终端便会显示操作结果。

5) 交易确认

购物交易必须经过商家和银行的确认才能最终完成整个网上支付过程。

综上所述，一卡通的网上支付过程如图 3-11 所示。

图 3-11　一卡通的网上支付过程

第三节　电子货币的主要形式及应用——网络货币

随着互联网的发展，出现了摆脱任何事物形态，只以电子信号形式存在的网络货币。广义上说，网络货币是指由一定的发行主体以互联网为基础，以电子计算机技术和通信技术为手段，以数字化的形式(二进制数据)存储在网络或有关电子设备中，并通过开放的互联网系统(包括智能卡)以数据传输的形式实现流通和支付功能的网上等价物。网络货币是 20 世纪 90 年代后期出现的一种新型支付工具。具体而言，网络货币就是采用一系列经过加密的数字，在全球网络上传输的可以脱离银行实体而进行的数字化交易媒介物。现如今，网络货币的主要形式为电子现金、电子钱包、电子支票、虚拟货币等。狭义上来说，网络货币是指各家互联网公司为方便用户对网上虚拟商品的消费而开发出的专在本网站内部消费虚拟商品的中间等价物，如 Q 币、百度币、比特币等虚拟货币。

一、电子现金

电子现金(Electronic Cash)又称数字现金，是一种表示现金的加密序列数，它可以用来表示现实中各种金额的币值，是一种以数据形式流通的、通过网络支付时使用的现金。例如，"990005099"表示 50 元现钞，"990001099"表示 10 元现钞，若某位消费者要在网络上购买 60 元的货物，这只需将 1 个"990005099"和 1 个"990001099"数字序列数转移给商家即可。存放电子现金的形式包括硬盘、智能卡、手机。E-Cash 是由荷兰 DigiCash(数字现金)公司开发的最早的硬盘数据文件形式的电子现金。

电子现金系统最简单的形式包括三个主体(商家、客户、银行)和四个安全协议(初始化协议、提款协议、支付协议、存款协议)。电子现金在其生命周期中要经过提取、支付和存款三个过程，涉及客户、商家和银行三方，如图 3-12 所示。

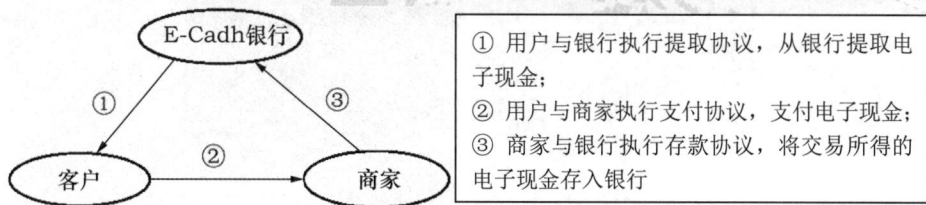

① 用户与银行执行提取协议，从银行提取电子现金；
② 用户与商家执行支付协议，支付电子现金；
③ 商家与银行执行存款协议，将交易所得的电子现金存入银行

图 3-12　电子现金系统的简单形式

在网上支付过程中，必须保护电子现金不被盗窃或更改，商家和银行要能验证电子现金是否属于支付它的消费者，验证电子现金的真伪性。检验的过程中采用了盲数字签名原理。所谓的盲数字签名(Blind Digital Signature)是一种特殊的数字签名。一般数字签名中，总是先知道文件内容后才签名。盲数字签名与通常的数字签名的不同之处在于，签名者并不知道他所要签发文件的具体内容。盲数字签名在签名时，接收者首先将被签的消息进行盲变换，把变换后的消息发送给签名者，签名者对盲消息进行签名并把消息送还给接收者，接收者对签名再做逆盲变换，得出的消息即为原消息的盲签名。

二、电子钱包

电子钱包(Electronic Wallet)是电子商务购物活动中常用的一种支付工具，适用于小额购物。电子钱包有两种概念：一是小额支付的智能储值卡，持卡人预先在卡中存入一定的金额，交易时直接从储值账户中扣除交易金额；二是纯粹的软件，主要用于网上消费、账户管理，这类软件通常是与银行账户或银行卡账户连接在一起的。

(一)智能储值卡电子钱包

国外主要卡类电子钱包服务系统包括 Visa Cash、Mondex、Proton 等。国内的卡类电子钱包服务系统最著名的莫过于金融 IC 卡电子钱包——"闪付"。"闪付"是绑定在金融 IC 卡上的电子现金账户，是基于金融 IC 卡借记和贷记应用实现的，能够满足用户跨行业、跨区域使用需求的快捷小额支付交易方式。电子钱包中的金额视同现金，称为电子现金。电子现金如同现金一样不挂失、不计息，不能透支、不能取现。具有"闪付"功能的金融 IC 卡的卡面有中文"闪付"和英文"Quick Pass"字样，如图 3-13 所示。

持卡人在使用"闪付"电子钱包付款前，首先要确保金融 IC 卡电子现金有足够的余额。如果电子钱包里的钱用完或不够时，就必须往电子钱包里再"放钱"。这个"放钱"的操作就是充值，就像使用交通卡需要充值一样，"充值"的专业术语叫"圈存"，持卡人可以根据实际需要，将一定限额的资金放在智能储值卡电子钱包中。中国人民银行规定，金融 IC

卡电子现金余额最高不得超过 1000 元人民币，单笔最高支付金额不得超过 1000 元人民币。

图 3-13　具有"闪付"功能的金融 IC 卡

使用时，收银员或持卡人不必将金融 IC 卡插入受理终端，只需要很简便地将金融 IC 卡靠近受理终端的"闪付"感应区，就好像公交车的刷卡一样，"滴"一声即可完成交易，这种方式被称为非接触式交易。只要金融 IC 卡中的电子现金余额足以支付款项，则受理终端迅速完成交易(最快仅 500 毫秒)。"闪付"交易无须持卡人输入密码，使用的时候如果打印交易凭证或签购单，也无须持卡人在上面签名。因此"闪付"非常适合交易金额较低，而又要求交易速度快的应用场景，如公交、出租、便利店、快餐、自助售货机、景区门票等。需要注意的是，万一金融 IC 卡丢失，电子钱包内的这部分资金是无法挂失的，这让部分用户产生了顾虑。对此银行界人士表示，目前国内银行还无法解决这一问题，所以如果客户要使用"闪付"功能的话，建议在电子钱包中不要一次性"圈存"太多资金。

(二)软件形态虚拟电子钱包

软件形态虚拟电子钱包，是客户用来进行安全电子交易和储存交易记录的加密账户软件，往往与电子现金卡、银行卡和 IC 卡结合使用。电子钱包软件通常免费提供，2013 年第二季度开始，支付宝钱包活跃用户数超过了 PayPal(中文名为贝宝，是美国 eBay 旗下的网上交易工具)，位居全球第一。支付宝钱包是支付宝官方网站推出的一款智能手机客户端软件，俗称手机支付宝，能够帮助用户随时随地为购买的商品收款、付款、确认收货，并支持手机转账、水电煤缴费、信用卡还款、话费充值、彩票和游戏点卡购买等业务。

三、电子支票

支票(Check)是以银行为付款人的即期汇票。电子支票(Electronic Check)是客户向收款人签发的、无条件的数字化支付指令，它将传统支票的全部内容电子化和数字化，形成标准格式的电子版，借鉴纸张支票转移支付的优点，利用数字传递将钱款在客户之间、银行与客户之间以及银行与银行之间进行传递与处理，从而实现银行客户间的资金支付结算。简单地说，电子支票就是传统纸质支票的电子版。电子支票的式样如图 3-14 所示。

电子支票系统是电子银行常用的一种电子支付工具。支票一直是银行大量采用的支付工具之一，将支票改变为带有数字签名的电子报文，或利用其他数字电文代替传统支票的全部信息，就是电子支票。电子支票包含和纸质支票一样的信息，如支票号、收款人姓名、签发人账号、支票金额、签发日期、开户银行名称等，具有和纸质支票一样的支付结算功能。电子支票是将代表价值的信息预存在芯片内的电子货币。电子支票交易行为包含三个实体，即购买方、销售方及金融中介。在购买方和销售方达成一笔交易后，销售方要求付账；购买方从金融中介机构那里获得一个唯一凭证；购买方把这个付款证明交给销售方，销售方再把付款证明交给金融中介。付款证明是由金融中介机构提供证明的电子信息流。更重要的是，付款证明的转账及账户的负债和信用几乎是同时发生的。如果购买方和销售方没有使用同一家金融中介，则使用标准化票据交换系统。

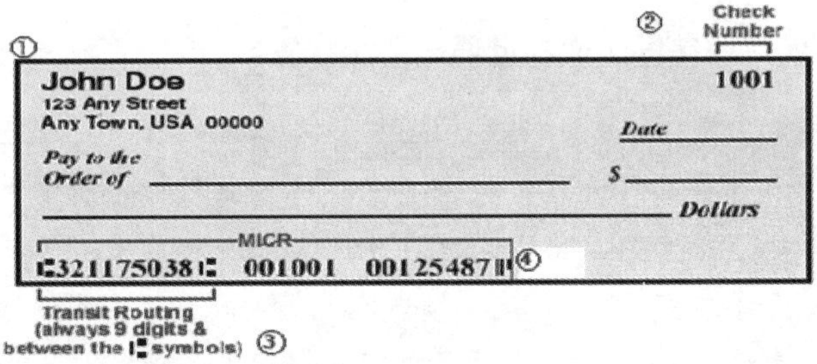

① 使用者姓名及地址；
② 支票号；
③ 传送路由号(9 位数)；
④ 账号

图 3-14　电子支票的式样

(一)电子支票支付方式的特点

电子支票与传统支票的工作方式相同，易于理解和接受，同时又具有以下几个方面的特点。

(1) 节省时间。电子支票的发行不需要填写、邮寄或发送，而且电子支票的处理也很省时。使用电子支票，卖方可即时发送给银行，由银行为其入账。因此，使用电子支票可节省从客户写支票到为商家入账这一段时间。

(2) 加密的电子支票使它们比数字现金更易于流通，买卖双方的银行只要用公开密钥认证确认支票即可，数字签名也可以被自动验证。

(3) 电子支票适于各种市场，可以很容易地与 EDI(电子数据交换)应用结合，推动 EDI 基础上的电子订货和支付。

(4) 电子支票技术将公共网络连入金融支付和银行清算网络。

(二)电子支票的付款过程

电子支票的付款过程如下。

(1) 用户和商家达成购销协议选择用电子支票支付。

(2) 用户在计算机上填写电子支票，电子支票上包含支付人姓名、支付人账户名、接收人姓名和支票金额等。用户用自己的私钥在电子支票上进行数字签名，用卖方的公钥加密电子支票，形成电子支票文档。

(3) 用户通过网络向商家发出电子支票，同时向银行发出付款通知单。

(4) 商家收到电子支票后进行解密，验证付款方的数字签名，背书电子支票，填写进账单，并对进账单进行数字签名。

(5) 商家将经过背书的电子支票及签名过的进账单通过网络发给收款方开户银行。

(6) 收款方开户银行验证付款方和收款方的数字签名后，通过金融网络发给付款方开户银行。

(7) 付款方开户银行验证收款方开户银行和付款方的数字签名后，从付款方账户划出款项，收款方开户银行在收款方账户存入款项。

【小资料 3-7】 电子支票举例——美国运通易世通电子旅行支票

美国运通易世通电子旅行支票是由美国运通公司专门为旅行者设计的一种可反复充值的支付产品，有美元、欧元和英镑三种币别可选择，提供安全、保险且轻松地携带外币出国的方式。出国前先将换好的外汇充值入卡内，出国后可在中国大陆境外数百万可接收美国运通卡的商家进行刷卡消费，或者通过 ATM 机直接提领当地现钞。而且，美国运通易世通电子旅行支票还提供备用卡、免费境外补发及美国运通全球支援服务，使客户不用担心出国资金安全问题。美国运通电子旅行支票具有永久不过期、安全、便利等特点。客户可在中国工商银行、中国光大银行以及交通银行三家银行进行购买。以光大银行为例，光大银行与中国移动开展合作，客户使用移动"和包"手机客户端，就可以在线开通电子旅行支票申请、购汇和再充值功能。

四、虚拟货币

除以上介绍的基于银行系统的网络货币外，网络货币还包括虚拟货币。虚拟货币主要分为以下三类。

第一类是大家熟悉的游戏币。在单机游戏时代，主角靠打倒敌人、进赌馆赢钱等方式积累货币，用游戏币购买草药和装备，但只能在自己的游戏机里使用。那时，玩家之间没有"市场"。自从互联网建立起门户和社区、实现游戏联网以来，虚拟货币便有了"金融市场"，玩家之间可以交易游戏币。

第二类是门户网站或者即时通信工具服务商发行的专用货币，用于购买本网站内的服务。使用最广泛的当属腾讯公司的 Q 币，可用来购买会员资格、QQ 秀等增值服务。

第三类是互联网上的虚拟货币，如比特币(BTC)、莱特货币(LTC)等。比特币，英文名为 Bitcoin，简称 BTC，是一种由开源的 P2P 软件产生的电子货币，是一种网络虚拟货币。比特币不依靠特定货币机构发行，它通过特定算法的大量计算产生，比特币经济使用整个 P2P 网络中众多节点构成的分布式数据库来确认并记录所有的交易行为。P2P 的去中心化特性与算法本身可以确保无法通过大量制造比特币来人为操控币值。我们可以把比特币看成和 Q 币一样的虚拟货币，通过 Q 币和比特币的对比，你可以更好地理解什么是比特币。比特币和 Q 币有一些不同之处：①Q 币由腾讯公司发行，比特币没有发行人。②Q 币的价格为 1 元人民币=1Q 币，定价公司为腾讯公司；比特币的价格不固定，由交易市场决定，比如 2013 年 5 月 23 日比特币市场价格为 1 比特币=124.3 美元，约为 760 元人民币。③Q 币更像货币，可以直接购买服务；比特币更像股票，具有投资价值。④你只能用人民币购买 Q 币；但你除了用人民币购买比特币外，还可以自己制造比特币(制造过程俗称"挖矿")。⑤Q 币的相关数据存储在腾讯的服务器上，而比特币的数据存储在比特币所有持有者的计算机上(P2P 存储)。⑥Q 币可以无限量发行，但比特币的算法规定比特币全世界最多只有 2100 万个。⑦Q 币不会升值也不会贬值；比特币可能会升值，也可能会贬值。⑧假设腾讯公司倒闭，Q 币将随之消失；而比特币是没有发行人的货币，哪怕美国政府倒闭，比特币也不会消失。⑨Q 币不能转账；比特币可以在全世界范围内转账，只要你有对方的账号(在比特币中，账号也叫作地址)。⑩Q 币只能购买腾讯公司的服务，比特币除了可以兑换为人民币、美元外，在国外比特币还可以用于购买披萨、袜子、玩具等。

【小资料 3-8】　比特币的由来

2008 年，一位称为中本聪(Satoshi Nakamoto)的人发表了一篇新的论文，论文阐述了以密码学为基础的电子货币理论(也就是现在的比特币)。论文指出：世界各国的货币这么多，而每个国家的货币只是一个流通符号，一旦失去了国家的信用保障，它们就是一堆废纸。为什么不发明一套世界通用，而又无国别之分的货币系统呢？于是，论文详细讲述了如何利用密码学制造一种虚拟货币的方法。这就是比特币的理论。在论文中提出的比特币货币系统，有如下一些属性。①去中心化：没有发行人，整个网络由用户构成，采用 P2P 方式存储和运行。②全世界流通：世界上任意一台计算机，只要下载比特币客户端，就可以制造、出售、购买、收取比特币。③安全持有：操控比特币需要私钥，它可以被隔离保存在任何存储介质中，除了用户自己之外无人可以获取。④低交易费用：可以免费汇出比特币，但最终对每笔交易将收取约 0.001 比特币的交易费以确保交易更快执行。收取的交易费，会作为奖励，发给后续去制造比特币的用户。⑤方便快捷的交易转账：只要你知道对方的账户地址，就可以转账，方便快捷。⑥防止通货膨胀：全世界一共只产生 2100 万个比特币，从发布之日起，每 10 分钟产生 50 个比特币，但产量每 4 年会减半，即发布 4 年后，每 10 分钟产生 25 个比特币，发布 8 年后，每 10 分钟产生 12.5 个比特币，这些新产生的比特币，属于制造比特币的人。

(资料来源：www.360doc.cn)

第四节　电子货币对传统金融活动的影响

电子货币从无到有，从实到虚，其职能及对传统金融带来的影响有着重要的研究价值，对丰富和拓展金融理论的内容起到了重大作用，同时也对金融理论影响深远。

一、电子货币与传统货币的职能比较

电子货币是在传统货币基础上发展起来的，与传统货币在本质、职能及作用等方面存在着许多共同之处。但两者产生的社会背景、经济条件和科技水平等的不同，导致了它们在执行货币职能时产生了差异，具体表现在以下几个方面。

(一)价值尺度职能

电子货币与其他电子支付手段相比，具有货币的一般性特征，但是，电子货币也还离不开传统通货的支持。这是因为电子货币缺少传统货币那样公认的、统一的和规范的价格标准，其价值的量度只是人为的一个约定基准。没有价格标准支撑的电子货币，缺乏人们普遍接受的信用。目前，电子货币对商品价值度量的标准是建立在纸币或存款账户的基础上的，仍然遵循中央银行货币的统一"价值尺度"标准，即所有的电子货币都以中央银行货币单位作为自己的计价单位，其发行主体提供能与实体货币以 1∶1 的比率兑换的保证。因此，电子货币可以被认为是以实体货币为基础的二次货币或称为"影子货币"，不具备货币价值尺度的本质职能。加上电子货币本身带有明显的发行人特征，而不同的发行人对价值判断的标准不同，因此，电子货币体系需要通过一个"外部"标准统一规范。展望未来，随着电子货币使用范围的扩大及应用环境的不断完善，其最终成为具有法偿货币地位的新货币的可能性也会越来越大，届时传统货币作为媒介物的作用将会削弱，电子货币作为价值尺度的作用将逐渐显现出来。

(二)流通手段职能

电子货币的出现，预示着电子货币将取代纸币而成为标准流通媒介，从而导致价值尺度与流通手段的分离。电子货币虽不具备"价值尺度"的职能，但却具有良好的流通性，由于货币执行流通手段职能仅仅只需要发挥其交换媒介的作用，因此可以用本身完全没有价值的货币符号来替代，这时电子货币高效的流通手段职能就凸显出来了——纸币在发挥流通职能时，货币充当商品交换媒介使买卖双方钱货两讫；而无形的电子货币被用来进行支付时，是通过网络以数据信息的形式将电子货币从交易一方转移到另一方从而实现钱货两讫，完成的交换表现为买卖双方银行账款上存款余额数字的增减变化。需要注意的是，电子货币在发挥流通手段的职能时，必须依靠银行等中介机构的参与才能完成。在未来的经济中，只有银行和金融媒介，无货币，银行成为维持财富转移的结算体系，即货币的价值尺度与流通手段分离。纸币这种"人造品"的消失，不仅会使经济理论中长期没有解决的价值均衡与货币均衡问题迎刃而解，而且独立于货币发行者而存在的计价标准体系还有助于克服现行纸币体系对经济运行的干扰。

(三)支付手段职能

在实际的商品交易中，货币和商品在买卖过程中往往是不同时出现的，即买卖双方通过采用预付款或延期支付的方式进行交易，这一现象被称为货币的支付手段职能。电子货币是通过计算机网络系统以电子信息传递形式实现流通和支付功能的货币，因此电子货币比商品货币、纸币更具有支付中介优势。电子货币发挥支付手段职能的一个特点是将消费者信用、商业信用和银行信用有效地结合起来。电子货币发挥支付职能的实质就是通过信用进行交易，形成可以相互抵消的债权债务关系，在最终结算时大部分债权债务关系冲销掉，大大加快了交易的速度，提高了运作效率，同时也减少了货币的需求量。需要注意的是，人们之所以愿意使用电子货币，并不是基于电子货币本身，而是其所代表的等额的实体货币。因此，如果电子货币仅仅作为一种流通的手段，而没有对应的现金、存款等实体货币的价值作为前提，那么电子货币是无法执行支付手段职能的。

(四)存储手段职能

货币作为一般等价物，可以用来购买一切商品，谁占有更多的货币，谁的权利就更大，因而货币储藏就有必要了。电子货币的储存是以数字化形式存在的，目前的价值储藏功能必须依赖于传统通货，以现金或存款为基础，所以这样得到的电子货币永远不可能摆脱持有者手中原有通货的数量约束。这样一来，电子货币作为价值储藏的工具是名不副实的。所以就此意义来讲，电子货币的储存功能是所有者无法独立完成的，必须依赖中介结构。

到目前为止，电子货币还只是一种新生事物，要完全取代纸币还需经过漫长的发展历程，其对经济制度的影响也还远未显现。

二、电子货币对货币供给的影响

网络银行和电子货币的出现，在对货币供给产生影响的同时，对货币的需求也产生了很大的影响，这些影响已经不仅仅表现在居民的货币需求结构的变化上，更深刻地表现在对货币理论的基础——各层次的货币划分与计量及货币需求的变化上。

(一)货币层次划分的变化

在传统的金融理论中，以金融性资产的流动性为标准，将货币流通量划分为不同的层次。所谓流动性是指金融资产转化为现金而不受损失或少受损失的能力，即变为现实的流通手段和支付手段的能力。流动性程度不同的货币在流通中转手的次数不同，形成的购买力不同，从而对商品流通和其他各种经济活动的影响程度就不相同。各国划分货币层次的具体做法不尽相同，依本国情况而定。但在理论和实践中形成以下划分的基本原则：按照货币的流动性划分，以存款及其他信用工具转换为现金所需时间和成本作为标准。所需转换时间越短，所费成本越低，则货币层次越高。我国将货币划分为 M0、M1、M2、M3 这几个层次。其中，M0=流通中的现金；M1=M0+企业活期存款+机关团体部队存款+农村存款+个人持有的信用卡类存款；M2=M1+城乡居民储蓄存款+企业存款中具有定期性质的存款+信托类存款+其他存款；M3=M2+金融债券+商业票据+大额可转让定期存单；M1 是狭义货币，M2 是广义货币，两者之差是准货币。

在网络经济环境中，由于受到电子货币的冲击，不同货币工具之间流动性的区别正逐渐变小，传统货币层次之间的界限已经开始慢慢淡化。这是由于电子货币的广泛使用可以使现金与存款、定期与活期存款的转换在瞬间完成，利用电子货币交易，可以快速、便捷、低成本地完成交易。转换迅速就意味着货币存在的方式具有很大的不稳定性，也就是说各层次的货币量有可能会在短时间内出现较大的偏差，从而影响各层次之间货币的使用，破坏货币需求的均衡。交易费用低，就意味着不同形式的货币之间的替代性加大，居民可以选择的货币形式和该货币形式的货币数量就会有很大的波动，各种层次的货币在流通中流通性的界限就会变得日益模糊起来。

(二)货币需求的变化

传统的货币理论认为，货币与其他支付工具的不同之处在于货币是低风险、低收益的，人们之所以选择货币，是出于满足"交易—投机"和投资的需要。这也就是说，货币提供的流动性可以方便及时地满足商品交易、意外支付和投资的需要，流通性的高低是货币与其他金融资本最主要的区别。在传统金融中，上述的区别是十分显著的，但在网络金融环境中，在网络银行和电子货币的共同作用下，所有金融资产的流动性均得到提高，特别是对于市场交易量大、价格变动有限的那些金融资产，如国债、基金合约等。这些金融工具与电子货币非常相似，它们也可以跟中央银行发行的货币以一定的兑换率兑换。这样，整个金融资产体系中货币的需求就会变得非常复杂，这就是网络金融需求理论要解决的一大难题。

同时，电子货币的存在使得货币总需求演变为两部分：对中央银行发行的货币的需求和对电子货币的需求。但两种货币的影响因素和变动趋势存在着明显的差异，导致货币需求的问题进一步复杂化。具体来说，电子货币的广泛使用，导致凯恩斯主义和货币主义学派的货币需求理论受到冲击。凯恩斯主义学派认为，人们对货币需求的原因在于交易动机、投资与投机动机的存在，它们构成了两类货币需求：消费性货币需求和投机性货币需求。前者是收入的函数，后者是利率的函数。从另一个角度看待人们持有货币的意愿问题，费里得曼将资产需求的理论引入到了货币需求的分析中，他认为货币需求是永久收入和预期回报率的函数。

对于上述两个货币需求函数，尽管在很多方面都存在很大的差异，但它们都隐含了这样一种假设：货币的不同用途之间存在确定的界限，且这种界限是相对稳定的。在凯恩斯学派中，表现为不同的需求动机；在费里德曼看来，则表现为不同的财富结构和各种资产的预期收益与机会成本的组合。

网络金融的发展，尤其是电子货币的发展，使这些前提条件是否依旧成立打上了一个问号。由于人们可以随时随地、以近乎为零的交易费用进行货币用途之间的转换，使得各类交易动机之间的边界不再明显，投资结构的可变性也大为增强。也就是说，电子货币已经使得交易动机的流动性偏好与投机动机的流动性偏好相互结合，消费性货币需求和投机性货币需求都有可能既是利率的函数又是收入的函数。尽管这种影响到目前为止还尚未显现明显，但其影响是日益增大的，可以预见未来的货币需求函数必须要对人们利用电子货币进行的交易加以考虑。

三、电子货币对货币政策的影响

(一)电子货币对货币政策工具的影响

中央银行的货币政策工具主要包括法定准备金、公开市场操作和再贴现率三种。这三种货币政策工具由于受到网络银行和电子货币的发展的影响，它们的功能都出现了不同的变化。

1. 对存款准备金率的影响

在传统金融领域中，法定准备金不仅是中央银行对商业银行的法定要求，还是基础货币的一个主要组成部分。中央银行通过提高或降低法定存款准备金率来增加或减少法定存款准备金，从而控制流通的货币总量。这在电子货币尚未出现以前，是中央银行经常使用且行之有效的一种手段。建立在传统的银行、货币体系之下的准备金制度，随着电子货币的出现，其作用力度大大下降，其原因在于：一是由于电子货币取代了一部分有准备金要求的储蓄，使得网络银行中的存款准备金所占比重下降；二是在激烈的国际竞争中，各国不断改革准备金制度，以求获得金融创新的先发优势；三是网络银行即使是经营场所发生了转移，其费用也相对较低，而且由于网络的特性并不会使原有客户发生流失，从而为网络银行规避一国或地区较苛刻的准备金要求提供了条件。

2. 对货币流通量的影响

在传统金融领域中，中央银行参与公开市场业务，通过增加或减少流通中的货币量，使货币的总供给和总需求趋于平衡。但是，对于电子货币而言，由于其发行较为分散，中央银行不再是唯一的发行人，网络银行可以通过发行电子货币来增强其引起市场波动的能力，从而减弱了中央银行公开市场操作的时效性和灵活性，使得在网络金融环境中，公开市场操作的作用变得复杂而难以预测。例如，当经济过热时，在传统经济环境下，中央银行可以采取卖出持有债券的公开市场操作方式来回笼基础货币，收紧银根。当商业银行购买国债后，其准备金就会减少，在货币乘数效应的作用下，货币供给量的减少会导致利率上升，从而使投资得以抑制。但在网络经济环境中，如果中央银行抛售国债的价格与市场价格之间的差异所产生的预期收益大于商业银行发行的电子货币的成本，商业银行就可以增加电子货币的发行来替代中央银行货币形式存在的资产，购买国债。如果预期收益大于金融资产的平均水平，网络银行也可以迅速调整资产组合，引发国债的变动。在这种情况下，中央银行要想影响利率，就必须投入大量的资产，公开市场操作演变成为中央银行与商业银行等其他金融机构之间的博弈游戏。

【小资料 3-9】　货币乘数

所谓货币乘数也称货币扩张系数或货币扩张乘数，是指在基础货币基础上货币供给量通过商业银行的创造存款货币功能产生派生存款的作用产生的信用扩张倍数，是货币供给扩张的倍数。在实际经济生活中，银行提供的货币和贷款会通过数次存款、贷款等活动产生出数倍于它的存款，即通常所说的派生存款。货币乘数的大小决定了货币供给扩张能力的大小。在货币供给过程中，中央银行的初始货币提供量与社会货币最终形成量之间客观存在着数倍扩张(或收缩)的效果或反应，即所谓的乘数效应。

举例来说，假设最低准备金率是 20%，也就是说当银行得到 100 元的存款时它必须留存 20 元，只能贷出 80 元，其次假设银行会放足 80 元。A 往银行里存了 100 元，银行再将其中的 80 元放贷给 B，如果 B 把贷来的 80 元又全部存入银行，银行再将其中的 64 元贷给 C，C 又把 64 元存入银行，银行再向 D 贷出 51.2 元……以此类推，央行最先向市场投放了 100 元，市场上最后多的货币会是 100+80+64+51.2+…

3. 对再贴现率的影响

再贴现率在传统金融业务中是中央银行调节商业银行借贷能力的一种有效手段。中央银行通过提高或降低再贴现率，增加或减少了商业银行向中央银行的借贷成本，从而控制商业银行的贷款规模和能力。然而，当电子货币能够被商业银行自由发行时，即使中央银行提高了再贴现率，商业银行仍可扩大电子货币的发行，来缓冲由于再贴现率提高而带来的贷款规模缩小的压力，从而对中央银行通过再贴现率影响货币资金的"价格"的能力和资金价格的调整货币的能力产生了冲击。不过，由于电子货币仍需依赖传统货币来保证其货币价值，当发行者面临赎回电子货币的压力而需向中央银行借款时，再贴现率仍能显示出调整其借款成本的能力。

(二)电子货币对央行货币政策目标的影响

货币政策的目标是指中央银行通过货币政策的操作所要达到的宏观经济目标，可以简单地分为两个层次，最终目标和中介目标，它们共同构成了中央银行货币政策的目标体系。

1. 电子货币对央行货币政策最终目标的影响

最终目标是央行通过货币政策操作最终达到的宏观经济目标。一般来说，货币政策的最终目标主要有四个：稳定物价、充分就业、经济增长和国际收支平衡。不同时期央行所面临的问题和经济发展状况不同，其选择的最终目标也就不尽相同。尤其是随着电子货币时代的到来，货币供应量在一定程度上超出了中央银行的调控范围，央行在很大程度上无法控制货币供应量，从而造成货币供给较多而导致物价上涨，诱发通货膨胀。因此，在网络金融的环境下，央行在选择最终目标时要以稳定物价作为首要目标，并相应地兼顾充分就业和经济增长问题。

2. 电子货币对央行货币政策中介目标的影响

中介指标可谓是连接货币政策工具和货币政策最终目标的桥梁，是货币政策传导机制中的首要环节，是央行在某种特定的经济状况下和一定时期内，能够以一定程度和精度达到的目标。通常情况下，货币政策中介指标包括两大类：第一类，以利率为代表的价格信号性指标；第二类，以货币供应量为代表的总量性指标。电子货币引入到货币市场后，必然会影响货币的利率和供应量等中介指标的功能，电子货币对以利率为代表的价格信号性指标的影响主要表现在，电子货币的使用会使银行体系的储备金供给增加，对央行资金的依赖程度降低，削弱央行调控货币供应量的力度。一旦央行资产负债规模下降，势必会影响到利率的调节能力。与此同时，电子货币对以货币供应量为代表的总量性指标的影响主要是通过对基础货币和货币乘数的影响表现出来的。电子货币取代现金会导致现金比率下降，货币乘数增大，许多商业银行通过电子货币将会更容易借入资金，从而减少对超额准备金的需求。如果央行不采取相应的措施进行控制，央行货币政策的中介指标功能势必会逐渐弱化。

操作指标包括了基础货币和准备金两部分。其中，电子货币对基础货币作为操作指标的影响主要表现在：央行的基础货币为通货和准备金之和，当电子货币广泛运用到货币市场以后，通货有一部分将会被电子货币所取代，因此，央行只有将电子货币纳入到统计范畴，才能准确地核算出基础货币量。然而电子货币发行权过于分散，很难完全控制发行量，由此可知，使用电子货币会使基础货币的内涵和结构发生重大变化。电子货币对准备金作为操作指标的影响主要表现在：电子货币广泛应用会相应地减少法定准备金。一方面，使用电子货币会使支付效率大大提高，使通货在各类存款账户之间的转化更加容易。目前各国为了获得金融创新的先发优势，大多对电子货币没有要求缴纳存款准备金，这就使得电子货币取代了一部分有准备金要求的储蓄，造成法定准备金总额下降。而且，商业银行也会因为电子货币对现金的替代作用而逐步减少对超额准备金的使用。因此，电子货币会使央行使用准备金进行货币政策操作的能力减弱。

(三)电子货币对货币传导机制和途径的影响

货币传导机制是指中央银行在确定货币政策的最终目标之后，从选用货币政策工具进行操作开始，到其实现最终目标之间，所经过的各种中间环节相互之间的传导途径与作用机制。电子货币的广泛运用对货币政策传导的各环节产生了巨大冲击，使得中央银行控制货币的能力大大降低，从而削弱了货币政策的有效性。

1. 电子货币对货币传导机制的影响

一方面，由于货币发行权不再由中央银行一家所独揽，中央银行以外的金融机构和非金融机构有电子货币的发行权，导致中央银行通过货币供给量的调节和控制来实施和影响货币政策的最终目标无法实现，并且其相关性也受到影响。另一方面，电子货币具有的信用创造作用，使得对货币的需求处于不稳定状态，这就会导致利率波动。而利率的微小波动又会引致经济主体对未来预期的变更，从而导致货币需求的较大波动，这样金融当局在利用货币政策工具通过影响利率而实施货币政策时，会由于上面的反作用而降低利率作为货币政策传导机制的传导作用。

2. 电子货币对货币政策传导途径的影响

从金融机构的资产和负债角度上看，货币政策传导一般有货币渠道(包括利率途径、非货币资产价格途径和汇率途径)和信贷渠道(包括资产负债表途径和银行贷款途径等)两个主要途径。

1) 电子货币对资产负债表的影响

电子货币加速了货币流通速度，各种金融资产之间的替代性加大，它们之间的相互转化快捷而迅速，于是企业在借款时有了众多的选择性。这样当企业需要筹集资金时，其筹资渠道便有多样可选择，而不再局限于向商业银行贷款。 即使是资产负债表状况糟糕的企业在办理相关手续后，也可以发行债券。在企业获取资金的渠道日益增加的情况下，资产负债表途径的效用逐渐减弱。

2) 电子货币对银行贷款的影响

电子货币的出现拓宽了商业银行资金来源的渠道，使商业银行快速、便捷地远程融通资金成为可能，即使中央银行想对商业银行信用进行控制，由于商业银行可以到不受管制的欧洲货币市场借款，使得中央银行对商业银行的控制能力下降，其货币政策意图也未必能通过商业银行途径实现。

随着多种融资方式的出现，银行信用占社会总信用的比重持续下降，这也减弱了银行贷款途径的效果。电子货币使得货币市场的参与者不断增多，金融资产的结构日趋多样化，社会中流行的电子货币的发行单位以及一些证券经纪商将成为中央银行的传导主体，电子货币的在线支付将不断削弱传统商业银行在降低货币流通成本方面的优势，迫使其向提供金融信息增值服务和证券业务等非中介方向发展。随着网络技术的发展，无论是金融市场结构的变化还是商业银行职能的转变，都将弱化传统的货币传导机制。

3) 电子货币对利率传导途径的影响

第一，电子结算技术的运用使电子货币被普遍接受并进入货币市场，人们进行资产转换的交易成本降低，不必持有过多的纸币或铸币。第二，电子货币在信用创造方面的作用，又使得对货币的需求处于不稳定状态，这就会导致利率变动，从而导致货币需求的较大波动。第三，由于对货币量控制难度加大，金融当局在利用货币政策工具通过影响利率而实施货币政策时，会由于上面的反作用而使利率的传导作用减弱。第四，各种智能卡片、储值卡片以及电子钱包、电子现金等的出现会影响中央银行对基础货币供应的垄断程度，从而影响中央银行的资产负债规模。因此，中央银行通过吞吐基础货币来影响利率的能力就会受到某种程度的减弱。

4) 电子货币对汇率传导途径的影响

电子货币对外汇汇率的影响主要体现在对短期内的汇率变动的影响。当外汇市场上由于以上一种或多种因素引起外汇汇率的贬值或升值时，电子货币因其高度的流动性、跨国性和低交易成本等特性能迅速转换币种，自由买卖自由兑换货币，从而影响短期外汇供求和心理预期，进一步左右汇率的变动，加剧外汇汇率的不稳定性。电子货币对央行通货的取代以及电子货币的跨国界使用，使人们能够更多地选用强势货币，而抛弃币值上稳定的弱势货币，因此会使汇率指标失去调控意义。

(四)电子货币对金融调控的影响

1. 电子货币对中央银行宏观调控能力的影响

在使用电子货币的条件下，中央银行不再是电子货币发行的唯一主体，这就形成了货币创造主体的多元化趋势。在这种电子货币分散发行的情况下，中央银行要控制货币供应量就必须控制电子货币发行的数量，而要有效控制货币供应量就必须要垄断电子货币的发行权。尽管未来存在着中央银行垄断电子货币发行权的可能，但目前电子货币分散发行的现状，使私人部门分享原本由中央银行独占的货币发行"铸币税"收入，催生了竞争性货币供给格局。但竞争性货币供给格局存在着货币发行量失控的潜在风险。首先，电子货币私人发行使其发行机制不同于传统货币。中央银行发行货币不以盈利为目的，当经济面临通货膨胀压力的时候会主动收缩货币供给，而私人部门发行的电子货币可以获得货币发行的"铸币税"收入，会导致发行者大量发行的冲动，从而可能导致电子货币发行失控。

【小资料 3-10】　铸币税

铸币税，也称"货币税"，是指发行货币的组织或国家在发行货币并吸纳等值黄金等财富后，货币贬值，使持币方财富减少、发行方财富增加的经济现象。这个财富增加方，通常是指政府。财富增加的方法，经常是增发货币。

2. 电子货币分散发行削弱了中央银行调控货币供给的能力

电子货币对现金的替代及其发行主体的多元化的现状，在挑战中央银行货币发行垄断权的同时也削减了其控制货币供应量和调控宏观经济的能力。电子货币进入实体经济后，逐步取代了中央银行发行的通货，因而造成了中央银行平衡表规模的缩小，那么从利差中得到的利润也会减少，铸币税收入将大幅减少，从而使其货币政策独立性受到影响。

(五)中央银行的货币政策创新

1. 货币政策的规范性和灵活性相结合

规则性货币政策以市场经济能自动达到总供给与总需求的均衡状态为前提。均衡性的货币政策以货币因素对经济环境和宏观经济有重要影响为前提。一方面，中央银行不能放弃规则性的货币政策，货币稳定问题是中央银行货币政策的总规则，它作为现代中央银行制度的基点始终是不可动摇的；另一方面，应积极采取权衡性的货币政策，在稳定货币的总规则指导下，货币政策的日常操作必须根据具体的经济形势进行选择，以实现对经济运行的积极性微调，使货币在经济良性运行的基础上实现稳定。

2. 货币政策的调控范围是全部金融机构和全部资产

金融创新实践证明，中央银行只控制商业银行的活期存款而忽视非银行金融机构在信用创造方面的作用，其结果是导致了大量的金融和信用失控现象，导致货币政策的失败，为此，中央银行必须扩大货币政策调节和作用的范围，把控制的触角逐步伸展到商业银行体系以外的各类非银行金融机构，并注意政策的均衡性，尤其要处理好与财政政策和公债管理政策的协调配合问题。

3. 货币政策的对象是多样化的金融资产

金融创新在中央银行货币政策操作对象上给我们的启示是，中央银行在执行货币政策过程中必须有更广阔的视野，而不是只盯住基础货币，应当面对多样化的金融资产，同时，由于各种金融资产影响价格水平和经济过程的程度、途径不同，因而，中央银行在调节和控制货币供应量时应有所侧重，基础货币永远构成中央银行控制的重点，这也是中央银行划分货币层次、进行分别控制的依据所在。

4. 货币政策工具不断创新

随着金融创新的发展和金融机构的日益复杂化，决定货币供求和价格水平的因素已越来越复杂，传统的主要作用于商业银行和货币市场范围的"三大法宝"(存款准备金率、公开市场业务、利率调节)已逐渐失去其有效性的环境条件，从而显示出很多不适应性。而且，"三大法宝"本身也存在某种缺陷，如公开市场业务中传递的是包括黄金流动、外汇买卖在内的"混乱的信号"；贴现率政策不适应于精确的货币政策目标；法定准备金率制度会使银行业成为一个失衡的体系。因此，在金融创新下，中央银行应扩大货币政策工具的使用范围，主动灵活运用一些非常规性创新手段，金融创新也将为中央银行的货币政策工具创新提供契机和必要性。

本章小结

本章主要介绍了电子货币的产生、概念及特点，并将其与传统货币作对比分析，另外，还介绍了电子货币的分类和职能，在此基础上，进而对电子货币的应用方式，即电子货币的主要形式、功能和特征进行了叙述。按照不同的分类方法，电子货币可以分为许多不同的类别，对于电子货币的应用，本章作了详尽的描述。目前使用最为普遍的银行卡就是典型的电子货币的代表，银行卡代替现金和支票进行购物是金融界的一大成就。本章通过对电子现金、电子钱包、电子支票等电子货币形式的实证分析，将电子货币的理论与应用有机地结合在一起。由于电子货币的广泛应用，并且进一步发展到网络货币的高级形式，它对传统的货币政策产生了较大的影响。传统的货币供求理论和货币政策由于与电子货币的发行、使用的实际情况有所不符而受到巨大的挑战。

本章习题

一、问答题

1. 什么是电子货币？电子货币主要包括哪些形式？
2. 与传统货币相比，电子货币有哪些特征？
3. 电子货币有哪些类型？其职能是什么？
4. 电子货币与传统货币有什么区别？
5. 银行卡有哪些种类？信用卡和借记卡有哪些异同？
6. 目前世界上广泛使用的网络货币有哪些？它们各自有何特点？
7. 电子货币在哪些方面影响货币需求与货币政策？

二、实践训练

实训项目：银行卡的使用。
实训目的：通过实践掌握银行卡的功能。
实训步骤：
(1) 申请某家银行发行的银行卡；
(2) 持卡到 ATM 机上进行查询、提款、存款、转账操作；
(3) 持卡到银联商户体验 POS 消费；
(4) 持卡完成一次异地汇兑；
(5) 体验银行卡的各种功能。

第四章 电子支付系统

【学习要点及目标】

- 了解电子支付产生的背景。
- 了解电子支付的概念和分类。
- 熟知第三方支付的概念、功能及运营模式。
- 了解移动支付的概念和类型。
- 学会移动支付应用的方法。

【核心概念】

支付　结算　电子支付　B2C　B2B　B2G　支付网关　第三方支付　支付清算系统
CNAPS　CNFN　SWIFT　移动支付　NFC　手机钱包　手机银行　微信支付　二维码支付

【引导案例】

使用电子支付比例中国远高于别国 电子支付成趋势

近几年，包括扫二维码、近场支付等各种创新的数字支付方式层出不穷，电子支付成为一种趋势。全球著名的市场调研公司尼尔森在2016年3月份的一项调查中发现，在过去六个月曾进行过在线购物的中国受访者中，有53%表示他们使用过银行借记卡网上支付，49%使用过货到付款，以及46%用过信用卡进行网上支付，这一数据要远远高于其他国家。

除此之外，报告还显示，越来越多的中国人喜欢使用移动设备进行网上购物，尤其是在购买某些特定物品时，消费者使用移动设备比使用台式机和笔记本电脑的频率要高很多。比如，在中国有超过一半的受访者表示通过使用智能手机网上订餐(71%)或在线购票(51%)。超过40%有过网购经历的消费者表示他们通过智能手机购买过美容产品(46%)或包装食品(45%)。

尼尔森的调研还发现，在线购物的商品品类方面，不管是个人洗护产品还是鲜花礼品套装，在中国使用电子支付的流行程度都已远远超出了其他支付方式。在所有受访国家中，这种独特的情况仅存在于中国。

(资料来源：李媛. 使用电子支付比例中国远高于别国 电子支付成趋势.新京报，2016.3.3)

【案例导学】

伴随着互联网的高速发展，我们日常生活中接触最频繁的一项业务——"付钱"这件事正在越来越多地发生在网络、手机上，无论是消费购物，还是生活中各种付款，又或者是个人之间的转账、企业之间资金的结算。所有以前我们必须面对面的付现金、票据，或者只有去银行才能做的事情，现在已经可以非常轻松地通过各种各样的电子支付方式来完成，而支持我们实现这些的，正是近年来日新月异的各种电子支付技术，以及一大批为了把支付变得更快捷、更安全而不懈努力的电子支付产业链上的各类企业。那么，究竟什么是电子支付？电子支付系统由哪些要素构成？什么是第三方支付？何为移动支付？通过对本章的学习，读者可以了解电子支付的种类，明确电子支付系统的基本构成、功能和特点，了解电子支付网络系统的模式、平台和专业网络，理解第三方支付的概念、功能及运营模式，掌握移动支付的概念、分类及其应用等相关内容。

第一节　电子支付概述

一、电子支付的产生

支付源于经济主体之间的经济交换活动，随着商品社会越来越发达，支付活动也在发展中，并经历了以下几个阶段。

(一)原始经济社会：物物交换方式

人类使用货币的历史产生于最早出现物质交换的时代。在原始社会，人们使用以物易物的方式，交换自己所需要的物资，比如一只羊换两把石斧。在货币产生以前的社会中，物物交换既是一种原始的商品交换行为，也是一种结清债权债务的行为，采用的结算手段是"以物易物"。在这种行为中，交换过程和支付过程同时发生，可将其称为最原始的支付结算方式。物物交换的价值形式如图 4-1 所示。

图 4-1　物物交换的简单价值形式和物物交换的高级价值形式

在物物交换中，无论从交换的任何一方来看，都很难清楚地区分买与卖两种不同的交换行为。这也就是说，在物物交换中，买与卖是相互结合在一起的，买与卖没有分离。买的同时也可以看作是卖，卖的同时也可以看作是买。比如，在上面的绵羊与斧头的交换中，从拥有绵羊的人的角度看，是卖了绵羊，买了斧头；从拥有斧头的人的角度看，是卖了斧头，买了绵羊。

货币产生以后，原始的物与物交换被代之以物与货币的交换。只有当货币被用之于交换，比如，一只绵羊=若干货币，或两个斧头=若干货币时，人们才能分清买与卖的不同。从有绵羊和有斧头的人的角度看，他们失了实物，获得了货币，因而是卖；从有货币的人的角度看，他们让出了货币，获得了实物，因而是买。只有当货币作为交换的中介参与到交换中来后，卖和买两种不同的交换行为才分化出来，并对人类从此以后的商业交易活动产生了决定性的影响和意义。

因此，我们之所以把物物交换称为交换而不能作为支付，就是因为买卖不分，而只有货币出现后，因商业交换而付出货币的一方的行为称之为支付，即支付货币的行为，而把出售货物一方的行为称为货物交付。

(二)自然经济社会：货币支付结算方式

实物支付具有很大的局限性，无论从时间、空间还是物品的范围分析，都容易使交易双方受到很大的限制，比如拥有物的一方所要交换的并不是对方拥有另一物的一方所需要的，从而导致交换的范围和规模都很小。于是，不得不寻找一种能够为交换双方都能够接受等价的中间物，作为交换的媒介。当某些商品开始固定地充当一般等价物时，货币就产生了。牲畜、盐、稀有的贝壳、珍稀鸟类羽毛、宝石、沙金、石头等不容易大量获取的物品都曾经作为货币使用过。

货币产生后，货币就成为度量所用于交换的物或劳务价值的工具和符号，就像米、公斤、伏特等成为度量长度、重量、电压等的工具和符号一样。在人类的历史长河中出现了多种货币类型、称谓和形式，现在世界上二百多个国家的货币名称也不同。例如，目前，世界上使用较多的货币是"美元"(United States Dollar)、"欧元"(ECU)、"英镑"(Pounds)、"日元"(Japanese Yen)、"人民币"(RMB)等。它们都有一个共同点，就是度量物的价值。价格的真实含义是一定数量的货币单位，或者是某种货币单位对某种物的价值度量的结果。价格与价值的关系是：价值是对交换物的效用的度量，而价格是度量的具体数量结果。货币的价值形式和货币量的表现如图4-2所示。

货币的产生是支付手段发展的一次重大飞跃，通过货币支付交换商品的行为才是具有现代意义的货币结算，这种"一手交钱，一手交货"的即时支付结算方式，称为货币即时结算，它是商品经济社会较为低级的结算方式，存在着一些缺点，如流通中会产生磨损、丢失、盗窃、伪造等。

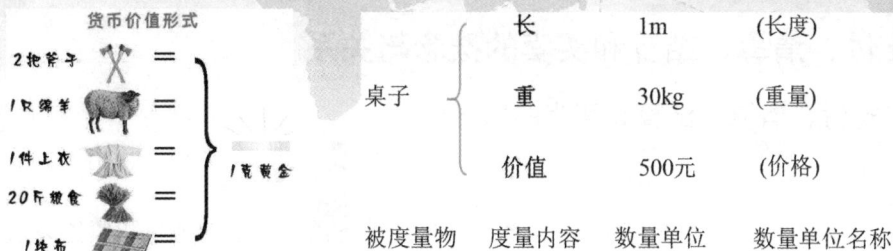

图 4-2 货币的价值形式和货币量的表现

(三)工业经济社会：银行转账支付结算方式

随着交易环节与支付环节在时间和空间上的分离，而又必须保证贸易的顺利安全可靠，作为支付结算中介的银行因此诞生。这种以银行信用为基础，借助银行为支付结算中介的货币给付行为(即分离出来的支付环节)，称为银行转账支付结算方式。正是由于商业信用和银行信用的产生，才促进了交易环节与支付环节的分离，才产生了以银行为中介的支付结算体系，这也成为商品经济社会的基础。可见，支付与信用的关系十分密切。这减少了中间许多无效劳动与费用，提高了资金流通的效率并且节省了成本。

支付这种源于交换主体之间的经济交换活动，由于银行信用中介的介入，最终演化成为银行与客户之间，银行与银行之间的资金收付关系。而银行之间的资金收付交易，又必须通过中央银行的资金清算，才能完成整个支付结算过程，从而形成一个庞大的银行支付系统，如图 4-3 所示。

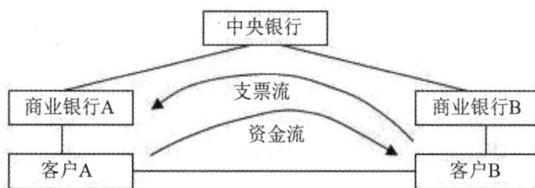

图 4-3 银行支付系统

这种通过银行转账的支付结算方式，也称为非现金结算或票据结算，是目前国际上最主要的资金支付结算方式。

(四)网络经济社会：网上支付方式

工业化时代的传统支付结算方式存在着诸多方面的局限性，如运作速度和处理效率比较低；业务流程复杂，运作成本较高；不能提供全天候、跨区域的支付结算服务；企业资金回笼滞后，增加了资金运作规模等。随着人类进入信息化时代，电子商务逐渐成为企业信息化和网络经济的核心，电子支付应运而生。

二、支付、清算、结算和买卖的概念与关系

(一)支付、清算、结算和买卖的概念

1. 支付

支付是指在商务活动中，为了清偿商品交换或劳务活动引起的债权和债务关系所发生的相应货币所有权从付款人账户转移至收款人账户的过程和行为。支付活动本源于交易商务主体之间直接的经济交换活动，但由于现代银行信用中介的结果，演化为银行与客户之间、客户与开户行之间的资金收付关系，而银行之间的资金收付交易，又必须通过中央银行的资金清算，才能最终完成全过程。

2. 清算

清算是指按一定的规则和制度安排对经济活动中形成的多重债权债务关系进行货币结清的过程和行为。

3. 结算

结算是指将清算过程中产生的待结算债权、债务，在收、付款人金融机构之间进行账务处理、账簿记录，以完成货币所有权的最终转移的过程和行为。

4. 买卖

卖是指商业交易主体中的一方出售所生产经营的商品或劳务以换回货币的过程和行为。这一方因此称为卖方。买是指商业交易主体中的一方付出货币对换回所需要的商品或劳务的过程和行为。这一方因此称为买方。

(二)支付、清算、结算和买卖的关系

支付、清算、结算和买卖的关系如下。

(1) 买与卖是商业交易的两个相对应的基本过程与活动，是产生支付、清算、结算的基础。

(2) 支付源于交换主体之间的经济交换活动，但由于银行信用中介的介入，它最终演化成为银行与客户之间，客户与开户行之间的资金关系。

(3) 银行之间的资金交易，必须通过中央银行进行资金清算，在清算过程中会涉及众多收、付方的多重债务关系，而结清最终债务关系就需要结算。

(4) 银行处于社会经济活动中资金往来的中心，银行与客户之间的支付是银行向客户提供的一种金融服务，是整个支付活动的基础。银行的业务系统要结清经济活动中的各种债权、债务关系，必然要通过清算制度的安排。因此，有时也把银行的支付系统称为清算系

统。实际上，对银行来说，支付与结算清算是两个无法完全区分的概念，而支付系统与结算清算系统是两个无法分开的系统。

(5) 支付与结算两个概念含义基本相同，很难严格区分，因此，支付与结算可以直接理解为支付结算或支付。在我国《票据法》和《支付结算办法》中规定，支付结算的含义是指单位、个人在社会经济活动中使用票据、信用卡和汇兑、承付、委托收款等结算方式时进行货币级支付及资金结算的行为。也就是一方得到另一方的货物与服务后所给予的货币补偿，以保证交易双方的权利与义务平衡。

三、电子支付的概念

电子支付是指以金融电子化网络为基础，以商用电子化工具和各类交易卡为媒介，采用现代计算机技术和通信技术作为手段，通过计算机网络系统特别是 Internet，以电子信息传递形式来实现资金的流通和支付的一种支付方式。电子支付采用的支付工具包括一些创新型的电子货币，如电子现金、电子钱包、电子支票等。

电子支付的目的在于减少银行成本、加快处理速度、方便客户、扩展业务等。它将改变支付处理的方式，使得消费者可以在任何地方、任何时间，通过 Internet 获得银行的支付服务，而无须再到银行传统的营业柜台办理。电子商务要实现网络支付，需要采用得到银行支持的许多网络支付工具，需要通过银行专用支付清算网络和支付系统才能完成。

四、电子支付的分类

电子支付按照不同的特征具有不同的分类。

(一)按电子支付指令发起方式分类

电子支付按指令发起方式的不同，分为网上支付、电话支付、移动支付、第三方支付、销售点终端交易、自动柜员机交易。

1. 网上支付

网上支付是电子支付的一种形式。广义地讲，网上支付是以互联网为基础，利用银行所支持的某种数字金融工具，发生在购买者和销售者之间的金融交换，而实现从买者到金融机构、商家之间的在线货币支付、现金流转、资金清算、查询统计等过程，由此为电子商务服务和其他服务提供金融支持。

2. 电话支付

电话支付是电子支付的一种线下实现形式，是指消费者使用电话(固定电话、手机、小灵通)或其他类似电话的终端设备，通过银行系统就能从个人银行账户里直接完成付款的方式。

3. 移动支付

移动支付是使用移动设备通过无线方式完成支付行为的一种新型的支付方式。移动支付所使用的移动终端可以是手机、PDA、移动 PC、平板电脑等。

4. 第三方支付

第三方支付是指独立于电子商务商户和银行，为商户和消费者提供支付服务的机构。

5. 销售点终端交易

销售点终端交易，也就是平时用的刷卡支付方式。

6. 自动柜员机交易

自动柜员机交易，也就是到银行设立的自动柜员机根据提示办理转账支付。

(二)按交易主体分类

电子支付按交易主体的不同，可分为 B2C、B2B、B2G 三种。

1. B2C

B2C，即企业与消费者之间的电子商务。企业与消费者之间的电子商务就是通过网上商店(电子商店)实现网上在线商品零售和为消费者提供所需服务的商务活动。

2. B2B

B2B，即企业与企业之间的电子商务。企业与企业之间的电子商务是指在 Internet 上采购商与供应商谈判、订货、签约、接受发票和付款以及索赔处理、商品发送管理和运输跟踪等所有活动。其功能包括：供应商管理、库存管理、销售管理、交易文档管理、支付管理。企业间的电子商务可分为两种：一种是非特定企业间的电子商务，它是在开放的网络中对每笔交易寻找最佳伙伴，并与伙伴进行从订购到结算的全面交易行为；第二种是特定企业间的电子商务活动，特定的企业间买卖双方既可以利用大众公用网络进行从订购到结算的全面交易行为，也可以利用企业间专门建立的网络完成买卖双方交易。

3. B2G

B2G，即企业与政府之间的电子商务，政府作为电子商务参与主体，主要表现在政府采购上。政府采购是指各级国家机构、事业单位、团队组织，使用财政性资金采购依法制定的集中目录内的或者采购限额标准以上的货物、工程和服务的行为。公开招标是政府采购的主要方式。

(三)按支付金额的大小分类

电子支付按支付金额的大小不同，可分为小额电子支付系统、大额电子支付系统和微支付三种。

1. 小额电子支付系统

小额电子支付系统，又称零售电子资金支付系统，一般应用于小额贸易支付和个人消费服务。

2. 大额电子支付系统

大额电子支付系统，又称批发电子资金支付系统，主要用于资本市场、货币市场交易和大额贸易的资金结算。

3. 微支付

微支付，是指涉及金额特别小的支付，在我国金额为 5 元以下，在美国金额为 5 美元以下。微支付通常应用于下载手机铃声和图片、收听在线音乐、浏览付费网页等。

(四)按支付时间分类

根据支付和交易发生的时间关系，可将电子支付分为预支付、后支付和即时支付三种。

1. 预支付

预支付就是先付款，然后才能购买到产品和服务。例如，中国移动公司的手机话费，采用的就是预支付方式，消费者先支付通信话费，然后才开始使用通信服务。

2. 后支付

后支付是消费者购买一件商品之后再进行支付。在现实生活的交易中，采取后支付的形式比较普遍，和我们平时所说的"赊账"类似。

3. 即时支付

即时支付是指交易发生的同时，资金也从银行转入卖方账户。随着电子商务的发展，即时支付的方式越来越多，它是"在线支付"的基本模式。例如，一些数据商品的在线交易，交易中买方得到商品的同时，资金同时转账到卖方的账户。

第二节　电子支付系统

电子支付系统是电子交易顺利进行的重要的社会基础设施之一，它也是社会经济良好运行的基础和催化剂。

一、电子支付系统概述

支付系统是指由提供支付服务的中介机构、管理货币转移的法规以及实现支付的技术手段共同组成的系统。其作用是清偿经济活动参与者在获取实物资产或金融资产时所承担的债务。

电子支付系统是指支持消费者、商家和金融机构通过 Internet 使用安全电子交易手段，使用新型的支付工具——电子货币完成数据流转，从而实现电子支付以实现商品或服务交易的整体系统。

(一)电子支付系统的构成

电子支付系统主要涉及参与电子商务活动的交易主体、安全协议、金融机构、认证体系、电子商务平台、法律和诚信体系、网络基础设施等几个部分组成，如图 4-4 所示。

1. 交易主体

电子支付系统的交易主体包括买(消费者或用户)卖(商家或企业)双方。

2. 安全协议

网络支付系统应有 SET 协议或 SSL 协议等安全协议，以构成网上交易可靠的技术支撑环境。

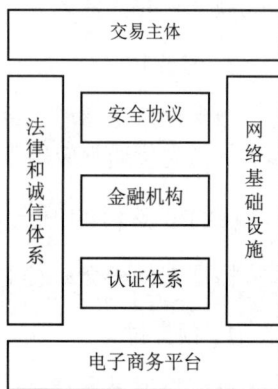

图 4-4　电子支付体系构成图

3. 金融机构

金融机构包括网络金融服务机构、商家银行和用户银行。

4. 认证体系

公开安全的第三方认证体系可以在商家与用户进行网上交易时为他们颁发电子证书，在交易行为发生时对电子证书和数字签名进行验证。

5. 电子商务平台

电子商务平台包括可靠的电子商务网站以及网上支付工具(电子货币，诸如电子支票、信用卡、电子现金)。

6. 法律和诚信体系

法律和诚信体系属于网上交易与支付的环境的外层，是由国家及国际相关法律法规的支撑来予以实现，另外还要依靠完善的社会诚信体系。

7. 网络基础设施

电子支付建立在网络平台之上，包括 Internet 网、企业内联网，要求运行可靠，接入速度快、安全等。

(二)电子支付活动参与的主体

电子支付活动参与的主体包括客户、商家、银行、支付网关、认证中心和金融专用网络，如图 4-5 所示。

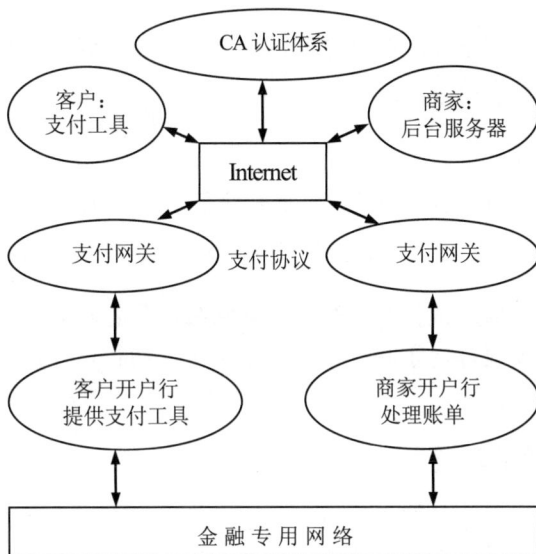

图 4-5　电子支付活动参与的主体

1. 客户

客户一般是指商品交易中负有债务的一方。客户使用支付工具进行电子支付，是支付系统运作的原因和起点。

2. 商家

商家是商品交易中拥有债权的另一方。商家可以根据客户发出的支付指令向金融体系请求资金入账。

3. 银行

电子商务的各种支付工具都要依托于银行信用，没有信用便无法运行。作为参与方的银行方面会涉及客户开户行、商家开户行。

1) 客户开户行

客户的开户行是指客户开设账户的银行。客户开户行在提供支付工具的时候也同时提供了一种银行信用，即保证支付工具的兑付。在卡基支付体系中，客户开户行又被称为发卡行。

2) 商家开户行

商家开户行是指商家开设账户的银行。其账户是整个支付过程中资金流向的地方。商家开户行是依据商家提供的合法账单(客户的支付指令)来工作的，因此又称为收单行。

4. 支付网关

支付网关是金融专用网络和互联网之间的接口，是将互联网上传输的数据转换为金融专用网络内部数据的设备。

5. 认证机构

认证机构负责为参与商务活动的各方发放数字证书，以确认各方的身份。

6. 金融专用网

金融专用网是银行内部及银行间进行通信的网络，具有较高的安全性，如中国国家现代化支付系统、中国人民银行电子联行系统、中国工商银行电子汇兑系统、银行卡授权系统等。

(三)电子支付系统的功能

电子支付的实现依赖于电子支付系统，只有通过电子支付系统，电子支付才能实现支付结算的职能。电子支付系统通过系统把消费者、交易商和金融机构连接起来，从而更加高效、便捷地完成商品交易活动。电子支付系统具有以下几个方面的功能。

1. 使用数字签名和数字证书实现对各方的认证

为实现交易的安全性，对参与交易的各方身份的有效性进行认证。例如，客户必须向商家和银行证明自己的身份，商家必须向客户及银行证明自己的身份。通过认证机构或注册机构向参与各方发放数字证书，以证实其身份的合法性。

2. 使用加密技术对业务进行加密

为保证传输的业务数据不被未授权的、非法的第三方截获而造成数据泄密，可以对在网络间传输的商品信息和支付信息采用对称体制和非对称体制对业务数据进行加密，并采用数字信封、数字签名等技术来加强数据传输的保护工作。

3. 使用消息摘要算法以确认业务的完整性

为保证业务数据在传输过程中不被未授权者建立、嵌入、删除、篡改或重放，完整无缺地到达接收方，可以采用消息摘要算法，通过对原文的变换生成消息摘要一并传送到接收者，接收者就可以通过摘要来判断所接收的消息是否完整，否则，要求发送端重新发送以保证其完整性。

4. 当交易双方出现异议、纠纷时，保证对业务的不可否认性

电子支付系统用于保护通信用户对付来自其他合法用户的威胁，如发送用户否认其所发的消息，接收者否认其已接收的消息等。电子支付系统必须在交易的过程中生成或提供足够充分的证据来迅速辨别纠纷中的是非，如可以采用数字签名等技术来实现。

5. 能够处理交易业务的多边支付问题

由于网上交易的支付要牵涉到消费者、商家和金融机构等多方，其中传送的购货信息与支付指令必须连接在一起，商家只有确认了支付指令后才会进行交易，金融机构也只有确认了支付指令后才会提供支付。但同时，商家不能读取客户的支付指令，金融机构不能读取商家的订单信息，这种多边支付的关系可以通过数字签名等技术来实现。

(四)电子支付系统的特点

电子支付系统与传统支付系统完全不同，相对于传统的支付方式，电子支付具有自己的特点，具体如下。

1. 方便性

电子商务系统使交易突破了时间与空间的限制，无须关注商家的营业时间，随时可以下订单进行采购和支付。电子支付支持多种形式，用户可以选择相对最方便的方式完成支付。

2. 高效性

电子支付系统的处理速度很快，只需在网页上点击支付链接，输入相关信息，即可进行支付，支付过程往往只需数秒便可完成，使网上购物具有高效率特征。

3. 低成本性

电子支付手段成本很低或者不产生任何其他费用，用户在享受其方便、快捷的同时也不用付出很高的代价。

4. 操作简便性

电子支付的操作流程基本接近，便于用户的学习和使用，支付过程只是点击相应的图标，填写必要的信息，确认后便可完成操作。

5. 支付金额可拆分性

电子支付可以对其交易金额进行账户间直接划拨，省去用户找零的麻烦。因此，商品

的金额即使拆分到最小单位也可以进行支付，这点对于微支付来说是十分便捷的。

二、电子支付网络系统

支付网络系统对加速社会资金周转和商品流通起到重要的作用。在现代市场经济条件下，商品和劳务的分配和交换离不开货币和资金的高效运行，如果资金的流动不通畅，就会阻塞物流的运动，经济的运行就会出现问题。而资金的运动又离不开支付网络系统的支持，如果把资金比喻成人体的血液，支付网络系统就好比是支持血液流动的心血管系统。因此，一个高效的支付网络系统是经济体系正常和高效运行的保障。

(一)网络金融的大动脉——支付清算系统

1. 支付清算系统的含义

支付清算系统也叫作跨行业务与资金清算系统，是国民经济资金流动的大动脉，社会经济活动大多都要通过跨行业务与资金清算系统才能最终完成。该系统一般由政府授权的中央银行组织建设、运营和管理，由各家商业银行和金融机构共同参加，也可由中央银行授权的机构进行建设、运营和管理。这类系统几乎涉及一个地区或国家的所有银行或金融机构，甚至连接多个国家的银行和金融机构，形成一个全球性的支付清算网络。在清算支付网络大动脉的支持下，消除了金融机构间资金往来的屏障，使网络金融业务的开展畅通无阻，真正实现了金融业务处理和资金划转的跨时空、网络化和自动化。

2. 支付清算系统的分类

按所涉及的金融机构多少，支付清算系统可分为行内系统和行际系统两种。

1) 行内系统

行内系统是在同一银行或金融机构内部运行的、用于分支机构和网点间的资金支付与清算业务。例如，我国各商业银行开办的电子汇兑、速汇通等实时转账、汇款业务就是建立在商业银行的行内支付清算系统基础上的。

2) 行际系统

行际系统是严格意义上的支付清算系统，一般由第三方机构运营和管理，吸收各家商业银行和金融机构为会员，为会员间的资金支付与清算提供服务。例如，我国金融系统中的同城票据清算系统、电子联行系统、中国国家现代化支付系统和国际的 SWIFT 系统等。

(二)数据交换的网络模式

数据交换的网络模式主要包括电话交换数据网和分组交换数据网两种。

1. 电话交换数据网

在我国各地，诸如 POS、电话银行等大部分电子支付业务都是基于电话交换网络

(PSTN)，用户入网比较方便灵活，相关技术比较成熟。随着电子支付用户的大量增多和交易量的大幅度增加，基于模拟电话网的电子支付业务也暴露了一些问题，如直观性差、交易时间长、重拨现象明显、接通率低、可靠性较差、误码率高等，使电话银行的业务受到影响。

当然，现在移动电话相当普及，移动支付被广泛使用。移动支付主要借助无线网络来处理数据业务，实质上也是基于互联网的支付，只不过是无线互联网平台。

2. 分组交换数据网

分组交换数据网以 X.25 网络为典型代表。我国已形成了覆盖全国的公用分组交换等数据网络设施，为建设电子支付网络打下了物理基础。分组交换数据网本身非常适合于业务量小的实时数据传输，其虚拟电路的灵活设置适用于多台终端同时与银行主机通信，并使扩容变得非常容易；带宽的统计复用消除了原来因中继线争用而带来的通信不畅；协议的纠错功能保障了误码率比电话网低很多，使交易准确无误地被传递；组网模式可以与原有的电话模式兼容，以便分别发挥各自的优势。

电话交换数据网对散点终端入网较为适用，分组交换数据网对较为集中的大商场更能显示出其优势。

数据网在电子支付领域具有固有的安全性能，这不仅体现在数据网本身良好的网络拓扑结构和网络管理能力上，VPN(虚拟专用网)、防火墙等技术的广泛应用也为数据网上电子支付的应用提供了有力的保障，可以有效防止非法用户的侵入。借助于 VPN，银行可以利用公用数据网的条件组成专用的虚拟支付网络，可由自己来管理 VPN 资源，VPN 具有专用网安全可靠等特点。

(三)电子支付的网络平台

电子支付的网络平台包括 EDI 系统和 Internet 两种。

1. 电子支付的优秀平台——EDI 系统

EDI(Electronic Data Interchange)即电子数据交换。EDI 系统最早用于国际贸易，现在广泛用于各行各业。EDI 实现了贸易企业之间借助通信网络，以标准格式传输订单、运货单、装箱单、发票、保险单、报税单等贸易作业文件的电子文本，可以快速交换贸易双方或多方的商务信息和自动处理，从而有机地将商业贸易过程的各个环节，包括海关、运输、银行、商检、税务等部门联结起来，实现了包括电子支付在内的全部业务自动化，在 EDI 平台上进行电子支付具有很大的优越性和安全性。它被称为企业间的"无纸贸易"。EDI 业务代表了电子商务的开始，只不过网络平台是 EDI 专用通信网，而不是 Internet。

2. 电子支付的大众化平台——Internet

在传统通信网和专用网络上开展电子支付业务，由于终端和网络本身的技术难以适应业务量的急剧上涨等一些因素，使用户面很难扩大，并使用户、商家和银行承受了昂贵的通信费用，寻求一种物美价廉的大众化平台成为当务之急，飞速发展的 Internet 就顺其自然地成为焦点。与此同时，与电子支付相关的技术、标准和实际应用系统不断涌现，在 Internet 上进行电子支付已成为现代化支付系统的发展趋势。可以这么说，由于 Internet 和相关技术的迅猛发展，用户的数量惊人增长，终端和应用系统的丰富多样和简易实现，才给电子支付提供了一个崭新的，也是目前唯一可行的真正大众化的通信平台。

(四)电子支付的专业网络

目前，电子支付的专业网络主要有中国现代化支付系统、全球金融网络通信系统 SWIFT、FedWire 和 CHIPS。

1. 中国现代化支付系统

中国现代化支付系统(China National Advanced Payment System，CNAPS)是中国人民银行按照我国支付清算需要，利用计算机网络和电子通信技术开发建设的，为银行业金融机构和金融市场提供资金清算服务的公共平台。该系统能够高效、安全处理银行业金融机构办理各种支付业务及其资金清算和金融市场交易资金清算业务，是中国人民银行发挥其金融服务职能的核心支持系统。

中国现代化支付系统主要包括两个方面的建设任务：中国国家金融网的建设和现代化支付系统各应用系统的建设。系统主要由大额实时支付系统和小额批量支付系统两个业务应用系统，以及清算账户管理系统和支付管理信息系统两个辅助支持系统组成。

1) 中国国家金融网

中国国家金融网(China National Financial Network，CNFN)是中国金融系统各部门公用、支持多种金融应用系统的计算机通信网络，是未来中国金融系统的"信息高速公路"，为中国金融系统各部门提供金融信息传输服务。CNFN 的通信服务对象是中国人民银行、商业银行和其他银行及金融机构遍布全国各地的分支机构。

CNFN 网络首先连接中国人民银行总行、省分行、城市分行、县支行及它们相应的支付资金清算处理中心或处理节点，同时 CNFN 将连接各家商业银行总行、省、城市、县分、支行及面对客户的基层营业网点等，此外，CNFN 网络对其他银行及金融机构，包括在中国人民银行开立有资金清算账户的银行，将根据需要提供类似国有商业银行各层次分支机构的通信服务。

2) 中国现代化支付系统体系结构

中国现代化支付系统建有两级处理中心：即国家处理中心(NPC)和全国省会及深圳城市处理中心(CCPC)。NPC 分别与各城市处理中心连接，其通信网络采用专用网络，以地面通信为主，卫星通信备份。NPC 是整个支付系统的核心处理机构，负责汇总、转发全国各城市处理中心数据，并进行全国资金清算。该中心将存储所有支付系统参与单位的清算账户信息，通过调整清算账户余额完成跨行业务资金清算。CCPC 通过城市金融网与各家商业银行、金融机构互连，主要负责当地支付系统参与者的管理及支付业务的接收和转发，与 NPC 的连接则通过国家金融网实现。各地商业银行或其他金融机构是支付业务的最终发起者和接收者，这些机构通过安放在网点的商业银行前置机系统(MBFE)与当地 CCPC 相连，同时依托本身在当地人民银行开立的清算账户进行资金清算。

3) 全国银行卡信息交换系统

全国银行卡信息交换系统是由中国银联建立和运营的全国银行卡跨行信息交换网络系统，以实现银行卡在全国范围内的联网通用和银行卡机具设备的共享(ATM、POS 等)。这一系统的建立从 2001 年年底提出，并于 2002 年年末实现了"314"工程的目标，即：首先，四家国有独资商业银行的银行卡业务处理系统要在 300 个以上地市级城市实现各类银行卡的联网运行和跨地区使用，股份制商业银行和邮政储汇局要实现所有地市级以上分支机构的联网运行，同时，各商业银行要明显提高网络运行质量和交易成功率。其次，在现有银行卡跨行信息交换网络的基础上，实现 100 个以上城市的各类银行卡的跨行通用。再次，在 40 个以上城市推广普及全国统一的"银联"标识卡，实现"银联"标识卡在这些城市内和城市间的跨地区、跨行通用。总的来说，我国已经形成了一个良好的银行卡受理环境。

2. 全球金融网络通信系统

全球金融通信协会(Society for Worldwide Interbank Financial Telecommunications，SWIFT)，是为了解决各国金融通信不能适应国际支付清算的快速增长而设立的非营利性组织，负责设计、建立和管理 SWIFT 国际网络，以便在该组织成员间进行国际金融信息的传输和确定路由。我国的中国银行、中国农业银行、中国工商银行、中国建设银行等已成为环球银行金融通信协会的会员。

3. 国际上主要的电子支付系统

国际上主要的电子支付系统有 FedWire 和 CHIPS。

1) FedWire

FedWire (Federal Reserve Communication System) 即联邦储备通信系统，是美国的第一条支付网络。这条通信系统是属于美国联邦储备体系(Federal Reserve System)所有，并由其管理的。它是美国国家级的支付系统，用于遍及全国 12 个储备区的 10 000 多家成员银行之间的资金转账。它实时处理美国国内大额资金的划拨业务，并逐笔清算资金。

2) CHIPS

CHIPS 是 Clearing House Interbank Payment System 的缩写，是"纽约清算所银行同业支付系统"的简称。纽约是世界上最大的金融中心，国际贸易的支付活动多在此地完成。因此，CHIPS 也就成为世界性的资金调拨系统。现在，世界上 90%以上的外汇交易都是通过 CHIPS 完成的。可以说，CHIPS 是国际贸易资金清算的桥梁，也是欧洲美元供应者进行交易的通道。

第三节　第三方支付

【案例 4-1】　第三方支付：随网购而爆发，随 O2O 而升华

第三方支付的诞生源于非现金交易的需求，在交易双方在时间(预付或赊购)和空间(如网上购物)错开时，作为中介机构介入其中，承担便利支付(取代烦琐的现金交割)和信用中介(支付宝首创)等职能，促成交易发生。伴随以网购为代表的线上经济和移动互联网时代 O2O 的爆发，第三方支付行业亦迎来爆发式增长，2014 年，第三方支付行业交易规模达 23.3 万亿，同比增长 36%。

从增量市场来看，互联网支付和移动支付是第三方支付市场主要增量来源。①以网购为代表的线上经济的持续爆发增长推动了互联网支付持续高速增长。2014 年，互联网支付交易规模同比增长 50.3%，达到 8.1 万亿元，预计未来 4 年仍将保持 29.8%的复合增速，至 2018 年规模将达 22.9 万亿元。②2013 年以来，阿里、腾讯两大巨头推动线上线下渠道融合的 O2O 经济时代到来，移动支付顺势迎来规模大爆发。2014 年，第三方移动支付规模近 6 万亿元，同比增长 391%。③市场份额方面，依托淘宝、天猫两大网购平台，支付宝占据第三方互联网支付半壁江山。而在移动支付方面，率先发力，与线下便利店、商场等零售渠道及打车、餐饮等诸多场景深度合作的支付宝优势更加明显，2014 年市场份额高达 82.3%。对于第三方支付行业而言，线上经济的发展推动了行业规模的爆发，促成了线上非现金交易的实现，并完成第一次用户教育，使得第三方支付概念为民众所广泛接受；而线上线下经济融合下，移动支付的爆发，结合原有银行卡收单，进一步完成对现金交易的替代，从线上到线下、从大额到小额，第三方支付大规模进入居民日常生活方方面面，便利交易，引领居民日常生活习惯的变革。

(资料来源：洪涛.欧亚菲.商业贸易行业：第三方支付：源于交易、贵于数据、成于服务.)

【小资料 4-1】　O2O

O2O 即 Online To Offline(在线离线/线上到线下)，是指将线下商务的机会与互联网结合在了一起，让互联网成为线下交易的前台。这样线下服务就可以用线上来揽客，消费者可以用线上来筛选服务，还有成交可以在线结算，很快达到规模。该模式最重要的特点是：推广效果可查，每笔交易可跟踪。

目前，网上支付主要体现为两种不同的支付方式，即网上银行和第三方支付。由于中小型企业合作对象及银行相对固定，网上银行成了企业间网上支付的主要支付模式，在现实的有形市场中，异步交换权可以附加信用保障或法律支持来进行，而在虚拟的网络环境中，买卖交易双方互不相识，无法当面交易，货物的收付和资金的支付无法在同一时间完成。因此，支付问题曾经成为电子商务发展的瓶颈之一，卖家不愿先发货，怕货发出后不能收回货款；买家不愿先支付，担心支付后拿不到商品或商品质量得不到保证。博弈的结果是双方都不愿意先冒险，网上购物无法进行。为满足同步交换的市场需求，第三方支付应运而生。

一、第三方支付的概念

第三方支付的概念为独立于商户和银行之间，采取与各大银行签约的方式提供与银行支付结算系统接口和通道服务，能实现资金转移和网上支付服务、具有信誉保障的机构。作为双方交易的支付服务中间商，它具有"提供服务通道"并通过第三方支付平台实现交易和资金转移结算安排的功能。从事第三方支付的非银行金融机构被称为第三方支付厂商。

第三方支付一般是通过第三方支付平台来实现的。所谓第三方支付平台是指买卖双方在交易过程中的资金"中间平台"，是在银行监管下保障交易双方利益的独立机构。在通过第三方支付平台的交易中，买方选购商品后，使用第三方平台提供的账户进行货款支付，由第三方通知卖家货款到达、进行发货；买方检验物品后，通知付款给卖家，第三方再将款项转至卖家账户。

实际上，第三方支付是"信用缺位"条件下的"补位产物"。采用第三方支付，既可以约束买卖双方的交易行为，保证交易过程中资金流和物流的正常双向流动，增加网上交易的可信度，同时还可以为商家开展 B2B、B2C 交易等提供技术支持和其他增值服务。

第三方支付的出现与网上交易的特点密不可分。基于虚拟平台的网上交易主要呈现以下几个方面的显著特点。

(1) 与面对面交易不同，因双方信息不对称，对对方缺乏信任感。这是网上支付产生信用问题的根本原因。

(2) 网上交易不能采用传统支付方式和工具清偿债权债务关系，不能使用纸质载体的支付工具在网上传递，只能通过传送支付指令和支付信息，采用账户划转方式进行，信息传递过程中存在安全问题。

(3) 交易过程在前台终端的公用网上进行，而资金划转必须在银行支付结算系统的专用网上进行。公用网和专用网挂接和整合的新特点，决定了网上支付模式具有多样化的特点。

(4) 对如何保证虚拟环境下金融系统资金运行的安全，还需要国家制定和补充新的法律、法规。对在虚拟环境下实现安全支付提供相应的法律保障，在相当长的时期内仍存在一定困难。

二、第三方支付的功能

采用第三方支付平台提供第三方支付服务的功能如下。

(一)第三方支付是商家和顾客间的信用纽带

以 B2C 交易为例，第三方支付交易流程如图 4-6 所示。

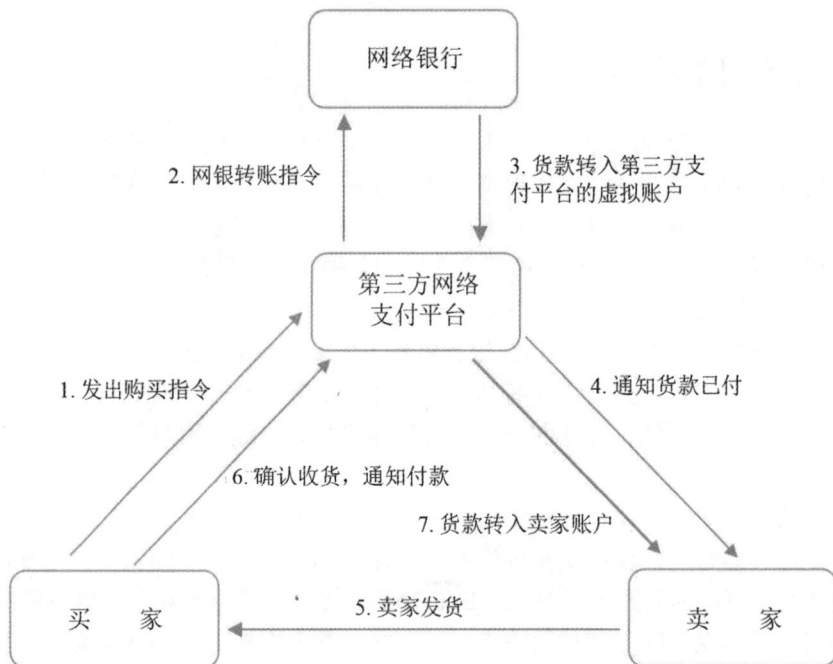

图 4-6　第三方支付交易流程

(1) 消费者在电子商务网站选购商品，与商家讨价还价，最后决定购买。

(2) 消费者选择支付方式(选择利用第三方支付平台作为交易中介)，用借记卡或信用卡将货款划到第三方账户，并设定发货期限。

(3) 第三方支付平台通知商家，消费者的货款已到账，要求商家在规定时间内发货。

(4) 商家收到消费者已付款的通知后按订单发货，并在网站上做相应记录，消费者可在网站上查看自己所购买商品的状态；如果商家没有发货，则第三方支付平台会通知顾客交易失败，并询问是将货款划回其账户还是暂存在支付平台。

(5) 消费者收到货物并确认满意后通知第三方支付平台。如果消费者对商品不满意，或认为与商家承诺有出入，可通知第三方支付平台拒付货款并将货物退回商家。

(6) 消费者满意，第三方支付平台将货款划入商家账户，交易完成；顾客对货物不满，第三方支付平台确认商家收到退货后，将该商品货款划回消费者账户或暂存在第三方账户中等待消费者下一次交易的支付。

从以上支付过程中，我们可以看出第三方支付平台作为信用中介解决了买卖双方的信任问题，但第三方并不涉及双方交易的具体内容，相对于传统的资金划拨交易方式，第三方支付较为有效地保障了货物质量、交易诚信、退换要求等环节，在整个交易过程中，可以对交易双方进行约束和监督。

(二)第三方支付平台充当交易各方与银行间的接口

第三方支付平台将多种银行卡支付方式整合到一个界面上，充当了电子商务交易各方与银行的接口，负责交易结算中与银行的对接，使电子支付更加简单、快捷。

当消费者在网上选择好商品，选择支付方式的时候，网页上可能提供了几种甚至几十种银行卡在线支付方式。这是因为不同银行卡在不同地区具有支付功能，为了在网上能购买到满意的商品，消费者可能要在不同的银行开设不同的账户，并分别开通其网上支付业务。这对于消费者来说太过繁杂，而且会增加其在网上购物的成本。商家为了争夺客户也必须在多家银行开设账户。

引入第三方支付平台后，商家和消费者只需在第三方支付平台注册，由第三方支付平台和各银行签署协议进行账务划转，省去了商家和消费者与多家银行的交涉成本，使网上购物更加便利。同时，第三方支付平台的出现也是对银行零散的小额支付业务的补充，并为银行带来相应的利润。目前，第三方支付平台对接入的商家收取每笔交易金额 2%的费用，其中 1%是银行收取的费用。与第三方合作的银行越多，第三方经营业务的范围就越广，在同行业中的竞争能力就越强，要争取最广泛银行的合作也是第三方支付平台成功的关键。

(三)第三方支付平台能够提供增值服务，降低各方成本

通过第三方支付平台，可以帮助商家网站解决实时交易查询和交易系统分析，提供方便及时的退款、止付和退货等一系列增值服务。采用第三方支付平台，可以降低消费者、商家和金融机构的成本。对于消费者来说，不必要再到特定的实体银行进行转账，或者再跳转到相应的银行网站页面来进行支付，相应地节省了时间，节省了机会成本。对于商家来说可以降低企业运营成本，商家不必自己开发支付系统；对于金融机构来说，可以直接利用第三方平台提供的服务，减少支付网关的开发成本。

三、第三方支付平台及牌照

我国第三方支付市场从 2004 年开始进入加速发展阶段，自 2005 年初起，国内第三方支付市场的竞争就日渐白热化。全球最大的第三方支付公司 PayPal 在 2005 年下半年高调进入中国，在上海建立了全球第 14 个本地化网站"贝宝"，直接向淘宝网"支付宝"发起挑

战。而包括 Yeepay、上海捷银(Smartpay)、快钱、北京首信、网银在线在内的一大批国内支付公司也在这一时期浮出水面。第三方支付市场受到前所未有的关注，而 2005 年也被称为中国的"网上支付年"。在 2008 年和 2009 年呈现爆发增长，特别是 2010 年中国人民银行《非金融机构支付服务管理办法》及《非金融机构支付服务管理办法实施细则》的出台，第三方支付行业结束了原始成长期，被正式纳入国家监管体系，拥有合法的身份。从 2011年 5 月 18 日央行颁发首批 27 张第三方支付牌照以来，至 2015 年 3 月 26 日，与以往一次获批多家不同，央行此次仅批准一家第三方支付牌照，至此，第三方支付牌照总数量增加到现在的 270 家。

2015 年国内第三方支付平台十强如表 4-1 所示。

表 4-1　2015 年国内第三方支付平台十强

排　名	品牌名称	简　介
1	银联商务	国内非金融支付行业综合支付的领导者，国内最大的银行卡收单专业化服务机构，属中国银联旗下
2	支付宝	全球领先的第三方支付平台，国内最大第三方支付平台，最受用户信赖的互联网支付
3	财付通	腾讯集团旗下中国领先的第三方支付平台，国内首批获得央行支付牌照的企业
4	银联在线	中国银联打造的互联网业务综合商务平台，第三方支付的领先者，由中国银联控股
5	快钱	国内首家基于 E-mail 和手机号码的大型综合支付平台，国内领先的独立第三方支付企业
6	汇付天下	国内第三方支付行业领先企业，首家获得证监会批准开展网上基金销售支付结算业务的企业
7	易宝支付	中国行业支付的开创者，国内互联网金融行业领先型企业，中国最具成长价值的电子支付品牌
8	通联支付	领先的行业支付解决方案及综合支付服务提供商，上海市高新技术企业
9	环迅支付	我国最早成立的第三方支付企业之一，我国银行卡受理能力最强的电子支付平台之一
10	拉卡拉	第三方移动支付的领导者，开发出我国第一个电子账单服务平台，知名便民金融服务平台

依据具体从事的业务差异，第三方支付牌照又细分为互联网支付、银行卡收单、预付卡发行和受理、固定及移动电话支付和数字电视支付牌照。各家可以依据业务需求申请其中一项或几项业务，并经中国人民银行核准业务实施地域范围，具体如表 4-2 所示。

表 4-2　不同支付牌照的具体业务

牌照类型	具体业务
互联网支付	通过电脑、手机或平板电脑等，依托互联网发起支付指令，实现用户和商户、商户和商户之间的货币资金转移的行为
银行卡收单	通过 POS 终端以及自助支付服务终端(拉卡拉、缴费易、ATM 等)，基于电话线、互联网在特约商户为持卡人提供银行卡刷卡消费的授权、清算、拒付等业务
预付卡发行与受理	在发行机构指定范围内购买商品或服务的预付价值。第三方支付机构可发行跨行业消费的预付卡(多功能预付卡)，可到众多联盟商户刷卡消费
电话支付	含固定电话和移动电话支付，通过拨打商户呼叫中心，通过银行卡授权支付的方式进行相关订单和服务款项的支付
数字电视支付	通过"电视+遥控器"进行银行卡支付，主要包括基础类业务(模拟&数字电视、数据宽带、数字电视交互业务等)及第三方业务(如公共事业费、电子商城等)支付

四、第三方支付平台的运营模式

总结目前市场上的第三方支付公司的运营模式，我们可以将它们分为三类型：一类是独立的第三方网关模式，一类是有电子交易平台且具备担保功能的第三方支付网关模式，另一类是由电子商务平台支持的第三方支付网关模式，下面分别做出介绍。

(一)独立的第三方网关模式

独立的第三方网关，是指完全独立于电子商务网站，由第三方投资机构为签约的网上商户提供围绕订单和交易支付等多种增值服务的共享平台。这类平台仅仅提供了支付产品和与支付系统相关的解决方案，平台的前端为网上的商户和消费者提供可选择的各种支付方式，同时平台的后端与众多家银行连接起来，由这类平台负责与各大银行之间进行账务的清算，同时提供商户的订单管理及账户查询等功能。这种模式国外以 CyberSource、WorldPay 公司为典型代表，国内以首信易支付、百付通等为典型代表。

这类机构具有独立的网关，灵活性较大的优势特点，且大部分都有行业背景或者政府背景。这类机构主要适用于 B2B、B2C 和 C2C 市场的客户群体、中小型商户或者有结算需求的政企单位。这类机构根据客户的不同规模和特点，来提供适合其使用的产品，因此向客户收取不同组合的年服务费和交易手续费是它的主要盈利方式。但是这些机构也将遇到一些问题，例如，信用评价体系的不完善，需要加强抵御信用风险的能力；其他增值服务尚未开放，技术含量不高，很容易被他人或同行业所复制。

(二)有电子交易平台且具备担保功能的第三方支付网关模式

这种类型的第三方支付网关，是通过电子交易平台独立开发或者合作开发的，与众多家银行建立合作关系，同时凭借其公司自身的实力、影响力和良好的信誉来承担交易双方之间担保的第三方支付平台，利用自身现有的电子商务平台和中介担保支付平台来吸引更多的商家开展经营活动。消费者选购商品后，向第三方支付平台所提供的账户中进行货款支付，并由该平台通知卖家货款已到账，可以发货；待买方收到货物并检验无误后，方可通知第三方支付平台将货款转划到卖家账户中。这类第三方支付工具国内以阿里巴巴的支付宝、易趣的贝宝和腾讯的财付通为典型代表。

这类机构通常都拥有自己一定的客户资源，并能通过每笔交易记录有效地建立个人的信用评价体系，其优势特点主要在于可信性较高，而且能承担中介担保的职能。这类机构主要适用于 C2C、B2C 市场的客户群体，大部分支付服务是针对个人或者中小型商户所提供的。这类机构通过向用户收取店铺费、商品登录费、交易服务费等方式获利，但目前为止大多数机构都实行免费政策，处于扩大机构规模和聚集人气的阶段。但这类机构的弊端首先在于用户集中在自身的电子交易平台，而平台之间的竞争很激烈，其次所需要认证的步骤较多，程序复杂，交易纠纷取证较困难，最后第三方账户的暂时代为保管资金有吸储嫌疑，从而使企业的经营性质产生争议。

(三)由电子商务平台支持的第三方支付网关模式

这种类型的第三方支付网关，是指通过电子交易平台建立起来的支付网关，它与第二种模式的不同之处在于这类型的平台往往只独立经营，且所提供的产品是特定的虚拟产品或者实体产品。支付网站最初的研发是为了满足自身配送商品和实时支付的需要，一步步扩展到提供具有专业化的支付产品服务。这种类型的第三方支付企业进入时间早，不仅拥有实力强大的后盾和雄厚的资金，还拥有成熟的电子商务体系，占有了大部分在网上进行交易买卖的客户源。这种模式以云网支付@网为典型代表。

这类机构通常是最早一批成为自身经营电子商务的企业，其优势特点在于更加了解客户的支付需求。这类机构主要适用于 B2C 市场的客户群体，主要针对中小型电子商务网站进行的在线支付提供服务。这类机构通过向用户收取年费和手续费的方式获利。但这类机构主要依附于自身的电子商务企业，其发展行业受到很大限制，同时不仅要服务于所隶属的电子商务网站，又要服务于其他竞争对手的电子商务网站，也会使其他电子商务企业对此产生质疑。

五、第三方网络支付系统

第三方网络支付系统是通过与银行和认证机构的连接，为电子商务活动提供各种功能的接口和服务，是整个电子交易平台的核心和重要组成部分。系统集中体现了第三方电子支付企业的业务需求、经营目标和核心竞争力。

第三方网络支付系统中使用身份鉴别和认证、授权及访问控制、信息加密、数字签名等安全技术，以保障信息的安全。

第三方网络支付系统通常包括业务处理系统、运营支撑系统和管理系统三大部分，如图 4-7 所示。其中业务处理系统为核心系统，处理日常的支付业务，包括交易系统、账务系统和清算结算系统等；运营支撑系统为业务处理提供技术支持和后续服务；管理系统通常服务于企业中层以上管理人员，对企业各项经营数据和指标进行分析，为决策提供支持。

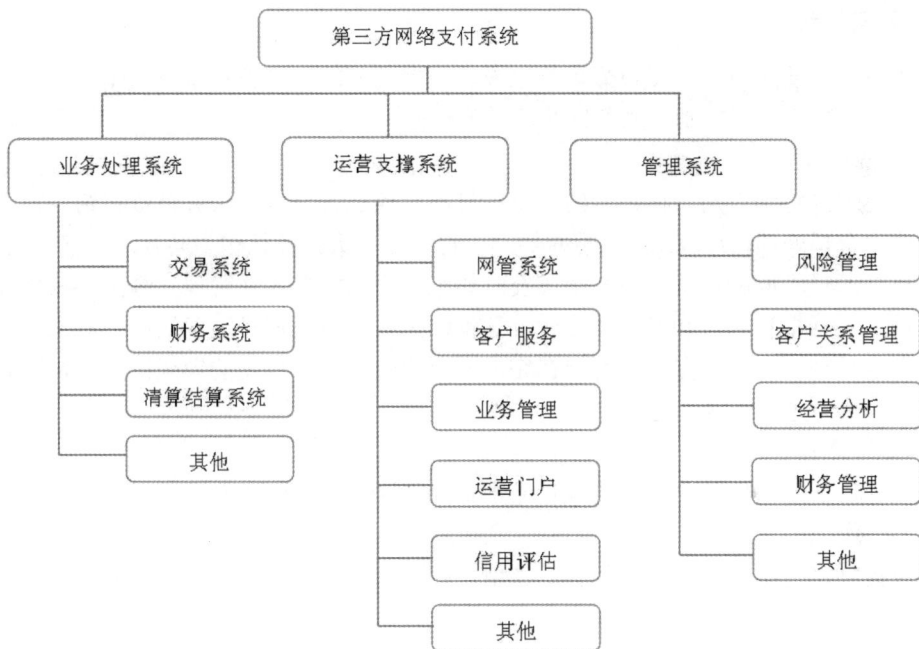

图 4-7　第三方网络支付系统的整体架构图

1. 交易系统

交易系统是业务处理系统的基础，前台应用服务器调用交易系统向用户提供完成电子支付所需要的身份认证、订单生成、通过支付网关将订单传送到后台银行等步骤，进而完成支付。同时，还为用户提供了多种实用功能，如身份鉴别和认证、授权和访问控制、订单的生成、补单和订单查询等。

第三方网络支付系统通过多种接口实现与商户、银行等机构系统的连接，实现功能调用。常见的支付网关接口包括银行接口和商户接口两类。银行接口又按照连接的网络开放性分为开放网络接口和封闭网络接口。开放网络接口一般情况下是通过互联网对外提供服务的，如网络银行接口。第三方网络支付平台一般采用 HTTPS 协议，按照网上银行接口的要求将支付的信息通过互联网提交到网络银行系统，用户在网络银行系统上可以查看付款请求信息并授权网络银行系统付款。封闭网络接口一般不提供对外的公众服务，支付平台与这类银行接口连接时，需要有专门的网络连接，如专线或 VPN 等。

商户接口是指第三方网络支付系统提供的供商户使用的平台，除信息调用功能外，还能完成交易创建、订单支付确认、查询订单、撤销订单和接收退款等交易功能。对于中小型企业来说，与各个银行逐一建立接口是非常复杂且昂贵的，借助第三方网络支付平台实现在线支付则可以大大降低开发成本，并最大限度地保证系统的安全，提高支付效率，降低技术门槛。

2．账务系统

账务系统主要负责电子支付账单的生成、管理及核算。账务系统包括账务处理、销账管理、账单管理、信用控制、账务核算及审核校验等功能。

1) 账务处理

账务处理是将带有用户标识号的订单信息与其他三方资料及账务资费相结合，进行个人或企业的合账处理，形成综合的账单数据。综合账单数据往往作为向客户收取费的依据。销账管理是通过不同的扣费渠道和手段及时扣减用户的账单，并管理、维护销账处理过程数据。销账包括批量销账和实时销账，批量销账是在账单数据经过确认后，对未支付的账单进行批量处理。实时销账则是客户在完成缴费或收到其他系统的销账请求后，实时地对客户未支付账单进行销账处理的过程。

2) 账单管理

账单管理是给客户及银行提供详细、准确、多种格式和多种介质的账单数据。

3) 信用控制

信用控制是对指定信用级别的客户、用户或账户进行监控，当透支金额达到一定界限的时候发出警报，采取止付等措施。

4) 账务核算

账务核算包括了对账、账务调账、呆账坏账处理、挂账处理和审计核算等内容。

5) 审核校验

审核校验包括对综合账务系统中的账务处理、销账管理、账单管理、欠费管理和账务核算等环节进行业务处理正确性检查和稽核的过程。

3．清算结算系统

清算结算是第三方网络支付平台与银行、商户、合作伙伴之间以及第三方网络支付公司内部根据结算规则完成收入分摊、核对和监管，并进行资金划拨的过程。

清算结算包括结算对象管理、结算规则管理、结算处理、结算监管、结算报表管理和资金清算等功能。

1) 结算对象管理

结算对象管理就是对结算对象信息的管理，通知并制订各个结算对象的结算规则和合作策略。结算的对象包括银行、商户和合作伙伴等，其中参与一笔业务结算的对象可能是双方，也可能是多方。

2) 结算规则管理

结算规则管理通过引入规则引擎，使支付结算系统更加灵活。规则引擎可以完成对不同实体和业务对象的适配和接入，其中规则库提供了适配策略或可供借鉴的经验规则。

3) 结算处理

结算处理系统需要对结算数据进行预处理、计价、分拣和部分优惠处理，形成支付结算清单数据。支付结算处理包括预处理、划价、分拣、异常处理、日志管理、审核校验、统计分析和资料管理等子功能。结算处理的数据源可以是多种格式的，它经过统一的预处理环节，将数据格式统一转化为系统清单的格式。

4) 结算监管

结算监管是对每个结算处理过程和结果的正确性进行稽核，保证每个功能模块和整个系统进程的正确性，并提供稽核结果报告，对异常情况进行警报处理。稽核校验的过程贯穿于系统的整个流程，根据不同阶段业务性质的不同，采用不同的稽核校验方式，实现对系统的完整性、一致性和安全性监管。

5) 结算报表管理

结算报表管理就是对各种业务的结算数据进行统计、汇总，形成业务量、结算结果等统计数据，并以报表的形式交付给商户和银行等合作伙伴。

6) 资金清算

资金清算即按照结算的结果，完成资金划拨的过程。

六、第三方支付服务案例

为了更直观地了解第三方支付，下面以阿里巴巴集团推出的第三方支付平台——支付宝为例进行介绍。

支付宝(alipay)最初作为阿里巴巴集团为了解决网络交易安全所设的一个功能，该功能为首先使用的“第三方担保交易模式”。支付宝于 2004 年 12 月独立为浙江支付宝网络技术有限公司，是阿里巴巴集团的关联公司。

支付宝的用户注册流程非常简单，注册支付宝账户有两种方式：使用手机号码注册支付宝或使用 E-mail 注册支付宝。系统默认的是手机号码注册，填入手机上收到的校验码，即可完成注册。如是用 E-mail 注册支付宝，支付宝会发激活邮件至用户提供的邮箱地址，用户填写个人的真实信息，同时，用户必须将支付宝账号绑定一个实际的银行账号或信用卡账号，以便完成实际的资金支付流程。

支付宝在处理用户支付时有两种处理方式。第一种方式是买卖双方达成付款的意向后，由买方将款项划至其在支付宝账户(其实是支付宝在相对银行的账户)，支付宝发电子邮件通知卖家发货，卖家发货给买家，买家收货后通知支付宝，支付宝于是将买方先前划来的款项从买家的虚拟账户中划至卖家在支付宝的账户。第二种方式是支付宝的即时支付功能——即时到账交易(直接付款)，交易双方可以不经过确认收货和发货流程。

支付宝的业务核心在于其全球首创的担保交易模式。在购物支付时，买家先付款到"支付宝"，"支付宝"通知卖家发货，买家收到货物确认后，"支付宝"才把款打给卖家。这样的居中担保模式一举解决了买卖双方之间存在的信任问题，也直接推动了国内网购市场的发展。

自"支付宝"上线以来，对个人用户一贯实行免费政策。收入主要来自向企业用户收取服务费(约占总收入的 70%)，费率按交易额变化，范围在 1%～2%。此外，增值服务收入和银行处理成本之间的差额也是"支付宝"的收入来源。

随着应用领域的拓展，第三方支付涉及的业务已经由之前的网络购物向航空购票、旅游服务、水电燃气等公共事业缴费以及公共考试缴费等更加广阔的领域拓展。

随着无线网络和智能手机的普及，支付宝开始介入手机支付业务，2009 年推出首个独立移动支付客户端，2013 年初更名为"支付宝钱包"，并于 2013 年 10 月成为与"支付宝"并行的独立品牌。支付宝钱包具备了电脑版支付宝的功能，也因为手机的特性，内含更多创新服务，如"当面付""二维码支付""指纹支付""声波支付"等。

支付宝还推出了理财服务——余额宝，不仅能用于日常的购物、还信用卡等支付，还能获得理财收益。

第四节　移动支付

随着智能手机应用的普及，移动支付技术越来越趋于简易化，移动用户尝试手机支付成为潮流，使得移动支付有可能成为社会主流在线支付模式。

一、移动支付概述

关于移动支付的定义，国内外移动支付相关组织都给出了自己的定义，行业内比较认可的为移动支付论坛(Mobile Payment Forum)的定义，具体如下。

1. 广义的移动支付

广义上的移动支付是指进行交易的双方为了某种货物或者业务，以一定信用额度或一定金额的存款通过移动设备从移动支付服务商处兑换得到代表相同金额的数据，以移动终端为媒介，将该数据转移给支付对象，从而清偿消费费用以完成交易的支付方式。移动支付所使用的设备可以是手机、具备无线功能的 PDA、移动 PC、移动 POS 机等。

2. 狭义的移动支付

狭义上的移动支付也称为手机支付，就是允许用户使用其移动终端(通常是手机)对所消费的商品或服务进行账务支付的一种服务方式。单位或个人通过移动设备、互联网或者近距离传感直接或间接向银行金融机构发送支付指令产生货币支付与资金转移行为，从而实现移动支付功能。

移动支付实施的基础是金融电子化和网络化应用。移动支付的产业链也发生了变化，用户的消费行为不再仅仅是由移动通信提供商、商家、银行三方通信提供服务，移动支付将终端设备、互联网、应用提供商以及金融机构相融合，为用户提供货币支付、缴费等金融业务。整个移动支付产业链包括移动运营商、支付服务商(如银行、银联、第三方支付企业等)、应用提供商(如公交、校园、公共事业等)、设备提供商(终端厂商、卡供应商、芯片提供商等)、系统集成商、商家和终端用户。

二、移动支付的分类

(一)按照交易金额大小分类

按照交易金额大小，可以将移动支付分为微支付和宏支付两种。

1. 微支付

在互联网应用中，经常发生一些小额支付，如在线聆听一首歌曲、观赏一个视频片段、阅读一部小说、下载试用版软件等，这些商务活动有一个共同点就是，所涉及的支付费用很少，次数多，消费频繁。

B2C 型网络支付方式或传统现金支付方式在技术上是可以支持上述微小支付的，但问题是，一次总金额 2~3 元，甚至更少的支付，利用 B2C 型网络支付或商家现金支付成本太高、速度慢、性价比不高。因此，面对这些微小金额的商务活动，发展方便快捷、简单易用、成本低廉的网上支付方式成了广大商家和客户的共同要求。

2. 宏支付

宏支付是同微支付相对应的一种支付行为，它的交易额一般比较大，至少在十几美元或几十美元以上。例如，在线购物或者近场支付(微支付方式同样也包括近场支付，如交停车费等)。

微支付和宏支付的区别主要在于以下两个方面：一是两类支付的实现方式不同，微支付一般仅需要消费者、商户、银行这三方当事人就可以了，不需要认证中心，而宏支付一般至少需要四方，比小额支付多一个认证当事方；二是两者对安全级别的要求不同，对于宏支付而言，通过可靠的金融机构进行鉴定是确保交易安全的一个必备条件，而对于微支付来说只要使用移动通信网络的 SIM 卡鉴定机制就可以了。

(二)按应用场景分类

根据应用场景的不同，可以将移动支付分为现场支付和远程支付两种。

1. 现场支付

现场支付又称近场支付或近距离支付，是指消费者在购买商品或者服务时，即时通过手机在现场支付，不需要使用移动网络，而是使用 NFC、红外线或者蓝牙、二维码扫描等技术实现移动终端在近距离交换信息。现场支付的典型场景是用户使用手机在自动售货机以及 POS 机等处购买饮料，乘坐公共交通工具，付停车费、加油费、过路费，在便利店或者合作商户处购物等。

现场支付需终端具备近距离信息交互功能，其终端的接入方式一般分为两种：一种是利用移动终端，通过移动通信网络与银行以及商户进行通信完成交易；另一种是只将手机作为 IC 卡的承载平台以及与 POS 机的通信工具来完成交易。

【小资料 4-2】　NFC

NFC(Near Field Communication)是一种近距离无线通信技术，允许电子设备之间进行非接触式点对点数据传输，相对于蓝牙、红外线和早期的 RFID(无线射频识别)而言，NFC 具有距离近、带宽高、能耗低等特点。

2. 远程支付

远程支付是指用户与商户不需要面对面交互，而是使用移动终端通过无线通信网络，与后台服务器进行交互，由服务器完成交易流水处理的支付方式，如短信支付、客户端支付、智能卡支付智能终端外设和微信支付等，这种类型已经相对成熟，使用也比较普遍。

远程支付的接入方式有两种：一是支付渠道与购物渠道分开的方式，如通过有线上网购买商品或者服务，而通过手机来支付费用；二是支付渠道与购物渠道相同，都通过手机进行，如通过手机来远程购买虚拟商品等。

移动支付业务的构成如图 4-8 所示。

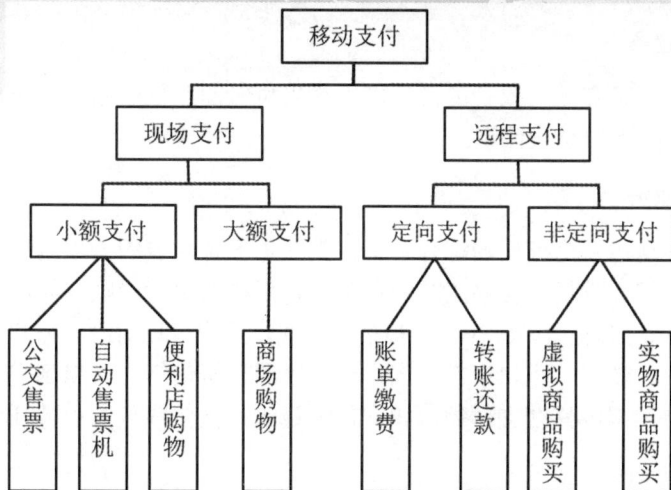

图 4-8　移动支付业务的构成

(三)按资金来源分类

根据资金来源的不同，移动支付分为移动账户支付、银行账户支付和第三方账户支付三种。

1. 移动账户支付

移动账户支付是一种移动运营商为用户提供信用的支付服务。主要是指通过手机账单进行扣费，这里的手机账单有可能是通过话费账单支付，也可能是移动运营商为用户另外建立且与手机号码相捆绑的账户。

2. 银行账户支付

银行账户支付是一种银行为用户提供信用的支付服务，用户支付产生的费用从用户的银行账户中扣除，手持终端作为信息的传播通道，用户银行账号与手机号码是相互捆绑的。

3. 第三方账户支付

第三方支付实际上是第三方作为用户和银行的中介机构而从事金融活动，通过为用户建立一个专门账户并与手机号码进行捆绑，相关费用从该账户中扣除。目前，国内支付宝、微信等都实现了充值支付，实际上就是事先将金额转入支付宝或微信账户，支付时直接从此账户划出，由第三方将金额转入收款方账户，完成支付。

(四)按业务模式分类

从业务模式看，移动支付可以分为手机代缴业务、手机钱包业务、手机银行业务、手机信用平台业务和手机微信支付业务等。

117

1. 手机代缴业务

手机代缴业务的特点是代收费的额度较小且支付时间、额度固定；用户所缴纳的费用在移动通信费用的账单中统一计算。

2. 手机钱包业务

手机钱包是移动运营商推出的综合了支付类业务各种功能的一项全新服务。它是以银行卡账户为资金支持，手机为交易工具的业务，将用户在银行的账户和用户的手机号码进行绑定，通过手机短信息、IVR、WAP 等多种方式，用户可以对绑定账户进行操作，实现购物消费、代缴费、转账、账户余额查询，并可以通过短信等方式得到交易结果通知和账户变化通知。目前，国内移动支付领域如支付宝钱包、微信钱包等业务开展都很普及，用户众多。

3. 手机银行业务

所谓手机银行就是利用手机银行客户端软件通过移动通信网络来完成各种金融理财业务的服务系统。手机钱包和手机银行的主要区别见表 4-3。

表 4-3　手机钱包和手机银行的主要区别

区别点	手机钱包	手机银行
银行与运营商的关系	由移动运营商与银行合资推出，以规避金融政策风险	由银行联合移动运营商推出，移动运营商为银行提供信息通道，它们之间一般不存在合资关系
实现技术	不需要更换 STK 卡，受银行的限制也较小	可能需要更换具有特定银行接口信息的 STK 卡，这就容易受到银行的限制，难以进行异地、异行划拨
功能	主要用于支付，特别是小额支付	可以看作是银行服务方式的升级。利用手机银行，用户除了可以支付，还可以查询账户余额和股票、外汇信息，完成转账、股票交易、外汇交易和其他银行业务
账户	需要建立一个额外的移动支付账户	只需要原有的银行卡账号

4. 手机信用平台业务

手机信用平台是移动运营商和信用卡发行单位合作，将用户手机中的 SIM 卡等身份认证技术与信用卡身份认证技术结合，实现一卡多用的功能。例如，在某些场合用接触式或非接触式 SIM 卡代替信用卡，用户提供密码，进行信用消费。

5. 手机微信支付业务

微信支付是由知名即时通信服务商腾讯公司免费聊天软件微信(Wechat)及腾讯旗下第三方支付平台财付通(Tenpay)联合推出的互联网创新支付产品。用户只需在微信中关联一张银行卡，并完成身份认证，即可将装有微信 APP 的智能手机变成一个全能钱包，之后即可购买合作商户的商品及服务，用户在支付时只需在自己的智能手机上输入密码，无须任何刷卡步骤即可完成支付，整个过程简便流畅。

通过微信支付，用户的智能手机就成了一个全能钱包，用户不仅可以通过微信与好友进行沟通和分享，还可以通过微信支付购买合作商户的商品及服务。

三、移动支付接入方式的分类

目前，移动支付接入方式主要有五种。

1. 短信 STK 接入方式

STK——用户识别应用开发工具，是一组指令用于手机与 SIM 卡的交互，这样可以使 SIM 卡内运行小应用程序，从而实现增值服务的目的。由于受 SIM 卡的空间的限制，STK 卡中的应用程序都不大，而且功能简单易用。市场提供的 STK 卡主要有 16K、32K 和 64K 卡。用户在以 STK 作为接入方式时，需要编辑一条包含特定内容的短信，并发送至某一特别号码。用户在接到系统提示后，需进行短信确认。确认之后，对用户来说支付操作便宣告完成，系统会短信通知用户支付结果。

2. 语音 USSD 接入方式

USSD 技术既有短信的可视操作界面，又有 GPRS 的实时连接等优点，而且交互速度快，特别适合于实时、高速、小数据量的交互式业务。因此，USSD 技术特别适合用于移动支付。

3. WWW 接入方式

WWW 接入方式是用户在互联网上挑选商品，并通过互联网激活手机支付。该方式以互联网作为选购界面，而且有利于 SP 开发(移动互联网内容提供商)、提供应用。其具体实现包括 KJava 方式和 BREW 方式。

4. IVR 接入方式

IVR 接入方式需要用户首先拨通接入号码，如 12588，随后按照语音提示进行操作，输入订单号、手机号码、支付密码等信息。

5. WAP 接入方式

WAP 技术定义了一个分层的、可扩展的体系结构，为无线互联网提供了全面的解决方案。WAP 技术是按无线互联网的标准，由多家大厂商合作开发，所以 WAP 协议开发的原则之一是要独立于空中接口，使得 WAP 应用能够运行于各种无线承载网络之上，如 TDMA、CDMA、GSM、GPRS、SMS 等。WAP 可提供类似于 WWW 的菜单，用户只需要单击相应的菜单就可完成支付操作，使用起来很方便。目前，WAP 方式比较少见。

目前主要采用的是 STK、USSD 和 WWW 技术，其余两种则较少被使用。

四、移动支付的应用

移动支付主要应用于以下几个方面。

(一)手机钱包

手机钱包是在手机软件客户端上根据自己的需求将日常生活中使用的各种卡片(如银行卡、公交卡、校园/企业一卡通、会员卡等)装载在具有 NFC 功能的手机中，随时随地刷手机消费，实现手机变钱包的功能。在有银联闪付(Quick Pass)或 NFC 业务合作标识的现场商家进行消费时，只需持 NFC 手机靠近对应业务受理终端轻轻一刷即可完成支付。

通过手机钱包客户端可以查看卡片信息如卡号、余额或消费记录等，还可以进行空中充值，免去排队充值的麻烦。每种卡片的功能并不完全相同，以客户端展示为准。还可以通过手机钱包客户端随时查看各种刷卡优惠活动及促销信息。

目前在国内有两大运营商的移动钱包：

(1) 中国移动手机钱包 https://www.cmpay.com/wallet/index.xhtml

(2) 中国联通手机钱包 https://epay.10010.com/wop/wallet

手机钱包业务需要支持 NFC 功能的手机和符合 NFC 业务规范要求的 NFC-SIM 卡使用。

(二)手机银行

手机银行是利用移动通信网络及终端办理相关银行业务的简称。作为一种结合了货币电子化与移动通信的崭新服务，只需将手机号与银行账户绑定，就能让手机成为一个掌上的银行柜台，随时随地体验各项金融服务。

移动银行业务不仅可以使人们在任何时间、任何地点处理多种金融业务，而且极大地丰富了银行服务的内涵，使银行能以便利、高效而又较为安全的方式为客户提供传统和创新的服务。

(三)手机二维码支付

二维码是用特定的几何图形按一定规律在平面(二维方向上)分布的黑白相间的矩形方阵记录数据符号信息的新一代条码技术，由一个二维码矩阵图形和一个二维码号，以及下方的说明文字组成，具有信息量大，纠错能力强，识读速度快，全方位识读等特点。手机二维码是二维码技术在手机上的应用。将手机需要访问、使用的信息编码到二维码中，利用手机的摄像头识读。手机二维码可以印刷在报纸、杂志、广告、图书、包装以及个人名片等多种载体上，用户启动安装在手机上的二维码识别软件，通过手机摄像头扫描二维码或输入二维码下面的号码、关键字即可实现快速手机上网，快速便捷地浏览网页，下载图文、音乐、视频，获取优惠券，参与抽奖，了解企业产品信息，而省去了在手机上输入 URL 的烦琐过程，实现一键上网。同时，还可以方便地用手机识别和存储名片、自动输入短信，获取公共服务(如天气预报)，实现电子地图查询定位、手机阅读等多种功能。二维码可以为网络浏览、下载、在线视频、网上购物、网上支付等提供方便的入口。

条形码(二维码)支付是商家为线下实体商户提供的一种快捷、安全的现场支付解决方案，无须安装 POS 机，直接通过已有收银系统或手机，扫描用户手机上的条形码或二维码即可向用户发起收银。条形码和二维码支付是手机支付中一项新型的支付服务。在商店购物后，只要登录手机支付客户端，选择"条形码支付"或"二维码支付"，手机上即可出现一个条形码或二维码，商店收银员只要用手持的扫描仪对准条形码或二维码，支付方的信息就被记录，然后输入需要支付的数目，点击"确认"，支付即告完成，手机会自动保存支付收据并随即会收到支付成功的确认短信。

五、移动支付的业务处理模式

移动支付按照不同的标准可以划分为不同的业务模式。例如，按手机用户办理支付业务的方式划分，有短信、移动网银、移动 POS 和电子钱包四种模式；按照运营主体划分，有移动通信运营商、商业银行和非银行支付服务组织三种模式；按照结算方式划分，有通过银行结算账户和虚拟账户结算两种模式；按照支付指令的传输渠道划分，有通过移动通信网络和专用交易网络两种模式。以下从手机用户办理支付业务的角度出发，对各类业务模式进行分析。

(一)短信模式

短信模式是指手机用户通过短信方式发起各种支付交易或查询指令，并通过短信方式接收处理结果。该模式涉及以下四类参与主体。

1. 手机用户

手机用户也就是付款人。

2. 收款人

收款人通常是提供商品或劳务的商户，通过移动终端或联网的商户收款台接收手机用户支付的结果。

3. 移动通信运营商

移动通信运营商为短信传输提供通道及安全保障。

4. 银行或非银行支付服务组织

银行或非银行支付服务组织负责处理客户的支付指令，并将处理结果发送给收、付款人，保存相关交易记录。

手机短信支付模式一般适用于话费充值、电子票务、公共事业缴费或购买虚拟产品等。其特点是用户操作简便，只需按规定格式编辑并发送短信即可完成支付，对手机功能无特殊要求，所有支持短信功能的手机均可办理该项业务。但受经营模式及风险控制等因素的限制，用户只能在运营机构规定的范围内办理支付。

(二)移动网银模式

移动网银模式是指通过手机上网登录商业银行互联网支付平台，实现手机移动支付功能。此模式与利用计算机进行网银支付类似。在此模式下，用户可以通过手机在线发起各种支付、查询等交易指令，也可通过手机在线查看各类指令的处理结果。移动网银模式涉及以下四类参与主体。

1. 手机用户

手机用户即付款人。

2. 收款人

收款人需在银行开立结算账户。

3. 移动通信运营商

移动通信运营商将支付指令传输至付款人开户银行，并提供相关安全技术保障。

4. 收、付款人开户银行

收、付款人开户银行负责处理客户的支付指令，并将处理结果发送给收、付款人，保存相关交易记录。

移动网银模式的特点是实用性强，可以满足用户多种方式的支付需求，用户也可及时了解交易处理状态，功能较为完善。但该模式对手机的功能要求较高，业务操作也相对复杂。另外，如果收、付款人不在同一家银行开户，支付指令需通过跨行支付平台处理，资金到账时间较长。目前一笔跨行网银支付业务的处理需经过发起行网银支付平台、发起行行内业务系统、中央银行跨行支付系统和接收行行内业务系统等系统的处理，涉及支付指令在多个节点、多个系统间的转换，处理时间一般需要两天，付款人也无法及时掌握资金到账情况。若出现收款人账号、户名等信息有误，收、付款银行还需要往返查询、核对，业务处理时间可能需要一周以上，时效性将受到影响。

目前，国内大多数银行均开通了网银支付平台，网银支付业务发展迅速，网银支付的发展趋势为各银行及社会公众广泛认可。但由于现有跨行支付平台主要基于传统支付业务的处理模式设计，对新兴电子支付业务的处理功能有待进一步完善。

(三)移动 POS 模式

移动 POS 模式是指依托中国银联的银行卡跨行信息处理系统，参照银行卡的收单业务模式实现手机移动支付功能。在此模式下，手机相当于一台移动 POS，用户可以通过手机在线发起各种支付、查询等指令，并在线接收各类指令的处理结果。与前两种模式相比，移动 POS 模式增加了中国银联的参与，共涉及以下五类参与主体。

1. 手机用户

手机用户即付款人。

2. 收款人

收款人必须是银行卡持卡人或中国银联特约商户。

3. 移动通信运营商

移动通信运营商负责在手机用户和中国银联之间传输支付指令，并提供相关安全技术保障。

4. 中国银联

中国银联负责向收、付款人开户银行转发支付信息。

5. 收、付款人开户银行

收、付款人开户银行负责处理客户的支付指令，并将结果发送给收、付款人，保存相关交易记录。

移动 POS 模式将手机支付与现有的银行卡支付网络相连接，有效拓展了银行卡支付网络的服务范围，便利了支付活动，对银行卡的推广普及也有推动作用，有利于促进银行卡受理市场的进一步扩展。

(四)电子钱包模式

电子钱包模式是指在用户手机中植入专用芯片，使手机成为一台便捷、快速的非接触式支付工具(类似于公交一卡通)。植入芯片的手机可以在任何有读卡器的地方办理支付。另外，当两台手机接近到一定距离范围内，可以方便地相互转移资金。与前述 3 类模式不同，手机采用电子钱包模式办理支付业务时不依赖于移动通信网络，直接靠近读卡器即可办理支付。由于具有便捷支付的特点，手机像一个装有电子现金的钱包。该模式涉及以下三类主体。

1. 手机用户

手机用户即付款人。

2. 收款人

收款人通过专用读卡设备或手机接收付款人的支付结果。

3. "电子钱包"支付平台的运营商

"电子钱包"支付平台的运营商即电子现金的发行者。

相对于前三种业务模式来说，电子钱包支付模式的操作最为简便，支付业务处理效率最高，特别是通过两台手机间直接办理现金转移的支付模式，对于便利支付活动、减少现钞使用具有积极意义。

从现状及未来发展看，手机电子钱包模式会带来多个电子现金发行主体发行的电子现金互不通用的问题。这是由于电子现金的发行游离于传统的货币发行之外，对现钞的印制、发行以及货币政策的制定和实施将产生一定影响，所以，建立全国统一并强制执行的电子现金技术标准显得十分必要。

目前国内可用来实现移动支付的支撑技术已经逐渐成熟，如短消息技术、无线应用协议(WAP)、通用分组无线业务(GPRS)、手机智能卡技术等已经能为移动支付的安全实现提供保证。现阶段短信服务是移动支付中消费者和商业用户普遍接受的通信方式，主要用于小额支付。随着移动支付技术的不断发展，基于 J2ME 平台的大额支付也将是移动支付系统的一个发展方向。

六、移动支付的产业链

移动支付价值链涉及很多方面，主要有标准制定组织、技术平台供应商、网络运营商、金融组织、第三方运营商、终端设备提供商、商品或服务供应商及消费者。移动支付的运营模式由移动支付价值链中各方的利益分配原则及合作关系所决定。成功的移动支付解决方案应该是充分考虑到移动支付价值链中的所有环节，进行利益共享和利益平衡。

从当前国内发展情况看，移动支付产业链的成员主要有：移动通信运营商、金融机构、移动设备提供商、移动支付服务提供商、商家和用户等，图4-9所示为移动支付产业链示意图。

(一)移动通信运营商

作为支付协议的拥有者，移动通信运营商的主要任务是搭建移动支付平台，为移动支付提供安全的通信渠道。同时作为连接用户和内容服务商的中间环节，一方面为内容服务商提供消费平台管理内容，另一方面为用户提供安全的消费渠道，进而增加其用户的忠诚度。移动通信运营商拥有先进的技术和覆盖全国的通信基础设施，在推动移动支付业务发展过程中起着关键的作用。其利润来源一是内容服务商的佣金；二是用户的业务使用费。多样化、个性化的服务不仅能稳定现有用户，而且能不断吸引新用户，扩大用户规模。

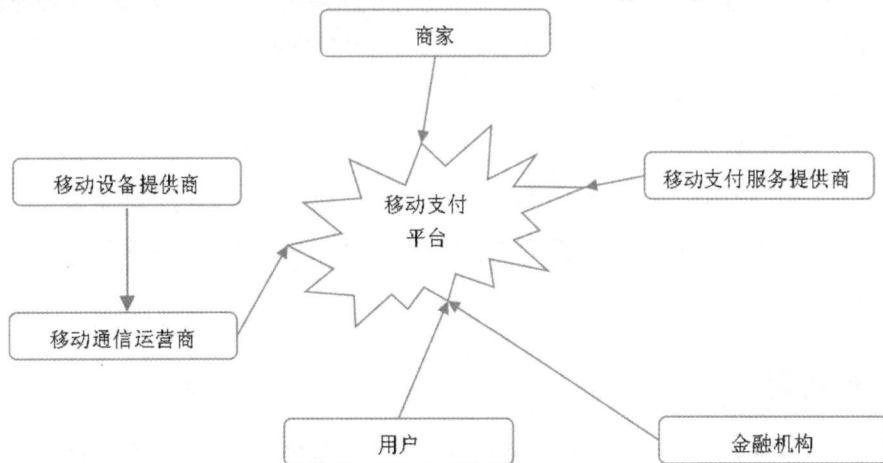

图 4-9　移动支付产业链示意图

(二)金融机构

金融机构在支付业务中首先充当资金清算的角色。金融机构在和移动运营商联网后，将手机号码和银行账号绑定，为移动支付提供一套完整、灵活的安全体系，保证用户在支付过程的安全。此外，金融机构在整个移动支付过程中，还要作为中立的第三方承担信用认证的职责。金融机构需要提供相应的信用信息，接受消费者和内容提供商的注册，为第三方支付服务商提供认证服务，防范交易过程中的欺诈行为等。金融机构的利润来源主要有：①由于每部手机相当于一台终端设备，有助于银行减少实体柜台，降低运行成本；②在交易过程中分取自己的"一杯羹"；③手机账号金额增加了银行的存款额。

(三)移动设备提供商

移动设备提供商为移动通信运营商提供通信设备，为用户提供移动终端，并提供移动支付的解决方案。随着技术的发展，移动设备提供商对移动支付的发展作用将越来越明显。

(四)移动支付服务提供商

移动支付服务提供商即所谓的第三方支付服务商，作为金融机构和移动运营商之间的桥梁，其作用是整合协调各方面的资源，为用户提供合适便捷的支付服务。第三方支付服务商由于自身独立性的特点，具有不同于金融机构和移动运营商的优势，其利润来源主要依靠收取交易佣金，包括银行、移动运营商和商家的佣金。

(五)商家

商家在接到消费者的购买请求后，向支付平台运营商传递消费信息，在收到支付平台运营商收费完成的信息后，负责把商品或者服务提供给消费者。本质上与传统商家没有区别，但通过使用移动支付系统，减少了中间环节，可以减少运营成本，为用户提供个性化、高满意度的服务。

(六)用户/消费者

用户是指那些使用移动终端通过无线网络购买商品或者服务的组织或个人。用户是整个移动支付过程的发起者，作为移动支付业务的使用者，用户的喜好和消费习惯决定了移动支付业务的成功与否。

本章小结

金融的存在和发展也是以系统的形式展现，本章以整体的、联系的观点在介绍电子支付产生、种类及概念的基础上，讲解了电子支付网络系统的模式、平台及专业网络，最后介绍了第三方支付的概念、功能及运营模式，移动支付的概念、分类及其应用等相关内容。

本章习题

一、问答题

1. 支付与结算的概念是什么？电子支付的定义是什么？
2. 电子支付的主要类型有哪些？
3. 电子支付系统由哪些要素构成？其功能有哪些？有何特点？
4. 什么是支付清算系统？有什么作用？
5. 何为 CNAPS？何为 CNFN？何为 SWIFT？
6. 什么是第三方支付？其功能有哪些？
7. 有哪些第三方支付平台？第三方支付平台的运营模式有哪些？
8. 什么是移动支付？有哪些类型？
9. 什么是手机钱包？它有什么作用？
10. 什么是微信支付？什么是二维码支付？

二、实践训练

实训项目：电子钱包的使用。

实训目的：通过实践掌握电子钱包的使用方法。

实训步骤：

(1) 浏览各大移动通信公司网站及支付宝、微信网站；

(2) 找出适合自己的移动电子钱包业务；

(3) 详细了解其业务内容并进行支付尝试；

(4) 把自己的体验感受与全班同学分享；

(5) 与其他同学比较不同电子钱包业务之间的差异。

第五章 网络银行

▚▚▚ 【学习要点及目标】

- 了解网络银行的产生和优势。
- 熟知网络银行的概念和特征。
- 了解网络银行的业务构成。
- 熟悉网络银行的体系结构。
- 掌握手机银行的概念和使用。

▚▚▚ 【核心概念】

网络银行　电子银行　3A 服务　手机银行　ATM　POS　网银衍生业务　客户端系统
服务器端系统

▚▚▚ 【引导案例】

网络银行和手机支付宝的高效与经济

到银行办理过业务的人，都有过为转账汇款而在去银行的路上奔波的经历，都有过在银行排队等待而烦恼的感受，也都有过为不同银行之间的资金划转手续麻烦而发愁的心情，无论你多忙，事情有多紧急，也得老老实实地顺着人流往前走，排队时间过长，人们自然抱怨之声不绝于耳，其实银行已尽了力，受场地、人员限制，银行柜员每天忙得头都抬不起来，一天受理几百笔业务，甚至连上厕所的时间都没有，吃饭都得换班。

被称为"没有柜台的银行"的网络银行全方位、全天候(7×24 小时)、无障碍地对客户开放，用户可以在任何需要的时候使用网络银行的服务，不仅可以享受到方便、快捷、高效和可靠的全方位服务，而且可以在保证原有的业务量不降低的前提下，减少营业点的数量，采用无纸化交易，降低银行的营业成本。

众所周知，商业银行之间跨行或异地转账需要收取手续费，而支付宝于 2013 年 4 月 9 日针对手机客户端转账至银行，抛出了单日免费转账额度为 5 万元的优惠。有业内人士表示，支付宝此举已在挑战各银行传统业务的底线。

支付宝方面介绍，手机版转账到银行卡服务的合作银行已达 119 家，其中，工行、农行、中行、建行、招行、光大、杭州银行等银行支持 2 小时快速到账。同时，支付宝转账到卡服务不需要用户输入收款方的开户行信息，简化了一般网银转账的流程。

对比各家银行的网银转账费率，支付宝"免费牌"有一定的吸引力。对比后发现，中行跨行转账每笔收取 0.5 元手续费以及电子汇划费，招行跨行同城则按照到账速度不同，每笔收取 2～3 元手续费。跨行异地取款，招行与建行一致，均为每笔手续费最低 2 元，最高 25 元。

针对异地转账类型，工行、中行分别收取 0.05% 和 0.06% 的手续费。工行每笔最低 0.5 元，最高 25 元。中行每笔最低 1 元，最高 12 元。此外，建行、农行每笔分别收取 0.25% 和 0.5% 的手续费，最低均为 1 元，但上限有差异，建行每笔最高 25 元，农行则是 50 元。而支付宝转账到银行卡业务在推广期内，不论是跨行还是异地转账，都有每天最高 5 万元的免费额度。

此外，支付宝已将转账到卡服务纳入会员保障体系。手机版用户将和 PC 用户一样享受保障服务，如出现转账失败的情况，资金会自动退回给用户。

（资料来源：让"网上银行"走进千家万户. 秋水长天的博客，2010.9.11
王淇. 支付宝挑战银行传统业务 手机支付 5 万元内免手续费.IT 商业新闻网，2013.4.9）

【案例导学】

同传统银行相比，网络银行极大地拓展了金融服务的范围和领域，增加了金融服务的内容。网络银行改变了银行传统业务的处理模式，使得银行能够真正为用户提供任何时间(Anytime)、任何地点(Anywhere)、任何方式(Anyhow)的 3A 服务。其巨大生命力已被广为人知，业务发展势头强劲。比尔·盖茨曾经预言："如果传统商业银行不对电子化作出迅速反应,它将成为 21 世纪灭绝的恐龙。"那么，究竟什么是网络银行？网络银行系统如何构建？什么是手机银行？手机银行采用了哪些主要技术？这些，都是本章要讲解的问题。通过对本章的学习，读者可以了解网络的概念，熟悉网络银行的主要业务，掌握网络银行的体系结构，知晓手机银行的主要技术和使用。

第一节　网络银行概述

1995 年 10 月 18 日，全球首家以网络银行冠名的金融组织——安全第一网络银行(Security First Network Bank，SFNB)打开了它的"虚拟之门"，从此一种新的银行模式诞生，并对 300 年来的传统金融业产生了前所未有的冲击。

一、网络银行兴起与发展的原因

网络银行兴起与发展主要有以下几个方面的原因。

(一)现代技术的推动

计算机技术、网络技术和信息技术的飞速发展,以及网络的安全保密技术不断完善,为网络银行的出现及其发展提供了技术基础、安全保障和市场需求条件,同时也为金融服务业带来更加激烈的竞争。

计算机技术、网络技术和信息技术的发展是网络银行诞生和发展的必要条件和物质基础。互联网给金融服务业带来发展机遇的同时,也给银行带来了更为激烈的市场竞争。为了在竞争中谋求生存与发展,国内外银行及金融机构纷纷推出了网上银行服务品种。

(二)电子商务的发展催生网络银行

从一定意义上讲,电子商务由两个环节组成:一是交易环节;二是支付环节。前者在客户与销售商之间完成,后者需要提供支付网络来完成。电子商务的最终目的是实现网上物流、信息流、商流和资金流的融合,从而形成低成本、高效率的商品及服务交易活动。

网络经济的深化和电子商务的发展,既要求银行为之提供相互配套的网上支付系统,也要求网上银行提供与之相适应的虚拟金融服务,从而向传统银行支付体系提出了严峻的挑战,极大地推动了金融创新。商业银行面临激烈的市场竞争,积极需求变革,以在网络环境中生存和发展,从而推动了网络银行的产生和发展。

网络银行是电子商务的核心商务活动,电子商务则是网络银行发展的商业基础。缺乏电子商务环境,网络银行就不可能得到有效、快速的发展;而缺乏银行专业网络的支持,没有安全、平稳、高效的网上支付系统运作的支撑,就不可能实现真正意义上的电子商务。

(三)传统银行发展的瓶颈

由于经济贸易的急速发展,银行与公司客户、私人客户、其他银行和金融机构之间出现了大量的、经常的往来,这些量大面广、重复烦琐的交易由于使用人工方法操作,采用落后的支付方法,这样不仅增加了银行经营成本,降低了银行经营效率,而且容易出错,导致金融交易的失败。而网络降低了商业银行的管理维护成本。首先,网上银行只需要雇用少量的业务人员,可以节省大量的工资支出;其次,网上银行可以节省场地租金、室内装修、照明及水电等费用,而且降低商业银行管理所需的各种纸张费用和办公设备维修等大量杂费。网络还可以使商业银行借助电子货币节约大量的业务和管理成本。智能卡、信用卡和 IC 卡等借助网络实现的电子货币交易方式,将对银行的印钞、押运、保存、点钞、招领、防盗和防假等业务和管理环节中出现的成本形成替代效应,同时,对商业银行已经推出的各种金融分销服务品种形成补足效应或互补效应。

(四)消费者行为的变化

2013 年,中国支付清算协会公布:"中国已经成为世界第一大网络支付国家"。2015 年

2月3日，中国互联网络信息中心(CNNIC)在京发布第35次《中国互联网络发展状况统计报告》(以下简称《报告》)，《报告》显示，截至2014年12月，我国网民规模达6.49亿，互联网普及率为47.9%。手机网购、手机支付、手机银行等手机商务应用用户年增长分别为63.5%、73.2%和69.2%，高于其他手机应用增长幅度。

由此可以看出，现代技术的推动、电子商务的发展、传统银行发展的瓶颈以及消费者行为的变化是网络银行产生的主要原因。

二、网络银行的概念

虽然网络银行正逐步被更多用户使用，但由于网络银行仍处于快速发展阶段，目前学界尚未形成网络银行的统一定义，那么，究竟什么是网络银行？是否一家拥有互联网网址和网页的银行就可以算作是网络银行呢？事实并不是这样。全美国最大的100家银行均拥有自己的网址和网页，但是其中只有几十家银行被《在线银行报告》(Online Banking Report)列为"真正的网络银行"，因为只有在这几十家银行的网站上客户才可以查询账户余额、划拨款项和支付账单；更多的网站只是提供银行的历史资料、业务情况等信息，而没有提供网上银行业务。而美国最著名的网络银行评价网站Gomez则要求在线银行至少提供以下五种业务中的一种才可以称为网络银行：网上支票账户、网上支票异地结算、网上货币数据传输、网上互动服务和网上个人信贷。

下面是三个权威机构对网络银行或相似概念——电子银行的定义。

巴塞尔银行监管委员会(BCBS)对电子银行的定义是"那些通过电子信道，提供零售与小额产品和服务的银行。这些产品包括存贷款、账户管理、金融顾问、电子账户支付以及其他一些诸如电子货币等电子支付的产品和服务"。

欧洲银行标准委员会(ECBS)对网络银行的定义是"那些利用网络为通过使用计算机、网络电视、机顶盒及其他一些个人数字设备连接上网的消费者和中小企业提供银行产品服务的银行"。

美国财政部货币监理署(OCC)对网络银行的定义是"一些系统，利用这些系统，银行客户通过个人电脑或其他的智能化设备进入银行账户，获得一般银行产品和服务信息"。

综合分析，本书认为：网络银行是指以现代通信技术和网络技术为基础，在网络上建立站点，利用网络为客户提供对私、对公的全方位银行业务和金融服务。

三、网络银行的特征

网络银行与传统银行相比，有许多较为显著的特征，主要体现在以下几个方面。

(一)组织机构虚拟化，销售渠道网络化

传统银行的服务严格受到时空的影响，网络银行则超越了时空制约。网络银行使银行

服务模式从具有物理实在性的传统柜台模式延伸到虚拟的柜台交易模式，使传统的销售渠道可以通过互联网实现虚拟再现。虚拟化特征使人们业已形成的关于银行的概念受到全面的冲击，具有传统银行业所无法比拟的竞争优势。当然，虚拟化特征也带来了法律问题和安全问题。例如，电子凭证的合法性问题，数字签名的合法性问题，交易确认问题，数字传输的机密性、完整性问题等。

传统银行的销售渠道是分行及其广泛分布的营业网点，网络银行的主要销售渠道是计算机网络系统，以及基于计算机网络系统的代理商制度。这里的代理商制度是指聘请代理商作为计算机网络的前端代理人，借助代理人广泛的公共关系网络实现对传统银行营业网点的替代效应。通过网络银行，客户可以通过互联网在任何地方进行业务处理，银行也无须耗费巨资设立大量的营业性分支机构。传统银行的分支机构和营业网点不再被大量需要，将逐渐被计算机网络、基于计算机网络的前端代理人，以及作为网络终端的个人电脑所取代。

(二)竞争实力信息化，业务范围模糊化

传统银行服务主要体现在资金和服务质量等方面的实力上。网络银行服务主要体现在营销观念、营销方法和各种理财咨询技能上。网络银行的整体实力将主要体现在前台业务受理和后台数据处理的集成化能力方面。随着互联网等社会公共网络和数据库的系统管理日益健全，在市场推广宣传、市场调研、客户追踪、特种业务服务和资产管理等领域，网络银行日益显示出比传统商业银行更具有较为明显的规模优势，有利于商业银行建立全方位的市场品牌战略。

传统银行业务的范围较为清晰，网络银行的业务范围正在处于高速扩张之中，因而具有模糊不清的特点。金融混业化和非金融机构的介入，使得网络银行的业务处于高速创新的过程中。例如，微软公司积极开发网络银行的业务软件和相关的标准规格，希望借此分享网络银行业务的一部分市场份额。

(三)盈利模式多元化，效益途径技术化

传统银行的发展动力来自获取资金利差的盈利，网络银行为商业银行通过信息服务拓展盈利机会提供了一条重要的营业渠道。20 世纪 80 年代以来，随着非银行金融机构的迅猛发展、资本市场的扩展和金融创新浪潮的加剧，商业银行及其存贷业务在社会资金融通体系中的主导作用逐步削弱。银行向社会提供替代现金的各种支付手段、各类理财顾问、代客理财、基金托管等中间业务，已经成为现代商业银行业务中的突出领域。在网络时代，商业银行的信息既是为客户带来盈利的重要资源，同时也是商业银行自身盈利的重要资源。

传统银行获得经济效益的基本途径是不断追加投入多设网点，从而获得服务的规模经济效益。网络银行改变了这一基本的规模扩张模式，它主要通过对技术的重复使用或对技术的不断创新带来高效益。首先，网络银行的流程使原本繁杂的商业银行业务大大简化；

其次，网络银行的流程有效地降低了商业银行的经营成本。

(四)经营管理人性化，服务提供个性化

网络银行使商业银行的经营理念从以物为中心逐渐走向以人为中心。传统银行的经营理念注重地理位置、资产数量、分行和营业点的数量，而网络银行的经营理念在于如何获取信息并最好地利用这些信息为客户提供多角度、全方位的金融服务，有利于体现"银行服务以人为本"的金融服务宗旨。网络银行带来的经营理念的改变，将为传统商业银行创造出新的竞争优势。网络银行使商业银行的人力资源管理战略和技能培训发生改变。人才培养和培训的方向从基于单纯的业务技能培训，转变为基于综合商业服务理念的全面服务素质培训。

基于传统业务基础上的网络银行服务将满足客户日趋个性化的需求。一般来说，银行客户主要需要五类金融服务产品，包括交易、信贷、投资、保险和财务计划。传统银行通常只能同时满足一至两项服务，而网络银行则可以同时向客户提供这五类金融服务。网络银行在提供金融信息咨询的基础上，以资金托管、账户托管为手段，为客户的资金使用安排提供周到的专业化的理财建议和顾问方案。网络银行采取信用证等业务的操作方式，为客户间的商务交易提供信用支付的中介服务，从而在信用体制不尽完善合理的情况下，积极促进商务贸易的正常开展，建立健全企业和个人的信用等级评定制度，实现社会资源的共享。根据存贷款的期限，网络银行还向客户提前发送转存、还贷或归还信用卡透支金额等提示信息。

(五)货币形式电子化，资产资源无形化

信息技术使货币的形式发生了本质的变化。传统的货币形式以现金和支票为主，而网络银行流通的货币将以电子货币为主。电子货币不仅能够给商业银行节约使用现金的业务成本，而且可以减少资金的滞留和沉淀，加速社会资金的周转，提高资本运营的效益，同时还可以给政府税收部门和统计部门提供准确的金融信息。

网络银行给商业银行带来了一项重要的银行资产，即经过网络技术整合的银行信息资产，或金融信息资源资本。银行信息资产既包括银行拥有的各种电子设备、通信网络等有形资产，也包括银行管理信息系统、决策支持系统、数据库、客户信息资源、电子设备使用能力以及信息资源管理能力等无形资产。银行信息资产虽然在网络银行之前就已经存在了，如银行电子化阶段，但只有到了网络银行发展阶段，银行信息资产才成为一种有独立意义的银行资产，而网络技术对这种资产的整合，使其形成与银行其他资产相并列的金融资产。

四、网络银行的优势

网络银行打破了 100 多年来银行业传统的经营模式，与传统银行相比，网络银行有许

多优势，主要体现在以下几个方面。

(一)现代化的银行营销方式和经营战略

网络银行突破了时空局限，改变了银行与客户的联系方式，从而削弱了传统银行分支机构网点的重要性。网络银行能够充分利用网络与客户进行沟通，从而使传统银行营销以产品为导向转变为以客户为导向。网络银行能够根据每位客户不同的金融和财务需求"量身定做"个人的金融产品并提供银行业务服务，最大限度地满足客户日益多样化的金融需要。

借助信息技术，网络银行能够融合银行、证券、保险等分业经营的金融市场，减少各类金融企业针对同一客户的重复劳动，向客户提供更多量身定制式的金融服务。由此，金融企业能够从事全能银行业务，如存贷款、国际结算、财务顾问、证券经纪、信托、保险代理等。网络银行还能够利用自身在客户、资金和信息等方面的优势，从事诸如信息发布、商品交易、旅游组团、物流配送等业务，使银行由原来单一的存取款中心发展为无所不能的"金融超市"，传统商业银行必须适应这个趋势，迅速进行战略调整。

(二)有效控制的银行经营成本

在传统银行的运营中，营业点的租金和银行员工工资占最大的比重，而网络银行则通过计算机和网络处理客户要求，不需要依赖密集的分支行网点，还可以节省下大量的人力资源，减少成本。正因为如此，网络银行才有可能在低成本下提供和传统银行一样，甚至更优的服务。

现代商业银行面临资本、技术、服务和管理水平等全方位的竞争，各家银行不断推出新的服务手段，如电话银行、自助银行、ATM、客户终端等在不断运用高新技术的基础上，使成本进一步降低。综合来看，网络银行的服务费用大约只是普通营业费用的1%，这主要是由于其采用开放技术和软件，利用电子邮件提供服务，使开发和维护费用都极大地降低。网络银行能够比电话银行、ATM和早期的企业终端服务提供更生动、灵活、多种多样的服务。与营业点相比，网络银行提供的服务更加标准化、规范化，避免了由于个人情绪及业务水平不同而带来的服务质量的差别，可以很好地提高银行服务质量。

(三)拥有广泛的客户群体

随着整个信息产业特别是网络规模的发展，银行将随之迅速完成庞大的网络建设，就可以以相当低的成本，大批量地迅速处理大量的金融业务，实现大范围的规模效益。借助于互联网，各网络银行可以方便地提供多种语言版本的服务，为不同语种的客户提供服务。由于不受时间和地域限制进行银行业务，客户可以随时随地地在网上处理个人财务，因此可以吸引很多原本不愿意到银行办理业务的客户，产生很大的潜在客户群。在当前金融全球化趋势下，具有强大资金技术实力和品牌效应的外国银行就无须在他国境内设立大量的分支机构，只需要通过网络银行就能和他国银行展开竞争，并能吸引相当大的客户群体。

(四)观念更新的金融业竞争策略

网络银行的全球化服务，正使金融业全面自由和金融市场全球开放，银行业的竞争不再是传统的同业竞争、国内竞争、服务质量和价格竞争，而是金融业与非金融业、国内与国外、网络银行与传统银行等多元竞争格局。网络银行还将为中小银行提供可以和大银行相对平等条件下竞争的机会。借助网络提供银行服务，只要能提供足够的技术处理能力，不论规模大小，都处在同一起跑线上。网络银行的发展将促进传统银行竞争手段的改革与调整，树立新型银行竞争观念，更新金融业竞争策略。

第二节　网络银行的主要业务

从服务业的角度，网络银行属于现代服务业中的重要领域，其主要作用即向公众提供各种金融业务服务，通常可分为个人网银业务、企业网银业务及网银衍生业务。

一、个人网银业务

当前，国内个人网上银行可以提供金融和非金融的多种服务，主要包括以下几类。

(一)账户管理

账户管理可以随时查询个人账户的基本信息和供款明细。

(1) 账户信息查询：指查询各类账户及其卡内子账户的基本信息、账户余额、账户当日明细、账户历史明细、缴费明细等。

(2) 在线申请：通过网上银行、门户网站在线填写申请表，申请开通各种银行服务的功能渠道。

(3) 电子工资单查询：查询用户所在单位通过网上银行所发放工资报酬的详细信息。

(4) 个人电子对账单：为个人网上银行注册客户提供全部网上银行注册账户对账单的查询、下载和 E-mail、邮寄发送服务。

此外，个人网银还提供账户注销、挂失、支票查询和公积金查询等服务。

(二)转账汇款

(1) 汇款：个人客户通过网上银行自助办理银行机构间转账汇款业务。

(2) 跨境汇款：为客户提供在外汇管理局规定的限额之内，通过电汇实现自由外汇资金向境外的划转。

(3) 账户转账：在账户之间办理本外币活期转活期、活期转定期及定期转活期业务。

(三)缴费支付

(1) 在线支付：在网上购物后通过网上银行进行 B2C、C2C 的支付。

(2) 自助缴费：指用户可以自助为本人或他人缴纳手机费、电话费、水费和电费等费用的功能。

(3) 信用支付：在信用支付过程中，用户的购物款项会存放在专用保证金账户中，在用户发出收货确认通知后，卖方才可收到相关款项。银行在交易过程中承担资金监管的责任，从而有效保护用户的权益。

此外，个人网银还提供批量缴费、预约缴费、缴费支付记录查询和委托代扣等功能。

(四)投资理财

投资理财是指为用户管理账户闲置资金、增值理财的一种人民币理财计划。

(1) 网上理财产品：提供通过网上银行购买银行发行的各种理财产品的服务。

(2) 基金投资：将电子银行和基金投资相结合，在一定的投资期间内，投资人通过网上银行以固定时间、固定金额申购银行代销的基金产品的业务。

(3) 债券投资：债券投资为用户提供对银行代理的记账式国债和储蓄国债(凭证式)的买卖交易功能，同时具有国债查询和债券账户管理等功能。

(4) 网上保险：是银行与保险公司合作，为网上银行客户提供在线投保、查询保单信息和续期缴费等功能。通常此类保险为公众认可度较高、较为通用的保险，如交强险、意外险和组合保险等。

(5) 网上贷款：提供自助在网上办理各类贷款的申请业务。

(6) 理财计算器：提供方便实用的个人存款、个人贷款和个人理财等专用计算器。包括个人存款、个人贷款、外汇买卖、股票买卖、基金买卖、国债买卖、外币兑换、购车贷款、购房贷款、国债收益和黄金买卖的计算等。

二、企业网银业务

总体来看，国内在线企业银行提供的金融服务大致分为以下几类。

(一)账户管理

账户管理为企业客户提供查询企业及员工相关年金等信息服务，功能如下。

(1) 账户余额查询：为企业客户提供的查询账户昨日余额、当前余额和可用余额的功能，并为企业网上银行客户提供查询、下载和打印集团客户本部及辖属分支机构账户人民币和外币账号昨日余额、当前余额和可用余额的功能。

(2) 账户明细查询：为企业客户提供的对账户今日明细、历史明细进行查询的功能；

(3) 企业网上银行客户可使用此功能对集团客户本部及辖属分支机构账户人民币和外币账户今日交易明细或者历史交易明细进行查询、下载、打印及发邮件的操作。

(4) 企业年金查询：指通过网上银行为企业年金客户提供企业年金账户管理相关的计划、缴费、投资和支付等信息查询的服务。

此外，企业网银还提供账务提醒、对账服务和自助缴纳年费等服务。

(二)收款业务

收款业务为企业客户提供资金自动划收至总部账户等专业化金融服务，功能如下。

(1) 自动收款：银行定期按照客户预先指定的时间、金额等收款信息，自动将资金从企业分支机构账户中划收至总部账户，并在当日将交易结果信息发送到客户预留的 E-mail 地址，同时客户也可以通过贵宾室查询交易结果。

(2) 批量扣款：为企业网上银行客户提供的通过企业网上银行主动收取授权企业各类应缴费用的一项功能。

(3) 在线缴费：网上在线缴费业务是银行与收费单位合作为个人或企业客户提供的缴费业务查询、在线缴纳各类费用等服务的业务。通过个人网上银行和企业网上银行的互动关系，提供个人和企业间、企业和企业间的在线缴费平台。

(三)付款业务

付款业务提供单位公务用卡审核报销的服务。

(1) 审核报销：使用银行卡从事消费和结算报销活动。

(2) 代发工资：企业通过网上银行向全国范围内企业员工发放工资和报销各类费用的一项服务。

(3) 转账：实时进行同城同系统转账、跨系统转账、异地电子汇兑、企业收款、转账复合和转账资料提交等。

(4) 信用支付：信用支付服务平台是银行为中介商城提供的专用支付平台，它主要遵循以下原则。信用支付中 C2C、B2B 交易是指买卖双方在特约网站上进行的交易行为，银行在交易过程中承担资金监管的责任，但不参与交易流程控制，只是根据有关交易规则进行资金划转和清算。

(5) 纳税服务：基于中国人民银行推出的国库信息处理系统(TIPS，Treasury Information Processing System)，通过银行业务系统分别与各省级国、地税税收征管综合系统连接，在网上银行实现查询纳税、申报纳税、缴纳明细查询，以及附加法规查录、税收筹划和银行理财等增值服务的系列功能。

(四)投资理财

为企业提供的债券、基金等金融产品的投资分析、购买等服务。

(1) 集中式银期转账：为银行与期货公司总部进行单点连接，建立期货公司在银行的保证金账户与期货投资者银行结算账户之间的对应关系，投资者在进行转账操作后，可以实现投资者银行结算账户与期货公司保证金账户的实时划转，期货公司根据其银行期货保证金账户的变动情况，实时调整投资者在期货公司的资金账户余额，为期货交易提供资金结算便利。

(2) 实物黄金业务：以人民币资金投资黄金的理财产品，投资者既可低买高卖获取投资收益，又可选择提取黄金实物。

(3) 网上基金、国债：为企业网络银行客户提供的通过企业网络银行自助进行基金、国债买卖的金融服务业务。

(4) 网上理财产品：为企业网络银行客户提供银行发行的理财产品信息查询、认购、买卖、终止及理财账务管理等业务服务。

(5) 第三方存管：为满足证券投资者和证券公司对于客户交易结算资金存管服务的需求而开办的一种银证中间业务。客户可通过网络银行平台进行银行与证券之间的转账交易，以及客户证券资金账户明细、余额的查询。

(6) 预约服务：企业通过网络把需要到某个银行网点去开汇票或取现金的信息告诉银行，使该银行网点早作准备，银行网点的监控程序实时地将信息显示。

(五)信贷业务

通过企业网络银行归还柜面办理的人民币信用贷款的业务。

(1) 网上委托贷款：为企业网络银行客户提供的通过企业网络银行自助进行委托贷款放款申请、还款申请和委托贷款查询等服务的业务。

(2) 网上还贷：为企业网络银行客户提供的通过企业网络银行归还柜面办理的人民币信用贷款的业务。

(3) 网上信用证业务：为企业网络银行客户提供的通过企业网络银行自助进行进口信用证开证与修改申请、进口信用证查询和出口信用证查询等业务。

(六)代理业务

通过企业网银接受商业银行的委托，办理款项汇出和汇入。

(1) 代理汇兑：银行通过企业网络银行接受其他商业银行(被代理行)的委托，为其办理款项汇出和汇入的服务。

(2) 代签汇票：其他商业银行(代理行)使用该银行的银行汇票凭证、汇票专用章和专用机具，通过该行网上银行为其开户单位或个人签发该银行汇票，并由该银行所有通汇网点兑付的服务。

此外，各家网上银行还提供了各具特色的网上服务，如招商银行的网上国际贸易融资业务、网上国际结算查询通知业务，中国银行的供应链融资服务等。

三、网银衍生业务

网银衍生业务是指网络银行在基本业务以外，纯粹是因网络银行运营而衍生的业务。由于这些业务覆盖面广、业务量大，已经成为网络银行的核心业务。其业务主要包括以下几个方面的内容。

(一)网上支付

网上支付服务已经成为判断一家银行是否能够被称为标准网络银行的必要条件。随着电子商务发展的深入，许多商家已经意识到网上支付服务中所潜在的丰厚利润，这使得提供网上支付服务的竞争异常激烈。个人网上支付服务已经成为个人用户最常使用的网银服务，对网络购物的推动作用明显。在企业银行服务方面，网银支付服务主要是针对各类企业的经营活动推出的各类支付结算服务，由于大大简化了支付流程、节省了时间，极大地方便了企业在网络经济时代业务拓展的需求。

(二)网上信用卡业务

网上信用卡业务包括网上信用卡申办、查询信用卡账单，银行主动向持卡人发送电子邮件、信用卡授权和清算。如果银行存有持卡人的 E-mail 地址，那么银行每月可定期提供电子对账单，让客户更快地收到信息，提高银行的工作效率；持卡人也可登录网页自行查询已出账单，未出账单和了解信用卡消费情况及还款要求；银行在网上还可以对特约商户进行信用卡业务授权、清算、传送黑名单、紧急止付名单等。

(三)网上个人投资理财服务

从网络银行的发展趋势上看，要提供更加个性化的服务，个人理财服务是重点挖掘的领域。

网络银行的个人理财主要是指个人账户组合、家庭理财计划、投资与保险等。个人账户组合是客户名下账户之间的交易。家庭理财计划包括收支计算器、理财计划等。投资与保险主要包括各种股票、基金、债券投资与保险计划。企业理财是帮助企业制订合理的资金计划，有效投资理财可以有两种方式：一种是客户主动型，客户对自己的账户及交易信息、汇率、利率、股价、保险费率、期货行情、金价、基金等理财信息进行查询，使用或下载银行的分析软件帮助分析，按自己需要进行处理，满足各种特殊需求；另一种是银行主动型，银行可以把客户服务作为一个有序进程，由专人跟踪进行理财分析，提供符合其经济状况的理财建议及相应的金融服务。

(四)网上金融信息咨询服务

金融信息是个人、公司及政府机构进行投资决策、管理活动、制订经济发展规划的依据，它涉及的范围非常广泛，如汇率、利率、股价、保险、期货、金价、基金等，以及政府的金融行业政策、法律法规等。网络时代，社会公众对金融信息有着越来越强烈的需求，网络银行可以通过向用户提供这些金融信息获得收益，并赢得潜在的顾客群。

(五)网上消费贷款服务

消费贷款已经成为广大居民最常用的金融产品服务，但是，传统的消费贷款在抵押担保等手续方面异常烦琐，严重影响贷款业务效率。因此，银行推出了网络贷款业务，利用网络银行用户的良好信用记录，在线提出贷款申请，简化了贷款申请程序，缩短了贷款申请时间，极受用户欢迎。例如，交通银行的"e贷在线"就无须柜台开通，可在线提交多种贷款申请，获得个性化贷款方案，查询贷款批准进度；中国建设银行认证用户、合作机构用户、行内用户可通过"房e通"登录"我的主页"后，在贷款服务中选择"贷款申请"，选择贷款类型，填写个人信息、贷款信息、抵押物信息、预约面谈时间等信息，进行在线贷款申请。

(六)网上企业信贷和融资服务

这是网上银行专门为中小企业客户打造的服务，通过"端对端"的工厂式"流水线"运作和专业化分工，提高服务效率，根据中小企业经营特点与融资需求，丰富产品组合与方案设计，为广大中小企业客户提供专业、高效、全面的金融服务。网上融资主要是通过第三方平台所掌握的大量企业信息，解决银行贷款信息不对称的现状，通常是由第三方平台担保，满足企业融资需求。

(七)网上购物业务

网上购物是网络银行推行电子商务战略最重要的服务品种之一，网络银行在这类服务上有两种不同的处理方式：一是网络银行自己设立一个网上购物平台，汇集各种网上销售商品的信息，让商家与客户在这个平台上进行交易；二是提供多个网上购物网站的链接，客户通过链接进入购物网站。目前，开设银行专属的网上商城已经成为商业银行拓展业务的一个新的途径，尽管尚处探索阶段，盈利能力还有待于观察，但是商业银行显然把眼光转向整个流域，如交通银行就开通了"交博会"这一网上商城。

(八)网络证券业务

网络银行与证券、保险等金融交易机构合作，推出了网络证券业务。网络证券保证金转账业务是指客户通过网络银行的账户系统，将资金在自己名下的活期账户与证券账户之间进行互转。网络证券业务发展较为完善的银行为客户提供证券交易查询、委托、转账、智能配股信息、新股自动申购、修改密码、特别提示和制定交易等多项服务功能，较好地满足客户进行网络证券交易的需求。

(九)网上外汇买卖服务

客户可以通过网络银行自己名下的外汇买卖账户，进行实时外汇交易实盘外汇买卖、多种外币之间的买卖、外汇行情、外汇交易锁定等。

(十)其他业务

网络银行在提供网上基本业务和电子商务业务的服务外，还包括提供信息服务的项目。主要是为客户提供多种金融信息服务，如市场行情、股市动态和各项经济数据，还有根据个人情况向个人提供的经济金融信息。

第三节　网络银行体系结构

【案例 5-1】　"三无银行"2015 年开业

2015 年，随着腾讯的微众银行、阿里的网商银行试营业的消息相继传出，互联网银行这一"无网点、无柜台、无财产担保"的划时代的"三无银行"在一片喧嚣和观望中正式起航了。

微众银行带着明显的"互联网"标签：没有物理网点和柜台，获客、风控、服务或将都于线上完成。微众银行注册资本金 30 亿元，经营范围包括吸收公众、主要是个人及小微企业存款；主要针对个人及小微企业发放短期、中期和长期贷款；办理国内外结算以及票据、债券、外汇、银行卡等业务。业务模式上，微众银行定位于"个存小贷"，服务个人消费者和小微企业客户。微众银行的最大股东腾讯掌握大量客户，该行将利用这种优势，向个人客户销售零售产品。微众银行将打造"大平台"的概念，加强与银行的合作，做轻资产业务。网点运营上，微众银行不完全没有物理网点，但比较少量，会研究开多少个，也会更注重移动互联网。

2015 年 1 月 4 日下午，国务院总理李克强率财政部、发改委、工信部、银监会、证监会等多个部委一把手视察深圳前海微众银行(下称微众银行)，并称希望互联网金融银行用自己的方式来倒逼传统金融机构的改革，同时与传统金融机构一起融为一体，互相合作。李克强总理在微众银行敲下电脑回车键，卡车司机徐军就拿到了 3.5 万元贷款。这是微众银行作为国内首家开业的互联网民营银行完成的第一笔放贷业务。该银行既无营业网点，也无营业柜台，更无须财产担保，而是通过人脸识别技术和大数据信用评级发放贷款。

互联网金融在降低交易成本、提升客户体验以及扩大金融业覆盖面上有独特优势。虽然传统银行近些年也在不断创新和改革，但相对于互联网金融机构而言，在这些方面还有一定的差距。

这种纯线上模式的互联网银行是怎样办理各种业务的呢？

以号称"互联网银行史上第一笔业务"的"卡车司机徐军通过微众银行拿到 3.5 万元贷

款"为例,他就是通过人脸识别技术和大数据信用评级发放贷款的。下面简单说明一下业务逻辑。

客户通过互联网(PC、手机、平板电脑等上网设备)接入互联网银行办理业务,互联网银行通过摄像头对客户"刷脸"进行人脸特征识别和身份认证,系统识别出身份后,做三个关键动作:①自动与公安部身份数据进行比对;②接入中国人民银行的征信系统读取该客户的征信信息;③通过互联网银行自身大数据、互联网、社交媒体大数据等进行客户信用评定;结合上述三类认证和信用评估后,给出客户信用评级和风险评级,进而给客户办理各类相应业务和授权。

这样做的好处很明显,从客户角度讲,以后可以足不出户、随时随地、高效方便地办理银行业务,再也不用受传统商业银行驱车几公里、再拿号排队几小时的痛苦了,当然也不用看某些态度恶劣柜台营业员的大臭脸了。而且,以互联网思维的创新个性看,未来互联网银行势必会推出诸如一元钱起存起贷、无抵押信用贷款、远程"刷脸"开户等更多好玩的花样。

(资料来源:吴红,毓然.李克强视察前海微众银行.财新网,2015.1.4

虎龙吟.阿里腾讯网络银行来袭.搜狐IT,2015.2.9)

一、网络银行体系的总体框架

网络银行体系结构可以从网络银行的组织机构和技术结构两个角度来进行描述。网络银行的组织结构描述了网络银行的组织管理层次,而技术结构是支持网络银行运营的基础和框架。

(一)网络银行的组织结构

网络银行的组织结构从管理层次上可以分为四个子系统,即决策系统、监督系统、管理系统和执行系统。四个子系统之间的关系如图 5-1 所示。

决策系统主要由股东大会、董事会、监事会构成。股东大会是网络银行的最高权力机构。董事会是由股东大会选举产生的决策机构,监事会对股东大会负责,以监督网络银行的经营管理过程。监督系统由股东大会选举产生的监事会和银行的稽核部门组成。监事会的职责是对银行的经营活动进行监督和检查。稽核部门也称内审部门,对银行的日常业务进行检查和稽核,以便及时发现经营中存在的问题。

管理系统的高级管理层由董事长、总经理、副总经理构成,有相应的战略管理、财务管理、人事管理、信贷管理和市场营销管理系统的支持。执行系统在管理系统的统一管理协调下,通过业务管理部门、业务拓展部门和业务支持部门负责网络银行的经营运作。其中,ATM、POS 等组成的电子银行系统由业务支持部门直接负责。网络银行从组织机构上减少了传统银行下设的分行、支行等中间层次。这种扁平化的管理层次,使报告关系简单化,管理效率得到了很大的提高。

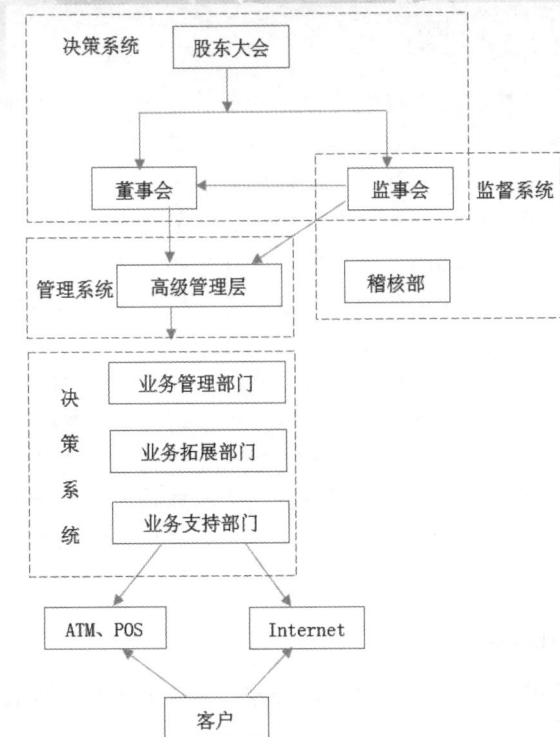

图 5-1 网络银行的组织结构

【小资料 5-1】ATM、POS 机

ATM(Automated Teller Machine)中文名为自动取款机,其主要功能是取钱、查询余额等。有些取款机附加存款功能,可提取现金、查询存款余额、进行账户之间资金划拨、余额查询等工作;还可以进行现金存款(实时入账)、支票存款(国内无)、存折补登、中间业务等工作。

POS(Point of Sale/Service)中文名为销售(服务)点管理系统。POS 系统分为金融 POS 和商业 POS 两大类,金融 POS 是通过读卡器读取银行卡上的持卡人卡片中的信息,由 POS 操作人员输入交易金额,持卡人输入个人识别信息(即密码),POS 把这些信息通过银联中心,上送发卡银行系统,完成联机交易,给出成功与否的信息,并打印相应的票据。POS 的应用实现了信用卡、借记卡等银行卡的联机消费,保证了交易的安全、快捷和准确,避免了手工查询黑名单和压单等繁杂劳动,提高了工作效率。商业 POS 则用于商场的收银,即功能是完成销售开单,收款方式可以是现金、银行、礼券等,这里的银行只是说明金额的来源。如果客户购物用银行卡支付,实际上是客户先用金融 POS 完成了银联支付交易(拿到银联小票),然后商家确认用银联支付完成在商业 POS 的收银(拿到购物小票)。

(二)网络银行的技术结构

网络银行的技术结构,是根据网络银行的业务需求、银行现有各类信息系统及其与网络银行的关系、网络银行的安全要求等,对各种信息技术产品和银行业务信息系统进行科学配置而构成的计算机信息系统结构。一般采取"客户—网络银行中心—后台业务系统"三层体系结构,主要提供信息服务、客户服务、账务查询和网络支付功能。其中信息服务和客户服务由银行指定管理部门在全行范围内规划、运作和管理,网络银行中心具体实现账务查询和实时交易功能,并实现银行后台业务主机系统与网络银行中心的实时连接,为网络银行开展网络金融业务提供支持。

网络银行中心是网络银行顺利运作的关键,一般由银行主机系统、Web 服务器、应用服务器、数据库服务器、路由器、防火墙以及内部管理和业务操作工作台组成,通常由银行端 Web 服务器、两台互为备份的应用服务器和数据库服务器完成网络银行系统的具体业务功能。建立统一的网络银行中心,不仅有利于提高网络银行的管理效率和安全系数,也有利于向客户提供更高质量的金融服务。从不同的视角考察网络银行,能够比较全面地认识网络银行的技术结构。

1. 客户端系统和服务器端系统

从网络技术的角度看,网络银行可分为客户端系统和服务器端系统。网络银行与客户之间的简单关系如图 5-2 所示。

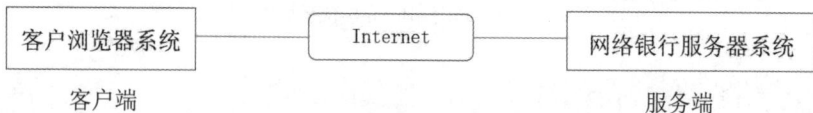

图 5-2　网络银行与客户关系示意图

网络银行的客户包括内部和外部两种。外部客户是寻求银行提供存款、取款、支付、贷款等金融服务的用户,而内部客户主要是银行内部员工与管理人员。外部客户通过 Internet 使用浏览器访问网络银行 Web 服务器(网站),需要通过外层防火墙检查过滤后才能登录到网络银行系统。为了保证网络银行系统的安全性,内部客户访问系统也要通过内部防火墙。只有认证的用户才可进入网络银行系统,而数据信息必须以密文传送。通常情况下,在后台应用服务器与外部客户之间设置两重或多重防火墙以提高安全级别。

客户端系统就是能够连接 Internet 并浏览网络银行的网页和进行操作的系统。其应用方式采用专用客户端软件的 C/S 模式或基于 Web 应用的 B/S 模式。对于客户来说,就是在计算机上安装一个客户端软件,并实现访问网络银行网页,获取银行服务的功能。客户端可以有多种接入方式,如 DDN 接入、MODEN 拨号接入、局域网 LAN 接入和 ADSL 接入等。在具体的实现方式上,网络银行可以自行设计客户端系统,也可以让客户使用通用的浏览器平台,如 IE 浏览器等。

网络银行的服务器端系统主要实现提供给客户的各种功能，满足安全性、可靠性、可扩展性、易于管理性等方面的要求。其核心部分是客户身份验证系统和交易执行系统，通过设置各种服务器来实现各个子系统的功能。网络银行一般采用多个子系统来实现各种不同的功能。这样既有利于系统的管理，也不会造成整个系统的失灵。在网络银行的内部系统中，每个子系统都承担相应的功能，每个子系统都可以根据需要增加或调整服务器的数量。例如，客户身份验证系统主要进行客户身份验证，向客户端系统提供客户身份证明，保证客户交易数据传输的保密性。安全与证书服务器实现客户身份验证子系统的功能。安全系统和证书系统可以安装在一台服务器上，也可以分别使用独立的服务器，主要根据银行自己的客户规模来确定。

在 Internet 与内部系统之间通过路由器进行连接，实现从 Internet 到网络银行的路由选择功能。在内部系统与 Internet 之间设置防火墙保证网络银行系统的安全。网络银行服务器端结构如图 5-3 所示。

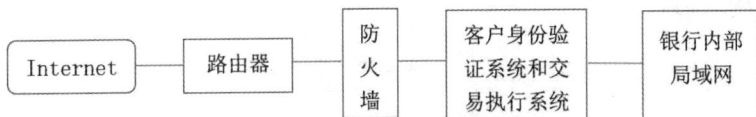

图 5-3 网络银行服务器端示意图

2. 前台业务处理系统和后台业务处理系统

从面对客户进行业务处理的先后次序来观察，网络银行可以分为前台业务处理系统和后台业务处理系统。网络银行前后台系统关系如图 5-4 所示。

前台业务处理系统是指系统中与银行客户直接打交道的部分，其任务主要是接受和响应客户的服务请求，并将服务请求信息及时、有效、安全地传至后台业务处理系统，最后，由后台业务处理系统实现客户的服务请求。

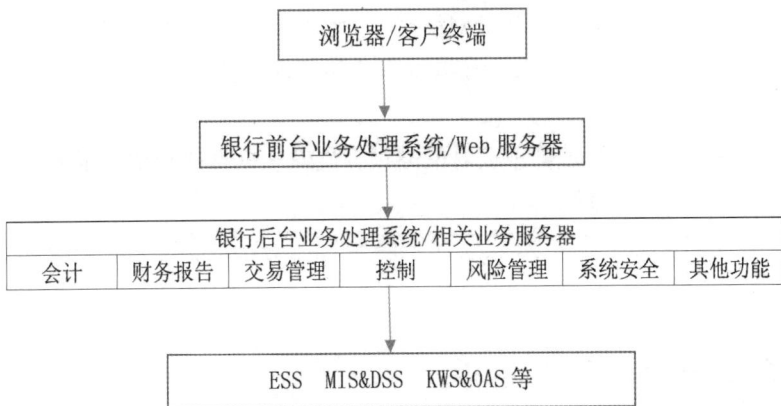

图 5-4 网络银行前台业务系统与后台业务系统的关系

后台业务处理系统主要处理客户通过前台发来的服务请求，实现并完成服务请求任务。服务信息处理通过后台的软件系统来实现，主要包括管理信息系统、决策支持系统、客户资源数据库、资金清算系统、财务管理系统、信贷管理系统、银行卡系统、风险管理系统和后台业务综合集成系统。后台业务处理系统一般对于客户是透明的，而客户只希望得到满意的服务，对于后台如何处理具体业务并不关心。后台业务处理系统直接决定着前台的服务质量。因此，要求前、后台业务系统能有效集成，通过后台业务对信息的处理和加工，及时反馈客户信息，以保证和支持前台业务处理的准确性和及时性。

(三)网络银行的管理结构

网络银行的管理结构主要由人员与部门组成，一般按照系统结构、应用结构、数据结构和网络结构为原则设置业务部门，使软件运行和硬件维护得到良好的支持。图5-5为典型的网络银行管理结构。

图 5-5　网络银行的管理结构图

(1) 市场拓展部。市场拓展部主要从事网络金融服务品种及服务市场的开拓和发展，形成适合网络经济和电子商务发展的各种金融服务营销方式和理念。

(2) 客户服务部。客户服务部主要负责为客户提供包括信用卡业务在内的各类技术支持和服务咨询，把握客户对网络金融服务需求的变化趋势，密切银行与客户的联系。

(3) 技术支持部。技术支持部负责网络银行的软、硬件系统设备的维护，并对银行内部和外部非网络银行领域的信息技术管理提供服务和技术支持，还可直接负责相关金融服务产品的开发。

(4) 财务管理部。财务管理部主要对网络银行硬件和软件的投资、服务预算、成本和收益等财务指标进行控制和管理。

(5) 后勤服务部。后勤服务部主要对网络银行服务活动过程中的各种后勤需求提供支持。

二、银行交易处理系统

银行综合业务系统是银行电子化应用的核心和基础设施。综合业务系统，又称核心业务系统，是金融业办理各类交易、进行账户核算、提供各种柜台服务和电子化服务的基础性系统，一般运行在电子化系统的主机、服务器端，并直接访问账务数据库，是金融电子化的数据存储中心和业务处理中心。在网络时代背景下，数据大集中后的综合业务系统作为一个后台系统，其核心地位和重要性显得更加突出，是网络金融最底层和基础的交易处理中心。

我国银行的综合业务系统在经历了单机批处理、区域集中式网络系统的发展阶段后，逐步发展成以大集中为基础、以客户为中心的财务数据中心、交易处理中心、信息管理中心。

1. 账务数据中心

21 世纪初是我国各大商业银行进行数据大集中的总体规划和实施阶段，有些银行甚至进入了大集中后的应用集成和创新阶段。经过大集中后，各家银行建立了全国范围内的数据中心，全行上下一本账，汇集了全国范围内所有客户的账务信息及全行所有分支机构和营业网点的经营状况信息。银行综合业务系统是大集中中心的核心应用系统，管理着全行所有客户的账务数据，包括对公、对私的资产负债数据、银行卡数据、各类电子银行生产数据等，为建立规范化、标准化的运行管理体系，实现集约化经营、加速资金流动、促进金融创新奠定了良好的基础。数据大集中后的账务数据中心将成千上万个业务风险点集中为数个或者一个，为银行规避经营风险和加强管理提供了一个很好的技术平台，同时也将技术风险和责任进行了集中。如何保证数据中心的安全稳定和网络通畅，建立灾难备份中心和应急机制，是"后大集中时代"银行技术管理的重点，也对银行综合业务系统的安全性和可靠性提出了更高的要求。

2. 交易处理中心

综合业务系统承担着全行所有账户的资金收付处理和账务信息管理，来自同城或异地、营业网点柜台或自助服务系统(网络银行、ATM、POS、电话银行等)各种渠道的服务请求，经过金融支付网络和前置系统，服务请求被转换为标准的交易请求并传递给综合业务系统，由综合业务系统最终完成资金在账户间的支付处理，如图 5-6 所示。

在综合业务系统的升级换代过程中，随着银行业务流程再造的深入，综合业务系统已经实现了"对公、对私合一""本币、外币合一""存款、贷款合一"的业务流程改造，使银行柜员可为客户综合办理本外币、对公对私、会计出纳、储蓄信用卡等多种金融业务，为客户提供"综合化、一站式"的服务，充分体现了"以客户为中心"的服务理念，加强了银行对外服务的整体性；同时，通过优化前台劳动组合、均衡岗位业务量，实现了优化资源配置、提高劳动效率的目标。

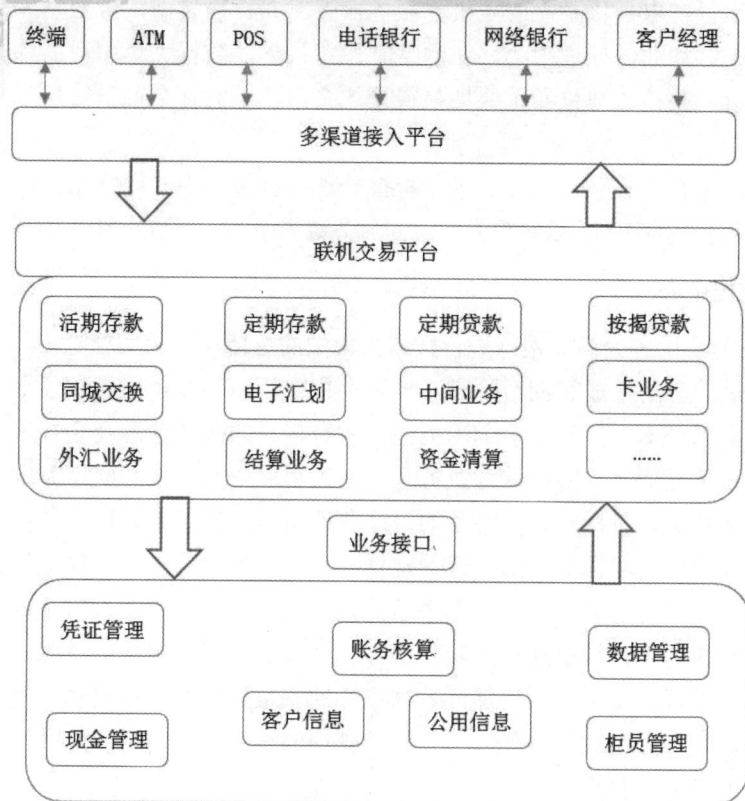

图 5-6　银行综合业务系统的服务层次

　　银行综合业务系统的业务功能，包括通常所指的本外币储蓄业务、信用卡业务、对公业务、外汇结算业务和资金买卖业务，同时还处理各类自动转账业务(代收、代付等中间业务)，以及各类客户自助银行业务(ATM、POS、网络银行、电话银行)等。同时，综合业务系统还具有各类业务报表、会计账务报表的汇总生成及输出的功能，提供交易数据的汇总、分析接口满足 CRM(客户关系管理)、MIS(管理信息系统)、DSS(决策支付系统)等系统的数据需求。

3. 信息管理中心

　　银行综合业务系统作为一个账务数据中心，在处理客户各类交易的过程中积累了大量的数据，形成一个庞大的信息资源中心，成为银行宝贵的信息财富。综合业务系统既是银行实施 CRM、追求"以客户为中心"战略目标的数据提供者，又是 CRM 分析和决策结果的执行者之一(见图 5-7)。首先，综合业务系统在为客户提供各类金融服务的过程中，详细记录了客户的交易行为，这些交易数据与系统中积累的客户基本信息构成了系统中客户信息模型的基本内容，是实施 CRM 的重要信息资源；其次，CRM 系统的决策分析结果及据此形成的银行营销策略，需要通过综合业务系统来表现出对客户的个性化服务和差别服务。如通过动态调整客户的信用等级状况，综合业务系统会更灵活地控制客户的各类贷记业务。

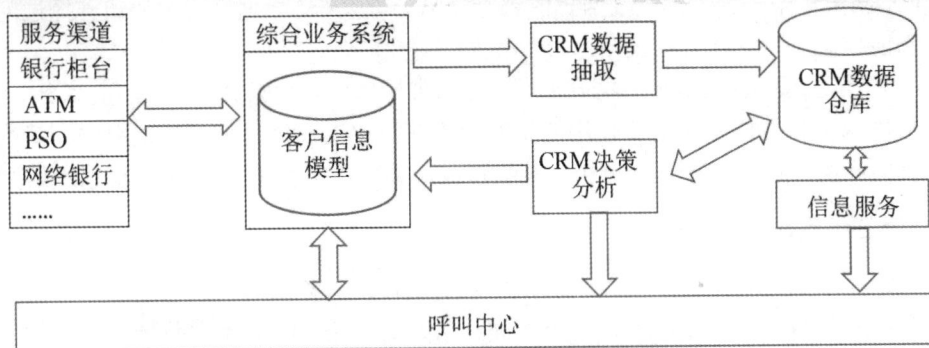

图 5-7　银行综合业务的信息管理功能

　　综合业务系统也为银行的管理决策科学化提供支持，是银行全面实施管理信息系统的重要数据基础。根据银行现代化经营管理的特点及综合业务系统采集的业务数据内容，综合业务系统可以为系列的管理决策活动提供数据基础，包括产品(服务)的优化与调整、服务渠道创新与整合、资源最优配置、人员绩效考核。

三、银行管理决策支持系统

(一)银行管理决策支持系统的发展历程

　　在信息时代，信息是银行决策的依据，如何更加有效利用这些信息，使其在银行市场拓展、战略决策、内部管理上发挥更大的作用，一直是银行信息技术不懈努力的另一个方向。随着信息技术的进步，信息决策系统在银行的发展经过了以下三个阶段。

1. 第一代是基于主机的查询报告系统

　　早期的信息系统以批处理方式处理数据，并将处理结果提交给数据用户。这些结果原本需要用户查阅大量的纸质文件才能获得，信息技术的运用提高了信息查询的效率。但它需要对复杂的数据库进行操作，需要了解数据的基本内容和一定的计算机知识，只能被商业分析员之类的信息提供者使用，而最终用户(管理者和执行者)却很难使用，不得不依赖于数据提供者来回答他们的问题。

2. 第二代是数据仓库和数据挖掘技术

　　第二代系统以数据仓库为特征，在处理能力上有很大飞跃，和第一代系统相比有以下几个方面的优势。

　　(1) 数据仓库的设计以满足商业管理决策为目的，而不是面向银行日常交易处理。

（2）数据仓库中的信息是经过清理、过滤的，具有一定的一致性，以使用者能够理解的形式存储。

（3）不同于记录着详细的当前数据的银行交易处理系统，数据仓库中保留着经过汇总的历史和当前信息。

（4）以 Client/Server 方式向数据仓库用户提供使用接口和功能更加强大的决策支持工具。

数据挖掘是和数据仓库配套使用的策略和算法。数据挖掘是指将原始数据、基本信息进行必要的归纳、计算、推理、分析，最后形成对管理决策具有直接指导意义的信息。

3. 第三代是智能商务系统

在一定程度上，数据仓库仍然不能完全满足银行的商务需要。其缺点之一就是许多数据仓库产品将焦点放在技术层面，而不是商务问题的解决方案。虽然数据仓库提供了功能强大的建设使用数据仓库的产品，但要用好这些产品仍需要较多的努力。

作为第三代管理决策信息系统，智能商务系统在以下方面优于数据仓库。

（1）智能商务不只支持最新的信息技术，而且提供了预先设计的应用系统解决方案。

（2）智能商务系统重在解决信息获取和信息向最终用户的传递问题，同时保证信息提供者、信息消费者同样方便地存取信息。

（3）智能商务系统支持各种形式的商业信息，而不只是存储在数据仓库中的信息。

(二)管理决策系统的技术模型

管理决策系统的技术模型包括数据仓库系统、决策支持系统、在线分析处理、数据挖掘技术和智能商务。

1. 数据仓库系统

数据仓库不同于银行交易系统的核心数据库，后者主要任务在于支持银行交易处理系统、保证银行的日常运行、正确记录客户数据信息、追求数据的绝对精确和可靠，数据来自银行联机交易处理系统；而数据仓库设计的目的是向银行管理决策提供支持，为银行决策服务，重在收集具有一定含义的信息及数据。因此，数据仓库的数据源应以保证决策的正确性为目标，而较少地关注数据的细节，是对具体数据源的抽象和概括。它的数据来源主要有三类，即银行业务核心数据库、银行其他数据库、外部数据(信息)库。

银行业务核心数据库是银行经营情况的最原始、最精确记录，其中存放着银行日常业务处理所产生的全部信息的现值，因此应该是数据仓库最重要最可靠的信息来源。但由于二者的本质差异，银行业务核心数据库中的数据进入数据仓库之前需要经过必要的处理。

银行内部的其他数据库也是数据仓库的信息来源，如人力资源数据库、资源数据库等对管理决策都具有十分重要的意义，也应经过归纳、过滤、复制，纳入数据仓库管理。

外部数据库是指银行外部的信息源，如定期发布的经济统计信息、经济新闻、行业发展分析报告等，这些信息为银行决策提供重要的外部环境参考因素，也应纳入数据仓库中。

　　来自银行业务核心数据库、银行其他数据库、银行外部数据库的数据经过提取后统一存放在数据仓库中，其中的数据已经经过清理、过滤、转换、分类，可供管理决策者进行数据挖掘、在线分析处理，以及进行其他形式的商业分析、市场研究、决策支持。数据仓库又可以被分成数据市场，其中包含着数据仓库中面向银行某一特殊领域的数据子集，如市场拓展、机构建设等。数据仓库系统的构成如图 5-8 所示。

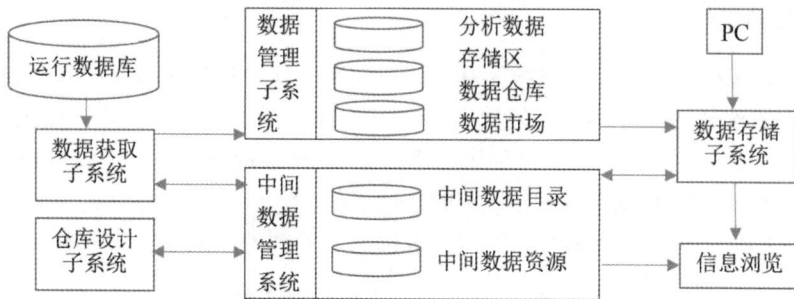

图 5-8　数据仓库系统的构成

　　图 5-8 中示意了完整的数据仓库系统的各个子系统。如图 5-8 中左侧所示，来自不同数据源的原始数据经过提取、清理、转换后，变成更加适宜分析的形式。这个数据获取的过程可能包括对多个数据源的整合、过滤不必要的数据、修正错误数据、对数据进行必要的转换、将数据重新归类等多个步骤。然后这些数据被存入银行数据仓库，从此可以进入数据市场供直接使用或进入数据分析系统进一步分析。

　　数据仓库主要用于数据挖掘。在数据挖掘过程中，存储在数据仓库中的商业活动的历史数据信息经过分析，揭示其中隐藏的商业模式和发展趋势，这可以帮助管理者做出战略决策，赢得市场竞争。数据挖掘可以从数据仓库存储的大量数据中发现新的相关性、商业模式和发展趋势。数据挖掘软件使用先进的模式识别算法以及各种数学统计技术，在堆积如山的数据中不断搜索，提取不为人知的战略性商业信息。原始数据经过各种预处理进入数据仓库，数据仓库经过数据挖掘形成最终信息的过程如图 5-9 所示。

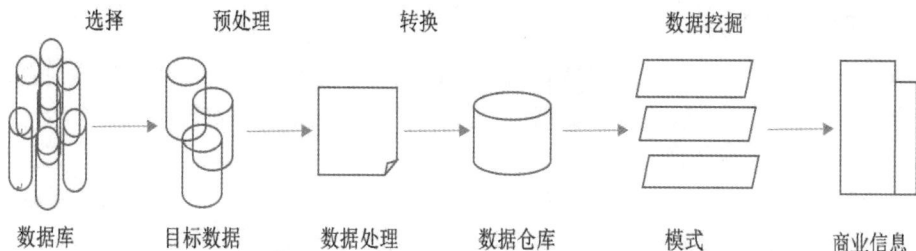

图 5-9　数据挖掘与信息形成过程

图 5-9 进一步说明了数据仓库和原始数据库之间的差别,以及原始数据是如何经过加工进入数据仓库的。首先,根据决策所需的信息,从原始数据库选择相应的信息,进入目标数据库;然后,对目标数据进行预处理、转换,进入数据仓库,完成原始数据的去伪存真、过滤筛选,数据仓库中的数据经过挖掘形成商业信息。上述过程是根据决策需要,定期或不定期不断进行的动态过程,保证了决策的时效性。

2. 决策支持系统

决策支持系统以计算机信息系统为基础,在决策过程向管理者提供交互式的信息支持。决策支持系统依靠分析模型、专门的数据库、决策者自身的远见和判断、交互的计算机处理模型等帮助决策者做出初步或最终判断。因此,决策支持系统是面向特殊应用设计的快速响应系统,为决策者提供面向某种决策的专门支持。

管理信息系统和决策支持系统有着本质区别,二者的差别如表 5-1 所示。

表 5-1　管理信息系统和决策支持系统的区别

项　目	管理信息系统	决策支持系统
对决策提供的支持	银行经营情况的信息	信息与特殊决策支持技术
提供信息的形式和频率	定期、特殊与应需提供	交互式请求和响应
信息的格式	事先确定的固定格式	特定、灵活、合适的格式
处理信息的方法	提取数据、形成信息	数据建模分析

决策支持系统不但依赖数据库信息资源,而且依赖于模型库。一个模型库是一个包含很多模型的软件系统,其中每个模型都含有能够反映变量之间关系的分析和数学计算函数。它既可以是简单的加减运算,也可以包含能够揭示复杂关系的数据分析技术,比如线性分析、多元回归等技术。

智能商务系统中提供的决策支持工具有信息查询和报表提供、在线分析处理、数据挖掘等功能。

3. 在线分析处理

迅速变化的外部环境,要求管理者和信息系统能够迅速对一些复杂的商务问题做出答复,信息系统为此先后发展了分析数据库、数据市场、数据仓库和数据挖掘技术,以及支持 Web 访问和在线分析处理的软件。

在线分析处理支持管理者交互地对大量数据进行检查和操作,帮助分析大批数据之间的关联关系,寻求商业模式、发展趋势等规律。它能够在线实时进行,快速对管理者的查询做出响应,使决策过程不受干扰。

在线分析处理一般包括以下几种基本分析操作,即数据合并、数据细分和上滚、数据切分和翻转等。

4．数据挖掘技术

从前面提到的决策信息形成的过程可以看出，决策信息的质量和两个因素密切相关，即原始数据的质量和数据挖掘的技术。数据挖掘技术可以分为统计学方法和自动学习算法。

常用的统计学方法有因素分析、线性回归、主元分析、单变量曲线拟合、单变量及双变量分析。数据挖掘的算法可以分为如下几类：①分组；②分类；③数值预期；④关联发现；⑤顺序规律发现；⑥相似时间顺序发现。

5．智能商务

智能商务就是根据数据资源做出商务决策，发现、分析、揭示新的机会。它更加强调数据仓库及数据挖掘技术对决策的直接支持作用，因此和具体应用背景密切相关。不同行业的智能商务需求不同。银行业的智能商务主要集中在以下几个方面：①客户的盈利能力；②分支机构的盈利能力；③交叉销售产品的市场机会；④信贷风险管理；⑤新产品的机会；⑥费率政策的制定。可以看出，智能商务应用系统是银行各类问题的完整解决方案，更加接近普通的商务问题，而不是数据仓库和数据挖掘后的零星信息。智能商务应用的基础是设计合理、信息丰富的数据仓库和功能强大的数据挖掘技术，需要决策支持工具的协助，智能商务的关键是各种商业模式。由此也可看出数据挖掘和智能商务的区别，数据挖掘可以发现未知潜在的规律性；而智能商务则是根据既定的商业模式确定需要收集的数据及信息数据挖掘；方法和目标也比较明确。

智能商务系统的结构如图 5-10 所示。

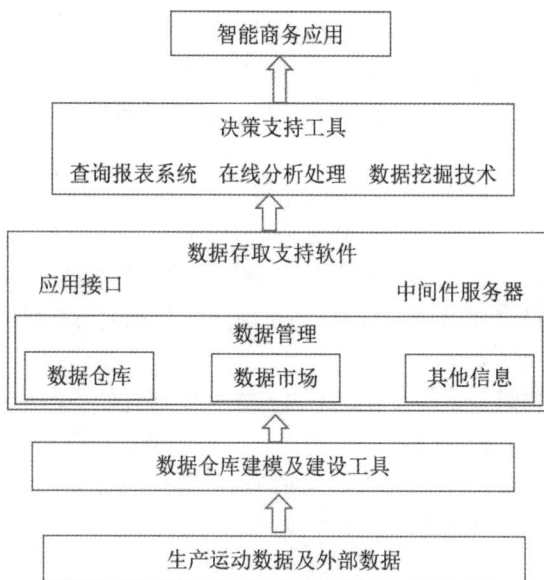

图 5-10　智能商务系统的结构

总结上面介绍的各类决策支持系统技术模型，决策支持系统、在线分析处理系统、智能商务等更多地关注用户的使用界面，而数据仓库、数据挖掘技术，是搜集数据、形成信息的深层技术。

第四节 手 机 银 行

一、手机银行的概念

手机银行(Mobile Banking Service)，也称移动银行，是利用移动通信网络及终端办理相关银行业务的简称。作为一种结合了货币电子化与移动通信的崭新服务，移动银行业务不仅可以使人们在任何时间、任何地点处理多种金融业务，而且极大地丰富了银行服务的内涵，使银行能以便利、高效而又较为安全的方式为客户提供传统和创新的服务。而移动终端所独具的贴身特性，使之成为继 ATM、互联网、POS 之后银行开展业务的强有力工具。

二、手机银行的主要技术

手机银行的主要技术有 SMS 模式、STK 模式、USSD 模式、WAP 模式、KJava 模式及 BREW 模式。

(一)SMS 模式

SMS(Short Message Service)模式即利用手机短消息办理银行业务，客户容易接入。手机一般都支持短消息，并且大多数人都会用短消息，短信的主动点播方式也可以用于实现银行交易。但是，这种方式的安全级别很低，在手机里和网络运营商的服务器里都会留下痕迹。

(二)STK 模式

STK(Sim Tool Kit)模式是将银行服务的菜单写入特制的 STK 卡，从而便于客户的菜单式操作。STK 卡本身有比较完善的身份认证机制，能有效保障交易安全，但也存在不足之处，具体表现在以下三个方面。

(1) STK 卡的容量有限，通常只能在卡里写入一家银行的应用程序，而且不能更改，虽然 OTA 空中下载技术可以更新 STK 卡里的内容，对服务进行升级，但仍然比较麻烦。

(2) 同样短信的存储转发机制会使交易在网络运营商的服务器里留下痕迹。

(3) 业务烦琐，对于客户而言，换用 STK 卡成本过高。

(三)USSD 模式

USSD 是新型交互式移动数据业务的非结构化补充数据业务，是一种基于 GSM 网络的新型交互式数据业务，可以用于开发各种业务。USSD 消息通过 7 号信令(SS7)通道传输，可与各种应用业务保持对话。USSD 可以将现有的 GSM 网络作为一个透明的承载实体，运营商通过 USSD 自行制定符合本地用户需求的相应业务。这样，USSD 业务便可方便地为移动用户提供数据业务，而增加新的业务对原有的系统几乎没有什么影响，保持了原有系统的稳定性。

1. USSD 模式的优势

USSD 模式具有以下三个方面的优势。

(1) 客户群体不需要换卡，适用大多数型号的 GSM 手机。

(2) 实时在线，交互式对话，一笔交易仅需一次接入。

(3) 费用较低，每一次访问仅需一次短信费用，一般大约 0.1 元。

2. USSD 模式的局限性

USSD 模式的局限性表现在以下三个方面。

(1) 对不同类型的手机，其界面显示有较大的差异。

(2) 从银行端到手机端的下行信息，无法实现端到端的加密。

(3) 目前该业务仅在部分地区试点，尚未在全国普及。

(四)WAP 模式

WAP 是英文 Wireless Application Protocol 的缩写，意思是"无线应用协议"。WAP 定义了一个可通用的平台，把 Internet 网上 HTML(标准通用标记语言 SGML 下的一个应用)的信息转换成用 WML(Wireless Markup Language)描述的信息显示在移动电话的显示屏上。

(五)KJava 模式

这是专门用于嵌入式设备的 Java 应用，是 Java 技术在无线小终端设备上的延伸。J2ME 平台技术扩大了 Java 技术的使用范围。这种多功能的 KJava 应用程序开发平台，可以开发许多新的功能强大的信息产品。KJava 技术可以使用户、服务提供商、设备制造商通过物理(有线)连接或无线连接，按照需要随时使用丰富的应用程序。J2ME 的配置和框架使得信息设备的灵活性(包括计算技术和应用程序安装方式方面)得到很大提高。

1. KJava 模式的优势

KJava 模式具有以下三个方面的优势。

(1) 实时在线，交互式对话。

(2) 图形化界面，操作非常友好。

(3) 采用一些 1024 位的 RSA 认证加密技术和 128 位的三重 DES 加解密技术，安全性相对较高。

2. KJava 模式的局限性

KJava 模式的局限性表现在以下两个方面。

(1) 目前 KJava 手机价格较高，用户较少。

(2) 对不同型号的手机无法做到统一地显示，需要对不同型号的手机做部分针对性的开发。

(六)BREW 模式

BREW(Binary Runtime Environment for Wireless)是无线二进制运行环境的简称，是一种基于 CDMA 网络的技术。用户可以通过下载应用软件到手机上运行，从而实现各种功能。

BREW 方式的优缺点同 KJava 类似，但目前在安全性和终端表现的一致性上要优于 KJava 方式。但是 CDMA 手机在中国仅联通用户使用，客户覆盖面过小，推广难度较大，并且 BREW 是高通公司的专利技术，开放性不如 KJava。

三、手机银行的使用

手机银行的使用步骤如下。

(一)申请开通网银业务

在办理银行卡时要求工作人员开通网上银行和手机银行业务，有些银行在开通手机银行时要收取少量的服务费。如果是已经办理了银行卡，可以去营业厅开通网上银行和手机银行的业务。

(二)设置登录密码

开通手机银行后，需要用户自己设置登录密码，以便在今后登录手机银行时使用。设置的密码不要过于简单，但也要比较容易记住。

(三)下载安装手机银行客户端

设置完登录密码后，还需登录手机银行进行激活，首先要确保手机已经连上网络(可用 WiFi 无线上网或者手机流量)，并下载手机银行客户端软件。

这里以工商银行手机银行为例，当搜索到工行手机银行官方免费下载版后，点击即可下载。不要随便点击非官方的客户端。下载完后找到并打开该程序。

(四)激活手机银行

输入用户名(即银行卡号)和登录密码，成功登录后即成功激活了手机银行，接着就可以使用手机银行了。

本章小结

同传统银行相比，网络银行突破了时空限制，使银行的营业柜台在理论上得以无限延伸，极大地拓展了金融服务的范围和领域，增加了金融服务的内容。本章从网络银行的产生和概念入手，指出了网络银行的主要特征和优势，并介绍了网络银行的个人网银、企业网银和网银衍生业务，同时，从网络银行体系的总体框架、银行交易处理系统和银行管理决策支持系统三个方面研究网络银行的体系结构。在手机银行方面，阐述了手机银行的概念、主要技术和使用方法。当然，网络银行仍处于不断发展中，随时有新业务、新技术出现，这就要求理论要及时更新以更好地指导实践。

本章习题

一、问答题

1. 简述网络银行的概念及其产生的原因。
2. 网络银行的主要特征有哪些？
3. 网络银行业务与传统银行业务相比有何优势？
4. 网络银行的主要业务有哪些？
5. 简要说明网络银行体系结构。
6. 简述网络银行的使用方法和操作流程。
7. 简述手机银行的使用方法和操作流程。

二、实践训练

实训项目：学习个人网络银行和手机银行业务。

实训目的：通过浏览各家银行网站，掌握网络银行和手机银行的使用方法。

实训步骤：

(1) 登录各商业银行网站(如中国银行、中国工商银行、中国农业银行、中国建设银行)；

(2) 注册个人网络银行，体验各商业银行的个人网络银行操作流程；

(3) 详细了解各家银行网络银行的主要业务内容，对比各家银行网络银行业务的差异；

(4) 利用个人网络银行完成个人转账汇款操作；

(5) 开通网络银行专业版，了解网络银行专业版的意义；

(6) 利用智能手机下载手机银行客户端(如中国银行、中国工商银行、中国农业银行、中国建设银行)；

(7) 注册手机网络银行，熟悉各商业银行的手机网络银行操作流程；

(8) 详细了解各商业银行手机银行的主要业务内容，对比各家银行手机银行业务的差异；

(9) 利用手机网银完成个人转账汇款操作。

第六章　网络证券与网络期货

【学习要点及目标】

- 理解网络证券的概念、特征、功能及优势。
- 掌握网络证券的发行与结算的相关知识。
- 掌握网络证券交易的流程和方法。
- 掌握移动证券的相关概念和使用方法。
- 理解网络期货的基本知识和交易方法。

【核心概念】

网络证券　网络证券发行　网络证券结算　网络证券交易　网上路演　证券行情
委托交易　移动证券　网络期货

【引导案例】

券商深度触网，互联网证券风头正劲

1. 网上开户将逐渐成为主流，引领网民进入互联网证券时代

网上开户的便捷性和安全性逐渐得到网民的普遍认同，这种模式成为引领网民进入互联网证券时代旗帜，逐渐养成用户在网上享受证券服务的习惯，使业务与证券公司自身金融生态的衔接更加紧密。随着网上开户转户的普及，证券行业内的竞争将逐渐加剧，用户选择券商的依据已经从物理距离的便捷性转移到了券商服务的专业性和高质量之中。

2. "互联网+"时代，互联网证券用户需要更多交互性和接地气的服务

随着行业的发展，除股票、基金外，互联网证券信息服务逐渐融入外汇、期货、债券、期权、融资融券、股指期货等金融产品，并开始为投资者提供数据整理、决策分析和行情交易等全方位的综合服务，业务种类和产品类型日趋增多。

3. 便捷性是互联网证券用户的最核心需求

除计算机终端外，智能手机、移动电子设备、平板电脑等终端将逐步成为证券信息服务行业的重要应用平台。未来行业内势必将涌现出更多的创新型产业，业务种类及产品终端多样化是行业的发展趋势。

4. "互联网+"时代，紧随用户需求掘金

伴随着国内居民财富逐步增加，投资理念日趋成熟。对于金融产品创新的需求逐步增加，创新性金融产品的出现将进一步触发用户需求多元化、差异化的发展趋势。用户需求

的变化将推动行业服务产品的不断创新和完善。

5. 传统券商与互联网公司展开深度合作

由于国内证券市场发展历程相对较短，虽然专业针对证券市场的互联网证券信息企业近年来发展较为迅速，且产品大都具备自身独有的技术特点和客户群体，但企业规模仍然相对有限，同时在多个细分领域内占据优势地位的企业不多。预计未来，不排除占据相对优势的企业将对行业内其他中小型企业进行并购重组，或与其他大型互联网企业展开合作，实现优势互补的可能性。

6. 抓住移动互联网发展的历史机遇向移动端进军

随着无线互联网技术、3G/4G 技术及通信网络技术的不断革新，手机等无线终端将突破移动上网速度等技术瓶颈。移动终端证券数据服务作为计算机终端证券数据服务的最佳互补，将随时随地地满足用户关于证券信息及数据的需求，不断增强用户体验，提升用户黏性和依赖度。移动终端数据服务将可能实现大规模普及和爆发式增长，是互联网证券信息服务行业极具潜力的利润增长点。

（资料来源：佚名. 2014 年互联网证券信息服务行业发展趋势预测. www.askci.com，2014.7.2；

吉人行研. 互联网证券，产业链和商业模式的创新. 吉人财富微信平台. 2015.04.13）

【案例导学】

随着我国经济的发展，证券投资已经成为百姓的一个重要投资渠道。证券交易系统经过多年的发展，交易手段也经历了很大的变化，网上证券交易成为重要交易方式。随着互联网技术的发展，网上证券交易取得了快速发展，成为券商经纪业务发展的热点，也成为我国最有发展前途的电子商务领域。通过对本章的学习，读者可以了解网上证券产生和发展的背景，明确网络证券的优势所在，知晓网络证券和移动证券的概念，了解网络证券的发行与结算的相关知识，理解网络期货的概念，掌握网络证券和网络期货的交易流程。

第一节　网络证券概述

互联网改变了传统金融业的发展步伐，证券业自然不会忽视运用互联网来达到降低运行成本、提高运行效率、获得竞争力的目的。因此，在互联网快速发展的同时，证券网上发行、网上交易和网上结算等网络证券业务也就开始运作了。

一、证券和网络证券的定义

要了解什么是网络证券，首先要知道什么是证券。

(一)证券的定义

证券是指各类记载并代表一定权利的法律凭证，它用以证明持有人有权依其所持凭证记载的内容而取得应有的权益。

证券的本质是一种交易契约或合同，该契约或合同赋予合同持有人根据该合同的规定，对合同规定的标的采取相应的行为，并获得相应收益的权利。合同的内容包括交易双方的标的物、标的物的数量和质量、交易标的价格、交易标的物的时间和地点等。

证券具备两个最基本的特征：一是法律特征，即它反映的是某种法律行为的结果，本身必须具有合法性，二是书面特征，即必须采取书面形式或与书面形式有同等效力的形式，并且必须按照特定的格式进行书写或制作，载明有关法规规定的全部必要事项。

(二)网络证券的定义

网络证券亦称网上证券，其定义有广义和狭义之分。广义的网络证券，也称为证券电子商务。网络证券包含通过网络进行证券投资的全过程，还涵盖券商经营的网络化证券发行、承销、推广，一系列投资理财服务，以及券商通过网络在证券交易所进行的报价、交易和结算过程。通常来说，证券业务包括一级市场业务、二级市场业务及其他派生业务。所谓一级市场业务，主要是指证券公司帮助拟上市的公司进行公司设立、股票发行、上市以及上市后增发新股或配股等业务。二级市场业务主要是指代理证券投资者买卖在交易所上市的证券的业务。此外，投资银行、证券公司、投资顾问公司为上市公司开展资产重组和资产并购业务，为证券投资者进行投资咨询、理财业务等，也都属于证券业务。相应地，当人们采用信息技术手段，在数字化、网络化的媒介上实现上述业务过程时，就产生了不同的证券电子商务形态。因此，广义的网络证券也就是电子商务在证券领域的应用，是指利用先进的信息技术，依托互联网、移动通信网、有线电视网等现代化的数字媒介，以在线方式开展传统证券市场上的各种业务。狭义的网络证券即网上证券交易，指投资者利用网络资源，包括因特网、移动互联网、通信数据网、局域网、专网和无线网络等手段，进行网上开户，获取证券的即时报价，在线观看证券实时行情、分析市场行情、查阅上市公司资料和其他信息、接受投资咨询服务，并通过网络委托下单实时交易买卖股票、成交和清算等证券交易的全过程。随着移动互联网的普及，目前广大投资者已经普遍通过移动设备上网进行证券交易活动，形成所谓的"移动证券"业务，这也是未来网络证券发展的方向。

二、网络证券的产生和发展

(一)国外网络证券的产生

1. 美国网络证券的发展状况

国外网上证券交易始于 20 世纪 90 年代中期，最早在美国兴起。1995 年 8 月，美国著名券商摩根士丹利添惠控股的 Discover Brokerage Direct 公司推出了世界上第一个实用的网上证券交易系统，成为世界上最早提供网上证券交易的券商。美国建立的 NASDAQ 是世界上第一家电子证券市场，隶属于 NASD(全美证券交易商协会)，目前是仅次于 NYSE(纽约证交所)的全球第二大证券市场。NASDAQ 一直走在改革的前列，利用先进计算机技术和电子技术吸纳众多的投资者和世界首席公司，全球许多高科技公司在该市场挂牌上市。NASDAQ 利用先进的行业监控系统和高水平的专家保护投资者的利益，提供公平竞争的交易环境，它让投资者找到尽可能多的交易券种，也让证券发行者为投资者提供最高的透明度，并且还可以让投资者随时随地直接进行任何券种的证券交易，大大推动了网络证券交易的发展。

纽约证交所一直保持着传统的经纪人场内证券交易方式，但由于证券交易的效率低、缺少透明度等问题，2004 年该证券交易所也改革了人工交易方式，取消原来对证券自动交易的种种限制，扩大现有自动交易系统的使用范围。伴随着全球电子商务的更进一步发展，证券交易所改革更进一步深入，传统的经纪人制度面临着更严重的挑战。

美国的网络交易快速发展的重要原因除了网络证券本身的优势外，还有一个重要的原因是美国的佣金自由化。美国于 1973 年废除了证券经纪机构的固定费率制，佣金的市场化要求证券经纪公司必须选择最经济的方式为投资者提供服务，由于网络证券交易的成本一般为传统证券交易成本的 10%，这客观上促进了美国网络证券的迅速发展。

美国网络证券交易的发展，形成了以下三种典型的网络证券交易模式。

1) E-Trade 模式

采用这种模式的证券交易公司所有的证券交易都在网络中进行，由于营业成本低，尽可能多的折扣吸引着大量的投资者。采用这种模式的主要有 E-Trade、Ameritrade 等公司，这种模式主要适用于新开业的券商。其中，E-Trade 公司首创网络下单于股市收市后的场外交易市场。

2) 嘉信理财模式

该模式能同时向投资者提供网络证券交易、电话证券交易和店面证券交易，其网络证券交易在公司整个业务中占主体地位。它主要通过技术的创新降低交易成本，进而降低服务的价格，而不会牺牲服务质量。因此，它凭借良好的服务、低廉的价格吸引了大批客户。采用这种网络证券交易模式的有以下券商。

(1) 嘉信证券。嘉信证券是网上证券交易最成功的券商之一，成立于 20 世纪 70 年代初，主要从事证券经纪业务和提供财经资讯，包括零售经纪、共同基金和独立投资经理支持服务。

(2) Fidelity Investments。Fidelity Investments 注重专业指导，其指南工具专业、详细，可为顾客提供周到的服务。

(3) Waterhouse Securities。Waterhouse Securities 主要提供具有深度的市场分析报告，能为长线投资者提供合理的价格走向，增加投资者获得回报的机会。

3) 美林模式

该模式利用公司专业化的经纪队伍与庞大的市场研究力量，为客户提供各种理财服务。

这种模式的主要特点是以现有业务为主要发展方向，网络证券交易作为现有业务的补充。以该模式作为主要代表的美林公司曾经占有美国巨大的客户市场，由于对网络证券将带来的冲击没有引起足够的重视，流失了大量的客户。

2. 欧洲网络证券的发展状况

欧洲网络证券虽然不如美国那样普及，但以英国、德国等国家为代表的网络证券交易也在迅猛发展，每年都有大幅度的增长。

3. 亚洲网络证券的发展情况

伴随着全球网络证券的发展，亚洲的日本、韩国等国家和地区的网络证券交易的发展也相当迅猛。

(二)我国网络证券的产生

网络证券由于低成本、跨越时空交易、增加市场的流动性以及能为客户提供个性化服务等优势，受到我国券商的广泛关注，各券商纷纷建设网络证券交易。1997 年 3 月，中国华融信托公司湛江营业部开办了网络证券交易业务，成为全国第一家网络证券交易营业部，随后闽发证券、国通证券、国泰君安证券、华夏证券等也纷纷推出了自己的网络证券交易系统。我国网络证券交易的发展历程，大体可以分为以下四个阶段。

1. 第一阶段：1996 年年底—1997 年年底

这一阶段，国内的互联网应用尚处于刚刚起步的阶段，部分证券公司和 IT 公司开始了最基本的合作。由于这时网络基础设施还很不完善(网络接入少、上网专线费用高等)，诸多不利条件的限制导致了只有极少数营业部为极少数用户提供在线交易服务。并且，网上交易系统所能提供的服务也很有限，一般只能提供简单的行情浏览和股票交易。

2. 第二阶段：1998 年—1999 年 5 月

这一阶段，一部分券商已经意识到网络所能带来的巨大商机，把网上交易作为发展重点，众多未开通网上交易的证券公司也纷纷投入到网上交易的竞争中来。已开通网上交易的证券公司则开始进行大规模的扩容和升级，全国证券网上交易达到前所未有的规模。

3. 第三阶段：1999 年 6 月—2000 年

随着信息技术的发展，这一阶段更注重交易数据的安全性，采用了 PKI、X.509 等标准的电子商务安全体系。部分证券公司已开始采用数字证书进行身份认证，使网上交易成为速度快、稳定性和安全性高的交易手段，为网络证券交易的进一步发展奠定了技术基础。

4. 第四阶段：2000 年至今

这一阶段是网络证券交易快速发展的时期，2000 年中国证监会出台《网上证券委托暂行管理办法》后，众多券商投入大量的人力、财力来发展网络证券交易。未开通网上交易的证券公司也纷纷投入到网上交易的竞争中来，已开通网上交易的证券公司则开始进行大规模的扩容和升级，全国证券网上交易达到前所未有的规模。2007 年 7 月，上海证券交易所固定收益电子平台正式运行，这一平台成为交易所债券市场主要的交易系统之一。该系统的推出极大程度地推进了我国国债和企业债券交易模式的变革和发展。各大券商纷纷推出自己的网络交易系统，例如，中国银河证券就推出了"海王星""双子星"和"天王星"三套具有不同特点的网上证券交易系统，为不同需求的客户提供多种可选择的网上证券交易服务系统。

(三)未来我国网络证券发展的方向

未来我国网络证券公司的发展大致可分为以下三类模式。

1. 传统券商的全面网络化发展

这是一种券商自身业务模式的蜕变，以适应网络时代的竞争需求。典型企业如美林证券，依靠自己的力量去发展一套网络体系，运营完整的网络经纪业务。这种公司的背景往往很强大，客户资源也很多，资本也很雄厚。我国证券行业的领先者国泰君安、华泰等今后有可能走这样的路线。

2. 传统券商向网络经纪商转型

券商在经营压力下，逐步向网络业务转型，对传统业务渐渐淡出，最终成为纯粹的网络经纪商。在转型完成后，随着经营的稳定，这类网络经纪商还可能向多元金融业务渗透。这种类型中比较典型的企业是嘉信理财。我国的中小券商有可能采取这样的策略，利用网络渠道专攻网络业务而放弃传统业务。

3. 外部企业向证券行业的渗透

这里所说的外部企业本身不是金融机构，但它们利用了网络发展的有利机会，涉足网络证券领域。在美国比较典型的是 E-Trade 模式，日本则是乐天证券模式。E-Trade 是给金融企业提供开发系统出身的信息服务公司，它在给证券公司提供服务的时候熟悉了整个业务流程，最后拿到牌照就彻底转型成为网络证券经纪商。我国的网络巨头们如 BAT，目前已经在悄悄试水证券业务，一旦政策放开，进军网络证券业务并不存在障碍。

三、网络证券的特征

网络证券是电子商务条件下的证券业务的创新。随着网络证券业务的不断推广，证券市场将逐渐地从"有形"的市场过渡到"无形"的市场，现在的证券交易营业大厅将会逐渐失去其原有的功能，远程终端交易、网络证券交易将会成为未来证券交易方式的主流。与传统的交易方式相比，网络证券交易具有十分明显的特征。

(一)全方位的业务服务

多品种是指网上业务涵盖网上证券发行、证券交易、资金清算等多项服务种类，网上交易的证券品种要涵盖市场上所有的证券品种，利用网络为客户提供咨询、行情、理财等多种服务手段，实现全方位、全天 24 小时不间断委托交易、咨询服务等。

(二)全覆盖的交易服务

网上证券系统通过券商业务网络的网关接口，可使用户在线访问位于全国各地的所有营业部，客户只要登录交易网站，不用考虑选择开户的营业部便可快捷地实现交易。用户只需要登录一个客户端，就可以接受券商的所有服务，实现了一体化的目标。

(三)无差异的基础服务

网上交易系统将充分体现安全、快速、便捷的委托交易功能，为网上客户提供完善、全面的行情浏览和委托手段，首先保证网上交易客户能享受到与现场客户无差异的服务(如操作界面相似、响应速度快、服务产品全)，同时还能提供网上证券委托等服务。

(四)个性化的增值服务

交易网站的基本项目是网上交易，其附加值体现在网上咨询上。网上咨询要能为客户提供以下服务：基本咨询的网络快递(投资快讯、研究报告、投资组合等)；由公司内外专家组成的投资顾问团提供每日的专家网上咨询；由开户预约、个股诊疗、预约调研和投资组合方案组成的预约服务系统；每日卫星电视股评、股评报告会、行业研究报告会，可以进行网上直播；营业部经纪人和经理的网上接待等服务；开设投资俱乐部，提供新用户注册、模拟炒股、股民学校、股市论坛等服务。

四、网络证券的功能

网络证券具有以下几个方面的功能。

(一)实时行情

网上证券交易系统提供及时清晰的实时行情、强大的图表分析功能(走势图、日/周/月等 K 线图)及自选股个性化管理功能，可以 24 小时提供深沪两市 A 股、B 股、权证及基金、债券各类证券品种实时行情、个股基本财务指标、公告信息等查询。

(二)在线交易

网上证券交易系统能够提供深沪两市各种证券品种的交易、账户查询、业务办理等各项证券投资业务功能，包括买入、卖出、撤单、各类资金股份、成交查询、密码修改等。

(三)研究资讯

网上证券交易系统提供券商研究团队动态研究观点摘要、上市公司评级、市场分析等投资咨询参考信息以及精选财经要闻、公司公告等。

五、网络证券的优势

网络证券的出现，改变了过去券商服务的基本模式，推动了证券市场的创新，使证券业从产品种类到经营模式都出现了根本性的变化，证券业的经营理念也得到了彻底改变，从过去单纯依靠地域性拓展过渡到目前的追求业务创新为主及通过提供多样性服务获取增值收入的发展方向，推动了网上经纪与全方位服务的融合。与传统证券业务经营模式相比，网上证券具有明显的优势，具体表现在以下几个方面。

(一)时空优势

传统的证券交易是投资者通过营业部的柜台下单，或通过电话进行委托，由证券营业部将交易指令传递到证券交易所，在交易所撮合成交后再通过营业部将交易结果返回给客户。

网上证券交易打破了时间和空间的限制，极大地提高了投资者选择的自由度，增加了证券市场的流动性。网上证券交易是无形的交易方式。它不需要有形的交易场所，可以利用四通八达的通信网络，把各地的投资者联系在这个无形的交易场所中。有了网上证券交易，只要有计算机及网络接口的地方都能成为投资者的投资场所，因此可以促使更多的投资者参与股票交易，并增加交易的频率，从而增加证券市场的流动性，提高证券市场的效率。互联网的普及极大地方便了那些有投资欲望但因无暇或不便前往证券营业部进行交易的投资者进行投资，使潜在客户的区域得到扩大，而且投资者在任何一个地方都可通过互联网看到股市行情，并即时下单交易。

(二)信息优势

信息优势主要体现为信息量的广泛与传播的速度。从技术角度看，每笔证券交易的准备、实施、完成直到后续处理，都是数据交换的过程。证券公司在网上发布信息和通过电子邮件发送信息，可以在极短的时间内向所有的客户传递几乎没有数量限制的信息。一般来说，证券电子商务的网络证券交易模式所提供的行情更新时间为 8～10 秒，快于其他的任何一种委托方式。通过网上设置的数据库，客户随时可以便捷地查询有关宏观经济、证券市场、板块、个股等所有信息，掌握全面的背景资料。因而，与传统的证券业务相比，证券电子商务具有速度快、信息量大、功能完备等优势，克服了传统市场上信息不充分的缺点，它使投资者可以在网上主动、及时、有效地获取和筛选相关信息，有效地提高证券市场效率，降低信息不对称程度。

(三)成本优势

对于证券公司而言，网上证券交易可以通过交易环境的虚拟化改变传统营业部所需的运营要素。网上证券交易不需要装修营业大厅的费用，不需要维持庞大的员工队伍，却可以最大限度地容纳投资者，其成本仅为开户时的网络接入费用、软件购置费用和日常维护费用，经营成本大幅度降低。据测算，在我国，一家有形网点一次性的投资至少为 1000 万～2000 万元人民币，日常运营费用每月为 25 万～80 万元人民币，而在同等条件下网上证券交易的投资只有传统营业部的 30%～50%，日常运营费用不到传统营业部的 1/4。

从投资者角度来看，网上证券交易不仅节省了前往营业部的时间成本，使投资者在任何条件下都能享受到更便利、快捷的服务，而且证券公司经营成本的降低最终可给投资者更多的让利，从而大幅降低投资者的交易成本。在美国，网上股票交易的成本为每股 0.15 美分，远远低于传统交易方式每股 1～2 美分的水平；韩国网上证券交易的手续费是交易额的 0.1%～0.5%，为传统交易方式的 1/5。

(四)交易安全优势

网上证券交易的安全系数要高于传统的交易方式。在传统的交易方式中，客户委托数据在到达证券公司交易服务器之前的传输过程中是透明可读的，只要黑客能够截获这些数据，就能够解读并获取客户的密码以及其他的交易数据等信息；而在网上证券交易中，客户的私人信息以及交易数据等都经过较长的位数加密，只有交易服务器才能正确地识别这些数据，而且随着网上证券交易手段和技术的不断完善和成熟，网上证券交易能为投资者提供非常安全的交易服务手段。同时，网上证券交易减少了证券交易的中间环节，投资者直接下单，避免了交易人员的人为失误，使操作风险大大降低。

(五)业务扩张优势

在传统证券业务经营模式下，历史的积累、规模、业务的结构和优势等成为证券公司决定竞争胜负的重要因素。开展网上证券交易以后，证券公司之间的主要差别将体现在技术支持及投资咨询服务上。证券公司提供证券信息的全面准确程度、对客户投资指导的及时性与完善程度以及在此基础上长期积累形成的证券投资咨询品牌，将成为证券公司在竞争中取胜的重要基础。

同时，券商发展证券电子商务具有成本优势，使其开发定制产品成为可能，可以满足投资者不同的信息需求，市场发展潜力巨大。因此，证券电子商务将成为券商扩大经纪业务来源，特别是中小券商扩大经纪业务和大券商进行竞争的一种强有力的手段。

美国互联网证券公司——嘉信理财借助新技术，率先实行业务经营模式的转变。在短时间内不仅一跃成为美国最大的互联网证券公司，而且在投资者的追捧下，其市值超过了赫赫有名的美林证券。为了避免客户的流失，一直排斥网上证券交易的美林证券不得不于 1999年 6 月加入了美国网上经纪竞争行列。

第二节 网络证券的发行与结算

证券发行是政府、金融机构、工商企业等以募集资金为目的向投资者出售代表一定权利的有价证券的活动。网上证券发行是指利用互联网完成证券发行的一种方式。在我国，网上证券发行是指利用上海证券交易所或深圳证券交易所的交易网络，新股发行主承销商在证券交易所挂牌销售，投资者通过证券营业部交易系统申购的发行方式。

第一次成功地进行互联网上股票直接公开发行(DPO)的是一家美国的啤酒公司。1995年，这家公司的老板绕过了投资银行和经纪公司，直接在其公司的网页上向公众发行公司的股票。3500名投资者在购买了直接发行的股票后，通过一个设在公司网页内的电子公告牌进行交易，希望进行交易的投资者将其意愿通过互联网发送到公告牌上，然后直接接触进行交易，一家独立的银行负责资金的清算和交割，公司因此避免了注册成为经纪商的需要。

2001年1月，中国证监会颁布了《关于新股发行公司通过互联网进行公司推介的通知》，标志着我国证券市场与互联网进入互动发展阶段。

一、网络证券发行的方式

目前，网络证券发行主要采取网上竞价发行、网上定价发行和网上定价市值配售三种方式。

(一)网上竞价发行

竞价发行是指由多个承销机构通过招标竞争确定证券发行价格，并在取得承销权后向投资者推销证券的发行方式，也称招标购买方式，它是国际证券界发行证券的通行做法。

在我国，网上竞价发行是指主承销商利用证券交易所的交易系统，以自己作为唯一的"卖方"，按照发行人确定的底价将公开发行股票的数量输入其在交易所的股票发行专户，投资者作为"买方"在指定时间通过交易所会员交易柜台以不低于发行底价的价格及限购数量，进行竞价认购的一种发行方式。

(二)网上定价发行

网上定价发行是指主承销商利用证券交易所的交易系统，按已确定的发行价格向投资者发售股票，投资者在指定时间内按委托买入方式进行证券申购。主承销商在"上网定价"发行前应在证券交易所设立证券发行专户和申购资金专户，申购结束后按实际到位资金由证券交易所主机确认有效申购。如果申购数量超过发行证券总数，则采取抽签原则确定中签申购用户。

(三)网上定价市值配售

市值配售是指在网上证券发行时，将发行总量中一定比例的新股向二级投资者配售。投资者根据其持有上市流通证券的市值和折算的申购限量，自愿申购新股。目前，我国规定市值配售只是网上定价发行的一部分，因而市值配售与网上定价发行应同时进行。

在我国，现阶段证券发行业务主要有网上定价发行和网上竞价发行两种。

二、网络证券发行的优势

与传统发行方式相比，网络证券发行在以下三个方面具有优势。

(1) 从提高效率的角度来说，通过互联网可以简化传统的程序，例如登广告、通过电话或邮件向潜在投资者传送信息、分发招股说明书等，因此提高了效率。

(2) 从降低费用的角度来说，由于通知和分发所有相关材料可以一步到位，其成本自然也有所降低，特别是当有关材料要进行更新或修订时，利用互联网可以省下大笔印刷费和佣金。

(3) 从增加信息传播的广度来说，由于全世界有上亿人在网上浏览，每天更有数以百万计的新加入者，他们都可以看到发行的有关信息，互联网让普通的个人投资者也有参与新股发行的机会，给所有的投资者以平等的机会来分享公司股票价值可能存在的高速增长。

三、网络证券发行的流程

网络证券发行的流程如下。

(一)网上路演

路演(Roadshow)是国际上广泛采用的证券发行推广方式，是证券发行人和投资者通过互联网进行互动交流的活动。它通过网上实时、开放、交互的交流，促进投资者与股票发行人之间的沟通和交流，以保证股票的顺利发行。路演通过推介会形式举行，公司向投资者就公司的业绩、产品、发展方向等作详细介绍，充分阐述上市公司的投资价值，让准投资者们深入了解具体情况，并回答投资者关心的问题。路演一方面可以加深投资者对发行证券企业的认知程度，了解企业的内在价值和市场定位；另一方面起到舆论监督、强化信息披露、增加新股发行透明度的作用。

网上路演(Net Roadshow)充分利用互联网的特点，使"路演"不受时间、地域的限制，更重要的是充分利用其他媒体所不能比拟的网上互动交流的方式针对投资者进行推介活动。网上路演多用于发行人或上市公司新股发行、增发新股的推介上。为了使投资者更充分地了解公司的情况，以便做出投资决策，公司在网上采用各种宣传办法，设置各种栏目来使投资者全方位地了解公司。从预定的路演时间和网站中，投资者可以同步获知公司概况、募股投向、公司产业等信息。网上路演以现场图片或网上直播的形式展现公司网上推介的实时场景，以增加现场的交流。

雷曼兄弟公司是全球第一家正式采纳网上路演的券商。1999 年 3 月，硅谷的一家网络软件公司——网络用具(Network Appliance)公司希望增发新股筹资 1.4 亿美元。当时，公司首席执行官丹·沃浩文不愿飞赴金融机构密集的美国东部去举行耗时又耗财的路演，于是向主承销商雷曼兄弟公司提出，用互联网技术手段来解决路演问题。由于网络用具公司已有股票公开交易，一批技术股投资者知悉该公司的名字，甚至也见过首席执行官，而网络用具公司达到 2.9 亿美元的年销售金额也有很强的说服力，因此，雷曼兄弟公司很愿意并正式采纳了网上路演方式。在这次路演中，投资者可以输入密码，进入相关的互联网网站，聆听网络用具公司首席执行官丹·沃浩文的演说，同时能从电脑屏幕上看到许多张解释公司运营状况的幻灯片，而且投资者还可以检索沃浩文的演说，随意截取其中一段选听或复听。在随后的 3 天内，投资者可以通过电话向网络用具公司提问，公司予以立即答复。参加网络路演和提问的投资者绝大多数都是机构投资者，他们对这一应用高科技的新颖路演方式深表满意。

在雷曼兄弟公司网上路演成功后，许多从事承销业务的券商也开始采取这一方式。他们有的以网上路演完全取代个人拜访潜在投资者的传统路演方式，有的则是网上路演和传统的个人拜访相结合。一些专业从事网上路演的互联网网站也如雨后春笋似地成长起来。

全景网络(rsc.p5w.net)是国内第一家提出网上路演创意并推出网上路演业务的公司。1999 年 8 月 24 日，全景网络的前身《证券时报》网络版策划推出为时两小时的"清华紫光新股发行网上路演"，使"清华紫光"成为国内第一家网上路演的上市公司。在那次路演开始之前，全景网络最担心的问题是没有人上网来提问，但是网页一打开，几十个问题几乎同时出现于网上，全景网站的页面阅读数一下达到了 62.6 万，点击数则达到了 315 万次，创造了全景网络成立以来的历史新高。自"清华紫光"网上路演以来，200 多家上市公司、基金公司在全景网络举行了网上路演。

2001 年年初，中国证监会对外正式发出通知："自 3 月 1 日起，新股发行公司在发行前必须以网上直播(至少包括图像直播和文字直播)方式向投资者进行公司推介。"自此，新股发行网上路演将由"选修课"变成"必修课"，成为股票发行人、承销商与投资者之间互动交流的必经桥梁。

(二)网上发行和网下发行

1. 网上发行

网上发行是利用证券交易所的交易网络，新股发行主承销商在证券交易所挂牌销售，投资者通过证券营业部交易系统申购的发行方式。个人投资者只能参加网上发行的申购。

2. 网下发行

网下发行是指在网下向询价对象询价配售，简称"网下配售"。网下发行是由机构投资者来申购的。网下发行不是给个人投资者的。网下发行中签后锁定三个月。

四、网络证券结算

网络证券结算是指证券交易成交后，需要对买卖双方应收应付的证券和价款进行核定计算，并完成证券由卖方向买方的转移和对应的资金由买方向卖方的转移。

网络证券结算包括两个层次：交易所和券商的一级结算、券商和投资者的二级结算。

(一)一级结算

在当日交易结束后，交易所和券商通过证券登记结算机构进行资金的清算与证券的交割。

证券登记结算机构的结算系统接受证券交易所全天的交易数据；结算系统对各券商申报的交易进行证券与资金结算；结算数据传送至各券商，并通过银行进行资金的清算；券商接受结算数据后，券商的结算系统再经由其内部网与各营业部完成清算；然后各营业部再与投资者进行结算，即二级结算。整个结算过程通过结算机构、证券交易所、券商和结算银行的计算机系统联网来完成。

中国证券登记结算有限责任公司依据《中华人民共和国证券法》和《中华人民共和国公司法》于 2001 年 3 月 30 日组建，是我国法定的结算机构，负责证券账户和结算账户的设立和管理、证券的存管和过户、证券和资金的清算交收及相关管理等业务。中国证券登记结算有限责任公司实行法人结算制度，即证券经营机构、银行或其他获准经营证券业务的单位，应以法人名义申请加入登记公司结算系统，成为结算系统参与人，开立结算账户后，开通资金结算业务，并与结算机构建立网络连接，形成一级结算网络。每个结算系统参与人以一个净额与中国证券登记结算有限责任公司进行资金结算。

(二)二级结算

二级结算是券商的营业部与投资者之间进行的资金结算和证券交割。

从证券登记结算机构获得一级清算结果后，结算参与人根据其客户证券交易的成交明细，清算出每个客户的应收应付证券数额和资金金额，并据此与客户进行证券和资金的二级交收。在资金交收方面，通常由结算参与人直接在投资者的资金账户中贷记或借记应收或应付的资金金额。在证券交收方面，根据证券账户和证券持有体制不同，存在两种实现模式：一种是结算参与人直接对投资人证券账户进行划入或划出应收或应付证券数额的操作；另一种是结算参与人就其与投资者之间的证券划拨事宜委托给证券登记结算机构办理，由证券登记结算机构代为维护投资者证券账户持有余额记录。

由于我国证券市场法律体系不完善、交易管理制度设计存在缺陷、证券公司法人治理结构不健全和自我守法合规意识不强等因素，一些证券公司出现了挪用或质押客户证券交易结算资金等违法违规现象，给客户造成了巨大经济损失，严重损害了证券公司的行业形象，挫伤了客户的信心。因此，证监会提出实行客户证券交易结算资金第三方存管制度，即委托存管银行按照法律法规的要求，负责客户资金的存取与交收，证券交易操作保持不变。在第三方存管模式下，证券公司只负责客户证券交易、股份管理和清算交收等。存管银行负责管理客户交易结算资金管理账户和客户交易结算资金汇总账户，向客户提供交易结算资金存取服务，并为证券公司完成与证券登记结算机构和场外交收主体之间的法人资金交收提供结算支持。

为了便于投资者管理自己的证券投资和银行存款，现阶段，我国普遍采用"银证转账"方式，即将投资者在银行开立的个人结算存款账户(或借记卡)与证券公司的资金账户建立对应关系，通过银行的电话银行、网上银行、网点自助设备和证券公司的电话、网上证券交易系统及证券公司营业部的自助设备将资金在银行和证券公司之间划转，为投资者存取款提供便利。银证转账业务是券商电子商务发展的前提和基础，银证转账业务的开展大大促进了网上证券业务的发展。

第三节　网络证券交易

网络证券交易，是指投资者利用互联网网络资源，获取国内外各交易所的即时报价，查找国际国内各类与投资者相关的经济金融信息，分析市场行情，并通过互联网进行网上的开户、委托、支付、交割和清算等证券交易的全过程。

一、网络证券交易的步骤

网络证券交易是指投资者通过互联网来进行证券买卖的一种方式，为股民提供网上股票交易的实际环境，使得股民通过互联网方便快捷地进行在线交易、管理及其行情查询等操作。其业务涵盖股票买卖、行情查询、银证转账、账户余额查询、开户、销户、密码修改等方面。网络证券交易与传统的证券交易的程序是一样的，只是实现交易的手段不同而已，原来需要投资者在交易所办理的手续，现在大部分或全部都可以通过网络进行。因此，依照传统证券交易的步骤，网络证券交易也包括登记开户、委托交易、交易撮合和清算交割四个步骤。

(一)登记开户

目前证券商已经能够支持客户在互联网上进行开户。投资者将自己的电脑连接到开户站点后，即可直接在网上登记和开户，在家中即可加入证券交易者的行列。

(二)委托交易

目前我国投资者在网上进行委托交易的方式有两种：一种是安装并运行网上证券交易

软件,然后上网委托交易;另一种是直接登录证券交易网站进行委托交易。

(三)交易撮合

我国沪深二市均采用电脑撮合交易方式。在该方式下,买卖申报经交易所电脑主机接受后,按证券价格、时间排列,自股市开市时按"价格优先、时间优先"原则撮合成交。

(四)清算交割

清算与交割都分为证券和价款两项。证券登记结算机构与证券经营机构之间的清算交割通过计算机网络进行。投资者的证券往往由证券经营机构自动划转。

二、网络证券交易的模式

目前我国网络证券交易模式主要有以下几种。

(一)客户—ISP 网站—营业部—证券交易所模式

证券营业部通过网络服务商(ISP)的网站和互联网连接起来,客户从 ISP 的网站获取实时的股市行情和信息通过营业部下单、查询及获取成交回报。目前充当 ISP 的商家有电信局、有线电视台及其他一些专业的互联网站服务商。

(二)客户—营业部网站—证券交易所模式

证券营业部直接和互联网连接起来,客户从网上直接通过营业部的网站下单及查询,还可以接收实时的股市行情、成交回报和信息等。通过这种网上交易方式,券商可以直接在网站上为客户提供各种特色服务,如股市模拟操作、国内外宏观信息报道、本公司证券分析师对市场行情的分析等。这种模式投资较大,但易于管理,形象鲜明,可以提供客户要求的信息服务,有利于创立公司在网上交易领域的品牌。

(三)券商—财经网站模式

采用这种模式,由财经网站将相关信息服务移植到证券公司营业部的内联网系统上,实际上为证券商解决了主动信息服务的难题。财经网站不用向投资者收取任何费用,但由于帮助证券商提高了服务水准,就可以向证券商收取一定的服务费用。例如,2000 年国泰君安与财经网站"金网一百"的合作,就是最早的券商与财经网站合作的典型。国泰君安是国内最大的综合类证券公司之一,拥有遍布全国的 118 家营业部,深圳、上海、北京等数十家营业部的客户可通过"国泰君安网上交易"网站进行证券交易、资金转账和信息查询。"金网一百"为其所有营业部进行系统改造,向其所有客户终端提供综合信息服务。这种模式与第一种模式的区别在于,交易直接在浏览器进行,客户无须下载和安装行情分析软件或安全系统,对用户而言更加便捷。在这种模式下,交易指令是通过财经网站再转发到达证券营业部服务器的。

(四)移动交易模式

移动交易模式是指通过手机、iPad 等移动通信工具，依托电信服务商提供的无线上网服务进行证券的交易。目前，4G 模式的应用正在大规模扩展，其方便的应用特点，成为现代人青睐的网上证券交易通道，于是有"移动证券"的说法。移动交易是通过基于移动通信网的数据传输功能，来实现用手机进行证券行情信息查询和证券交易，使普通手机成为综合性的证券交易。只要手机或其他移动通信工具在 GSM/CDMA/3G/4G 网络覆盖的范围内，信号良好，就能够进行查看行情、交易证券，甚至资金转账。移动证券不受地域的影响，真正做到了随时随地地炒股票。

三、网络证券交易流程

网络证券交易流程如图 6-1 所示。

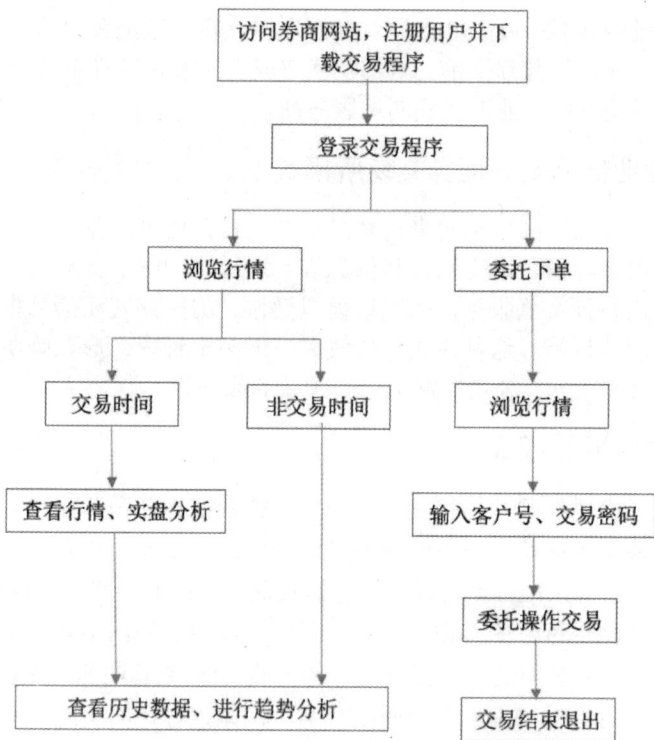

图 6-1　网络证券交易流程

投资者进行网上证券交易一般分为三个步骤：开通网上证券交易账户、下载和安装客户端软件和网上委托交易。

(一)开通网上证券交易账户

和传统的证券交易方式一样，在国内投资者若需要进行网上证券交易，除需要依次开立上海、深圳个人股东账户卡和某家证券公司资金账户(交易账户)外，还需要在该家证券公司营业部办理网上证券交易账户的开通手续，并和证券公司签订网上证券交易委托协议，之后，证券公司的工作人员就会为投资者开通网上证券交易账户。目前，在国内，一些大型券商提供网上预约开户服务和网上自助开户服务。

为了使投资者有效地管理证券保证金账户，还需要办理第三方存管业务，选择一家银行开立储蓄账户，并申请为银证转账账户，投资者就可以把自己的资金在保证金账户和储蓄账户之间随意地转移了。图 6-2 所示是中信证券(http://www.cs.ecitic.com)的官网首页。

图 6-2 中信证券官网首页

(二)下载和安装客户端软件

投资者进行网上证券交易委托，通常可以选择 Web 浏览器方式或者使用专用软件。Web 浏览器方式是指投资者通过互联网，登录证券公司交易网站，输入用户名、密码，选择相应的营业网点，经验证通过后就可以进行账户信息查询、证券买卖等操作。

如果投资者选择使用专用软件进行交易委托，则需要在自己的电脑中安装客户端交易软件，如中信证券使用的"至信全能版""至胜全能版"等软件。投资者还可以使用市场上通用的第三方软件，如"同花顺""大智慧"等。图 6-3 所示是中信证券网络交易软件下载页面。

图 6-3　中信证券网络交易软件下载页面

交易软件下载并安装完成后，还要做一些设置，如选择交易服务器地址、端口信息等，这些配置信息在营业部开户时可以获得。另外，为了保证交易安全，还需要对系统做一些安全方面的设置，如 IE 浏览器的安全级别设置。

(三)网上委托交易

无论是 Web 界面的交易方式，还是专用软件，一般都是通过菜单方式提供证券买卖、成交查询、历史记录查询、修改密码等功能，以方便投资者进行交易和管理。当投资者选择了买入或卖出后，系统就通过 TCP/IP 协议将投资者的需求及买卖证券委托及时准确地传递给证券交易所的撮合子系统并及时得到确认和成交回报。

四、网络证券交易系统

下面以中信证券网络证券交易系统为例，向读者演示网络证券交易的过程。

(一)登录系统

双击交易软件快捷方式，进入登录界面，单击"行情+交易"按钮，输入"客户号码"和"交易密码"，单击"登录"按钮，如图 6-4 所示。

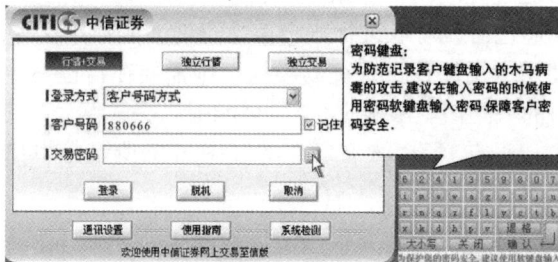

图 6-4　登录界面

(二)界面介绍

登录系统后，系统默认界面如图 6-5 所示，行情、资讯和交易界面均集成在同一个界面上，方便快捷。

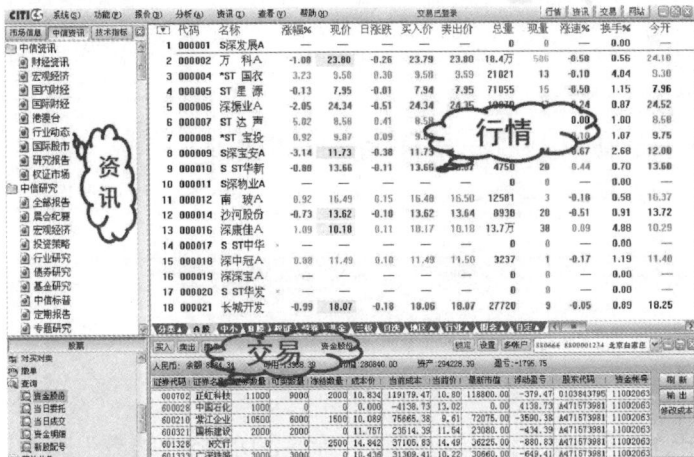

图 6-5　系统界面

进入个股行情浏览，直接输入个股代码或个股名称拼音首字母，界面会自动弹出股票名称的提示信息，按 Enter 键确认并执行操作，从各类行情报价显示牌中选定个股，然后按 Enter 键循环切换显示个股分时走势图(如图 6-6 所示)、K 线图(如图 6-7 所示)、行情列表。

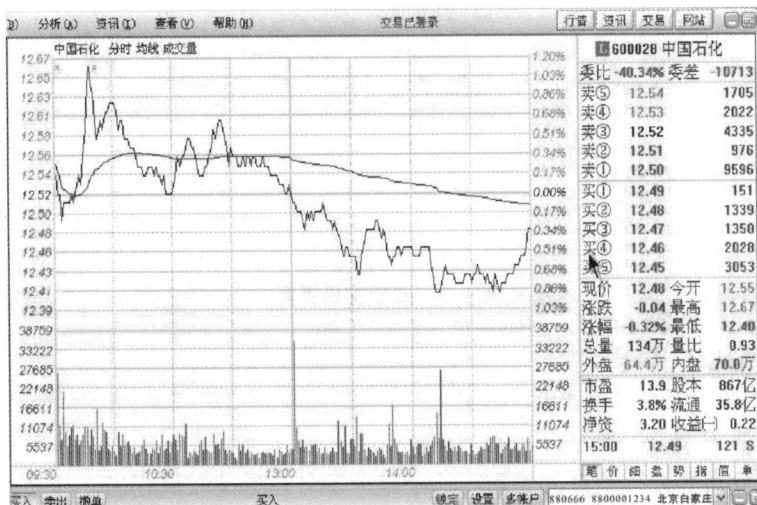

图 6-6　分时走势图

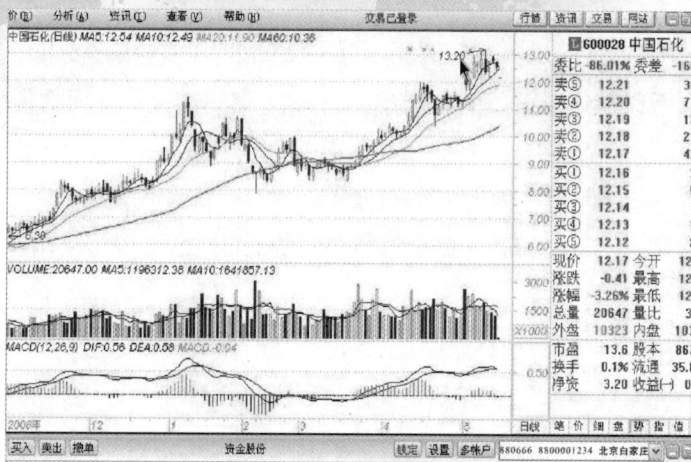

图 6-7　K 线图

(三)买卖交易

买卖股票(主板)的操作如下：单击"股票"标签，切换至"股票"选项卡，选择"卖出"选项，在右侧的"卖出"选项卡中输入"证券代码""卖出价格""卖出数量"(最少 100 股，卖出数量为 100 的整数倍)，如图 6-8 所示。

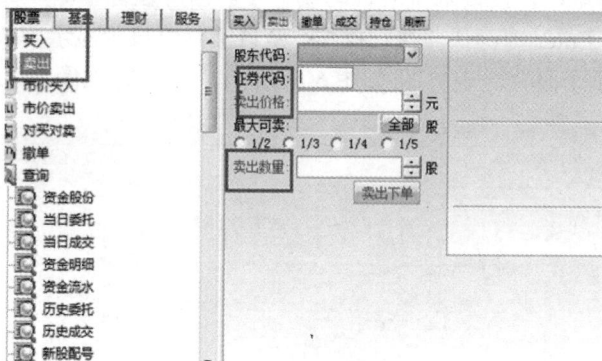

图 6-8　买卖交易界面

五、移动证券

随着无线通信技术的发展，人们不再满足于在固定地点上网，而是希望随时随地、不受空间限制地获得和处理需要的信息，移动电子商务也因此发展起来。移动证券已成为近几年证券业快速发展的重要业务之一。

(一)移动证券概述

移动证券是指客户通过手机或其他具备无线数据通信能力的移动设备，经无线公众网络获取证券公司提供的行情信息、资讯信息服务或进行交易、转账、查询等证券自助业务。由于主要通过手机这种形式炒股，故俗称"手机炒股"。

移动证券实现了移动与证券的全面整合，构建了一个跨行业横向发展的新平台。在这项业务中，证券服务的信息内容提供商利用移动运营商无线网络，使每一位客户手中的移动电话都变为能够迅速"接收证券行情、进行证券交易、查看证券资讯"的终端机，不仅让客户享受到与证券交易所、电话委托或网上委托完全等同的投资、交易权益，而且利用手机随时、随地、随身的特性，使投资者能够真正突破时空限制，实现移动自由投资。

移动证券平台是基于当今最通用的移动通信技术(GPRS、KJava、IVR 等)，利用移动网络运营商的 GPRS/CDMA 网络而研发的无线手机炒股方式。移动证券平台可通过手机终端提供实时行情、各种报价信息、分时走势图、K 线图，以及排名齐全、个性化的证券资讯，涵盖了证券行情、证券咨询、证券交易等几乎所有证券业务。

目前主流的移动证券平台主要可分为 WAP 方式和客户端软件方式两种。

1. WAP 方式

WAP 方式是指直接登录 WAP 网站进行相关证券业务操作的方式，提供了通过手机访问互联网的途径。只要拥有一个支持 WAP 的手机，就可以随时随地随身地访问互联网。只要登录相应的 WAP 网站，就可以进行行情查询和交易等操作，该方式在速度和安全性方面都稍逊于客户端软件方式。

2. 客户端软件方式

客户端软件方式是指客户借助智能手机操作系统(如 IOS、Android 系统)在相应网站上下载和安装手机炒股软件进行有关证券交易操作，包括行情查询、账户管理和委托交易等。相比较 WAP 方式，通过登录软件进行操作，网络速度快，操作方便，具有更高的安全性。目前，针对不同的手机操作系统，多个移动服务商、证券商和证券服务网都开发了不同的用户客户端，现在大部分客户端都以 APP 模式提供，智能手机下载后自动安装，点击手机上的图标即可使用。例如，同花顺网站推出的手机客户端软件就包括了 iPhone、Android、Win8 等系统的版本。图 6-9 所示为中信证券移动证券客户端界面。

(二)我国移动证券业务的发展

我国移动证券发展始于 1999 年，伴随着手机通信技术的快速发展，我国"手机证券"或"手机炒股"业务随即兴起，由中国移动、中国联通各地分公司与证券公司、技术公司合作，共同推出证券交易和资讯等功能。例如，赢时通公司在 2000 年基于 STK 和 WAP 技术，与多家省级移动电信公司签署合作协议，推出移动证券业务系统，提供证券交易的委托交易、撤单、银证转账、持仓股评等证券交易业务功能，行情查询、证券资讯、资讯广播、大众娱乐、客户服务等多种信息服务功能。但是从整体上看，当时该业务本身存在界面不直观、安全稳定性差、基于 GSM 网络的 WAP 速度慢，并且按时间计费等诸多不合理因素，使用人群不多，甚至很多股民在开通后又停用了该业务。

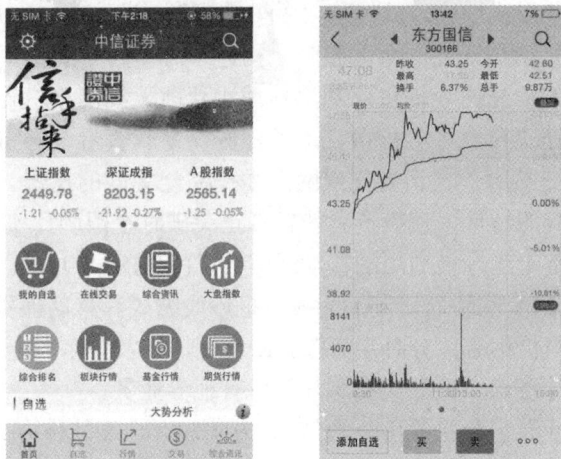

图 6-9　中信证券移动证券客户端界面

2002 年，中国移动率先和证券公司在手机证券方面进行合作，推出"移动证券"业务，通过短信、彩信 WAP、客户端等多种承载方式，提供交易和资讯等功能，并对软件和业务进行不断提升。中国联通作为当时两大移动运营商之一，也积极推广移动证券业务发展。

2007 年 7 月，中国移动推出可在支持 KJava 的手机上使用的"移动证券"业务，操作界面采用证券市场最常见的仿"钱龙"界面，全面支持 A、B 股，行情界面亲切，主菜单分成"实时行情、在线交易、股市资讯通、系统帮助、通知公告"，上手速度快，查询便利。

2009 年 3 月，中国移动推出新的移动证券软件，宣布支持多款手机，包括基于 KJava、Symbian、Windows Mobile、Palm 等平台的手机终端；同时支持多券商交易，用户可以选择指定交易的券商，进行在线证券交易。这款手机客户端基于自身优势推出全新业务，通过无线网络平台为中国移动用户提供全新模式的证券应用服务，内容包括：实时行情、在线交易，以及专业的股市资讯，方便用户随时随地把握证券市场脉搏。中国移动要求用户开通 GPRS 功能，下载安装"手机证券"手机客户端即可使用。

2010—2011 年，大智慧在中国移动手机证券业务新运营支撑方项目招标活动中成功中标。2012 年 11 月，中国移动与上海大智慧股份有限公司联合打造的手机证券大智慧版产品在北京正式对外发布。手机证券大智慧版具有股票快速行情、主力资金流向、买卖决策、机构报告，更有实时港股、外汇、黄金等全市场数据。基于移动终端的证券服务，客户可通过客户端方式，获得实时、准确、安全的证券市场行情、资讯、交易、模拟炒股等各类服务的移动增值业务。

2003 年 12 月，中国联通和中国银河证券正式宣布推出基于 CDMAIX 的"联通—银河天王星"业务，开通了基于 WAP 的"银河资讯"服务。股民使用"钻石版"软件可以随时随地上网，实现股票的实时买卖交易，查询大盘和个股的走势、行情、K 线图等。用户可以选择掌上股市短信版、行情版和交易版三种方式查询沪深股市股票的即时行情信息，但是在线交易主要还是通过交易版进行。2010 年，中国联通举办了"沃商务胜券在握"证券行业 3G 业务应用研讨会，为证券行业信息化和 3G 行业应用提出了丰富的解决方案。中国联通结合证券行业对通信服务的实时性、安全性等要求，依托覆盖全国、通达世界的宽带光纤网络，以及 WCDMA 3G 网络精心设计了移动办公、3G 手机炒股等移动证券专业解决方案，并组建了集团、省级分公司和地市分公司三位一体的跨部门专业服务团队，试图为证券行业提供全方位、一揽子服务。

(三)我国移动证券业务的功能

目前，我国移动证券业务的功能主要有移动通信运营商主导运营、IT 开发商主导运营和证券公司自主运营三种模式，前两种模式发展得较早较快。随着 4G 通信技术与智能手机的快速发展，我国移动证券已经可能成为新的重要的交易通道。移动证券具有以下基本功能。

(1) 实时行情。提供实时行情信息、强大的图表分析功能(走势图、日/周/月等 K 线图)，同时提供自选股等个性化管理功能，操作简便。

(2) 股市资讯。汇聚名家策略、要闻分析、热点透视、潜力股推荐、投资组合等权威资讯，为用户提供及时、全面、权威的财经资讯、个股点评、大盘分析，与知名专家实时互动交流。

(3) 在线交易。通过手机进行深沪两市各种证券品种的交易、查询、转账等各项业务，操作简便，兼容性强。

(4) 传递金融信息。短信服务平台具有信息批量处理功能，可在最短时间内将重要信息安全地传递给客户。

(5) 资料查询。为证券公司提供各种服务，供客户和新的准客户进行信息查询。

(6) 信息发布宣传。该平台可以使信息完全由系统自动发送，向老的客户推荐新的服务内容。

(7) 证券知识宣传。根据股民的个人情况有针对性地进行股票知识宣传。

第四节　网络期货

随着互联网和信息技术的发展，国际期货市场发生了翻天覆地的变化，全球各大期货交易所纷纷摒弃传统的交易方式，发展电子期货交易，并由此促进了全球期货交易网络的形成。电子交易的广泛应用及网上交易的开展预示着全球期货网络化时代的到来。

一、网络期货的基本知识

(一)期货的概念

所谓期货，一般指期货合约，是指由期货交易所统一制定的，规定在将来某一特定的时间和地点交割一定数量和质量的实物商品或金融商品的标准化合约。

(二)期货的种类

期货大致可以分为两大类，商品期货与金融期货。商品期货中主要品种可以分为农产品期货、金属期货(包括基础金属与贵金属期货)、能源化工期货三大类；金融期货中主要品种可以分为外汇期货、利率期货(包括中长期债券期货和短期利率期货)股指期货和股票期货，如图 6-10 所示。

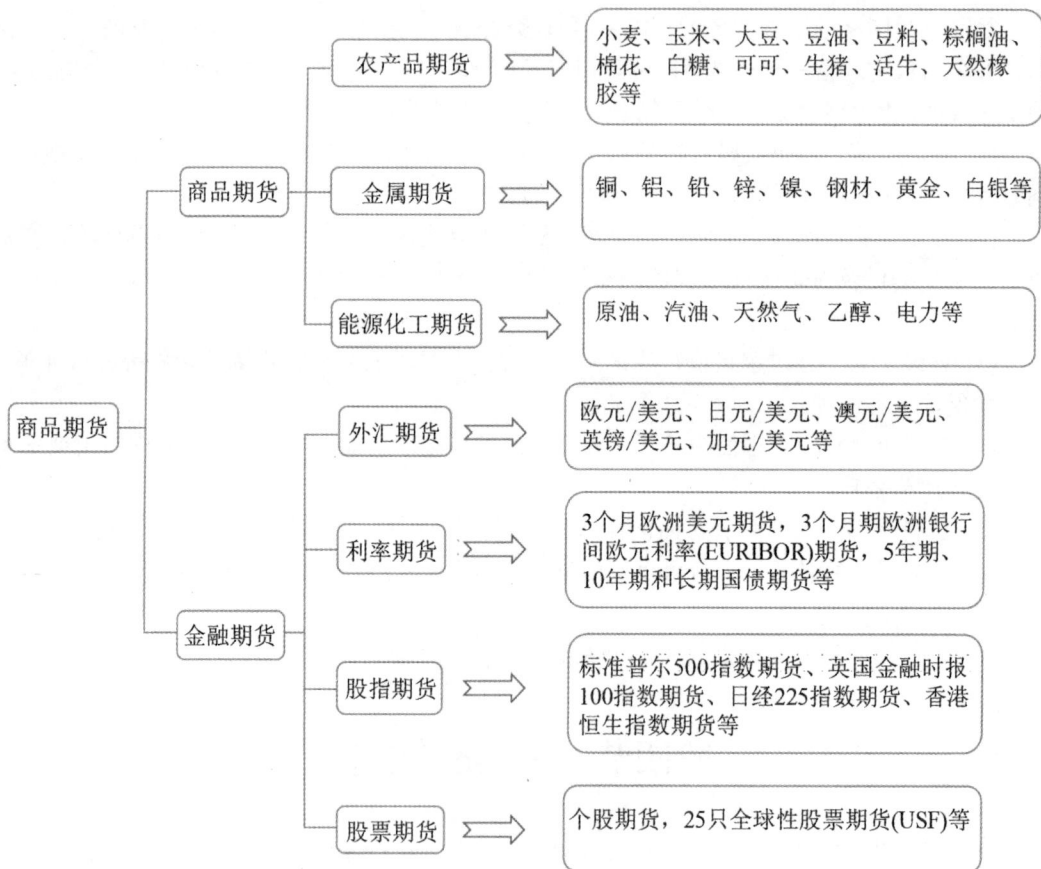

	农产品期货 ⇒	小麦、玉米、大豆、豆油、豆粕、棕榈油、棉花、白糖、可可、生猪、活牛、天然橡胶等
商品期货	金属期货 ⇒	铜、铝、铅、锌、镍、钢材、黄金、白银等
	能源化工期货 ⇒	原油、汽油、天然气、乙醇、电力等
	外汇期货 ⇒	欧元/美元、日元/美元、澳元/美元、英镑/美元、加元/美元等
商品期货	利率期货 ⇒	3个月欧洲美元期货，3个月期欧洲银行间欧元利率(EURIBOR)期货，5年期、10年期和长期国债期货等
金融期货	股指期货 ⇒	标准普尔500指数期货、英国金融时报100指数期货、日经225指数期货、香港恒生指数期货等
	股票期货 ⇒	个股期货，25只全球性股票期货(USF)等

图 6-10　期货的分类

(三)网络期货

网络期货是一个新兴的事物,最早起源于20世纪90年代初的美国,而我国则是在1999年底至2000年初才开始发展。目前,学术界对网络期货还没有一个确切的定义。本书认为,网络期货是指投资者在互联网上进行的各种期货交易活动的总称。网络期货交易主要是指各种期货的网络交易,包括商品期货、股指期货、利率期货、货币期货等。

随着网络和通信技术的发展,期货市场的竞争越来越激烈。为了在竞争中获得更多的客户资源,期货经纪公司充分利用互联网和期货交易系统为投资者提供尽可能多的期货交易所的及时报价、金融信息、市场行情等服务。目前,期货交易的委托、成交和清算等过程,投资者都可以在互联网上进行,网络期货交易极大地便利了投资者,降低了交易成本。

二、网络期货的功能

金融期货市场具有独特的经济功能,是现代市场经济不可缺少的组成部分,在市场经济运行过程中发挥着重要的作用,具体表现在以下两个方面。

(一)价格发现

期货价格是参与期货交易的买卖双方对未来某一时间的商品价格的预期。期货市场遵循公开、公平、公正的"三公"原则。交易指令在高度组织化的期货交易所内撮合成交,所有期货合约的买卖都必须在期货交易所内公开竞价进行,不允许进行场外交易。同时,期货交易的参与者众多,而且他们大都熟悉某种商品行情,具有丰富的经营知识、广泛的信息渠道及一套科学的分析、预测方法,能把各自的信息、经验和方法带到市场上来,对商品供需和价格走势进行判断、分析、预测,报出自己的理想价格,与众多对手竞争。这样形成的期货价格实际上就反映了大多数人的预测,具有权威性,能够比较真实地代表供求变动趋势,对生产经营者有较强的指导作用,有助于价格的形成。

(二)套期保值

在金融市场中,投资者常常会面临不同的风险,如利率、汇率和证券价格的变化所引起的资产损失风险。有了期货交易后,投资者在现货市场上买进或卖出一定数量现货商品的同时,可以在期货市场上卖出或买进与现货品种相同、数量相当但方向相反的期货商品(期货合约),以一个市场的盈利来弥补另一个市场的亏损,达到套期保值、规避价格风险的目的。

三、网络期货市场与网络证券市场的基本区别

网络期货市场是买卖期货合约的市场,而期货合约在本质上是未来商品的代表符号,

因而网络期货市场与商品市场有着内在的联系。但就实物商品买卖转化成合约买卖这一点而言，期货合约在外部形态上表现为相关商品的有价证券，这一点与网络证券市场却有相似之处。证券市场上流通的股票、债券，可以说是股份有限公司所有权的标准化合同和债券发行者的债权债务标准化合同。人们买卖的股票、债券和期货合约，都是一种投资凭证。但是，网络期货市场与网络证券市场有以下几个方面的重要区别，如表 6-1 所示。

表 6-1　网络期货市场与网络证券市场的基本区别

项　目	网络期货市场	网络证券市场
交易目的	规避风险、套期保值	为企业提供融资渠道
交易对象	期货合约	上市公司股票
标的物	大宗商品、金融产品	上市公司
占用资金	只需标的物价值 5%～10%的保证金	需占用股票价值 100%的资金
交易特点	有做空机制和 T+0 机制	没有做空机制和 T+0 机制(中国)
风险特征	市场风险大	相对风险较小
交易机会	市场机会多	市场机会相对较少
价格决定因素	合约标的市场供求情况	经济周期和上市公司业绩
持有时间	合约到期日	上市公司终止，股票退市

四、网络期货交易

(一)网络期货交易的发展

国际期货市场在世界工业经济发展阶段应运而生。20 世纪 70 年代，随着金属期货的创新和新型市场对期货交易需求的迅速增长，期货交易蓬勃发展。20 世纪 90 年代以来，随着数字化和网络化的信息革命在全球范围内的普及，涌现出很多网络期货商，他们向机构投资者和个人投资者提供实时行情和网络期货交易服务。网络期货交易在英国、瑞典等西方国家尤其突出，传统交易的地域和时间的局限性不复存在。网络期货交易的发展主要表现在三个方面。

第一，从传统会员制的方式转向以计算机网络为依托的网络终端的方式。电子交易方式与传统的交易方式相比，降低了交易成本。然而，针对电子交易方式将完全取代传统交易方式的说法，也有人持反对意见，他们认为电子交易不能够反映交易情况，而且对于电子技术对市场变化的应对能力也表示了质疑。事实上，电子交易机制在使参与者的范围最大化的同时，还可以使交易成本最小化，因此电子交易方式最终将可能完全取代传统的期货交易方式。

第二，从区域性市场转向集中网络化的全球性市场。近几年，网络期货为了适应全球化市场的需要，正在寻求建立竞争的网络化市场。其主要的做法大体可分为两种：一种是国际上主要的大型交易所建立跨地域的战略联盟，实现交易所会员共享和交叉保证金的制度，从而实现 24 小时全球化不间断交易；另一种做法就是统一交易软件平台和结算系统，形成区域化联网的交易中心，进而在其他国家和地区实现远程终端，形成全球化的网络。无论采取何种方式，这种全球网络化的进程都是不可阻挡的。

第三，从传统单一市场的交易转向网络化的市场融合交易。经过十多年的发展，国际上期货交易所的联合已经成为越来越明显的发展趋势，除了期货交易所之间的合作，这种融合还反映在期货交易所与现货市场之间，以及期货交易所和证券交易所之间。这种融合方式的出现，是由于世界经济变化导致的，它适应了各种类型投资者的需求，随着电子交易系统的广泛应用，交易所的流动性和竞争力将得到进一步的增强。

我国的期货市场由中国证监会、期货交易所、期货经纪公司、期货兼营机构、套期保值者和投机商构成。国际上的期货市场是与股票市场、外汇市场并存的三大金融交易体系。期货市场为现货商提供了一个保值和购货的场所，可以有效回避价格风险，同时又为投资者提供了一个投资获利的渠道。目前国内只有农产品期货和金属期货两类交易种类，分别在上海期货交易所、大连商品交易所和郑州商品交易所交易，而各个网站则构成了网络期货交易市场。

(二)网络期货交易的优势

随着互联网的迅速兴起，以及网络在期货市场上的应用，期货交易所正逐步成为全球范围的联网交易所。国际期货市场的网络化已极大地提高了市场效率，降低了交易成本，增加了竞争的实力，扩大了市场的占有率。与传统的期货交易相比，网络期货交易的优势主要体现在以下五个方面。

第一，交易成本的低廉性。使用电子交易方式，可以减少人工处理的程序，同时随着网络的发展，网络交易的可变成本也将逐步趋于稳定，交易成本大规模降低，投资者就不必担心在期货市场上付出更多的代价。如果采用联网交易，在网络资源和统筹方面，可以在增加效益的同时，极大地降低成本。交易成本的降低将鼓励所有相关产品的生产加工商和消费者使用新的低成本风险转移工具，从而促使相关企业和个人更有效地使用现货市场交易。

第二，开放的交易系统有利于流动性的改善。从市场操作角度来说，流动性问题是一直困扰我国期货交易所的问题。然而，通过互联网将各地的投资者聚集在无形的市场之中，并针对我国地域和经济分布的状况，建立和发展统一的交易软件平台和结算系统规范，形成全球联网的交易是改善流动性的一个重要举措。

第三，个性化信息服务增加了投资的透明度。参与交易的投资者可以通过网络获得更及时、更全面、更充足的个性化信息服务。公司也通过网页和电子邮件在极短的时间内向所有客户传递几乎没有数量限制的信息。联网交易极大地增加了市场的透明度，通过向所有的投资者提供报价及其相关市场方面的背景信息，投资者可以随时查阅交易的历史记录。同时，网络期货交易也是一种全新的交易手段，网上管理和交易可以强化期货交易中的风险管理，减少传统的营业环节，降低营运风险。

第四，技术先进，出错率低，交易安全。由于网络交易是运用最新电子商务技术的电子化交易，没有时间和地域的差异，因而所有的投资者都能够快速、准确、方便地传递交易要求，并按照时间优先、价格优先的方式进行。同时网络交易也便于进行集中监管和稽查，有助于提高整个经纪公司的管理水平，加强公司的风险监控能力。另外，在整个交易过程中减少了很多容易造成失误的人工环节，因而降低了出错率。

第五，在激烈的竞争中处于有利地位。信息技术的发展使客户逐步减少对经纪人和经纪公司的使用，而利用技术手段向交易所直接传送交易指令，通过结算所直接划拨保证金、自行交易结算，这种无中介交易将传统交易所的交易客户逐渐吸引到网络期货交易中去。随着期货市场竞争的日益加剧，期货市场的国际化趋势日渐增强，可以说，谁首先占领了网络期货交易的制高点，谁就在竞争中处于有利的地位。

(三)网络期货交易对期货市场的影响

网络期货交易对期货市场的影响主要表现在以下几个方面。

第一，期货公司和期货交易所的地位面临严峻挑战。电子化交易将使期货交易所的物理规模进一步缩小，柜台和大户室将消失，投资者的开户和资金出入都将由和公司合作的网上银行来完成。客户将在家中或自己的办公室的电脑上获得实时行情、信息、投资顾问，还可以进行买卖和撤单委托。实时价格信息一直是期货交易所重要的收入来源之一，网络的出现改变了这一事实。网上交易已经威胁着传统交易所的生存，将交易所由会员制非营利机构改为纯营利机构并谋求上市，已成为一种潮流。

第二，期货市场的国际竞争更加激烈。在传统的经纪业务中，各国期货公司在国内业务中具有地缘优势，与国外期货公司的竞争不是那么激烈和残酷。期货网络交易的出现超越了地域和国家之间的界限，所有区域性市场连成为一个整体，无形化的、全国性的乃至全球性的期货大市场逐渐形成，投资者的空间障碍被彻底消除，能够低成本地进行跨国或跨区期货投资。因此，期货公司的地缘优势丧失殆尽，投资者可以不受地域限制自由地选择自己信赖的期货公司，期货交易的地域化色彩将被淡化。

第三，期货公司的研发部门地位凸显。期货公司的竞争优势主要来源于融资能力、业务能力、为客户提供服务的水平、研究开发能力、人力资源管理能力等。在传统交易制度下，期货公司的核心竞争力主要集中于融资能力和业务能力，研究开发能力处于相对次要的位置。但在网上交易占主导地位和经纪佣金自由化条件下，网络期货公司能以非常低廉的价格为客户提供相同的服务。随着竞争的加剧，竞争战略从低成本、低价格转向高服务水平，这就要求期货公司信息咨询的服务功能必须在质上有所飞跃。因此，高质量的研究成果和信息资料无疑成为经纪业务中争夺客户的主要手段。与此相应，研究开发部门将一改过去的附属地位，成为公司的核心部门。

第四，期货市场的效率受到影响。在传统的期货市场上，信息不完全和不对称助长了期货交易中的投机成分，具有信息资源优势的人往往利用本身优势操纵市场，或进行内幕交易牟取利益，使期货市场资源配置功能大打折扣。而期货网络交易的出现，能极大地提高市场信息流通速度，消除各期货市场参与者之间在获得实时行情信息、发送买卖指令之间的差别，增强信息传递的及时性。为了在竞争中保持优势，期货公司也将主要精力投入于市场分析，从而有利于提高所传播信息的真实性和可靠性。投资者因此更容易获得证券、期货市场和上市公司的历史数据、内部信息等，从而提高市场的透明度。此外，网上交易增加了期货市场的交易量，交易量的增加导致市场流动性增强，从而提高市场效率。

五、网络期货交易系统

随着网络期货市场的发展，投资者正逐渐由原来的盲目交易转向理性投资，由被动的跟盘转向由交易系统来指导交易。期货交易系统对于投资者来说是一项重要的交易工具，投资者可以利用它来获取国内各期货市场的行情数据及和期货市场有关的新闻、资料、评论等。目前国内主流的期货交易系统有博易大师、金牛趋势期货软件系统等，下面我们以"博易大师"为例来对期货系统的操作做一个简单的介绍。

(一)软件下载与安装

(1) 通用版博易大师的安装文件可在博易大师官网(http://www.pobo.net.cn)页面上下载，单击"产品中心"超链接，进入软件下载页面，选择"博易大师"进行下载，如图 6-11 所示。

(2) 下载完"博易大师"软件，双击下载之后的安装文件即可进行安装。

(二)软件启动与登录

安装完成后桌面上会出现"博易大师"图标，双击此图标即可启动"博易大师"期货软件，弹出登录界面，如图 6-12 所示。

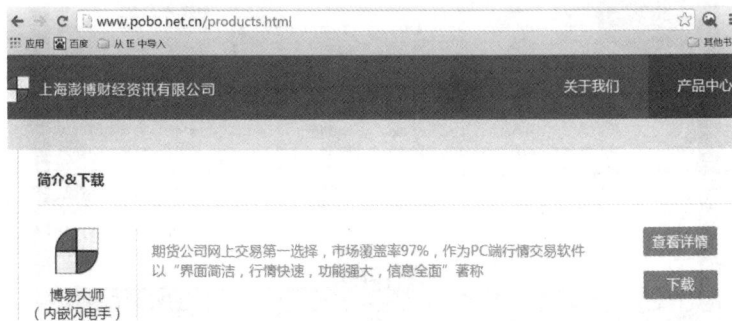

图 6-11 下载"博易大师"期货软件

图 6-12 "博易大师"期货软件登录界面

(1) 首次登录时会弹出服务器测速窗口，测速需要 8 秒钟左右，系统会自动选择最优的行情服务器。测速完成后，单击"确定"按钮返回登录界面。服务器测速频率为 10 天一次，除此之外登录软件无须测速可直接登录。如需查看与行情服务器的通信情况，可单击登录界面右上角的"配置"按钮，选择"测速"选项，软件会自动选取速度最快的服务器。

(2) 在登录界面输入登录名和密码，单击"登录"按钮。如果选中"记住登录名和密码"复选框，则在下次登录时不用再输入登录名和密码。

(三)界面介绍

1. 系统界面

在默认情况下，客户登录软件后的起始页是上海期货交易所的报价界面，如图 6-13 所示。菜单栏由左向右依次为："系统""页面""板块""新闻""特色功能""澎博专栏"(客户定制版面为"××期货专栏")"交易""工具"及"帮助"。右端还有"交易"和"心连心"两个按钮，单击"交易"按钮后可打开闪电手登录界面，单击"心连心"按钮可打开澎博论坛。

图 6-13 系统界面

工具栏中的按钮由左向右依次为：←后退(同 Esc 键)、⌂起始页、▣新闻(同 F9)、▣背景资料(同 F10 键)、⟳数据刷新、⊕放大、⊖缩小(K 线图状态下为放大缩小，分时图状态下为历史回忆)、▤显示风格(在黑色背景和白色背景之间切换)、✎画线工具(同 Alt+F12 组合键)、⚑预警设置、▣报价(回到当前查看品种所属板块报价界面)、▣走势图(所选品种分时走势图)、▣闪电图(分笔成交线图)、日日(K 线图)、周周、月月、季季、X X(任意天)、1 1(分钟)、3 3、5 5、15 15、30 30、60 60、2hr 2hr(小时)、4hr 4hr、Y Y(任意分钟)。

2. 分时走势图

期货品种分时走势图中黄线为均价线，即当日开盘至这一分钟加权平均价的连线。对于 IF 品种沪深 300 指数，在当月合约交割当天(合约到期月份的第三个周五，遇国家法定假日顺延)13:00～15:00 期间，分时走势图上会出现一根黄色虚线，也就是交割估价线，这根线是根据沪深 300 指数计算算术平均得出的，且实时变动，如图 6-14 所示。

3. K 线图

K 线图界面由主图和副图组成，可实现多个副图显示。系统默认为三图组合(成交量和一个指标，默认为 MACD)，如需要调整副图数量，只需在 K 线图空白处右击，在弹出的快捷菜单中选择"视图组合"命令进行调整即可，如图 6-15 所示。

在分钟/小时 K 线上显示的红色虚线是时间分割线，分割线右边的 K 线为当日 K 线，左边为历史 K 线，如图 6-16 所示。

图 6-14　分时走势图

图 6-15　K 线图

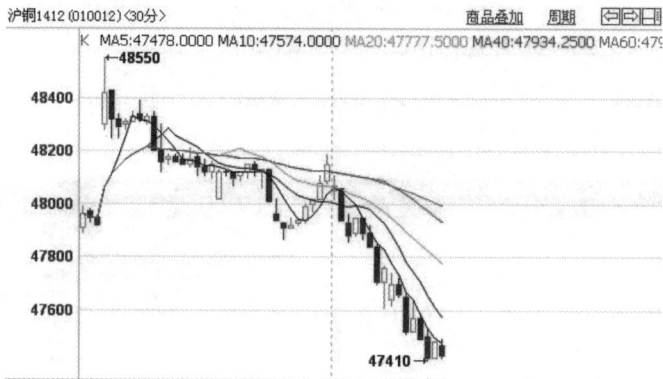

图 6-16　分时图

(四)系统页面

博易大师中共有三个系统页面:"商品期货"页面、"股指期货"页面和"新闻资讯"页面。

1. "商品期货"页面

单击左侧的"商品期货"标签,即可进入"商品期货"页面,系统默认显示上海期货交易所板块,如图 6-17 所示。

图 6-17　"商品期货"页面

2. "股指期货"页面

单击左侧的"股指期货"标签，即可进入"股指期货"页面，本页面中包含了股指期货报价列表、IF 主力分时走势图、IF 主力 K 线图以及沪深 300 走势图，如图 6-18 所示。

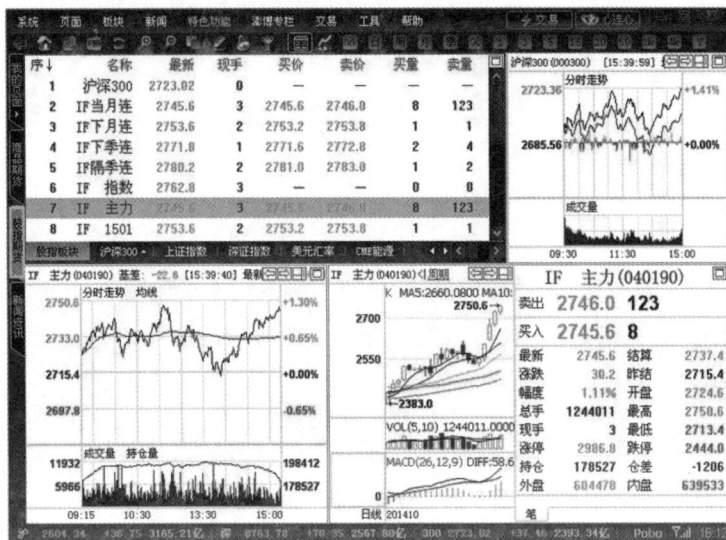

图 6-18　"股指期货"页面

3. "新闻资讯"页面

进入"新闻资讯"页面的方式有三种：单击工具栏中的新闻快捷按钮、按 F9 键以及单击系统页面左侧的"新闻资讯"标签。"新闻资讯"页面采用网页格式，查看新闻就像浏览网页一样，可以按照新闻类型来搜索当天、近一周和近一月的新闻，如图 6-19 所示。

图 6-19　　"新闻资讯"页面

(五)网络期货交易

1. 登录交易界面

确认博易大师上部工具栏中的"交易"按钮为按下状态，如图 6-20 所示。如未处于该状态，应单击该按钮将其按下。此时，交易登录界面应该出现在博易大师主窗口的底部，如图 6-21 所示。

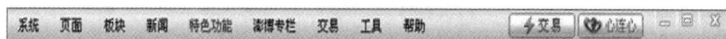

图 6-20　　登录交易界面按钮

输入交易客户号及交易密码，并单击"登录"按钮。还可以根据自己的网络情况选择合适的交易服务器(电信或网通)。需要注意的是，当输入交易密码时，为防止恶意软件，请使用右侧的随机数字按钮；单击"登录"按钮后，将陆续出现客户信息确认、结算单确认等提示对话框，一律单击"确认"按钮。

2. 开仓

登录成功后，将出现如图 6-22 所示的开仓界面。

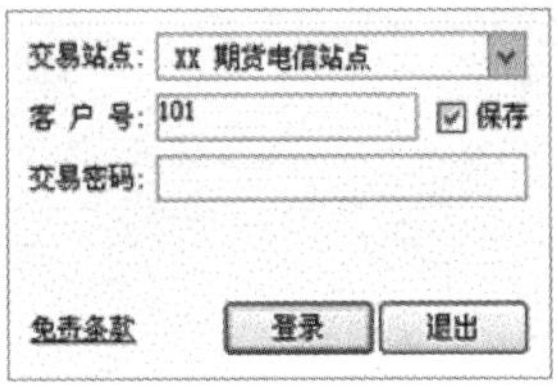

图 6-21　交易界面 　　　　　　　图 6-22　开仓界面

1) 开仓步骤

(1) 在博易大师的报价、走势图或技术分析图中，切换到自己所关注的品种。

(2) 开仓界面中的"合约"下拉列表框中将自动出现当前自己所关注的品种，"买入"和"卖出"按钮顶部将出现对应的下单价格。

(3) 单击"买入"或"卖出"按钮即可下单；如有确认下单的提示对话框出现，单击"是"按钮。

2) 提示

(1) 下单前，可以修改"报价方式""价格"及"数量"。报价方式分为"限价"和"市价"。

(2) 选择"限价"委托且"价格"为"当前价"时，如果买入则使用卖一价下单，如果卖出则使用买一价下单。

(3) 选择"限价"委托时如需指定价格，应在"价格"微调框中删除"当前价"字样并填入价格；如需恢复当前价，则删除填入的价格即可。

(4) 如不希望出现确认下单的提示对话框，可选中"一键下单"复选框。

(5) 单击"复位"按钮，交易界面将恢复为开仓界面，"数量"恢复为该合约的默认手数，"报价方式"恢复为"限价"，"价格"恢复为"当前价"。

3. 平仓

1) 平仓步骤

(1) 选择交易界面左侧列表的"交易"选项，如图 6-23 所示。

(2) 在持仓列表中，双击需要平仓的合约，如图 6-24 所示。

图 6-23 选择"交易"选项

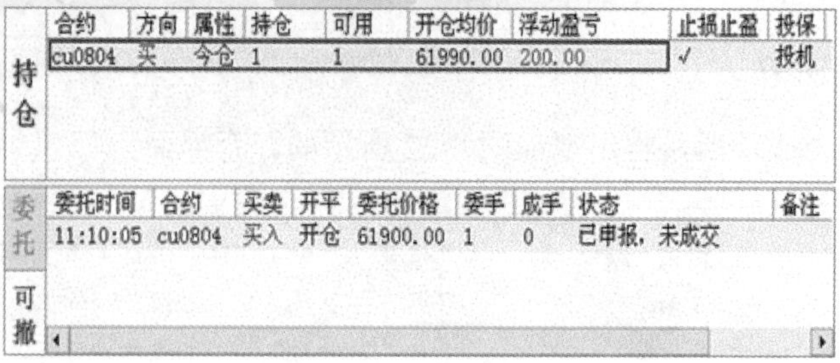

图 6-24 持仓列表

(3) 此时交易界面中将自动填入"合约"、"平仓"(或"平今")以及"数量"。并且鼠标将自动定位至"买入"或"卖出"按钮上，如图 6-25 所示。

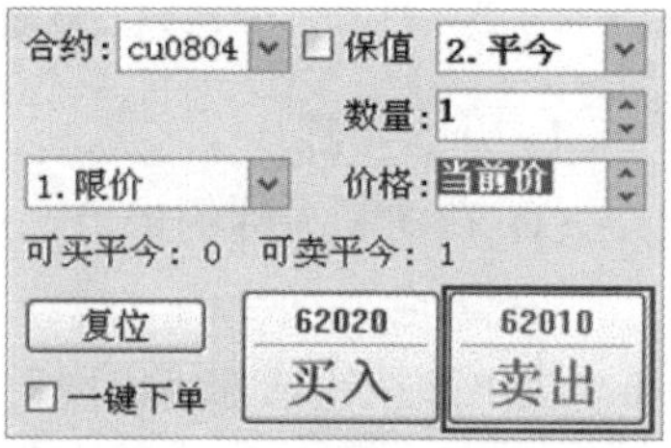

(4) 鼠标自动定位至相应按钮后，直接单击鼠标左键下单。

(5) 如有确认下单的提示对话框出现，单击"是"按钮。

2) 提示

(1) 通过双击持仓列表来平仓最为快速，这样无须手工选择"平仓"或"平今"。

图 6-25 平仓价格和数量

(2) 下单前，可以修改"报价方式"、"价格"及"数量"。

(3) 持仓列表中，上海期货交易所的合约依"昨仓"及"今仓"分别列出，双击这些合约时，博易大师将自动选用"平仓"或"平今"，无须手工选择。

(4) 除上海期货交易所外，其他交易所不区分"昨仓"与"今仓"。

(5) 平仓单发出后，交易界面将自动恢复为开仓界面，方便下次的开仓动作。如果不希望自动恢复为开仓界面，可在参数设置中修改。

4. 撤单

1) 撤单步骤

如委托单未成交或部分成交，需要撤单，可按如下步骤操作。

选择"交易"选项，在可撤列表中双击需要撤单的委托，如图 6-26 所示。此时交易界面变为图 6-27 所示状态，闪电手工具栏也会自动显示。

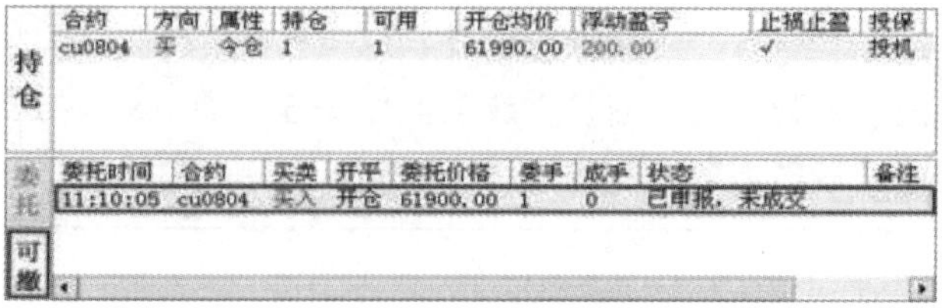

图 6-26 可撤列表

2) 提示

(1) 在默认情况下，双击未全部成交的委托即撤单，无须确认，在参数设置中可修改为需要确认。

(2) 初始状态下，交易界面位于主窗口底部，但用户也可以根据实际需要将其调整为浮动模式，只需单击交易界面右侧的"浮动"按钮即可，如图 6-28 所示。

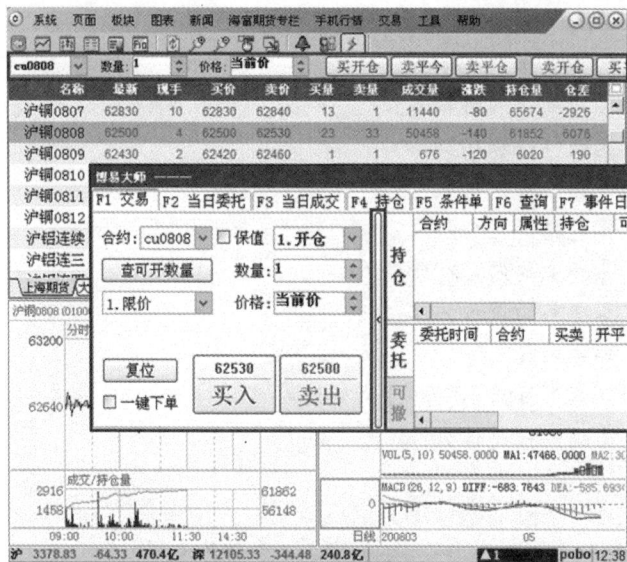

图 6-27　撤单界面

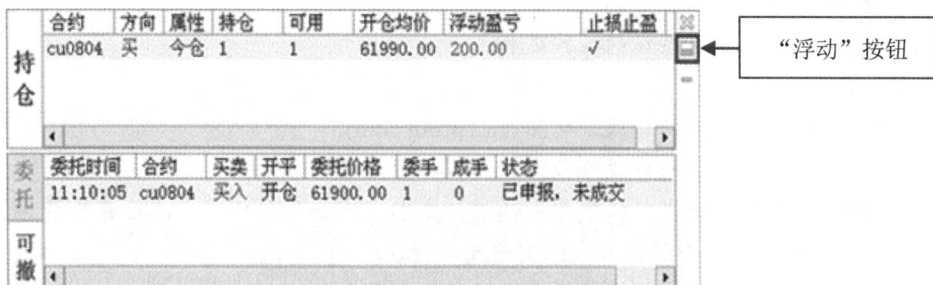

图 6-28　设置交易窗口为浮动模式

本章小结

　　网络证券作为网络金融的主要内容之一，与网络银行、网络保险都有紧密的联系，本章以网络证券的基本概念为起点，介绍了网络证券的产生和发展，网络证券具有的特征、功能及优势，并通过对网络证券发行与结算的分析，全面介绍了网络证券的理论知识，还

网络金融

以证券网络交易作为实证，对网络证券发展起着重要作用的交易模式、流程和方法进行了介绍，以进一步加深理论与实践的联系。最后，对网络期货的理论基础知识和实践交易方法做了阐述。

本章习题

一、问答题

1. 何谓网络证券？何谓网络期货？

2. 试述网络证券的特征和功能。

3. 网络证券发行的流程是什么？

4. 网络证券结算包括哪几个层次？

5. 网络证券交易的主要内容有哪些？

6. 简述网络证券交易的流程。

7. 网上路演有哪些内容？

8. 什么是移动证券？目前由哪些方式实现？

9. 网络期货交易的流程是什么？

二、实践训练

实训项目：熟悉证券行情软件、模拟网络证券交易流程。

实训目的：

(1) 熟悉网络证券行情软件的各种操作；

(2) 掌握网络证券交易系统的操作流程。

实训步骤：

(1) 登录"叩富网"模拟炒股平台(www.cofool.com)；

(2) 注册申请一个免费的炒股账号，获得模拟资金 100 万元；

(3) 选择一款免费的证券行情软件，通过证券和上市公司的信息，以短线投资为目标，选择某一股票，观察这一个股票未来的行情走势情况；

(4) 利用在"叩富网"模拟炒股平台注册的虚拟资金，进行证券的买、卖模拟操作。

第七章 网 络 保 险

【学习要点及目标】

- 理解保险相关的基础知识。
- 掌握网络保险的概念及功能。
- 掌握网络保险的业务模式与流程。
- 熟悉网络保险的创新发展动态。

【核心概念】

风险 风险管理 保险 网络保险 在线投保 在线理赔 第三方保险平台 网络保险的业务模式 网络保险超市 网络金融超市

【引导案例】

为何网络保险越来越受人们青睐

电子商务已经成现代办公和生活的必备辅助工具。保险行业的网上投保也搭上了电子商务的快车道。近年来,网上投保在我国取得了长足的发展,许多保险平台如雨后春笋般冒了出来,同时多数保险公司纷纷推出自己的在线投保平台。

在线投保平台所折射出来的网上投保趋势,也正代表中国保险业电子商务化的一种发展方向。调查显示,四大因素将进一步助推网上投保迅猛发展。

(1) 投保手续简便快捷,支付方式日益丰富。据相关统计,应用传统的方法办理一项保险业务,至少要花1~1.5个小时,而在网上办理只需要3~5分钟。在节奏日益加快的城市生活中,人们显然更加愿意足不出户就能办理相关业务。

(2) 产品种类越来越丰富。随着消费者保险意识的提高,多样化的保险需求也越来越明显。而更多的保险产品将不断充实网上保险"超市"供投保人选择。

(3) 服务体系越来越完善。针对在网上寻求咨询的投保人,开通在线咨询系统,就可在浏览产品和在线投保的过程中,随时随地通过在线窗口咨询问题,获得帮助;拨打网上保险服务专线;通过传统的营业网点咨询,了解相关信息后再通过网络投保。

(4) 价格越来越实惠。传统的保险销售多是通过保险营销员实现的,在这个过程中营销员需要收取一定的代理费用。而通过网上投保,投保人直接从保险公司购买产品,减少了中间各个环节的代理费用,价格自然有所降低,体现出这一销售渠道的优势。

(资料来源:崔启斌. 网上投保迅猛发展.北京商报,2009.8.28)

【案例导学】

随着科技的发展和社会的进步，网络化已成为一种时代的潮流，数字化、网络化与信息化是 21 世纪的时代特征，信息技术革命使整个世界经济发展环境产生了巨大的改变。网络经济的发展，也引起了保险业的革命性变化，使保险的经营方式、服务手段、服务界限、服务功能发生了显著的变化，网上保险的产生和发展是一种历史的必然趋势，它代表了保险业的发展方向。那么，什么是风险？如何开展风险管理？网络保险的概念是什么？有什么主要功能？网络保险的业务模式有哪些？如何创新网络保险？通过对本章的学习，读者可以明晰网络保险的概念，掌握网络保险的业务模式，以及网络保险的创新等相关内容。

第一节　网络保险概述

网络银行、网络证券和网络保险共同组成了网络金融的骨干内容。当前，网络保险的发展获得了良好的机遇，网络保险作为一种低成本、高效率运作的保险产品营销工具越来越受到各保险公司的重视。

风险是保险产生和存在的前提，风险的发展是保险发展的客观依据，保险是风险处理的传统有效的措施，因此，要理解风险，首先需要学习风险的相关知识。

一、风险与风险管理

(一)风险的含义、构成要素与基本特征

1. 风险的含义

风险是指未来结果的不确定性。保险理论中的风险，通常是指损失发生及其程度的不确定性。

2. 风险的构成要素

风险的构成要素主要包括风险因素、风险事故和风险损失。风险因素是风险事故发生的潜在原因，风险事故则是风险损失发生的直接原因。其中，风险因素可以分为三类，即物质风险因素、道德风险因素和心理风险因素。例如，刹车系统失灵是风险因素，车祸是风险事故，人员伤亡是风险损失。

3. 风险的基本特征

一般地，风险具有客观性、普遍性、偶然性、可测性和可变性等几个特征。

(二)风险管理的含义、基本目标与主要环节

1. 风险管理的含义

风险管理是各经济、社会单位在对其生产、生活中的风险进行识别、估测、评价的基础上，优化组合各种管理技术，对风险实施有效控制，妥善处理风险所致的结果，期望以最小的成本达到最大的安全保障的过程。显然，风险管理的一条基本原则就是以最小的成本达到最大的安全保障。一般地，对风险的处理方法主要有回避风险、预防风险、自留风险和转移风险。其中，转移风险是应用范围最广、最有效的风险管理手段，保险就是其中的重要手段之一。

2. 风险管理的基本目标

风险管理的基本目标是以最小的经济成本获得最大的安全保障效益，即以最小的费用支出达到最大限度地分散、转移、消除风险损失，以实现保障人们经济利益和社会稳定的基本目的。具体地，风险管理的基本目标可以分为以下三种情形。

第一，损失发生前力求避免或减少风险事故发生的机会。

第二，损失发生中力求控制风险事故的扩大和蔓延以减少损失。

第三，损失发生后力求使遭受损失的标的恢复到损失前的状态。

3. 风险管理的基本环节

一般地，风险管理过程包括以下几个基本环节：风险识别、风险估测、风险管理方式选择、风险管理决策实施、风险管理效果评价。

二、保险概述

(一)保险的含义与特点

1. 保险的含义

保险(insurance)有广义和狭义两个层面的含义。

在广义层面上，保险包括由社会保障部门所提供的社会保险和由专业的保险公司按照市场规则所提供的商业保险。例如，社会养老保险、社会医疗保险、社会失业保险等就是社会保险；财产保险、人寿保险、意外保险、健康保险等就是商业保险。

在狭义层面上，保险主要是指商业保险，指由保险人和投保人之间签订保险合同，保险人通过收取保险费的形式建立保险基金，用于补偿因自然灾害或意外事故所造成的经济损失，或在人身保险事故发生时(比如被保险人死亡、伤残、疾病)或者达到人身保险合同约定的年龄、期限时，承担给付保险金责任的一种经济补偿制度。

保险还可以表现为微观和宏观两个层面的含义。微观地讲，保险是指个人或组织根据保险合约按期向保险公司缴纳一定的费用，当被保险者发生灾害或遭受损失时，由保险公

司按照预定保险金数额给予赔偿的一种经济活动。宏观地讲,保险就像一个蓄水池,在国民经济和社会保障体系中发挥不可或缺的功能与作用。

2. 保险的特点

商业保险具有以下几个基本特点:首先,从法律的角度看,它是一种合同行为,合同双方有相应的权利和义务;其次,从经济学的角度看,它以合同为依据,经济补偿或保险给付以合同约定的保险事故发生为条件;最后,从社会学的角度看,它体现了人们的互助精神,是一种社会化的制度安排,以保障社会健康发展。

(二)保险的基本要素、主要职能与业务分类

1. 保险的基本要素

保险的基本要素包括以下几个方面:第一,风险不是投机性的;第二,风险必须是偶然性的;第三,风险必须是大量的、分散的,即有大量同质而且相互独立的风险存在;第四,必须是可能导致比较大的经济损失的风险;第五,必须是多个经济单位的结合。

2. 保险的主要职能

保险的职能主要表现为分散风险、赔偿损失和融通资金等几个方面。

3. 保险的业务分类

保险业务可以按照不同的标准进行分类,按风险对象分为财产保险、责任保险、保证保险和人身保险;按保险的实施方式可分为强制保险和自愿保险;按保险的保障职能可分为社会保险和普通保险两种形式。

(三)传统保险业务的基本流程

从本质上来说,任何一个保险公司的传统业务都是这样来进行的:不断地宣传自己的产品和服务(展业);不断地收取由众多投保人(往往也是被保险人)缴来的保险费,形成保险基金;当约定的保险事故不幸发生后,对被保险人进行保险金的赔偿和给付;由于保险事故发生和损失程度的不确定性,保险基金的形成与保险金的赔偿和给付之间必然存在着一定的时间差和数量差,使得保险资金的运用成为可能。另外,在承保之前,为了防止逆向选择行为,保险公司必须对保险标的实施核保。在承保之后,为防止道德风险,尽可能减少保险赔偿和降低给付的可能性,保险公司一般还要对保险标的采取积极的防灾防损工作。

(四)有关保险的基本概念

1. 投保人

投保人一般称为保户,是指对被保险人具有保险利益,向保险公司申请订立人寿保险契约,并负有交纳保险费义务的人。投保人必须是对被保险人具有保险利益的人,如果没

有保险利益，保险契约就会失去效力。《保险法》规定，投保人对以下几种人具有保险利益：①本人；②配偶、子女、父母；③前项以外与投保人有抚养、赡养或者扶养关系的家庭其他成员、近亲属。另外，被保险人同意投保人为其订立合同的，视为投保人对被保险人具有保险利益。

2. 被保险人

人身保险的被保险人，就是以其生命或身体为保险标的，并以其生存、死亡、疾病或伤害为保险事故的人，也就是保险的对象，也可以说是指保险事故发生时，遭受损害的人。投保人不仅可以以自己的身体为标的而订立保险契约，也可以以他人的身体为标的而订立保险契约，如丈夫为妻子、父母为孩子购买人寿保险单。不过投保人以他人为被保险人须对该人有保险利益；如订立以死亡为给付条件的保险契约，还必须经被保险人的书面承认并约定保险金额。

3. 受益人

人寿保险的受益人是指在人身保险合同中由被保险人或者投保人指定的享有保险金请求权的人。受益人可以是任何人，自然人、法人及其他合法经济组织、自然人当中的无民事行为能力的人、限制民事行为能力的人，甚至活体胎儿等，均可以被指定为受益人，投保人、被保险人也可以为受益人。

4. 保险标的

保险标的是指作为保险对象的财产及其有关利益或者人的寿命和身体。

5. 保险利益

保险利益又称可保利益，是指投保人对保险标的具有的法律上承认的利益。

6. 保险费

保险费简称保费，指投保人交付给保险公司的费用。

7. 人寿保险

人寿保险就是以人的生命或身体为保险标的的保险。

8. 保险金额

保险金额简称保额，指保险公司承担赔偿或者给付保险金责任的最高限额。

9. 保险单

保险单简称保单，指保险公司给投保人的凭证，证明保险合同的成立及其内容。保单上载有参加保险的种类、保险金额、保险费、保险期间等保险合同的主要内容。保险单是一种具有法律效力的文件。

10．保险责任

保险责任是指保险公司承担赔偿或者给付保险金责任的项目。

11．除外责任

除外责任是指保险公司不予理赔的项目，如违法行为或故意行为导致的事故。

三、网络保险的概念、特点及优势

(一)网络保险的概念

网络保险，也叫作网上保险或保险电子商务，是指保险公司或保险中介机构以信息技术为基础，通过网络进行保险经营管理活动的经济行为。

网络保险包括两个层次的含义：广义的网络保险，是指以信息技术为基础，建立网络化的经营管理体系，以网络为主要渠道来开展保险经营和管理活动；狭义的网络保险，是指保险人或保险中介人以互联网和电子商务技术为工具，向客户提供保险产品和服务信息，并通过在线订立契约，直接向客户销售保险产品或提供各种保险服务的经营行为。

作为一种新型的保险经营方式，网络保险当前已逐步涉足保险信息咨询、保险计划书设计、投保、缴费、核保、承保、保单信息查询、保单变更、续期缴费、理赔和给付等保险业务的全过程。此外，保险公司还充分利用网络的优势，整合相关资源，为客户提供医疗咨询、法律咨询、汽车救援修理等增值服务，以拓宽保险服务的范围。网络保险已成为当前保险业务发展的一种必然。保险电子商务交易流程图如图 7-1 所示。

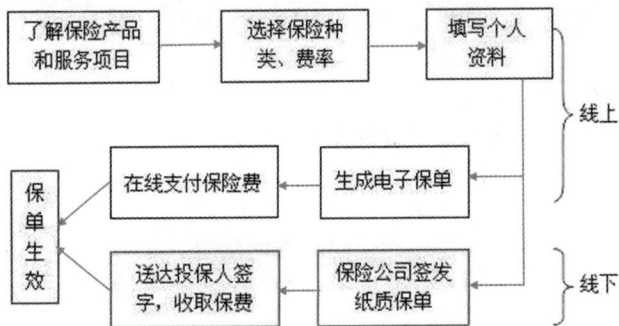

图 7-1　保险电子商务交易流程图

(二)网络保险的特点

网络保险具有以下几个方面的特点。

1. 虚拟性

开展网络保险不需要具体的建筑物和地址，只需要申请一个网址，建立一个服务器，并与相关交易机构做连接，可以通过互联网进行交易。它没有现实的纸币乃至金属货币，一切金融往来都是以数字形式在网络上得以进行。

2. 直接性

网络使得客户与保险机构的相互作用更为直接，它解除了传统条件下双方活动的时间、空间制约，与传统营销"一对多"的传播方式不同的是，网上营销可以随时根据消费者的个性化需要提供"一对一"的个性化的信息。客户也可以主动选择和实现自己的投保意愿，无须消极接受保险中介人的硬性推销，并可以在多家保险公司及多种产品中实现多样化的比较和选择。

3. 电子化

客户与保险公司之间通过网络进行交易，尽可能地在经济交易中采用电子单据、电子传递、电子货币交割，实现无纸化交易，避免了传统保险活动中书写任务繁重且不宜保存、传递速度慢等弊端，实现了快速、准确的双向式数据信息交流。目前，通过网络销售的险种大多为航空险、车险、意外险、旅游险、健康险等，这些险种的特点就是可以非实名制，并且可由第三方代理进行销售，直接由电子保单形式传输，理赔等也可通过网络进行。

4. 时效性

网络使得保险公司随时可以准确、迅速、简洁地为客户提供所需的资料，客户也可以方便、快捷地访问保险公司的客户服务系统，获得诸如公司背景、保险产品及费率的详细情况，实现实时互动。当保险公司有新产品推出时，保险人可以用公告牌、电子邮件等方式向全球发布电子广告，向顾客发送有关保险动态、防灾防损咨询等信息，投保人也用不着等待销售代表回复电话，可以自行查询信息，了解新的保险产品的情况，有效地解决了借助报纸、印刷型宣传小册子时效性差的问题。

(三)网络保险的优势

网络保险发展之所以如此迅速，是因为它具备传统保险经营方式所无法比拟的优势。

1. 保险公司运用网络保险的优势

保险公司运用网络保险的优势表现在以下几个方面。

(1) 降低经营成本，提高竞争力。保险公司通过网络销售保单，可以省去目前花费在分支机构代理网点上的费用，同时也可以免除支付给传统保险经纪人和保险代理人的佣金，另外，保险险种、公司评价等方面信息电子化后可以节省掉保管费和印刷费等费用。通过降低保险总成本从而可以降低保险商品的价格，这样就可以更好地吸引客户，提高保险公司的竞争力。

(2) 降低进入壁垒，加剧行业竞争。保险产品的传统销售方式大多是通过代理人或经纪人进行销售，而要建立一个销售网络需要大量的时间和成本。开展网上保险以后，保险公司可以通过互联网销售保险产品，成本迅速降低，市场壁垒减少，为保险公司提供了平等的机会，加剧了行业竞争。保险公司会通过提供自己的特色服务来吸引客户，也会致力于发掘新险种，完善保险服务以留住客户，这样，也就间接地造福于客户。

(3) 节省保险营销时间，加快新产品的推出。新产品在设计出来以后，通过网络保险，可以不用其他环节立即把信息放到网上供顾客浏览、比较和选择，投保人也可以在网上自行主动查询险种相关信息，了解保险产品的情况。这样一方面方便了投保人，另一方面也节省了保险公司的营销时间，并且有利于加快保险公司新险种的推出和销售。同时，保险公司还可以根据客户的需求信息和反馈意见，对险种和服务及时地做出调整，并开发新险种。

(4) 扩大保险公司知名度。网络保险有利于促进保险宣传和市场调研的电子化，在网络环境下，保险公司可以利用电子公告牌、电子邮件等方式向全球发布电子广告，并向顾客发送有关新险种信息、防灾防损咨询和保险动态等信息。这样，既能够扩大保险宣传，又可以提高服务水平，还能克服传统营销中借助报纸等传统媒体和印刷宣传小册子的信息量小、成本高和时效性差的不足，从而扩大保险公司的知名度，有效抢占保险市场。

2. 客户运用网络保险的优势

客户运用网络保险的优势表现在以下几个方面。

(1) 保险价格下降刺激保险需求。利用网络销售保险产品，一方面省去了代理网点的费用和一些宣传品的印刷费用，同时也省去了一部分传统媒体上的宣传费用；另一方面开展网络保险绕开了传统的保险中介，免除付给保险代理人及保险经纪人的佣金，从而可以降低保险公司的成本。这样，保险公司就可以通过降低费率吸引客户，使客户得到费率上面的优惠，于是，保险价格的下降就大大地刺激了保险需求。

(2) 服务质量提高刺激保险需求。电子商务大大提高了服务质量，同时使保险产品和服务的信息更加全面，而且通过网络保险也大大地提高了客户的反馈速度，客户在线咨询可以匿名进行。保险公司的服务和险种的单价放在网上透明度更高，客户可以自主地在线比较和选择多家保险公司及多种保险险种，在线理赔也可以通过网络得到快速实现。另外，电子商务深化了个性化保险服务，能根据不同的人的需求设计不同的保险保障方案，通过保险市场的细分，刺激了保险需求。

(3) 增加保险公司竞争透明度，加大投保人议价能力。电子商务的出现加剧了保险公司之间的竞争，增加了保险公司竞争的透明度，使得消费者方便及时地了解到各公司保险产品和价格方面的信息，并根据自己可以接受的价格，更有针对性地选择自己需要的产品和服务，这样就加大了投保人的议价能力，客户可从较低的价格中受益。

3. 代理人运用网络保险的优势

代理人运用网络保险的优势表现在以下几个方面。

(1) 创造签单机会。代理人和客户通过网络在线交流，随时都可以把握机会销售自己的投保方案，从而达到签单的目的。

(2) 节约大量的时间。作为企业和客户之间的桥梁纽带，代理人通过网络则不须登门造访就可完成与客户的联系交流，从而节约大量的时间。

(3) 提高满意度。通过建设代理人社区，提供大量实用的信息和服务，增加代理人的归属感和被尊重感，使其对企业的满意程度提高。

(4) 创新营销方式。通过网络，代理人传统的一对一的营销方式发展为一对多的营销方式，不再只是单一地向顾客推销保险产品，而是与顾客网络互动，更精确、细致地分析、掌握客户的需求，为客户度身定制保险方案。

因此，无论从保险公司、客户还是代理人，网络保险项目经济效益和社会效益都是明显的。

四、网络保险的主要功能

网络保险的主要功能如下。

(一)在线交易功能

在线交易是网络保险的基本功能之一，只有具备了在线投保的完全功能，网络保险的形态才算完整。在保险官网和第三方保险平台方面，基本上已经实现了保险产品的在线销售功能(图 7-2)。用户在这样的平台上投保，只需像网上购物那样，非常简单地即可完成这个投保流程，通过在线支付完成保单定制服务。这个流程完全是通过在线销售程序的支持完成的，基本上不需要人工的介入，是一种高效率的保险网络销售模式。在线交易保证了最小的人工介入，简化了交易环节，最大化地节省了销售成本，可以让利于用户，也增加了保险产品的利润。由于我国保险法规的限制，一些复杂的保险产品如寿险、分红险、投连险和万能险等产品很难通过网络进行销售，最多也就是通过网络进行推广而已，保单的当面签收等条款约束了其远程销售的可能。像意外险、家财险、车险等条款简单易懂、费率固定易算、责任明确易界定的产品，手续简单，适合采取电子保单，全程在线完成使得保险销售流程缩短、环节减少、成本降低、购买方便，消费者可以得到实惠。

图 7-2　保险产品的在线销售

(二)在线中介功能

一些保险超市网站产品齐全，但是网站本身却并不具备销售功能，而是仅仅向保险公司和保险产品提供业务展示平台，用户可在线向保险公司或保险代理商提出需求，平台经过筛选，将合适的保险公司或代理商提供给用户，用户经过进一步在线、离线沟通，与保险公司或代理商签订保险业务合同，中介平台即可得到保险公司或代理商支付的佣金。由于保险平台具有巨大的会员流量，线上产品资源丰富，较容易满足用户的不同需求，撮合成功率较高。目前，我国的不少保险超市实际上就是这样的平台。客户如有意愿投保某一险种，可在网上直接填写投保单，经保险公司核保后，投保人在网上或通过其他方式支付保险费，保险公司再向其发送电子保单(或寄发纸质保险单)而完成整个投保过程。买保险网承担的就是中介功能，保单的最终销售人仍然是保险公司，网站仅仅充当了中介的角色，交易成功即可从卖方获得相应的佣金(见图 7-3)。

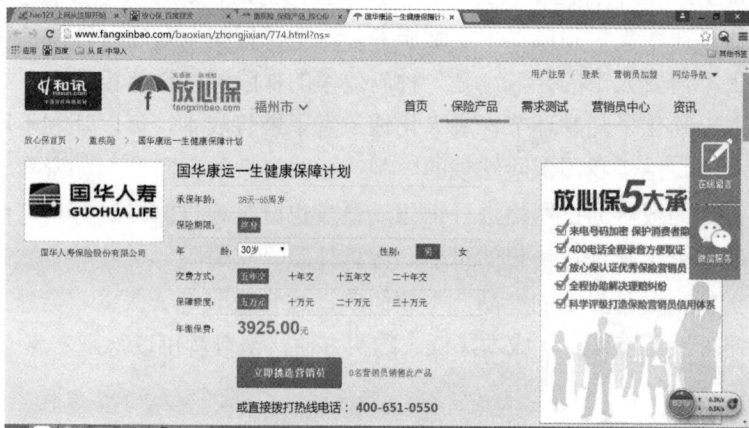

图 7-3　保险中介网站的产品

(三)推广宣传功能

在线推广指的是以下两种情况。

1. 保险产品的宣传推广活动

这个功能类似于网络广告，通过平台页面的横幅广告(Banner)、分类链接等信息窗口，向用户宣传保险产品的特点；或者是通过在线搜索功能，向用户推荐合适的保险产品。这些功能都具备宣传推广的作用，是保险产品网络销售的辅助形式。

2. 保险公司和保险业务员的在线推介

保险公司在一些中介平台推介业务，往往会以宣传板块等形式集中介绍公司概况及业务特色；传统的保险业务员，在这些平台集中进行推介也成为重要的功能。一些线下的业务员，为了向用户更好地展现自己的业务水平和服务特色，经常主动地利用这些平台进行推介，保持与用户的紧密接触，联络感情，创造机会。保险业务员往往通过提供在线免费咨询与用户保持接触，引导和标注用户选择合适的保险产品，吸引用户与自己建立业务关系。

(四)售后服务功能

保险产品销售后，仍有很多服务的问题，通过在线服务模式，可以使服务成本得到最大限度地降低，还能保证服务效率最大限度得到提升。

1. 保单验真

对于电子保单，由于网上销售、代理众多，为了保护消费者权益，保险公司网站一般都提供了保单验真的功能。用户只需将保单号、验证号、个人身份证号码等信息输入，即可得知保单真假的信息。

2. 保单激活

目前一些网络保险产品(如自助卡)在销售时并不记名，以方便销售。用户在使用时可在网上进行激活，并填写个人信息，保单即可生效。

3. 保单状态查询

对于用户已生效保单，可随时在线查验保单的状态，以掌握保单的有效期信息，可及时关注续费等信息。

4. 在线理赔

用户一旦在投保期内出险，大部分保险产品支持在线理赔。用户在出险后，可选择多种形式进行报案，在线报案是目前使用较多的一种形式，可在线将报案的信息进行登记，并提交有关材料，解决了远程报案的很多问题。部分理赔程序甚至可以完全在线完成，理赔金额也可转入用户的账户，大大方便了用户，提高了效率。例如，航班延误理赔就可以完全通过在线模式完成，用户在航班发生延误后，在航班降落后即可在线填写理赔申请，保险公司随时掌握了航班起降的信息，主要核对相关信息后即可确认理赔事项，按照流程用户就可在规定时间内得到理赔款。

第二节 网络保险业务

一、网络保险的业务内容

网络保险的业务除了对保险公司及其中介公司进行宣传以外，主要集中在以下三个方面。

第一，提供在线分析、帮助投保人选购保险产品。在网络保险站点上有专业的保险需求评估工具，投保人通过点击它，便可以轻松地获得从初步到精确、从综合到分险种的需求分析。在此基础上，投保人可自行比较、选购各种保险产品或套餐，也可简单描述个人情况，用保险需求评估工具为其分析，量身定制投保方案，从而使客户全面享受个性化服务。

第二，提供在线投保服务。在投保人选定需要购买的保险产品之后，网络保险站点还应提供在线投保服务，即为投保人提供通过网络完成在线购买申请、在线核保、在线支付保险费用和在线获取保单等服务。

第三，提供在线理赔服务。在线理赔服务，不仅应提供理赔作业流程、注意事项的争议解决办法以及查询理赔所需单证和出险联系电话地址等服务，而且应提供方便快捷的网络报案服务系统，及时反馈客户投诉，并提供划拨赔款到客户指定账户的服务。

除这三项必不可少的业务之外，网络保险站点还应该提供在线交流服务，让投保人可以就任何有关保险的问题向保险专家请教并得到及时解答，且就相关问题征求投保人的意见和建议。作为一个好的网络保险站点，还应提供到其他相关网站的链接。这不仅有助于客户获取丰富的保险信息，也便于客户"货比三家"，从而坚定其购买保险产品的决心。

二、网络保险的业务模式

网络保险的业务模式主要有以下几种。

(一)保险官网模式

保险官网属于B2C(Business to Customer)模式，一般是指保险公司自己开发建立的保险网上销售平台，通常被称为"保险网上商城"。保险官网通常拥有独立的域名，作为向用户销售保险产品的专业渠道,与保险公司的企业主页往往有区别(部分公司甚至域名都不同)。保险官网是保险公司"触网"的最基本形态,也是国内保险公司利用网络渠道拓宽业务的有效方式,主要在于推广自家公司的险种,是保险公司直接面对终端消费者的销售模式,属于保险业务直销模式的延伸,是保险公司继直销、代理后的第三种渠道,其功能与一般的电子商务网站区别不大。如平安(www.pal8.corn)、泰康在线(www.taikang.com),华泰保险公司(www.Ehuatai.com),新华人寿保险公司(www.Newchinalife.com)等。保险公司通过这个平台宣传公司的保险产品和服务,提供险种信息与报价,并拓展公司销售渠道,还可以通过网上门店开展各种客户服务、受理投诉、管理客户资料、调查市场需求、设计保险方案等。

这种模式的主要目的是保险公司通过网络宣传和介绍自己的公司和产品,树立良好的市场形象。尽管不少国内网站已经开通了网上交易业务,但真正的目的并不是仅仅为了追求网上交易的业务量,而是通过互联网这个平台,使得潜在客户可以更方便快捷地了解公司的概况及业务内容,从而全面促进线上线下保险业务的成交量。

保险官网的会员制,可以使保险公司收集到更多的客户资料,不仅是实际客户的资料,更重要的是可以获取更多潜在客户的资料。即使是匿名的访问,保险公司也可以通过对网站页面的访问记录及访问数据,通过数据挖掘等手段,获取客户的单击偏好,从而发现一些不容易被察觉的消费倾向。

由于我国保险法规的限制,部分保险品种并不适合在网络渠道进行销售。像部分保险按照规定必须由本人当面签字验收保单的品种,就不适合通过网络渠道销售,即使可以通过物流模式寄送保单,由本人签字后寄回生效,但由于与有关法规相悖,保险官网也不能例外。因此,在保险官网进行销售的保险险种,均是便于远程销售或者电子保单形式的。

根据保险公司类型的不同,保险官网的业务类型也略有差异,综合性保险公司的业务比较齐全,往往可覆盖性较强,通常含有车辆保险、财产保险以及健康、人寿、分红理财保险等多个险种,消费者可以一站式搞定,比较方便。

从这几个保险公司来看,汽车保险、养老保险、人身保险、健康保险、少儿保险是主要集中的险种,而各个保险公司也有少许特色险种通过网上商城销售。

有的保险公司的官网属于垂直业务型的保险网站,以寿险型较多见。人寿保险公司是目前国内数量最多的保险公司,其业务大致不涉及财产险、车辆险等领域,而是专注于人身险、健康险、养老险、人寿险等几个方面。

大部分寿险公司的业务都集中于几个常规险种方面,中国人寿、泰康人寿则还在网上办理团体保险业务,而泰康人寿还有针对女性用户的女性保险,也是其特色。

总的来说,保险官网基本涵盖了常规的保险业务品种,满足了消费者的大部分需求。官网销售的便利性使得用户不需要中介环节直接买入保险,享受便利的同时还获得了价格的优惠,且续费、理赔等业务也可以在线办理,从根本上改变了传统的保险业务的流程。太平洋保险在线商城(http://www.ecpic.com.cn)的首页如图7-4所示。

图 7-4　太平洋保险在线商城首页

(二)网络保险超市模式

网络保险超市即新型保险中介提供保险产品的一站式服务平台,在一个大型的在线保险服务平台里,保险中介把有关联的所有保险公司的保险产品信息放在一个网站上进行介绍,让用户自主比较选择所需要的保险产品,将用户与保险公司联系起来,从中收取较低的佣金或手续费。对于新用户来说,他可以准确地找到每个保险公司的各种保险产品信息。这种模式同现实中的大型超市类似,其优势是显而易见的——可容纳大多数的保险企业开设门以及网上交易和清算;可进行不同保险公司业务的比较,并给出建议和投资组合分析,让广大的投保人可以在保险公司中"货比三家",消费者总能找到适合自己的那一款;不足在于信息过于繁杂,容易让用户迷失在一大堆同质的信息中。

这种类型的保险网也被称为第三方网站,它们不属于任何保险公司,也不属于任何大型网站,它们是为保险公司、保险中介、保险客户提供技术平台的专业互联网技术公司,如向日葵保险网、中国保险网、乐融保险网等。向日葵保险网的首页如图 7-5 所示。

图 7-5　向日葵保险网首页

(三)网络金融超市模式

网络金融超市最大的特点在于它不仅提供网络保险和相关产品信息,还提供与网络保险交易相关的其他在线金融业务,包括储蓄、信贷、结算、投资及其他相关的风险交易、风险拍卖等多种功能的"一条龙"服务。网络金融交易市场的建立需要立足金融行业、依托于互联网,需要银行、基金公司、保险公司等各方的合作。在该市场中存在一条比较完整的金融行业链,客户可以在市场内完成一站式购物,从资讯获得、信息分析到购买决策的确定、付款、金融再到理财产品的售后反馈等,如新浪金融超市、和讯网等。和讯保险网站首页如图7-6所示。

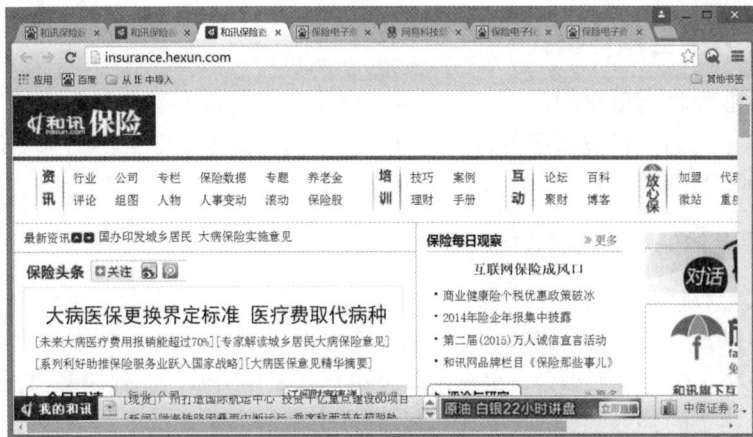

图7-6　和讯保险网站首页

(四)门户网站保险频道模式

门户网站保险频道,即专业财经网站或综合门户网站开辟的保险频道,其目的在于满足其消费群的保险需求。例如,专业财经网站和讯网、金融界等在专业领域内都是具有很大影响力的,其保险频道更是吸引了众多用户的关注;像搜狐网、新浪网这样的门户网站,在栏目设置上可谓种类齐全,保险频道正是它们为增加网上的财经内容而开设的。

保险频道作为一种网络保险渠道模式,实际上是利用保险频道进行的一种保险产品的中介行为。以金融界网站的保险频道(http://insurance—jrj.com.cn)来说,本身栏目方面是一个保险的专业媒体,设置了行业动态、公司动态、监管动态、最新产品、险资险股、保险理财、保险方案、社保专区、政策法规、观点评论、基础知识、保险卡秀、滚动新闻和保险商城等栏目,成为一个内容包含齐全的保险社区,吸引了广大用户的访问。保险商城类似一个保险产品的网购平台,用户可以通过查询工具,分公司类别、产品类别、年龄类别等查询适合自己的保险产品,也可以利用在线工具计算各种保险产品的保费和回报。频道专设的投保直通车则可以直接链接到投保产品页面,免除分级页面的麻烦。但是,保险频道的商城本质上是一个保险产品的中介代理平台，用户在线提交投保需求后，符合条件的保险公司专员会与用户进行直接的联系，投保的具体流程实际上并不在保险频道的页面完成。

与官网保险不同的是，保险频道所提供的产品，并不局限于一个保险公司或者某一类险种，而是综合了社会上众多保险公司的不同产品，从分红险、养老险、健康险、意外险、家财险、车损险、定期寿险、终身寿险到女性保险、儿童保险一应俱全，可以让用户一站式搞定所有保险需求。另外，保险论坛提供了用户、专业保险界人士发表意见的空间，用户对产品的使用反应、服务评价等都可以在此得到分享，正面的评价有助于对产品进行推广，而用户使用意见及满意度等也给用户提供了参考标准，有助于用户选择适合自己需求的保险产品。

(五)第三方平台销售模式

目前保险业内将与门户网站、电商平台、网络公司的合作等统归为与第三方平台的合作，一般合作模式为支付技术服务费，在具体的理财活动专场等并不另外支付费用，只是应第三方平台要求提供产品。

1. 电商平台的保险销售模式

这种模式一般都是利用社会上影响力较大的专业电子商务平台，进行的保险产品网销行为。淘宝网以其巨大的社会影响力成为保险公司最早进驻的电商平台(见图 7-7)，而苏宁易购、京东商城这样的网上平台，也与保险公司合作，开始专门的保险频道。2012 年 8 月，作为苏宁电器旗下的知名综合网上购物平台的苏宁易购，就首次上线了保险频道，并专门联合中国平安、中国太平洋、泰康人寿等多家保险公司推出了目前市场上热销的车险、意外险、旅游险、健康险等保险产品。2013 年 8 月，苏宁云商发布公告表示成立苏宁保险，推动线上线下融合战略实施。

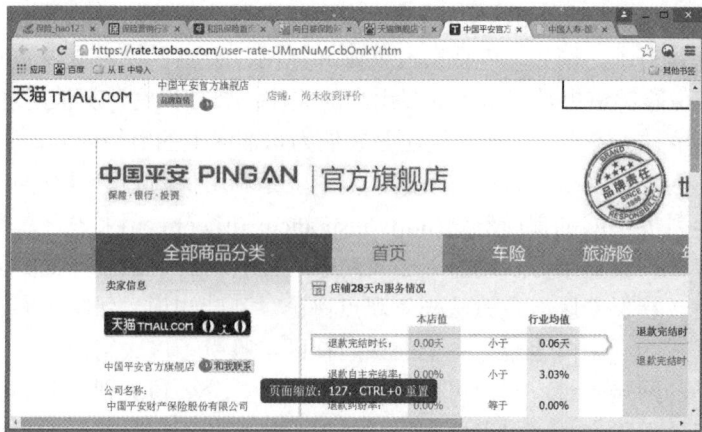

图 7-7 平安保险天猫旗舰店

与门户网站的保险频道不同的是，电商平台为保险产品提供的是完全的在线购物式服务，即用户可以在线完成保险业务咨询、保险产品选择、保险产品购买、在线支付等所有流程。一旦支付完成，用户即可在线进行产品激活，保险产品正式生效。

与一般的网购没有两样，用户可在保险旗舰店里选择合适的保险产品，然后点击选择数量等条件，点"立刻投保"后会进入保单填写流程，填写完毕后提交，确认投保条件无误后即生成订单，待支付成功后，保单购买手续即告完成。用户一般会收到电子保单，并在约定生效日期生效。投保人出险后，可根据保单的规定向保险公司申请理赔，普通理赔基本上可以在线申请，理赔金额最终也可通过网络账户接收。

2. 独立的保险网(第三方保险网站)平台模式

这是不属于任何保险公司或附属于门户网站的专业保险网，是为保险公司、保险中介、客户提供技术平台的专业网络技术公司建立的垂直型保险网站。目前国内较具有影响的独立保险网有中国保险网(www.china-insurance.com)、慧择网(www.hzins.com)等。

国内独立的保险网站的定位有以下三类。

(1) 第一类为保险业内信息提供商。

(2) 第二类为直销平台。

(3) 第三类为网上技术平台。

(六)纯网络保险模式

纯网络保险模式应该是所有的业务流程基于网络平台实现，没有线下营业门市和业务人员的一种网络保险运营模式。虽然本质上看网络保险作为传统保险公司的一种渠道创新，但是基于网络思维模式的创新从根本上颠覆了传统保险的格局。然而，不管具体操作中的模式有何变化，总体上还是维持了O2O的运作。而真正能够通过网络平台进行运营而不需依托传统业务渠道的保险模式，直到众安在线财产保险股份有限公司的诞生，才终于有了结果。于是这种模式也被市场人士归入创新行列而被命名为"互联网保险"，从而身价倍增。

众安保险是国内首家纯网络保险公司。"众安"两字体现了保险"人人为我，我为人人"的内涵。众安保险由阿里巴巴、腾讯、平安、携程等国内知名企业发起，于2013年10月6日正式成立。基于"服务互联网"的宗旨，众安保险希望为所有网络经济参与者提供保障和服务。众安在线的一大特色是，除注册地上海之外，全国均不设任何分支机构，完全通过网络进行销售和理赔服务。这是中国保险业在网络金融创新上的一次"破冰"。众安在线或将突破国内现有保险营销模式，不设分支机构、完全通过网络进行销售和理赔，主攻责任险、保证险等两大类险种。

众安保险业务范围包含与网络交易直接相关的企业/家庭财产保险、货运保险、责任保险、信用保证保险；上述业务的再保险分出业务；国家法律法规允许的保险资金运用业务以及其他经中国保监会批准的业务。总体上看，众安是为网络经营而设置的，也是围绕网络经营需求而运作的。至于网络保险必备的网上保单查询及保单验真功能，当然少不了。

保险电子商务不管有多少种类型，但是都离不开一种基本的运行模式。保险电子商务以电子商务的基本运行环境为支撑框架，以保险公司的实质经营内容为核心，利用电子商务的特性来优化保险公司的经营管理。保险电子商务的基本运行模式如图 7-8 所示。

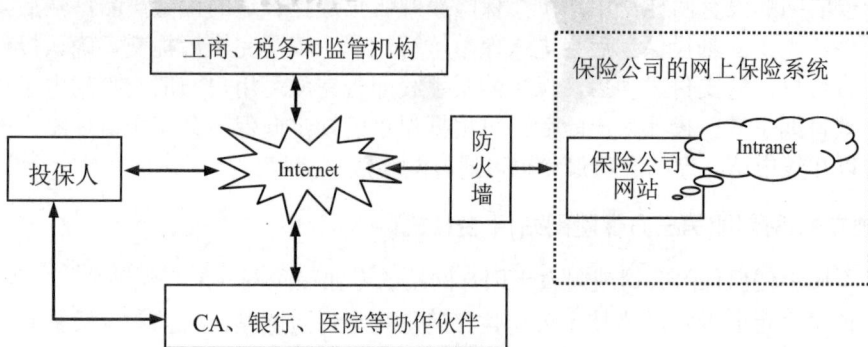

图 7-8　保险电子商务的基本运行模式

从图 7-8 中可以看出，保险公司的网上保险系统同投保人和其他部门都是通过 Internet 进行数据通信的。由图可以看出，参与保险电子商务的实体有四类：投保人、保险公司、银行及认证中心。图 7-8 中的 CA 为从事保险电子商务的投保人和合作伙伴颁发数字证书和提供认证服务，银行为其客户(投保人)提供网上保险的支付服务。要实现完整的保险电子商务会牵涉到很多方面，比如发卡机构、支付网关、医院等相关机构进行验证、核实等环节。

三、网络保险的业务流程

(一)保险公司的基本业务流程

无论是否经营网络保险业务，任何保险公司的基本业务流程都可以用图 7-9 来描述。

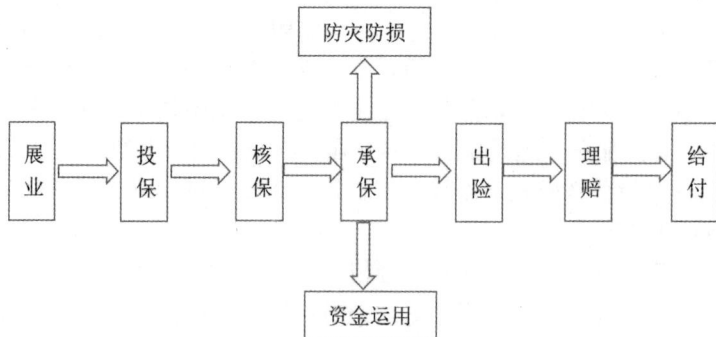

图 7-9　保险公司的基本业务流程

从本质上来说，任何一家保险公司的业务基本都是这样来进行的。首先宣传自己的产品和服务(展业)；然后收取由众多投保人(往往也是被保险人)交来的保险费，形成保险基金；当约定的保险事故不幸发生后，对被保险人进行保险金额的赔偿和给付；由于保险事故发生和损失程度的不确定性，保险基金的形成与保险金的赔偿和给付之间必然存在着一定的时间差和数量差，使得保险资金的运用成为可能。另外，在承保之前，为了防止逆向选择行为，保险公司必须对保险标的实施核保。在承保之后，为防止道德风险，尽可能减少保险赔偿和给付的可能性，保险公司一般还要对保险标的采取积极的防灾防损工作。

(二)网络保险的投保流程

网络保险并不能改变保险公司的展业、承保、核保、理赔等基本业务流程，由于信息技术的有力支持，所改变的只是这些基本业务流程的处理方式。真正的网络保险必须实现保险信息咨询、保险计划书设计、投保、缴费、核保、承保、保单信息查询、保全变更、续期缴费、理赔和给付等保险全过程的网络化，摒除网下人工程序。

中国人寿保险股份公司网上投保流程如下。

1. 登录注册

登录中国人寿官网，注册会员，如图 7-10 所示。

图 7-10　登录注册界面

2. 购买产品

在线选择适合自己的保险产品，如图 7-11(a)、(b)所示。

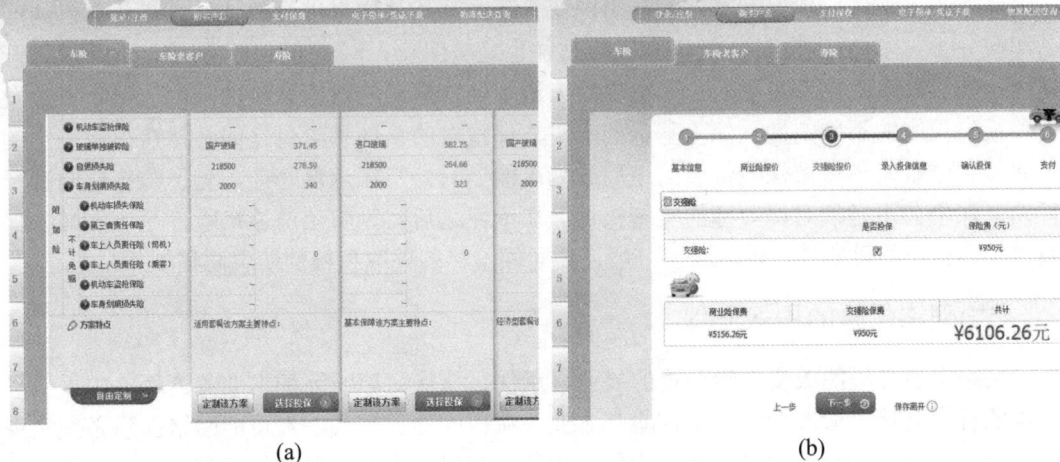

(a)

(b)

图 7-11　购买产品界面

3. 支付保费

选择好保险产品后，进入付费页面，在线支付保险费用，如图 7-12(a)、(b)所示。

(a)

(b)

图 7-12　支付保费界面

4. 保单/电子凭证下载

在线购买保险产品成功后，下载电子保单作为凭证，如图 7-13 所示。

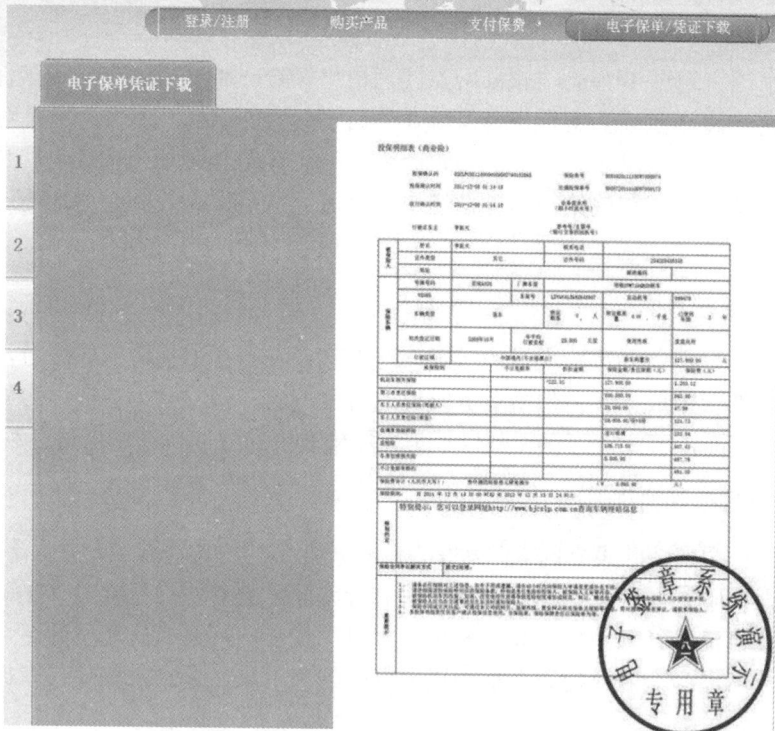

图 7-13　电子保单/电子凭证下载界面

第三节　网络保险的创新

一、网络保险营销渠道的创新

基于中国保险专业中介市场保持稳定发展，保险代理业务继续调整，保险营销员继续发挥主渠道作用，网络保险的营销创新需要有一些必要的策略。

(一)对现有保险营销渠道的影响

1. 代理人渠道方面

目前，我国保险公司实行交叉销售的渠道模式，代理人模式成为保险公司的主要渠道模式。中国人身保险代理人员将近 300 万，保费收入大约 5000 亿元。网络保险的兴起，首先冲击了这批代理人的生存空间，网络保险的直销模式基本上摒弃了代理人，这个领域将受到压制。

2. 银行(邮政)渠道方面

目前，全国有超过 14.5 万个银邮网点代理销售保险产品，2014 年《中国保监会、中国银监会关于进一步规范商业银行代理保险业务销售行为的通知》颁发，更是对银、邮代理保险销售进行了严格的规范。从这个方面来说，银行(邮政)渠道原来的优势就是利用其客户资源，拓展保险业务，在政策制约下已经快速消退，网络保险的崛起更是使这个渠道变得无足轻重。

3. 营业部直销方面

由于营业部直销需要花费大量的成本，对保险业务的竞争优势形成压力，网络保险渠道可以大幅降低营销成本，是保险业务发展的有利方向，保险公司也会尽力引导用户通过网络渠道购买产品，营业部直销无疑也不是大规模发展的方向，冲击也是自然的。

4. 保险代理公司方面

保险代理公司是依法设立的专门从事保险代理业务的机构，属于专业保险代理人性质。主要集中在财产险领域，也有部分专注于人身险方面。随着网络保险的火热，这些代理公司也需要改变自己的经营策略，如果利用其本身的优势向网销模式转型的话，将获得更大的发展空间。而电商企业目前正在极力谋取保险代理资格，未来的保险代理局面将会更加复杂。

5. 保险经纪公司方面

保险经纪人是基于投保人的利益，为投保人与保险人订立保险合同提供中介服务，并依法收取佣金的单位。保险经纪的特点是中介性质，仅仅为保险人与投保人进行业务中介的服务，不介入具体的业务中。网络保险时代，提供保险专业咨询将对用户购买保险产生关键性的影响，经纪公司具有这方面的优势，还可以跨地域服务，前景还是很好的。

6. 保险兼业代理机构方面

保险兼业代理机构往往有自己的主业，具有强大的外部人脉资源，通过业务优势代理保险产品，效果往往比较突出。网络保险时代，由于网险覆盖了业务的各个层面，这些原本可由保险兼业代理机构专享的业务市场可能会被网险的低价格所瓜分，造成冲击。

7. 电话保险方面

电话保险是指保险公司通过电话营销的模式进行产品销售，目前主要保险公司均建立电话保险销售平台。基于呼叫中心的 CRM 是保险公司的业务核心，拥有强大的数据库服务，在云计算环境下，对大数据挖掘也成为电话保险的一大支撑。目前电话车险贡献行业车险保费收入的 18% 左右，平安产险电话车险贡献最高为 35.5%，太平洋保险产险为 18% 左右。网络保险时代，电话保险被赋予全新的概念，在大数据支持下获得新的发展空间。

8. 交叉销售方面

交叉销售的实质是在拥有一定营销资源的情况下向自己的顾客或者合作伙伴的顾客进行的一种推广手段，这种营销方法最大的特点是充分利用现有资源，在两个具有相关用户需求特点的企业间开展交叉营销，能使各自的潜在用户数量明显增加而不需要额外的营销费用。交叉销售在保险业内较为常见，其合作对象广泛，效果显著。平安保险就提出了"社交保险"这一概念，未来的保险销售模式，可能是不知不觉地在社交圈子里获得了推广，其爆发力、影响力都无法估量。

【案例7-1】　险企扎堆网店店主专属保险，迎合电商需求

近年来随着电子商务平台的快速发展，网站卖家这个群体也在逐步壮大。为此，保险公司纷纷争食网销卖家市场，不断推出量身定制的专属保险产品。继华泰保险的退货运费险(卖家版)、泰康人寿的乐业保之后，众安近日又为淘宝网旗下聚划算平台卖家推出了一款"参聚险"，这款保险旨在用于替代卖家保证金缴纳而推出的一款保险服务产品。据了解，这款保险推出的目的便是帮助诚信卖家降低聚划算参团的资金担保门槛，以较低的保费替代高额的保证金，缓解互联网商家的金融压力。

据聚划算相关负责人解释，淘宝网聚划算旗下的团购网站，参加团购的卖家往往要缴纳 10 万到 50 万元不等的保证金，这些保证金在参团结束后 15 到 30 日内是被冻结且无法使用的，目的是为了保障消费者权益。一旦发生卖家未履行《消费者保障服务协议》等情况，就能动用保证金赔付，而商家投保了参聚险后，支付少额保费就可避免被冻结大量保证金，以缓解资金周转的压力。

不过，众安保险相关负责人表示，参聚险目前尚处在试运营阶段，将选择店铺经营数据和信用好的卖家逐步开放，产品一期面向天猫卖家，符合条件的商家将在后台看到参聚险入口。

事实上，针对网站卖家推出的专属保险产品不止众安保险一家，如华泰财险最早推出的网购保险产品——退货运费险(卖家版)如今已是淘宝网店卖家购买保险时必不可少的一款保险，退货运费险有效地保障了淘宝店主被买家要求退货时产生的物流运费损失。

此外，都邦保险也为网店卖家推出了专属的家财保险，即"快乐嘟嘟"自选型财产保险网店综合型、网店钻石卖家专属卡、网店普通卖家卡和网店皇冠卖家卡。据慧择网销售数据显示，目前网店综合型家财险售出数量达到了 3669 份。

据慧择网客服人员介绍，都邦保险的这款针对网店卖家的家财险并不单指某一家网站，而是面向所有在网络上开设电子商铺的个人商家，主要保障店家网络销售及经营的存货出现了财产损失，依据保障额度不同，"快乐嘟嘟"的保费从 209 元到 1609 元不等。

险企除了对卖家信誉、运输损失和财产损失进行承保外，2013 年年底，泰康人寿还联手淘宝保险打造乐业保平台，针对网络卖家、店铺小二或淘女郎等电子商务创业人群，提供了意外、医疗、养老等保障服务，即乐业保 1 号癌症意外身故保险和乐业保 2 号误工津贴保险。

据人保部最新统计显示，目前已有 962.47 万人通过网店直接就业。业内分析人士认为，电子商务平台的卖家群体如今已经被险企视为具有挖掘潜质的市场蛋糕，想必未来还会继续出现更多专门为网店卖家推出的专属保险产品。

(资料来源：苏长春. 险企扎堆推网店店主专属保险 迎合电商需求.北京商报，2014.4.2)

(二)网络保险业务渠道的创新

1. 拓展了保险业务的渠道

传统保险渠道大部分是利用保险公司自有网点和代理网点进行的，网络保险实现了保险产品的网络直销，最大限度地缩短了业务流程，尤其是减少了保险中介的介入。传统保险业务大量通过保险代理的模式，这是在当时的市场环境下解决营销渠道问题的最好选择。随着网络经济的发展，电子商务模式的成熟，保险网购也渐渐被人们接受。尽管目前通过网上实现的保险产品销售还只是一小部分，但无疑为保险公司提供了一条有效的新渠道，对保险公司未来业务的发展方向将会产生重大影响。

2. 促进了保险业务的跨地区发展

根据保监会《关于规范人身保险公司经营互联网保险有关问题的通知(征求意见稿)》的规定，通过网络进行销售意外险、定期寿险和普通终身险的人身保险公司，在满足一定要求后，可将营业区域扩展至未设立分支机构的法人机构经营范围。这给过去分支机构数量少、业务覆盖地区狭窄的中小保险公司创造了机会。通过异地销售，中小保险公司成功地实现了渠道拓展，可在全国范围进行网络营销。

3. 跨界营销促进网络保险渠道的创新

从目前的发展来看，传统保险公司的业务单纯的所谓"网络化"趋势已经落后，网络保险不仅仅是解决增加营销渠道这样的简单功能。在"互联网精神"的鼓励下，保险业正在经历着冲击，跨界发展所承载的重任，意义是非凡的。IT 企业也在向保险业渗透，其他电商企业更是雄心勃勃。保险产品向"余额宝"模式的发展，以及保险与微信、保险与众筹的融合，看起来是一种产品的创新，其实更是通过跨界实现了渠道资源的共享，实现了多赢的效果。

二、网络保险业务模式的创新

网络保险的真正意义也绝非保险产品的简单网络化，而更像是对传统保险商业模式的一种颠覆。在这样的思维支持下，国内网络保险行业发展可谓风起云涌，大量跨界合作模式纷纷亮相，也使网络保险模式创新进入高潮。

(一)促进面向电子商务业务的保险产品创新

电子商务业务的发展，也为保险业务的创新提供了很多机遇。一些针对电商网购的保险产品纷纷面世，满足了用户接受电子商务业务时的保险需求。这些业务一般都是针对电商的某个环节提出的，对这些环节出现的风险进行承保，免除了用户网购的后顾之忧。比较常见的有"退货险""运费险""物流险"等。这些保险业务往往由购物平台作为中介推出，随用户在网购支付时选购，保费随支付总额一起在线支付，用户不需要专门去单独购买，理赔时主要通过网购平台受理的凭证即可自动获得赔偿，流程非常简单。例如，众安保险针对百度手机卫士用户推出的产品，可以通过手机进行投保，生效后用户在百度手机卫士安全支付功能板块中申请开通支付保赔业务后，如遇手机病毒恶意扣费、账户密码被窃造成经济损失均可申请保赔，单笔最高 3000 元，全年最高 10 万元的全额赔付。

(二)推动保险公司业务的全面转型

保险产品的网络化已经是一个趋势，各保险公司正探索借助网络深度嵌入保险售前、售中和售后全流程的各环节，以拉动销售、降低成本、提升客户体验，加快推动公司的整体转型。传统的保险销售模式越来越受到冲击，收缩传统渠道规模使得保险公司的业务结构将发生改变，依托网络的业务将大量出现，促使保险公司在产品开发方面转变重点，推动保险公司业务的转型。

(三)基于大数据挖掘进行保险产品的创新

在大数据时代，基于云计算的数据挖掘(利用统计方法、信息技术进行聚类、分类、去重、模式识别、特征提取)、人工智能技术、自然语言理解(如分词技术)，文本、图片、视频的识别技术，以及营销模型、风险模型的发展，都将为保险企业经营管理创新提供不尽的动力。在传统领域里，保险业务高度趋同化，同质化竞争导致整个行业处在低水平发展中。网络时代，大数据挖掘可以为保险公司在产品创新方面提供更多的创意，新产品开发的进程大大加快。例如，长安保险推出"爱情保险"就大大火了一把，随后又再接再厉推出"马上保险"，而这款产品是上一款产品的延伸版，是对上次"爱情保险"产品的进一步丰富和优化，是以客户为出发点专门研发的一系列保险产品，而这一切就是建立在大数据挖掘的基础上的。

(四)促进网络金融跨界环境下的业务创新进程

在网络金融创新的大环境下，各种网络金融业务创新模式层出不穷(也就是各种各样的"互联网金融"模式)，一个非常突出的现实就是，网络金融的界限越来越模糊，导致了网络金融跨界发展成为趋势。保险业在这样的发展态势下，也出现了很多边界模糊的创新产品。例如，平安保险力推的"社交保险"，就是将保险业务赋予了网络社交的某些功能，使得保险产品越来越不像保险了。长安保险与众筹网联合推出的"爱情保险"，是国内第一个爱情众筹保险产品，显然这是一个跨界产品，具备两个领域的产品特征，也颠覆了保险产品的模式定律。长安责任保险公司与众筹网于 2013 年 11 月 11 日—11 月 19 日募集爱情保险，如果达到 1 万份爱的承诺，爱情保险即成功设立，爱情保险每份 520 元，寓意"我爱你"，5 年后投保人凭与投保时指定对象的结婚证，可领取每份 999 元婚姻津贴。

因此，基于网络金融业务创新模式的功能开发，在未来的发展趋势尚未明朗。国外出现了 P2P 保险业务，就具有防止骗赔、不当行为以及减少销售费用、小额索赔和管理费用等优势，但是我国目前在网络金融创新方面面临着政策门槛，对网络保险的跨界创新具有约束性，使得网络保险的业务刚性没有得到释放。未来，随着政策的放松，这个领域的创新将会风起云涌。

三、网络保险业务流程的创新

在单证管理、投保、理赔等方面，利用大数据极大地提高了业务操作效率，提升了客户体验。例如，对客户数据、单证及其处理流程的优化，对自动核保规则的优化，对网页流程的优化，可以减少客户的输入数据量、提高单证录入、核保的效率，提高签单率。客户报案时，电话报案者不需要依据其提供保单号，就可依据投保时的声纹识别客户；手机 APP 拍照报案者，可根据识别车牌号识别客户，提供更为便捷的服务。

四、保险业务风险管理的创新

根据客户或保险标的信息，提供更好的风险管理服务。保险企业可以通过物联网更加实时、准确地获得客户的风险信息，如人的健康信息、驾驶行为信息和车辆、道路状态信息、承保设备的状态信息，为客户提供各类风险管理服务，实现风险减量管理。例如，通过移动设备或穿戴式设备腕带、眼镜等，监测到客户发生碰撞，主动呼出提供救援服务；也可根据客户地理位置提供灾害风险预警及防灾减灾信息。从保险公司内部的风险管理来看，可以通过大数据加强对业务风险的管理，提升反欺诈技术。譬如，通过对事故地点、事故车辆照片的数据挖掘，可以提取车险骗赔案件的特征，完善理赔流程和审核规则，不仅可以有效防范、减少风险，而且能够提高效率，改善低风险客户的理赔体验。

【案例 7-2】　电商卖保险惊了保险公司——余额宝网上"卖保险"生意火爆

两款保险理财产品共 5.8 亿元额度，3 分钟内被一抢而空，这是 2014 年 2 月 14 日上午 10 时开卖的"余额宝用户专享权益二期"产品的火爆场景。互联网金融的强大号召力，在元宵节这天再度彰显。

1. 卖的是保险：保本保 2.5% 年化收益

"余额宝用户专享权益二期"产品对应销售的是珠江人寿汇赢 1 号、天安人寿安心盈 B 款两款保险理财产品，发售规模分别是 3.8 亿元、2 亿元。每款产品都有产品条款、产品说明书、投保提示书，1000 元(即 1 份)起卖。如珠江人寿汇赢 1 号介绍说，若被保险人身故，赔付账户价值的 105%。

尽管"预期年化收益率 7%"的招牌十分醒目，但上述两款产品都有小字提示：这是万能型保险理财产品，保证本金安全，并有最低 2.5% 保底年化收益。最终结算利率可能跟 7% 预期年化收益持平，也可能略有高低，为一年期产品，未满一年提取会产生手续费。

一般而言，万能险所缴保费一部用于保险保障，一部分用于投资账户，保障功能相对灵活。

2. 玩的是秒杀：100 个人中有 5 个人抢到

网友小陈点击天安人寿安心盈 B 款，进入到页面查看了一会儿产品介绍。此时再点击"购买"按钮，页面显示"系统忙，暂时无法处理您的请求"。10 时 03 分左右再刷新，两款产品均为销售满额状态，显示"还有人未付款，30 分钟内将陆续取消不付款订单，也许你还有机会购到"。至上午 11 时，上述两款产品全部售罄，无法再点击任何"购买"按钮。13 时左右，天安人寿安心盈 B 款突然冒出"紧急追加 3 亿元额度"字眼，再度开放购买，但不久也宣告售罄。据支付宝方面称，第一轮开抢 3 分钟之内，两款产品 5.8 亿元就全部拍完。全天共有 51.4 万人参与抢拍，2.8 万人抢购成功。

3. 火爆背后：互联网金融拓宽销售渠道

从活期理财扩展到 1 年期定期保险理财，余额宝火爆依旧。不少银行业人士感叹，同样是货币基金、保险理财产品，穿上余额宝的"马甲"就风靡全国，由此来看，银行业必须放下姿态来求变。

分析人士称，互联网金融拓宽了保险产品的销售渠道，降低了销售成本，是件好事。事实上，2014 年尹始，各路互联网巨头、银行、电信、基金、券商都开始正视互联网金融的巨大威力。如长沙银行、光大银行的微信平台，均在 2 月 14 日推出了元宵节特惠活动。不过，回到产品本身，此次余额宝"元宵理财"的一年预期收益率能否达到 7%，始终引发各界争议。据统计数据，2013 年险资的投资收益率只有 5.04%，而这已经是近 4 年来的最高水平。

(资料来源：佚名.支付宝联手保险再显威.南方日报，2014.2.17)

五、网络保险的模式创新

在与第三方电子商务平台的合作上，保险企业早已不满足于只是在平台上建立销售网络这一初级合作模式上，网络保险的真正意义也绝非保险产品的简单网络化，而更像是对传统保险商业模式的一种颠覆。在这样的思维支持下，国内网络保险行业发展可谓风起云涌，大量跨界合作模式纷纷亮相，也使网络保险模式创新进入高潮。

(一)网络保险产品的创新发展

1. 平安"壹钱包"的"第三方金融平台"梦想

2014年1月16日，中国平安在上海召开发布会，推出了"壹钱包"的测试版。从该产品的用户界面发现有微信、支付宝、来往、易信等影子，但又有所不同。相同的是，平安的"壹钱包"同样会嵌入使余额增值的产品；不同的是，平安将充分发挥综合金融平台的优势，交易旗下各理财产品，其中首先会和陆金所对接；并且进一步还试图成为"第三方金融平台"，开放给各金融机构。与市场预期不同的是，平安推出的"壹钱包"不仅是整合平安所有金融产品的平台，而且还作为"第三方平台"，也可以接纳其他银行等金融机构研发的理财产品。

在功能上，平安希望赋予这款产品"花钱、赚钱、省钱、借钱"的功能。其中"花钱"也就是作为支付平台最基础的功能转账支付；"赚钱"功能也就是发布类似于"余额宝"产品。通过余额增值，第一步会把陆金所的产品放到壹钱包里面来买卖，今后也会把整个平安集团的金融产品放在这个平台上，而且这个平台不光是平安的金融平台，以后会接纳整个金融市场的好产品。

陆金所作为P2P网贷交易平台，"壹钱包"作为移动支付平台，把这两者有机地结合在一起正是平安差异化定位的表现。现有的P2P网贷模式，虽然能做到个人对个人的交易，但是交易双方都不知道对方是谁，更谈不上沟通；而"壹钱包"是带有社交功能的移动支付平台，如果把陆金所的P2P产品放到"壹钱包"上来交易，能够通过沟通使买卖双方的信息更加对称，提高交易的透明度。

"壹钱包"与陆金所产品的结合，代表的是一个高端的理财市场。陆金所交易的均为非标资产项目，收益率往往较其他理财产品要高，最高时能达到8%，如此高的收益率确实是吸引投资者的一个重要因素。但是高收益往往是对应着高风险，平安声称能做好风险控制，并不意味着购买此类理财产品毫无风险。其实，高端理财市场的门槛也更高，起步资金至少是1万元，并且要求投资者有更多投资经验以及风险识别能力，这已经将习惯用余额增值的投资者和购买非标资产来理财的投资者群体区别开来。所以，如果单是发布陆金所产品，其实这跟BAT并不在同一个层面上竞争，仅仅是为使用陆金所来理财的用户提供了一个更为便捷的移动支付平台。

2. 虚拟网络财产险登场

不管是传统保险还是网络保险，一般认为差异仅仅在于利用的营销渠道不同而已，即使是在网上销售的一些购物险、运费险等，也是依托于现实中的有形交易而产生的。但是，基于虚拟交易开发的保险产品的出现，则为市场揭开了一个未知空间。

伴随着大量网游用户的出现，账号交易日渐活跃。作为一种虚拟财产，玩家们在购买账号时往往要付出真金白银，然而网络交易的风险也极大，游戏装备、道具等虚拟财产的盗窃案件层出不穷，不少买家付钱买了账号却被卖家恶意找回，也有倒霉的人买到问题账号被运营商封号。每天都有上千万元的虚拟财产被窃取，无数网民蒙受损失。

某些网游的装备升级很难，很多玩家选择直接买账号的方式，多数人在国内最大的网络游戏交易平台上发布出售信息或寻找想买的账号。有的人为了安全，往往亲自跑到外地的卖家处去当面交易，看着卖家清空账号里的一切资料，以保安全，但当面交易成本高很多。正是看到这一风险防范需求，国内财险公司们陆续推出了虚拟财产保险。

2011 年，阳光财险就推出了网游运营商用户损失责任险；2013 年 5 月，人保财险签下了第一张网络游戏虚拟财产保险保单；同年 6 月初，平安与腾讯签署合作协议，为腾讯旗下网游《御龙在天》推出装备保险业务；10 月底，国寿财险与 5173 网进行战略合作推出的网络虚拟财产保险正式上线。

国寿财推出的网络游戏卖家出售财产保险的 10 天里，成交订单总量达 2533 笔，保费约 1.89 万元。人保财险业务开办首月就为 10 万多人次网络玩家提供了虚拟财产安全保障服务，险企推出的网络保险产品有较高的市场认可度。

与此前部分险企推出的面向网游买家的产品不同，国寿财推出的产品由卖家付费，买家免费享受账号被恶意找回或者被封号的赔偿。一旦卖家出售财产保险推开以后，买家一般只会选择那些已经购买了保险的卖家，卖家为了销售，必然会考虑购买该产品。这一点与退货运费险市场一样。

网络市场是分散性市场，需求点很多，要挖掘市场潜力往往需要对小众市场进行深耕。虚拟财产保险等网络保险产品开发出来，可以较快进入并抢占市场，可以创新销售渠道，同时还能带来大量保费。

国寿财险还报备了网络游戏代练安全保险、网络充值安全保险、网络游戏账号出租安全保险、网络账号安全保险，这些产品都将陆续上线。未来这个市场将进一步扩大，成为保险发展的有一个新兴市场。

3. 跨界网险产品的合作开发

随着网络金融的发展，网络保险与其他领域的跨界合作将会越来越频繁，新产品的创新也会通过与其他领域的合作来进行。传统保险产品的合作开发受到的约束较大，合作新产品无法利用跨界优势解决渠道的制约，因此，新产品的销售不理想导致产品失败。在网络环境下，跨界合作产品通过网络平台销售使渠道障碍完全化解。例如，太平洋保险在线公司联合腾讯微信、高铁、财付通为高铁乘客打造的专属保险产品——"一元一天"超值旅游险。这款超值旅游险是针对境内、境外游出行客户提供的旅游意外险，除了提供旅游意外伤害及搭乘各类交通工具的意外伤害保险，更有误工补贴、急救交通补贴、异地转诊交通补贴、遗体返送交通补贴、异地直系亲属探望补贴等超值补充保障。保费金额适中，只要一元一天，客户可以根据其出行、旅游的保险需求，想玩几天就买几天。这也是太平洋保险在线商城上大受欢迎的热卖产品之一。

移动用户广泛使用的各种社交软件，也成为网络保险青睐的目标。在微信用户中，朋友圈里流行"求关爱"，实际上就是一款保险产品。"求关爱"是泰康人寿设计的以 1 元保费为门槛的防癌保险，每个用户只能为自己投保一次，保障时间为一年，18～39 岁客户的保额为 1000 元，40～49 岁客户的保额为 300 元。要提高保额，就得依靠朋友们的"帮助"，朋友们每支付 1 元，保额就增加一个档次。泰康保险认为这是一款利用微信的社交属性来发展保障型保险业务的尝试。由于产品条款设计简单、透明，免除了保险销售中常见的误导问题，实现了从"推式销售"到"拉式销售"的转变。尽管"求关爱"仅仅是一款试验性质的保险产品，但是其体现的特征，也许是能够代表未来移动保险发展的一种方向。归纳起来，移动保险有以下三个优势。

(1) 借助于移动社交的无边际特点，通过圈子的扩散达到产品推广效果。

(2) 降低产品门槛、简化销售流程，只要捆绑微信等社交账号即可，无须通过复杂的保单填写流程，保证了用户信息的私密性。

(3) 产品透明，实现了从"推式营销"向"拉式营销"的转变，容易获得移动用户的认同。

(二)网险促销创新引发争端

促销是市场营销的主要手段，是著名的 4P 中的一个组成部分。在实践中，产品推广与促销往往决定了市场的生存。长期以来，由于整个金融界的特殊性，金融产品的价格受到控制，促销手段也相对有限。在保险行业，由于产品定价缺乏自由度，保险产品的竞争往往通过设计不同的保险标的进行，主流产品在价格方面往往比较透明，非主流产品则可比性差。按照《保险法》规定，保险公司在产品促销中不得"给予或者承诺给予投保人、被保险人、受益人保险合同约定以外的保险费回扣或者其他利益"，赠送的保险也不能超过 100 元。因此，保险促销缺乏吸引力。

于是，网络保险利用目前网络平台上流行的促销工具就成为一种捷径。不少险企自建网络销售平台，利用免费购物卡、小礼物吸引消费者购买相关保险产品。泰康人寿官网推出"保障险全场返 20%"的优惠活动，即在线购买了参与活动的相关险种之后，可获得首年保费 20%的京东电子购物卡的返还。事实上，不少险企都在网销平台推出小礼物进行保险促销。今后，这一行为或将在监管层得到规范。

近年来，网络保险的购保险返"集分宝"活动就是一种受欢迎的促销行为。"集分宝"是由支付宝提供的积分服务，具有现金价值，可在淘宝网、天猫、良无限、一号店等网站购物，支持缴水电煤、捐款、兑换礼品等业务，有七巧板 logo 的地方就能使用"集分宝"，100 个"集分宝"抵扣 1 元钱。"集分宝"的收集方法有：①签到"集分宝"、分享签到送"集分宝"。登录淘宝"集分宝"频道，签到送分，天天分享每天都有送 0～1000 个"集分宝"不等。②购物返利。购物返"集分宝"，购物可额外获得一定比例的"集分宝"，订酒店、买机票返利。③完成任务赚"集分宝"。登录支付宝"集分宝"频道，按要求完成操作，就可获得"集分宝"。④积分兑换。在"集分宝"网站可以积分互换，选择将其他商户积分兑换为"集分宝"；在使用支付宝快捷支付时，还可以将银行信用卡积分兑换为"集分宝"抵扣现金。

目前，网络保险产品的这种"集分宝"赠送"补贴"成为一种有力的促销手段，但也引起了很大的争议。争议的焦点在于所谓"集分宝"是否属于"其他利益"。保险业内从事电商工作的人士认为，保险产品和基金产品在"补贴"上的运作模式首先是截然不同的。对于"补贴"是否违规要区分这个返利是不是保险公司行为。根据《保险法》，保险公司是不可以做的，但是如果是第三方平台的行为则要另当别论，观察"返利"情况时亦要将第三方平台纳入考虑范围。第三方平台类似于商场角色，而保险理财产品则相当于进驻品牌。反对方则认为，不管返"集分宝"的主体是谁，主要应用于保险产品，就有可能涉嫌违规。

(三)移动网险的市场化探路

目前几家大型保险公司已经拥有可以全流程投保的移动展业平台。平安人寿从2010年10月1日起，首推移动展业新模式，并在全国范围内使用，2011年7月，升级版移动展业新模式二代上线，这一模式的主要特点是为客户完成"了解产品——完成投保——获得核保结果——现场交纳保费——现场获得保单"整个过程。其他险企亦推出类似的全流程投保模式，如太平洋保险寿险的"神行太平洋保险"、阳光人寿的"快易保"、中国人寿的"国寿e家"以及天安人寿与快钱合作推出的T-PAD服务平台等。随着智能手机的普及，手机上网用户越来越多，通过移动网络进行保险营销成为众多保险公司、网络企业的发展方向。

本章小结

在信息技术不断变革的背景下，网络保险作为传统保险业务流程的一种网络延伸，得到了迅速发展，网络保险不仅节约了传统流程中消耗在业务办理中的各项巨额成本，更重要的是提高了保险业务办理流程的质量和效率，借助互联网及移动互联网的普及，以最方便快捷的手段将保险产品的相关信息准确地传达给受众。本章从风险、风险管理与保险的关系出发，给出了网络保险的概述，网络保险业务的模式、内容及流程，网络保险的创新发展等相关内容，以期对网络保险从概念、模式、流程和创新机会有比较全面的了解和认识。

本章习题

一、问答题

1. 什么是网络保险？

2. 网络保险有哪些特征？与传统保险相比，有什么优势？

3. 网络保险的主要功能体现在哪些方面？

4. 网络保险的基本业务内容有哪些？

5. 简述网络保险的主要业务流程。

6. 试述网络保险的有哪些创新机会？

二、实践训练

实训项目：学习网络保险业务。

实训目的：熟悉并掌握各类网络保险网站的登录和信息查询方法，结合实践掌握网络投保的程序。

实训步骤：

(1) 登录浏览各网络保险公司网站(如中国人寿保险、中国人民保险、中国平安保险)和从事网络保险业务的网站(如众安保险、向日葵保险网、新一站)；

(2) 了解各家机构的网络保险业务；

(3) 熟悉网络保险的承保流程；

(4) 尝试订立一份网络保险合同(如模拟网络投保机动车辆保险)。

第八章　网络金融创新

▦ 【学习要点及目标】

- 了解网络金融创新面临的机遇与挑战。
- 理解网络金融创新的概念。
- 掌握网络金融技术创新。
- 了解网络金融产品创新。
- 了解网络金融融资服务创新。

▦ 【核心概念】

网络金融创新　云计算　互联网理财　余额宝　大数据　P2P　众筹

▦ 【引导案例】

互联网第三方平台金融创新

1. 以支付宝为核心，阿里蚂蚁金服打造完善线上金融服务体系

阿里蚂蚁金服依托支付宝 10 年运营数据和超过 2 亿活跃用户积累和淘宝、天猫生态圈场景，蚂蚁金服打造出涵盖现金余额管理(余额宝)、投资理财(招财宝)、供应链和消费金融服务(蚂蚁微贷)、个人征信平台(芝麻信用)、线上财产保险(众安保险)和全面金融服务(网商银行)，其基于支付业务基础，全面而丰富的服务正式蚂蚁金服 2000 亿估值的魅力所在。阿里蚂蚁金服线上金融服务体系如图 8-1 所示。

2. 拉卡拉社区电商+消费金融之路

拉卡拉成立于 2005 年，早年通过在社区便利店、邮局网点等放置自助支付终端，为用户提供自助信用卡还款、转账汇款等个人金融及水电煤等便民生活缴费服务。依据易观咨询数据，截至 2012 年年末，拉卡拉便民支付终端放置数量已达 7.5 万个，2014 年拉卡拉各类终端支付规模达 1.8 万亿，同比增长 38.5%，累计服务用户超过 5000 万。

基于多年积累的支付数据、用户积累和社区便利小店的合作，2013 年开始，拉卡拉逐步向社区电商和消费金融两条主线进行服务扩张：①以集支付、生活、网购和金融为一体智能 POS 终端"开店宝"为核心，拉卡拉通过整合社区便利小店，为小商户提供全面后端供应链服务(如采购支持、供应链金融和 O2O 销售服务)和前端营销服务(如 APP 导流及派单推送、升级门店为统一的拉卡拉小店)；②以手机 APP 为核心，依托大数据征信技术，为个人用户提供消费信贷、信用卡代偿、P2P 金融等消费者金融及投资理财服务。

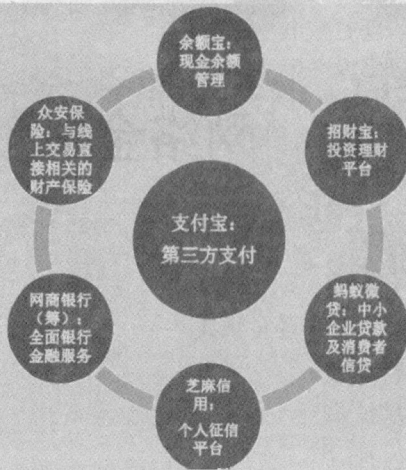

图 8-1　阿里蚂蚁金服线上金融服务体系

3. 快钱支付 2.0 企业服务体系

与拉卡拉偏向 C 端的服务转型不同，常年为企业用户提供第三方支付支持的快钱更加专注于对 B 端企业用户的服务拓展，其针对快钱用户提供的拓展服务体系主要包含三大部分：①企业财务管理服务。依据企业不同资金需求，提供增值理财或联合银行提供融资服务。②影响及客户管理服务。以快钱云端会员管理系统为平台，为商户提供支付、营销、会员卡管理等一站式会员服务。③企业小额贷款服务。针对快钱用户，以企业交易流水为核心分控体系，提供免抵押担保的小额贷款服务。 2014 年 12 月，万达集团宣布以 3.15 亿美元收购快钱 68.7% 股权，并将其纳入万达商业版图。凭借快钱手中的互联网支付和预付卡发行及受理牌照，万达将有望如愿构建线下消费为主的 O2O+互联网金融完整闭环生态圈。

(资料来源：洪涛，欧亚菲. 商业贸易行业：第三方支付：源于交易、贵于数据、成于服务.)

【案例导学】

网络金融创新是网络技术、信息技术支持下的金融创新。网络金融创新不仅是网络经济发展的外部要求，也是金融业发展的动力源泉。通过本章的学习，读者可以对网络金融创新的概念有清晰的理解，对网络金融技术创新、网络金融产品创新、网络金融理财服务创新有完整的了解，对网络金融融资服务创新有清晰的掌握。

第一节　网络金融创新概述

网络金融是人类社会经济发展和技术发展的结晶，金融机构也依托技术进步潮流，积极开展与网络金融相适应的技术创新、产品创新、理财服务创新、融资服务创新等一系列创新活动。

一、网络金融创新面临的机遇与挑战

1995 年 10 月世界上第一家网上银行——安全第一网络银行在美国诞生。与传统银行不同，它没有营业厅，只有网址和站点，所有交易都通过互联网完成。安全第一网络银行最初只有 19 名员工，银行的管理维护都通过员工的远程控制进行。它的诞生，带来了银行业的变革，也推动了金融业的巨大变革。现在我们可以方便地在全球任何地方通过互联网办理银行业、保险业、信托业、证券业和租赁业等金融服务业务。对于金融业来讲，现在进入一个全新的发展时期，即信息技术的发展，互联网产业迅速崛起，并以其强大的信息和服务功能，正在改变和影响着社会各个阶层、各个领域，传统金融业面临着自身能否快速跟进新技术、推出新服务的挑战。

比尔·盖茨在《财富》杂志上宣称，未来 10 年，微软将用自己的应用软件系统取代银行的清算系统承担起全球的资金清算业务，并由此预言：在新世纪里，传统商业银行是将要灭绝的一群恐龙。20 世纪 90 年代，以信息技术为核心的高新技术革命发展迅猛，大大促进了世界经济的发展和全球经济一体化的进程。网络经济的发展将促进各国在更广、更深的程度上参与国际分工，为各国传统产业提升和改造开辟新的途径。对于未来任何一个领域，互联网都将成为核心竞争力的核心要素。

比尔·盖茨能够无视金融行业的上百年苦心经营和传统银行的业务壁垒，就在于他作为信息技术的领头人，深切地体会到了信息技术无坚不摧的力量，敏锐地发现了传统银行业墨守成规形成的可乘之机。如果银行业没有金融监管当局颁发的"经营许可证书"和多年积累的固定资产和商业信誉，与那些高科技公司、工商企业以及综合服务机构相比，将无更大优势可言。因此，许多银行家都认为，在网络经济高速发展的时代，传统金融业竞争的胜负将取决于应变能力和金融创新能力的高低。近年来，以美国的花旗银行等为代表的西方银行已经跟进互联网时代，不断进行金融创新，提供崭新的金融产品，满足日益发达的网络经济的需求，以期不被新对手击溃。

金融电子化的革命使银行的传统资产迅速贬值，对银行的经营提出了严峻考验。银行曾引以为傲的宽敞明亮的营业大厅，装饰华丽的办公环境，及规模庞大的人力资源，在新型的网络银行面前突然间变得毫无意义。固定资产的贬值和人力资源结构的落伍将使传统银行面临资产状况的恶化，银行必须进行脱胎换骨的变革，才能重新适应已经变化的经营环境。我们可以预测，将有相当比例的银行会因无法及时、有效地调整经营战略而被淘汰出局。

科学技术与世界经济全球化趋势迅猛发展，对我国传统金融业产生了广泛而深刻的影响，互联网技术和信息技术的发展为金融业的发展提供了有力的技术支持，我国的金融业发展也迎来了崭新机遇。

二、金融创新和网络金融创新的概念

(一)金融创新的概念

金融创新是指金融业务各种要素的重新组合，具体是指金融机构和金融管理当局出于对微观利益和宏观利益的考虑而对机构设置、业务品种、金融工具及制度安排所进行的金融业创造性变革和开发性活动。该定义包括：金融创新的主体是金融机构和金融管理当局；金融创新的根本目的是盈利和提高金融业宏观效率；金融创新的本质是金融要素的重新组合；金融创新的表现形式是金融机构、金融业务、金融工具的创新和金融制度的创新。

(二)网络金融创新的概念

网络金融创新是互联网技术、信息技术支持下的金融创新。网络金融创新不仅是网络经济发展的外部要求，也是金融业发展的动力源泉，它不是人为制造的，而是国际金融市场发展到一定阶段的必然产物。

自金融网络化以来，整个金融业进入了爆发性的跃进时代。短短的数年，各类网络金融模式纷纷登场，涉足网络金融的企业更是层出不穷，其间，涌现了网络证券业、网络银行业、网络保险业、网络个人理财等行业先驱者。虽然全球金融网络化浪潮势不可挡，但是，金融业并非一路坦途。经历了网络公司参与金融业、传统金融业走网络化道路、金融与网络的全面整合三个过程，网络金融唯以创新求生存。

三、网络金融对传统金融的影响

网络金融对传统金融的影响主要表现在以下几个方面。

1. 用户体验的颠覆

传统银行理财产品门槛高、流动性差，用户对风险的预见性较低。而网络金融门槛低，众多网络理财产品一元起购，赎回可瞬间到账，手续费低至零元，极大地方便了用户，提升了用户体验，被称为"屌丝理财"。因此，网络创新业务具有非常高的群众基础，"余额宝"的推出就是基于支付宝巨大的用户群，几个月就形成数千万的用户群，合作的天弘基金跃升世界第四大基金，这都是汇聚了中小用户的结果；除夕夜微信举办的"微信红包"活动，半夜捆绑银行卡的用户达到几百万，这种局面在传统金融时代是无法想象的。网络金融还培养了用户的理财意识，面对的用户群体更加多元化。数据显示，超过一半的支付宝用户都是 20～30 岁的年轻人，这些人中绝大部分受限于经济能力，没有太多投资理财方面的经验。网络理财不限投资金额、不限投资期限、随时可用的特点，推动理财意识加快普及。

2. 冲击了传统观念

相对于传统金融机构利用信息不对称来获取利润，网络公司推出的金融产品，很多都是为了打破这种不对称，将复杂的金融流程简单化。网络时代金融信息获取方便，金融交易成本趋于零，使信息不对称主动权在消费者一边，是社会全面信息化后全新的金融服务形态。这种创新对传统的思维和观念提出了挑战，也引起了部分人的反对。2014 年 2 月 21 日，央视证券资讯频道执行总编辑兼首席新闻评论员钮文新在其个人博客中发表题为《取缔余额宝》的文章，称"余额宝"是趴在银行身上的"吸血鬼"，通过拉高全社会的经济成本并从中渔利。因此，随着网络金融创新活动的深入，与传统观念的冲击在所难免，这背后显然是传统金融的获益方受到了冲击。

3. 倒逼商业银行的创新与改革

中国建设银行在发布的一份报告中坦言，"余额宝"的自由转换以及灵活性，是在与银行活期存款以及银行理财产品抢夺客户源，是在倒逼银行创新与改革。网络金融创新业务的做法本质上是瞄准了利率非市场化带来的价差。由于银行存款利率尚未彻底放开，实际处于低估状态，因此，通过货币基金或团购金融等方式获取相对市场化的投资收益率，使得广大普通投资者可以获得这部分利差，严重动摇了商业银行的业务根本。网络创新业务使得非金融机构涉足金融业务或类金融业务，凭借大数据挖掘的优势，直接向供应链、小微企业信贷等融资领域扩张，未来可能冲击传统银行的核心业务、抢夺银行客户资源、替代银行物理渠道，颠覆银行传统经营模式和盈利方式，为商业银行的业务发展敲响了警钟。

4. 扩宽了渠道，扩大了用户群体

相较于传统线下渠道来说，网络渠道有着较强的便捷性和价格优势，因此，在用户聚合力层面具有明显优势。原来银行基本上是唯一的理财产品销售渠道，而现在网络理财产品，建立在第三方支付市场上。此外，网络金融创新业务扩大了用户群体，吸引了长尾网民群体，他们对于价格、便捷性，以及收益具有较强的敏感性。阿里小贷定位的用户群是原有阿里体系内的用户，以小微企业为主，而银行体系内的用户更多还是大中型企业为主，这部分的用户群体跟银行的用户群体交叉基本为零。商业银行可以与自身战略结合，一方面挖掘、吸引新客户；另一方面增加客户黏合度，拉近与客户间的业务关系。网络金融创新模式下，银行传统目标客户群可能发生改变，传统物理网点优势弱化，追求多样化、个性化服务的中小企业及个人客户更倾向于通过网络参与各种金融交易，而非金融机构像网络业务公司的介入，有效地将其巨大的用户群转化，拓宽了金融渠道。商业银行传统价值创造和实现方式将发生改变，能够提供快捷、低成本服务的金融机构会得到市场青睐。

第二节 网络金融技术创新

美国互联网数据中心指出，互联网上的数据每年将增长 50%，每两年便将翻一番，而目前世界上 90%以上的数据是最近几年才产生的，并且由于移动互联网的飞速发展，目前的网络数据中 85%是非结构化数据，它们多来自社交网络、电子商务、物联网等领域。如何加工这些海量的非结构化数据，传统软件已经束手无策，云计算的应运而生，对隐含巨大价值的数据进行"解密"工作，这将推动整个人类社会进入大数据时代。

一、云计算和大数据技术的概念

(一)云计算的定义

狭义来讲，云计算是基于互联网的针对大数据的分布式计算方式，它把计算负担集中于远端服务超强计算力、超大存储空间的后台"云端"，显著降低客户端的计算负担，并免去了用户的服务器软件、硬件部署与维护成本。

广义来讲，云计算的实质是一种基于互联网的服务提供方式，它既包括了物理的基础设施平台，又涵盖了平台之上的各类软件应用。通过网络访问来配置计算资源(包括网络带宽、存储空间、计算节点、应用和服务)共享存储池的能力，这些资源可以快速部署，根据所交付资源收取使用费用。

(二)大数据的定义

大数据(Big Data)，是指所涉及的数据量规模巨大到无法通过目前主流软件工具，在合理时间内达到撷取、管理、处理，并整理成为帮助企业经营决策目的的资讯。在维克托·迈尔·舍恩伯格及肯尼斯·库克耶编写的《大数据时代》(Bog Data)一书中指出，大数据指不用随机分析法(抽样调查)这样的抽样到总体的运算捷径，而采用所有数据特征抽样的穷举方法。目前，大数据的一般范围是从几个 TB 到数个 PB(1PB=1024TB)。和传统数据不同，大数据有四个标志性特征，即容量(Volume)、多样性(Variety)、价值(Value)、速度(Velocity)，这也是通常人们来形容大数据特征的"4 个 V"。根据目前互联网发展的情况，可以将淘宝网的后台服务器数据集总量 30PB(1PB=1024TB=1024×1024GB)作为参考标准，去判断数据集是否为大数据规模。

(三)云计算和大数据的关系

本质上，云计算与大数据的关系是静与动的关系。云计算强调的是计算，这是动的概念；而大数据则是计算的对象，是静的具体表现。如果结合实际的应用，前者强调的是计算能力，后者看重的存储能力；但是这样说并不意味着两个概念就如此泾渭分明。从技术上看，大数据与云计算的关系就像一枚硬币的正反面一样密不可分。大数据无法用单台的计算机进行处理，必须采用云计算的分布式计算模型；而云计算也需要大数据为它提供原始数据，才能真正发挥其并行度高、存储冗余大、稳定性高的运算、存储能力。

事实上，从技术角度来看，我们称之的云计算就是将提供并行计算和分布式存储的平台同存储在平台底层的海量数据接合在一起，即云计算就是利用并行计算模型对存储的分布式数据进行处理、加工的平台。

二、大数据技术和云计算的作用

(一)大数据的作用

大数据具有以下几个方面的作用。

1. 大数据分析弥补了抽样分析的缺陷

在 2006 年之前，研究个体事物规律多是通过总体特征抽样，进而通过对总体的抽样统计得出某些个体的基本判断。比如，保险公司要计算某个人的车险保单定价，更多是通过对个体的出险因子的特征(比如年龄、驾龄、车型、年行驶里程等)进行描绘和分析，找到相关影响因子，然后根据与这些因子近似的人的行为进行总体抽样，寻找到总体的近似分布规律后再推断个体的出险分布。

云计算兴起、大数据引入后，抽样分布仍然重要，但是对事物规律的认识，已经从总体到个体发展为从个体再到个体自身。这是一个重大的认识上的突破。

2. 大数据使得一切预测变得有可能

从对总体特征抽象并抽样统计后，抽样分布是对整体中的个体预测遵循的重要标准之一。大数据的兴起，个人的行为轨迹数据通过社交网络、电子商务、物联网、移动终端网络，越来越多地被记录下，这些数据是现实世界对象(包括人)与行为的离散化、数字化投射，蕴含了丰富的信息，透过这些背后的大数据分析，个人行为很容易被预测。

3. 大数据降低了长尾市场的成本

曾任美国《连线》杂志(*Wired Magazine*)主编的克里斯·安德森(Chris Anderson)喜欢从数字中发现趋势。他在一次与 eCast 首席执行官范·阿迪布的会面中，后者提出一个让安德森耳目一新的"98 法则"，改变了他的研究方向。安德森意识到阿迪布那个有悖常识的"98 法则"隐含着一个强大的真理。于是，他系统研究了亚马逊、狂想曲公司、Blog、Google、eBay、Netflix 等互联网零售商的销售数据，并与沃尔玛等传统零售商的销售数据进行了对比，观察到一种符合统计规律(大数定律)的现象。这种现象恰如以数量、品种二维坐标上的一条需求曲线，拖着长长的尾巴，向代表"品种"的横轴尽头延伸，"长尾理论"由此得名。

"长尾理论"被认为是对传统的"二八定律"的彻底叛逆。过去人们只关注重要的人或重要的事,如果用正态分布曲线来描绘这些人或事,人们只能关注曲线的"头部",而将处于曲线"尾部",需要更多的精力和成本才能关注到的大多数人或事忽略。例如,在销售产品时,厂商关注的是少数几个所谓 VIP 客户,无暇顾及在人数上居于大多数的普通消费者。而在网络时代,由于关注的成本大大降低,人们有可能以很低的成本关注正态分布曲线的"尾部",关注"尾部"产生的总体效益甚至会超过"头部"。正如让 Google 坐上广告业头名的 AdSense 一样,它所关注的恰恰是百万计的中小型网站和个人,对于普通的媒体和广告商而言,这个群体的个体价值微小得简直不值一提,但是 Google 通过为其提供个性化定制的广告服务,将这些数量众多的群体汇集起来,形成了非常可观的经济利润。

而 Google 之所以能在众多商家舍弃的"长尾"中找到盈利的解决方案,正是因为通过大数据,针对长久被主流市场放弃的"长尾"企业,实现个性化定制的广告投放方案,达到双方共赢的良性循环。

再如,对于搜索引擎的优化,使其满足服务于处于尾部的企业个体,也是搜索引擎个性化服务,满足"长尾"需求相应而实现盈利的一个例证。一个利用通用词汇"律师"进行检索到达网站访问者与一个搜索"北京商标权纠纷律师"到达网站的访问者相比,后者更加容易转化成该网站的客户,这也就是研究用户关键词检索行为分散性以及分散关键词策略的价值所在。

总体来说,满足长尾理论居于尾部的个体需求,是大数据利用潜在数据价值实现个性化定制的有效例证,消费者的行为习惯、消费需求、消费偏好、受众群体都是在满足过程中的参考指标,不单可以满足用户体验要求,还能在企业升级、工艺优化、成本降低等方面起重要作用。

(二)云计算的价值

云计算采用的是并行计算模型(多个计算节点运行相同指令操作同一数据集的不同数据段),且目前云服务提供商多采用计算迁移而非数据迁移的方式(计算迁移,迁移的数据量仅仅有运行程序;数据迁移,数据量太大,消耗资源太多),正因为计算迁移,所以云节点一般会通过高度数据冗余满足计算节点的满负荷运转状态。这些特性支撑了很多云计算服务的特性。

1. 增强数据的存储能力和可靠性

分布式存储具有内部高度数据冗余这一特点,一方面,云中部署的大量不同类型的存储设备通过软件整合可以提供强大的存储能力,满足金融业的大数据存储需求;另一方面,由于云计算高并行度,数据冗余可以提高数据的可访问性,并且冗余也提供了数据备份,可以短期内恢复宕机节点的执行任务,更好地解决了金融灾备问题。

2. 高并行度提高数据处理能力

云计算采用并行计算模型，并且采用了国际目前流行的计算迁移方法——通常仅按照 MB 计算的加工、操作数据的执行代码相较于等待加工的数据(GB，更多以 TB 计)而言，传输规模更小且传输速度更快，因此执行速度相较其他并行模型高出很多。

3. 优化资源配置，增加灵活性，提升客户体验

虚拟化技术的运用，可以更好地分割计算和存储资源。相较虚拟化技术运用后的资源分配策略，之前采用的实际资源分配存在的资源弹性差、资源共享度低、数据迁移量大等缺点。正是由于虚拟化技术的运用，使金融机构能够根据业务需求，快速调度和配置所需要的资源，云服务提供商甚至可以提供 24 小时无宕机、无错误的数据请求服务。

综上所述，在互联网金融蓬勃发展的当下，各金融机构争相拓展互联网业务，而目前开展互联网金融服务的最大瓶颈在于信息技术基础设施建设。互联网金融不仅要求金融机构的互联网服务平台具备很强的数据处理能力，同时对系统稳定性、架构灵活性、数据安全性、业务扩展性等方面也提出了很高的要求。一整套基础设施的建立需要耗费巨大的人力、财力和物力，而且建设周期长、业务变化快的特点更增加了最初系统架构的设计难度，许多寄希望依靠互联网金融获得快速发展的中小金融机构因此望而却步。通过云服务提供商，中小金融机构可以直接购买云端的基础设施服务，迅速开展业务。

三、云计算服务的层次

云计算服务分为 IaaS、PaaS、SaaS 三个层次，具体介绍如下。

(一)基础架构即服务(Infrastructure-as-a-Service，IaaS)

该类云计算服务提供商通过互联网提供数据中心、基础架构硬件和软件资源，包括 CPU、内存、存储空间及网络带宽等。基础架构即服务使得用户能够部署和运行任意软件，包括操作系统和应用程序，不用理会云计算基础设施的细节，但能选择操作系统、设定存储空间、安装所需软件，也可获得有限制的网络组建(如防火墙、负载均衡器等)控制权。

基础架构即服务的核心在于虚拟化技术，包括硬件虚拟化、存储虚拟化等。虚拟化可隐藏底层的硬件架构，提供良好的可扩展性(如对于用户需要追加新的计算资源，只需要提交申请，资源管理器会分配计算资源给用户，用户无须知道资源从何而来，资源调度划拨过程对于整个资源池不会有性能上的波动，只是重新分配现有资源的使用权)，形成易于维护的抽象平台。

(二)平台即服务(Platform-as-a-Service，PaaS)

该类云计算服务提供商在基础架构即服务之上专门针对某个行业或者某种应用类型安

装操作系统和配套软件，配置相应的环境，以方便用户根据环境进行具体应用的开发、测试与部署。用户不需要管理或控制底层的云基础设施，也基本不需要安装开发、测试与运行环境，只需要对应用程序的托管环境进行配置即可开始工作。

平台即服务的要点在于了解行业或者应用需求，为用户提供全面、稳定的关键环境和专业化工具，降低用户在软件环境搭建与维护方面的开支。基础架构即服务可视为一种特殊的 SaaS(软件即服务)，它把应用环境(一般是开发语言和工具软件)作为一种服务提供给用户，而这个客户一般就是 SaaS 提供商。

(三)软件即服务(Software-as-a-Service，SaaS)

该类云计算服务提供商直接面对最终软件用户提供服务，用户一般通过客户端和浏览器访问服务，不需要管理和维护任何云端资源。尤其是面向浏览器的软件即服务几乎消除了用户的全部软硬件维护负担，用户只需要直接使用浏览器访问网站形式的软件即可获取所需的各种服务。在云端软件改进或者升级时，对于用户是很难察觉的。

目前著名的平台级云服务商包括亚马逊、Google、微软等，国内则有盛大、阿里巴巴、华为等；应用级的云服务商数目众多，如网盘、云笔记、在线相册、网上地图等都属于云服务的范畴(见图 8-2)。

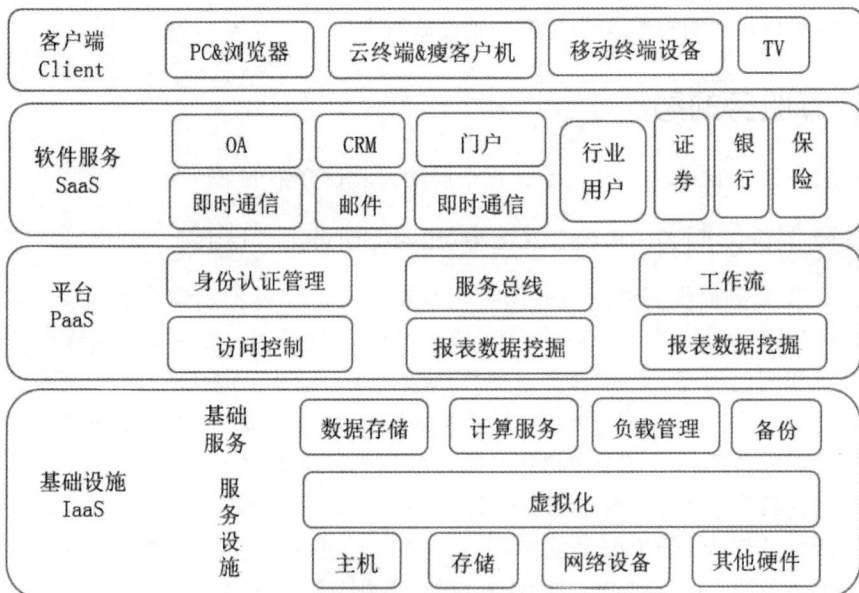

图 8-2　云计算服务架构的三个层次

云计算是对传统客户端——服务器模式的一次重大革新，它的实质是计算任务的外包，用户不用自己维护基础设施、平台和软件，而是交给专业的公司去做。专业公司借助规模效应降低服务成本，提升服务质量。对于借助互联网提供服务的公司来说，云计算可有效降低运营成本，帮助企业专注于自己的核心业务。

四、云计算和大数据技术在金融领域的应用

云计算与大数据技术的结合，颠覆了传统的计算和存储模型单一出现、结合度不高的局面。云端通过分布式存储技术，将大数据按照块存放在不同的存储节点上。IaaS 层服务提供的高冗余的数据块，是整个云计算系统数据的稳定性、计算的高并行度、高的容错率的有力保证。PaaS 提供标准化的服务，具有高并行度。SaaS 针对客户提供无差别的、忽略后台软硬件资源的服务。

(一)云计算技术在金融行业的应用

大数据技术为商业银行提供了一种运营成本更低、业务更灵活的轻量级商业模式，可以摆脱对资本的重度依赖。目前存在的云服务平台类型有政府主导、全民所有的公有云，比如阳光政务系统、国税系统等；有企业主导的商业云平台(BPaaS)，如银行业云服务提供商、阿里云、华为云等。商业银行需要根据自己的数据量和业务需求选择匹配的云服务模式以及部署方式，将大数据技术的服务价值发挥到最大。

通过 BPaaS 模式，商业银行可以从云端获取一系列标准业务流程的服务，比如记账业务、开票业务、付款业务、人力资源管理业务、风险监控业务、信息技术支持业务等。银行可以直接将这些标准化业务外包给云端服务供应商，或者向在线的业务流程专家咨询适合的业务流程解决方案，然后对企业进行业务流程再造，最终达到提高企业业务执行效率的目的。

通过 SaaS 模式，商业银行可以使用浏览器访问软件供应商提供的应用软件以及相关数据，常用的应用软件类型有财务管理、客户关系管理、企业资源规划、人力资源管理、档案管理、服务台管理等。通过云端访问应用软件比传统方式更加灵活，同时也免去了软件升级、系统兼容性等问题的困扰。

通过 PaaS 模式，商业银行可以从云端获得一整套与业务有关的应用软件、程序接口、数据库、存储资源、测试工具等。从云端获得平台服务可以帮助商业银行更加轻松地实施自定义系统的开发和运行维护工作，节省搭建庞大的服务器系统平台以及购买相应软件、硬件的开支。

通过 IaaS 模式，商业银行可以从云端购买所有的信息技术支持服务。从此以后，商业银行将不需要为信息系统建设和网络维护耗费大量资源，它们可以把业务重心放在如何为客户提供更好的产品和服务上，整个社会的资源也可以得到优化配置。

(二)大数据技术在金融行业的应用

网络时代，数据深刻影响着银行的未来发展。在我国庞大的人群和应用市场下，探索以大数据为基础的解决方案，深入洞察复杂且充满变化的市场成了银行提高自身竞争力的重要手段。网络与大数据技术催生了互联网金融，而网络金融的发展壮大则在很大程度上依托于大数据的分析能力。

网络环境改变了金融客户的行为习惯，并且交易信息透明化，交易成本显著降低。此外，交易行为和信息数据的掌握方拥有更多的话语权。因此，在网络时代，谁拥有数据谁就获得了话语权。数据的价值来源于对交易行为和信息数据的深层挖掘和研究，才能做到精准定位和营销，才能通过数据挖掘，开展高附加值的增值业务，进而根据不同客户和市场需求设计不同金融产品。

在网络技术的推动下，金融行业、互联网行业之间的界线日渐模糊，行业融合日渐深入。无论是金融企业还是互联网企业，面对网络金融的迅猛发展，两者既有竞争也有合作，均利用各自的优势地位和产品服务于客户，同时在服务客户的同时相互渗透和转化，形成金融行业、互联网行业的逐步融合。

大数据为金融数据处理和分析提供思路。一直以来，金融行业对数据的重视程度非常高。随着网络的发展、金融业务和服务的多样化和金融市场的整体规模扩大，金融行业的数据收集能力逐步提高，将形成时间连续、动态变化的面板数据，其中不仅包括用户的交易数据，也包括用户的行为数据，导致数据量成几何倍数增长，即形成海量的数据。对于金融企业来说，简单的数据收集是远远不够的，还需要对大数据进行深度挖掘。只有对金融数据进行复杂分析，才能快速匹配供需双方的金融产品交易需求，才能发现趋势和隐藏的信息，才能让金融企业洞察和发现商机。

例如，交通银行采用"大数据"挖掘和分析技术，解决了信用卡中心电话服务系统人员规模庞大，服务质量控制难度大等问题。通过对海量语音数据的持续在线和实时处理，处理客户身份信息、客户偏好信息、服务质量信息、市场动态信息、竞争对手信息等重要内容，并进行归集、处理、存储、调用和分析，为服务质量改善、经营效率提升、服务模式创新提供支撑，全面提升运营管理水平。

银行未来将向智慧银行转型，即将银行建设成一个有机的生命体，拥有高度发达的大脑和神经系统，具备透彻的感应度量、全面的互联互通、深入的智能洞察三大能力，实现对客户资金流、信息流、物流的三流合一管理，从而帮助企业打通供应链各个环节，成为企业的全能财务管家。

(三)云计算和大数据技术在金融领域的应用实例——阿里巴巴的网络贷款

1. 阿里巴巴的网络贷款服务概述

早在 2007 年 6 月，阿里巴巴与中国建设银行、中国工商银行合作共推小企业贷款，小企业不需要任何抵押，由 3 家或 3 家以上企业组成一个联合体即可申请贷款。这种"网络联保"贷款业务最初 6 周的试运营，累计发放贷款 9038 笔，累计贷款发放额 2145 万元，不良率为零。

2008 年年初，阿里巴巴旗下国内最大独立第三方支付平台支付宝和中国建设银行合作推出支付宝卖家贷款业务，符合信贷要求的淘宝网卖家可获得最高 10 万元的个人小额信贷。2009 年 9 月，阿里巴巴与格莱珉银行(又称"孟加拉国乡村银行")信托基金携手开展格莱珉中国项目，向中国最贫困的居民提供小额信贷金融服务。这是著名的"穷人银行"格莱珉银行信托基金首度直接在中国推行小额信贷项目。

2010 年 6 月 8 日阿里巴巴集团联合复星集团、银泰集团和万向集团在杭州成立浙江阿里巴巴小额贷款股份有限公司。这是中国首个专门面向网商放贷的小额贷款公司，也是我国首张电子商务领域小额贷款公司营业执照，贷款金额上限为 50 万元。

2011 年 6 月 21 日，阿里巴巴集团联合复星集团、银泰集团、万向集团共同出资 2 亿元组建重庆市阿里巴巴小额贷款股份有限公司，重庆阿里小贷依托阿里巴巴、淘宝、支付宝、阿里云四大电子商务平台，利用客户积累的信用数据，结合微贷技术，向无法在传统金融渠道获得贷款的弱势群体批量发放 50 万元以下的"金额小、期限短、随借随还"的纯信用小额贷款服务。

阿里小贷的服务对象是阿里巴巴电子商务平台上的网商小企业。贷款申请人须为企业法定代表人或实际经营人，可以直接登录阿里信用贷款的首页，提请贷款申请表，并提供企业资金的银行流水(可从所在网上银行下载)、企业法定代表人经过实名认证的个人支付宝账户及银行借记卡卡号、信用报告授权查询委托书(可从网上下载)。随后，工作人员会和申请人网上视频对话，进行面对面的调查和审核，通过之后即可放贷。从申请到审批完毕，一般为 2～3 个工作日，申请人获贷最快的只需 2 天。如果初审没有通过，第一次申请日 30 天后可再次申请。这个贷款的优点是完全不受地域限制，可复制性很强，发展潜力非常大，阿里巴巴电子商务平台上的网商小企业多达 1000 万家，理论上都是潜在客户。淘宝贷款则分为以订单充当"抵押物"的订单贷款和以"信用"为保证的信用贷款两部分。其中订单贷款已针对全国卖家试运营，服务对象是淘宝网店。淘宝卖家从发货到收到买家货款，快则 2～3 天，慢则几周，对小本经营的淘宝网店来说，资金流动会出现问题。淘宝卖家可抵押订单收款权，依照订单金额即可拿到全额贷款，贷款的日息为万分之五，最长期限是 7 天。这个贷款完全在网上操作完成，速度快，成本低，很受淘宝网店店主欢迎。

2. "阿里小贷"模式的优势

"阿里小贷"模式具有以下三个方面的优势。

1) 大数据云计算降低了贷款成本

"阿里小贷"与阿里巴巴、淘宝网、支付宝底层数据完全打通，通过大规模数据云计算、客户网络行为、网络信用在小额贷款中得到运用。小企业在阿里巴巴、淘宝店主在淘宝网上经营的信用记录、发生交易的状况、投诉纠纷情况等百余项指标信息都在评估系统中通过计算分析，最终作为贷款的评价标准。"阿里小贷"整合了电子商务公开、透明、数据可记载的特点，解决了传统金融行业针对个人及小企业贷款存在的信息不对称、流程复杂等问题。传统中小企业金融的营销成本较大，阿里巴巴作为网络公司，从电子商务平台可以很容易找到活跃网商，经过技术处理，从后台数据挖掘中找到最需要贷款、最有可能获得贷款的客户，实现精准的定向营销，并结合客户的供应链管理情况做出预期授信的判断，直接进行点对点的营销工作，既节约了营销的成本，又避免了对客户的过度打扰。同时，阿里巴巴 B2B 的销售团队得以将贷款产品作为一种服务推向需要贷款的细分市场，节约了大量的广告宣传和品牌管理工作。

2) 实现了网络贷款的流程创新

"阿里小贷"将申贷和审贷流程尽量简化，从客户申请贷款到贷前调查、审核、发放和还款采用全流程网络化、无纸化操作。只要是阿里巴巴诚信通会员和淘宝卖家，无须担保，客户足不出户，只需要在电脑前简单操作即可轻松获取贷款，整个过程最短只需要 3 分钟。

3) 完整的风险控制模式

"阿里小贷"借助大数据技术可以轻易地对获贷企业实行全时监控，因为客户的任何一点经营状况变化都能反映在电子商务平台。例如，获贷企业的沟通工具在线时长是否发生了变化等，都可能意味着企业的经营方式发生重大变化。同样，借助电子商务平台对获贷客户的记录、交易对手都可以直接掌握，极大程度地避免了贷款出现逾期甚至坏账的可能性。在贷款到期日前，"阿里小贷"会提前提醒客户按期还款。如果客户恶意欠贷，不排除对其进行"全网通缉"、在网上公布信用黑名单、封杀网上店铺等惩罚措施，直至采取法律手段。

第三节　网络金融产品创新

网络经济时代金融产品的创新，一是加强对金融衍生产品的研究和基础产品创新，二是继续推动既有产品发展，扩大市场规模。

一、网络证券业务创新

随着电子商务的纵深发展，网络金融也进入到较高的发展层次。各种网络金融创新业务模式层出不穷，而传统证券行业在网络化发展中，体制的制约与整个经济环境发展产生了巨大的冲突，突破现有的各种制度及机制框架、寻求更大程度的发展空间成为必然的选择。一时间，在所谓的"互联网精神"的推动下，券商领域出现了各种创新的动态，直接动摇了现行的证券行业发展格局。

> **【案例 8-1】　券商踊跃"触网"——长江证券入驻淘宝天猫**
>
> 证券公司正在跑步迎接金融互联网时代的渐行渐近。2013 年 11 月 28 日，长江证券在淘宝天猫设立的旗舰店正式开业，这是国内第二家入驻第三方电商平台的上市券商。长江证券零售客户总部总经理罗国华表示，证券公司通过电商渠道培育新型客户群体，把"长尾人群"纳入投资者范畴，有望扩大公司服务受众，对现有营销渠道形成有益补充。
>
> 长江证券天猫旗舰店的主要定位是向广大中小投资者提供资讯、策略等服务产品，主打四类产品，包括"专家财智汇""牛股大搜罗""长江大视野"以及"资讯抢鲜读"，具体产品有投资顾问策略报告、短信资讯、投资组合、量化投资策略等。
>
> 证券公司与第三方电商平台合作，是对传统券商营销渠道的一种新补充，有助于证券公司拓宽销售渠道，加速互联网与金融融合。
>
> 据上证报报道，长江证券自 2013 年年初以来启动与第三方平台的合作探索，并对证券网络经纪业务的组织架构及业务流程进行再造。未来，长江证券将凭借优异的研究分析实力与客户服务水平，以及互联网渠道的广泛性与交互性，有效打通高端专业研究人才与客户直接接触的渠道，从而为中小客户带来更加方便快捷，更具针对性的服务并提升客户满意度。同时，长江证券还将适时推出"非现场开户""空中财富管理"，研究探索具有证券行业优势的商业模式，设计出适合互联网的产品与服务形式，把"长尾人群"纳入投资者，进而实现业务模式的逐步创新。
>
> 有分析指出，从国外经验看，互联网券商作为一个充分竞争的全新市场，而呈现行业集中度高、差异化竞争的格局。预计未来中国的互联网券商格局的集中度将较线下大幅提升。从这个意义出发，国内券商经纪业务越早转型互联网证券，就越会占据主动、争得先机、获得先发优势。
>
> (资料来源：证券时报网快讯中心. 券商踊跃"触网" 长江证券入驻淘宝天猫.
> www.stcn.com, 2013.11.28)

(一)网络证券模式下的冲击

1. 网络券商将对现有券商经营格局产生影响

美国网络经纪商盈利模式总体归结为 1+N，1 就是经纪业务，N 就是将经纪业务客户资源货币化的各种方式。货币化的方式分为三种，分别是资产管理模式、银行模式和传统模式。其中资产管理是最为成功的，盈利能力在三种模式中最好，代表性公司是嘉信理财和富达。其次是将客户流量导入到自己成立的银行或母公司的银行从而实现货币化，前者是 E-Trade，后者是 TD Ameritrade(其母公司是加拿大道明银行)。还有一种是传统模式，货币化的方式就融资融券等传统业务，代表性公司为美国盈透证券(Interactive Brokers)。

2. 网络经纪商放开的潜在影响

对目前证券公司的影响是将使得行业出现明显分化，行业内市场化程度高的券商受影响程度低，对于市场化程度低的券商，可能其传统业务受到侵蚀，影响是负面的。此外，由于证券软件类公司对证券行业情况较为熟悉，在专业技术上也有积累，并有一定的客户积累，因此如果未来我国券商牌照放开、允许设立网络证券公司，则这类公司获得牌照的可能性更高些，主要包括同花顺、东方财富、大智慧、恒生电子和金证股份。前面三家是直接面向客户的，后面两家是开发后台系统的。如果获得牌照，前面三家直接面对客户的或许会有更好的发展前景。

(二)网上证券销售通道

对于基金类、理财类证券产品，除了日常的交易，向投资者销售的过程尤其重要。传统的基金公司一般很少有自己的销售渠道，通常是委托证券公司和商业银行充当销售渠道。由于证券公司和商业银行网点众多，渠道相对成熟，故对于基金和理财产品而言可以起到快速销售的作用。但是，证券公司和商业银行收取的代理费用很可观，而且双向收取，这就对这些产品的实际收益产生了巨大影响。因此，开设网上的直销渠道，成为基金和理财产品的选择。

1. 网上基金交易系统

2004 年 8 月，银联电子支付服务有限公司(China Pay)、兴业银行和 6 家基金公司联合推出一套网上基金交易系统。从此以后，用户可以很方便地上网购买多家基金公司旗下的任何一项产品而无须到各个基金承销银行柜台开办手续。

由于银联支付有中国银联的背景，与其合作的基金公司客户只需基于 China Pay 的跨行转账平台，就能使基金账户与个人银行卡账户之间实现实时互转。在这一模式中，基金公司承担产品批发商的角色。

2. 基金超市

基金超市，就是将发行的开放式基金汇聚在一起，由投资者根据需要自由选择，并对其提供投资指导服务的场所。基金超市有助于为客户提供及时的投资信息和服务，在很大程度上满足了投资者在资产保值增值、价值组合、风险控制等方面的金融需求。

3. 第三方基金电商平台

2013 年 3 月,《证券投资基金销售机构通过第三方电子商务平台开展业务管理暂行规定》颁布，意味着基金公司到电商平台销售基金开闸，有力地推动基金营销体系创新和产品创新，有利于基金销售体系的多元化，有利于打破目前基金销售的困局。

在此前，支付宝联合天弘基金发起的余额理财产品"余额宝"，可以说是基金对销售渠道发起的一种"逆袭"，彻底颠覆了基金销售模式的概念，掀起了一场轰轰烈烈的网络金融大战，并成为 2013 年"互联网金融"的经典案例。

(三)网络证券创新业务

1. "互联网证券"业务试点的推行

2014 年 4 月 4 日，中信、平安、长城、华创、银河，以及国泰君安 6 家券商相继宣布获得"互联网证券业务试点"资格。

2. 券商向电商平台的跨界发展

目前，各大券商涉足电商业务的产品纷纷亮相，有国泰君安的"君弘金融商城"、华泰证券的"涨乐网"、华创证券的网上商城，以及广发证券的"易淘金"电商平台、国金证券与腾讯合作推出的多项网络产品等。

3. 网络投行

投资银行简称投行，是一种以经营证券业务为主的金融机构。现代意义的投资银行基本不属于银行的范畴，而是一种专业证券机构(券商)。通常情况下，一个完整的投资银行包括了重组并购、企业融资、证券发行、承销、研究、投资咨询、经纪、资产管理、财富管理等一系列业务，但也有的只专精于某几个方面的业务。目前，市场上所指的狭义的投资银行仅指证券承销和并购业务。网络投行，应该是一种通过网络平台来完成投资银行业务的创新型金融机构，与传统投行的区别应该是依托网络渠道实现高效的资源配置、业务流程，从而实现高效率。

二、网络银行业务创新

当前，融资难已成为制约中小企业发展的一个瓶颈问题，要迫切解决问题，唯有推进金融结构性改革，实行金融创新。国内主要商业银行已经开始探索网上融资的渠道，通过网络银行实现中小企业在线申请贷款，银行在线审批，提高中小企业贷款效率，降低贷款成本。

(一)商业银行的网络信贷服务

根据中国电子商务研究中心发布的《2010 年中国电子商务市场数据监测报告(上)》显示，"网络融资"的概念是近年开始从国外引入中国，一时间成为银行界与电子商务圈内颇为时髦的词汇，实际上这是一种在线信贷服务的模式，从而优化企业融资流程、降低融资成本、提高融资效率。

商业银行的网贷业务通过现代化网络手段，依托强大的客户群基础，使企业足不出户即可完成贷款的申请、审批、放款和归还的全部过程，特别适应中小及微型企业信贷短、频、快的特点。其范围涵盖各类基于网络的融资业务，具体包括网络联保贷款、网络信用贷款、网络保证贷款、网络抵质押贷款、网络贸易融资等。

1. 网络信贷服务的运作

网络信贷服务实行开放式用户注册认证机制，能够具备远超过银行柜台的快速反应能力，成为网络银行获取融资客户的高效渠道。网络融资通过前后台合作的电子化营销流程，整合其线上和线下的营销和服务资源，并在银行内部风险评级系统的电子化管理框架下，对企业的融资资质以及银行的融资服务能力进行快速匹配，从而实现从获客到实际完成融资的超高效运作。

2. 网络信贷发展趋势

(1) 数据挖掘及智能化分析推进网络融资服务深化。随着企业用户网络化的加深，其行为信息对银行的披露也愈加充分，一定意义上提升了企业的客观诚信程度。商业银行作为货币流通体系的枢纽，在掌握了大量动态的企业资金供给、需求以及交易的信息数据基础上，商业银行完全有能力利用已有的成熟网上企业银行网络，在数据挖掘的支持下形成资金的"社交网络"，并进而通过提供信用评级、主动融资等方式反哺实体经济中尤其是小企业所从事的货物和服务贸易。目前已有商业银行在产品的设计上显露出类似的设计理念，如招商银行的"智能现金池"产品，就是在对企业资金池的动态智能分析基础上，通过系统与多样化的增值性资产进行关联，从而实现完全智能化、自动化的主动产品销售。

(2) 多元化资源战略整合是网络金融必然趋势。网络的"公平"准则，意味着商业银行必须真正将自身放到服务者的角度，对企业真实生活的细致需求进行思考和创新。金融网络时代的到来，对企业客户资金运营等数据的掌握和分析，使得商业银行比以往更具能力发现企业需求，这对于其他外部机构而言，不亚于一个已经过有效梳理和分类的客户宝库。通过网络及其背后记录企业行为的庞大数据仓库，使得银行不仅可以快速、精准地定位市场需求，实现各种精准的标准化产品销售，更可在发现企业和企业之间交易关联的基础上，提供面向整个供应链、商圈的批量化产品营销和销售，这都是商业银行独有的优势，是其他脱离真实资金交易的平台所无法实现的。

(二)网络信贷模式

网络信贷的模式有以下几种。

1. 网络联保贷款

网络联保贷款是由银行联合电子商务企业共同推出的一种无抵押新型贷款服务，由 3 家或 3 家以上企业组成一个联合体，共同向银行申请贷款，同时企业之间实现风险共担。当联合体中有任意一家企业无法归还贷款，联合体其他企业需要共同替他偿还所有贷款本息。网络联保贷款不需要任何抵押，而是通过联合体的形式，企业之间互相担保，互相监督，实现共同发展。

网络联保贷款具有以下几个方面的优势。

(1) 无须提供任何抵押，即可获贷。

(2) 贷款利率远远低于其他无抵押民间借贷，额度门槛低，在规定地区的所有企业均可报名，方便快捷。

(3) 随借随还，可循环支用，按日计息。

2. 网上供应链融资

在供应链中，竞争力较强、规模较大的核心企业处于强势地位，在交货、价格、账期等贸易条件方面对上下游配套企业要求苛刻。而上下游配套企业大多是中小企业，难以从银行获得融资，结果导致资金链十分紧张，整个供应链出现失衡。供应链融资是在供应链中寻找出一个大的核心企业，以核心企业为出发点，为供应链提供金融支持。电子商务企业与银行合作，由银行根据供应商(即贷款申请人)持有的买家未付款订单，向贷款申请人提供的一种无抵押信贷服务。供应链融资无须抵押，只需要借助供应链融资中采购商的信用，以卖家的订单作为放宽依据，该模式贷款的额度较高，在授信有效期内，贷款额度可循环使用。

网上供应链融资是将物化的资金流转化为在线数据，无缝嵌入核心企业的电子商务平台，从而在线连接供应链核心企业、经销商、供应商、物流公司和银行，把供应链交易所引发的资金流、物流、信息流实时传输与展现在共同的数据平台上并可授权共享，银行在线提供电子银行服务，构建对企业客户全方位、全流程、多层次的线上服务体系。同时，网上供应链融资系统还与物流公司对接，对于那些采用了动产与货权质押授信的客户，还可以在线办理抵 / 质押品入库、赎货，而物流监管公司则可以通过线上供应链金融系统实现全国各处分散监管驻点的统一管理，在线统计和管理质押品，而且这些商品的信息(品名、规格和价格等)还可以从核心企业发货时自行取得。

3. 纯信用贷款

纯信用贷款是由银行与电子商务公司合作开发，针对中小企业的一种无须任何抵押，无须联保，完全依据信用的贷款服务。

纯信用贷款完全凭信用获取贷款，不用提供任何抵押、无须联保。此外，纯信用贷款利率远低于民间借贷，非常适合无法提供抵押和无法找到担保企业的广大中小企业使用。

4. 电子商务速贷通

电子商务速贷通是电子商务企业联合银行，为希望获得抵押物更高估值的企业提供的一种需要抵质押物，类似传统银行贷款的服务。电子商务速贷通贷款额度高，申请过程相对简单。

5. 卖家信贷

卖家信贷服务是银行与电子商务公司合作，以卖家信用为基础，以交易为质押的一种信贷服务。卖家信贷要求符合信贷标准的卖家，以其已成交而没收到货款的交易为担保，以卖家个人名义向放贷银行申请贷款，用于解决个人的短期资金需求。卖家信贷具有网络化的特点，贷款申请和归还贷款操作全部实现网络化。该贷款模式风险小，符合条件的个人卖家一般已在电子商务网站具有相当的商业价值，为了骗贷而产生虚假交易的成本高。另外，电子商务公司还可以通过其监控体系来规避风险，进行有效监督。

三、商业银行的网络信贷服务实例——"网贷通"

(一)"网贷通"介绍

许多小企业在经营过程中常会面临生产经营周转不畅等问题，需要得到银行的支持，但是，向银行申请融资支持的过程繁复，周期较长，往往解决不了小企业的"燃眉之急"。但如今，小企业可以向中国工商银行申请办理"小企业网络循环贷款"业务(简称"网贷通")，足不出户解决金融需求。

(二)"网贷通"的特点

"网贷通"具有以下五大特色。
(1) 期限灵活，合同一次签订，随借随还、循环使用；
(2) 手续便捷，全网络操作，免去往来银行间奔波，省时省力；
(3) 高效自主，自主通过网上银行操作，借款、还款款项实时到账；
(4) 降低成本，未使用贷款额度不计息，降低贷款成本，减轻财务压力；
(5) 保障提款，贷款额度在合同期内随时提款有保障。

第四节　网络金融理财服务创新

网络理财一举打破了之前银行存款一统江山的格局，引起了金融市场的巨大冲击，搅动了一次活水，金融机构、基金公司、网络巨头均推出各种"宝"，吸引市场上人们的闲置资金，开展细分市场的各种理财服务。

一、互联网理财

(一)理财的概念

理财的概念有三个层次。第一层是有效地、合理地处理和运用钱财，让自己的钱财花费发挥最大的效果，以达到最大限度地满足日常生活需要的目的。第二层是用余钱投资，使之产生最佳的财务收益，也就是钱生钱的层次。第三层是从财务的角度进行人生规划，利用现有的经济财务条件，最大限度地提高自己的人力资源价值，为以后发展做准备。大多数人们的生活无意识地处在第一层上；当生活水平提高后，人们有了存款，大多数人就进入了第二层，试图通过合理、科学的投资策略，获得一定的收益；第三个层次，则不同于前两个层次，它是长远的，需要大量的经验积累和精力投入，且对于自身要求较高，大多数人需要依靠机构的专业性、高效性来帮助自己进入第三层。

(二)互联网理财的概念

互联网理财是指投资者或家庭通过互联网获取商家提供的理财服务和金融资讯，根据外界条件的变化不断调整其剩余资产的存在形态，以实现个人或家庭资产收益最大化的一系列活动。

在互联网金融发展的过程中，自动化的理财规划成为一项重要内容，并形成了一个创新的突破口。良好的用户体验和较低的理财门槛是互联网理财的重要特征，已经超越单纯渠道层面的意义。对于普通收入阶层来说，如何让"小钱"获得方便、省心的投资渠道，对于富裕阶层来说，如何让财富保值、增值，都离不开理财规划的指引，其首要任务是解决理财规划成本及投资门槛问题。传统的理财规划解决方式要么沦为纯粹的产品推销，要么有着极高的门槛，而借助互联网所带来的数字化洪流以及智能化的数据分析能力，基于互联网的低门槛的自动化理财规划、理财咨询平台纷纷涌现，吸引了大量客户，展现出了良好的发展前景。在线理财规划及咨询平台既是对传统理财规划及资讯行业的革新与突破，同时又将市场扩展至传统理财规划、资讯行业无法覆盖的人群。

二、互联网理财平台——余额宝的案例分析

(一)余额宝简介

阿里小贷的贷款主要面向阿里系平台(包括淘宝、天猫和阿里巴巴)的商家、店主发放，与消费者并无直接关系，因此其受益者主要局限在企业层面。阿里巴巴于 2013 年 6 月 17 日正式上线的余额宝是投向消费市场的一颗重磅炸弹。一石激起千层浪，余额宝不仅为淘宝、天猫买家提供一条便捷的理财渠道，更重要的是，它依靠独特的互联网思维，为买家提供了创新性的消费体验。正是这种体验再次引发全民对于互联网金融的大讨论。

余额宝是支付宝打造的余额增值服务，其实质是将基金公司的基金直销系统内置到支付宝网站中，用户将资金转入余额宝，实际上是进行货币基金的购买，相应资金均由基金公司进行管理。目前余额宝对接的是天弘基金的货币基金"增利宝"。货币基金主要投资于短期货币工具如国债、中央银行票据、银行定期存单、政府短期债券、企业债券、同业存款等短期有价证券，是一类收益较稳定、风险较低的基金产品。

(二)余额宝的特点

余额宝具有以下几个方面的特点。

1. 操作简便

用户只需把资金由支付宝转入余额宝便视为购买了基金(当然需要基金公司的确认),只需把资金从余额宝中划出或消费即完成赎回。

2. 门槛低

余额宝最低一元即可购买,用户即使只有少量的零花钱也可享受到资金增值和理财的快乐。

3. 收益稳定

入门级理财用户的风险厌恶度较高,而货币基金具有风险低,而收益一般高于活期存款的特点,所以满足了该类用户的理财需求。

4. 用户体验好

无论是基金的购买、赎回还是收益的查看,都能为用户带来耳目一新的体验,降低了基金理财的心理负担和认知门槛。

这些特点使得余额宝一经推出便大受欢迎,从 2013 年 6 月 17 日正式发布到 2013 年 8 月中旬,两个月的时间余额宝的规模便突破 200 亿元,平均每月增长 100 亿元以上。如此快速的增长使得此前还名不见经传的"增利宝"迅速被推上全国规模第五大货币基金的宝座。

(三)余额宝推出的意义

如果把余额宝的各个环节拆开,逐个审查每个环节,似乎并无显著的创新之处。但是把这些环节顺畅地连接起来,合成一个整体,余额宝展现出鲜明的特点,可视为互联网金融的一项重大创新,其重大意义在于以下两个方面。

(1) 余额宝启动了平民理财市场,完成了一次投资者启蒙工作。那些对理财产品敬而远之、望而却步的用户,首次可以"放心"地购买理财而不是把钱放在支付宝或银行中任其浪费。

(2) 余额宝开创了碎片化理财。这里的碎片化既表现在金额上,用户的一点小钱都可以用来投资,而不用非要积攒到数万,甚至数十万时才能购买"高端"产品(根据淘宝的数据,与传统基金理财户均数万元的投资额相比,余额宝用户的人均投资额约为 5030 元(2014 年统计数据),也表现在时间上,用户可以随时紧急购买或赎回,几分钟的时间就足以完成一次操作。

这种创新体现出典型的互联网思维，如用户体验优先、免费策略和长尾效应等，与具体的行业并无直接联系，却是互联网陆续冲击、颠覆制造业、商业、娱乐业、教育业等传统行业的一贯思维模式，只是这次轮到了金融业。反观传统金融行业握有大量资源，却缺乏类似思维，由互联网公司率先吹响了"互联网金融"的号角。互联网公司在金融领域的腾挪跌宕，不但获得了用户的接受与赞扬，而且开始引领着更多的传统金融机构，大举开始了互联网金融的实践。

三、网络理财市场

在目前市场上的各种"宝"中，背景不同，收益也有差异，各自都面向自己固有的用户发展，以守住阵地为第一目标，伺机再进入其他市场空间。归纳起来，目前的各种网络理财形成了以下几种形态。

(一)支付平台系

以支付宝为代表，依托第三方支付强大的客户平台和资金沉淀为基础，具有超强的爆发力。支付宝对接天弘增利宝货币基金的"余额宝"，在短短的几个月内规模从零一路飙升到几千亿元，在实现客户网购储备资金增值的同时也带动天弘基金公司完成规模的逆袭。作为集收益、资金周转，以及支付功能于一身的"余额宝"，借助于支付宝巨大的客户群以及良好的平台，已经成功成为网络理财的代表产品。苏宁的"零钱宝"同样是一款具备支付功能的现金理财工具。借助苏宁易购的平台，"零钱宝"资金可随用随取，还可用于易购购物、生活缴费、信用卡还款，也可以转到易付宝余额或银行卡。"零钱宝"对接了广发天天红和汇添富现金宝两只产品供投资者选择。此外，苏宁"零钱宝"具备多数网络理财产品缺乏的线下优势，凭借苏宁1600余家全国实体店，投资者可得到现场产品咨询以及操作指导服务，有利于开发新客户群体。

(二)移动服务系

这是依托移动支付工具拓展的网络理财业务。移动支付的发展本身就是利用移动服务巨大的客户资源起家，在这样的环境下能够快速地实现客户转化，具有独特的优势。2014年1月15日晚，微信推出理财产品"理财通"。网络金融行业人士认为，基于微信庞大的用户数、高频次打开率，微信"理财通"是最有潜力对抗余额宝的产品。

(三)商业银行系

随着越来越多的网络理财工具横空出世，投资者将活期、定期等各类存款纷纷搬家，银行开始面临前所未有的压力。尽管所有的现金管理工具的托管都在银行，资金并没有进行本质的流出，但网络理财的资金抢占却使得商业银行代销基金以及理财产品的业务受到正面冲击。客户购买网络理财产品造成了用户存款大搬家，使得银行赖以生存的存贷差面临灭顶之灾。为了扭转不利局面，银行除了每日限制客户往各支付平台的转账额度，也积极的做出了正面迎击，发行银行端的网络理财工具。平安的"平安盈"、广发的"智能金"、交行的"快溢通"、工行的"天天益"等产品如雨后春笋般涌出，这些产品背后绑定的也是货币基金，同时兼具货币基金的收益以及取现的灵活性、还信用卡等多种复合功能。与各种"宝"们相比，银行系产品在收益率上难以比肩，但在申购、取现额度上较其他网络理财产品有了显著提高。

(四)基金系

传统基金公司由于缺乏自己的销售渠道，不得不与商业银行进行合作，但高昂的通道费严重挤压了基金公司的利润空间，而利用淘宝平台进行基金的网络直销也没有得到管理部门的认可。紧随网络理财的浪潮，基金公司也纷纷创新产品，推出余额理财型的产品，改变了原来基金产品赎回周期长、资金到账慢、申购和赎回费率高的问题，对抗市场上的各种网络理财攻势。目前，多家基金公司均开发了相应现金管理产品在直销平台上销售，如广发的"钱袋子"、嘉实"活期乐"、交银施罗德的"现金宝"等。

第五节　网络金融融资服务创新

目前，通过网络平台的中介，P2P网络信贷这种模式得到了快速的发展，已经从海外扩展到国内，并且势头迅猛。但是由于在法律监管、风险控制等方面尚存在诸多真空，这种新型的信贷模式充满了未知变数，也引起了很多争议。

一、P2P

(一)P2P的概念

P2P(Personal to Personal)，也叫作P2P金融、P2P网络信贷，是指个人与个人间通过网络渠道进行的小额借贷交易，一般需要借助电子商务专业平台帮助借贷双方确立借贷关系并完成相关交易手续，属于一种"点对点"的信贷模式。借款者可自行发布借款信息，包括金额、利息、还款方式和时间，实现自助式借款；借出者根据借款人发布的信息，自行决定借出金额，实现自助式借贷。目前，P2P网络信贷都需要通过一个网络中介平台才能完成这个流程，由中介机构负责对借款方的经济效益、经营管理水平、发展前景等情况进行详细的考察，并收取账户管理费和服务费等收入。P2P网贷的收益率基本都在10%～18%，以网络作为金融业务的媒介，减少了许多中间费用，收益率远远高于银行理财和货币基金。相对于门槛100万元起步的信托理财，P2P网络信贷的起点极低，多数平台都是100元起投，无门槛、收益高，属于一种"草根金融"。

(二)P2P网络信贷的原理

P2P网络信贷的起源有两种说法,一种认为是受了2006年诺贝尔和平奖得主尤努斯教授"乡村银行"模式的启发。尤努斯认为现代经济理论在解释和解决贫困方面存在缺陷,为此他于1983年创建了孟加拉乡村银行——格莱珉银行,通过开展无抵押的小额信贷业务和一系列的金融创新机制,不仅创造了利润,而且还使成千上万的穷人尤其是妇女摆脱了贫困,使扶贫者与被扶贫者达到双赢。格莱珉银行目前已成为100多个国家的效仿对象和盈利兼顾公益的标杆。自1983年创办以来,格莱珉的小额贷款已经帮助了630万名借款人(间接影响到3150万人),其中超过一半脱贫。除了创办当年及1991年至1992年两个水灾特别严重的年头外,一直保持赢利,2005年的赢利达1521万美元。同时,格莱珉银行不仅提供小额贷款,而且也鼓励小额存款,并通过格莱珉银行将这些存款发放给其他需要贷款的人。这一模式就是最初的P2P金融雏形。

另一种说法认为这是一种个人互助信贷模式,是在中国民间社会"标会""合会"的基础上逐渐发展形成,初衷是亲戚、朋友或社会团体之间通过小额信贷来解决资金融通问题。"标会",又称"抬会""打会""跟会",是一种具有悠久历史的民间信用融资行为,具有筹措资金和赚取利息双重功能,通常建立在亲情、乡情、友情等血缘、地缘关系基础上,带有合作互助性质。由于缺乏具体法律约束,操作的随意性大,"标会"带来了一系列不良社会后果。近年来国内各地出现的集资案件,很多都跟民间"抬会"有关,其影响也非常大,对金融稳定形成威胁。

(三)P2P网络信贷的主要模式

P2P网络信贷的主要模式如下。

1. 担保机构担保交易模式

担保机构担保交易模式是最安全的P2P模式。此类P2P平台仅仅作为中介,平台本身不吸储、不放贷,只提供金融信息服务,由合作的小贷公司和担保机构提供双重担保,典型代表如"有利网""诺帮友信"等。此类平台的交易模式多为"1对多",即一笔借款需求由多个投资人投资。此种模式的优势是可以保证投资人的资金安全,由中安信业等国内大型担保机构联合担保,如果遇到坏账,担保机构会在拖延还款的第二日把本金和利息及时打到投资人账户。有些平台也推出了债权转让交易,如果投资人急需用钱,可以通过转卖债权,从而随时把自己账户中的资金取走。这种模式因为其安全、方便、快速而获得用户喜爱。

2. P2P债权合同转让模式

P2P债权合同转让模式也称"宜信模式",是由国内著名P2P网站宜信所创立。这种模式可以称之为"多对多"模式,借款需求和投资都是打散组合的,甚至有由宜信负责人唐宁自己作为最大债权人将资金出借给借款人，然后获取债权对其分割，通过债权转让形式将债权转移给其他投资人，获得借贷资金。宜信也因其特殊的借贷模式，制定了"双向散打"风险控制机制，通过个人发放贷款的形式，获得一年期的债权，宜信将这笔债权进行金额及期限的同时拆分。这样一来，宜信利用资金和期限的交错配比，不断吸引资金，一边发放贷款获取债权，一边不断将金额与期限的错配，不断进行拆分转让。"宜信模式"的特点是可复制性强、发展快，其构架体系可以看作是左边对接资产，右边对接债权，宜信的平衡系数是对外放贷金额必须大于或等于转让债权，如果放贷金额实际小于转让债权，等于转让不存在的债权，根据《关于进一步打击非法集资等活动的通知》，就属于非法集资范畴。另外，这种资金错配模式也存在巨大的风险，一旦少数几个项目违约可能会引起连锁反应，从而引发风险。

3. 大型 P2P 网络服务平台模式

这类平台通常由金融机构背书，实力强大、运作规范，如平安陆金所、招商银行"小企业 e 家"等。与其他平台仅仅几百万的注册资金相比，陆金所 4 亿的注册资本显得尤其亮眼。此类平台有大集团的背景，且是由传统金融行业向网络金融布局，因此在业务模式上金融色彩更浓。在风险控制方面，陆金所的 P2P 业务依然采用线下的借款人审核，并与平安集团旗下的担保公司合作进行业务担保，还从境外挖了专业团队来做风控。线下审核、全额担保虽然是最靠谱的手段，但成本并非所有的网贷平台都能负担，无法作为行业标配进行推广。值得一提的是，陆金所采用的是"1 对 1"模式，1 笔借款只有 1 个投资人，需要投资人自行在网上操作投资，而且投资期限为 1～3 年，初试阶段出现了供不应求的情况，且债权流动性也不高。但由于"1 对 1"模式债权清晰，因此，陆金所在 2012 年年底推出了债权转让服务，缓解了供应不足和流动性差的问题。

4. 授信机制下的 O2O 综合交易模式

这种模式结合授信审核机制，采取在线(Online)与离线(Offline)融合的信贷模式，典型的就是阿里小额贷款，通过为电商加入授信审核体系，对贷款信息进行整合处理，以降低信贷风险。这种小贷模式创建的 P2P 小额贷款业务凭借其客户资源、电商交易数据及产品结构占得优势，其线下成立的两家小额贷款公司对其平台客户进行服务。线下商务的机会与网络结合在了一起，让网络成为线下交易的前台。目前，国内的小贷公司纷纷与 P2P 平台展开合作，其目的就是可以突破地域限制，获得更多客户，同时小贷公司具有更好的风控能力，可以降低借贷风险，更重要的是可以突破小贷公司目前的监管红线。如果脱离了正常的政府金融部门的监管，那么更大的风险也许会不期而至。

5. P2C 网络小微金融模式

这种模式在借款来源一端被严格限制为有着良好实体经营、能提供固定资产抵押的有借款需求的中小微企业，另一端是通过网络平台投入资金的投资者，目前以"爱投资网"

为代表。这种依托网站搭建的线下多金融担保体系，从结构上彻底解决了 P2P 模式中的固有矛盾，不仅在年化收益率上对投资者有着极高的吸引力，线下金融担保机构的多担保合作体系也是从根本上解决了网络金融风控诚信的原则性问题，让专业的机构做专业的事，实现多方共赢的目标。这种模式从形式上看接近于众筹，但是其线下多头担保可能涉及违规运营，有被银监部门喊停的可能。

(四)P2P 网络信贷的特征

P2P 网络信贷具有以下几个方面的特征。

1. 对象平民化

P2P 网络信贷主要针对那些信用良好但缺少资金的小微企业主、创业大学生、工薪阶层等，满足其参与技能培训、家电购买、家居装修、兼职、创业或者是短期流动资金借贷等需要。这一特点也直接决定了 P2P 网贷的数额相对较小，一般不针对大企业和数额较大的借款人，不涉足热点投资领域，被称其为"微型金融"。

2. 渠道网络化

由于时间和空间成本的限制，P2P 信贷的借方和贷方不可能面对面进行商谈，所有的借贷行为依靠中介平台进行，其联络的桥梁则是网络，因此，P2P 网贷也被直接称为"网络信贷"。

3. 借贷便利化

P2P 网贷的借款人一般不用提供额外的抵押担保，全凭个人信用进行贷款，借贷相对简单便捷。个人信用情况由中介公司进行把关审核，现阶段主要依靠的是人民银行的征信系统以及网络平台本身掌握的信用记录。例如，阿里巴巴通过其用户"诚信通"的信用记录作为授信依据，提高了风险防范程度。根据中介公司提供的借款人资信情况，出借人可以对借款人的还款能力进行评估和选择，信用级别高的借款人将得到优先满足，其得到的贷款利率也可能更加优惠。

4. 过程透明化

P2P 信贷的出借人与借款人直接签署个人间的借贷合同，一对一地互相了解对方的身份信息、信用信息，出借人及时获知借款人的还款进度和生活状况的改善，最真切、直观地体验到自己为他人创造的价值。

5. 准入低端化

P2P 网贷准入条件非常宽松，有几千甚至仅仅几百元的资金或者需求就可以通过网络进行借贷。P2P 网贷使每个人都可以成为信用的传播者和使用者，信用交易可以很便捷地进行，每个人都能很轻松地参与进来，所以 P2P 网贷也是一种典型的"草根金融"。

二、众筹

对于大部分中国人来说，众筹是个陌生的概念，但是目前已经走进人们的生活。全球众筹融资模式发展非常迅速，著名私人、公共和社会企业众筹方案调查咨询公司 Massolution 研究报告指出，2013 年全球总募集资金已达 51 亿美元，其中 90% 集中在欧美市场。世界银行报告更预测 2025 年全球募集总金额将突破 960 亿美元，亚洲占比将大幅成长。

(一)众筹的概念

众筹翻译自国外 crowd funding 一词，即大众筹资或群众筹资，由发起人、跟投人、平台构成。一般而言是通过网络上的平台连结起赞助者与提案者。群众募资被用来支持各种活动，包含灾害重建、民间集资、竞选活动、创业募资、艺术创作、自由软件、设计发明、科学研究以及公共专案等。

(二)众筹的特征

众筹通过互联网方式发布筹款项目并募集资金。相对于传统的融资方式，众筹更为开放，能否获得资金也不再是由项目的商业价值作为唯一标准，只要是网友喜欢的项目，都可以通过众筹方式获得项目启动的第一笔资金，为更多小本经营或创作的人提供了无限的可能。众筹具有如下特征。

(1) 低门槛：无论身份、地位、职业、年龄、性别，只要有想法、有创造能力都可以发起项目。

(2) 多样性：众筹的方向具有多样性，在国内的众筹网站上的项目类别包括设计、科技、音乐、影视、食品、漫画、出版、游戏、摄影等。

(3) 依靠大众力量：支持者通常是普通的草根民众，而非公司、企业或是风险投资人。

(4) 注重创意：发起人必须先将自己的创意(设计图、成品、策划等)达到可展示的程度，才能通过平台的审核，而不单单是一个概念或者一个点子，要有可操作性。

(三)众筹的历史发展

众筹最初是艰难奋斗的艺术家们为创作筹措资金的一个手段，现已演变成初创企业和个人为自己的项目争取资金的一个渠道。众筹网站使任何有创意的人都能够向几乎完全陌生的人筹集资金，消除了从传统投资者和机构融资的许多障碍。

众筹的兴起源于美国网站 Kickstarter，该网站通过搭建网络平台面对公众筹资，让有创造力的人可能获得他们所需要的资金，以便使他们的梦想有可能实现。这种模式的兴起打破了传统的融资模式，每一位普通人都可以通过该种众筹模式获得从事某项创作或活动的资金，使得融资的来源者不再局限于风投等机构，而可以来源于大众。

(四)众筹的运营模式

众筹在国内外发展过程中，其运营模式也不断得到创新，归纳起来，可以从众筹的服务对象、参与者的参与性质，以及回报模式等几个方面来进行划分，如图8-3所示。

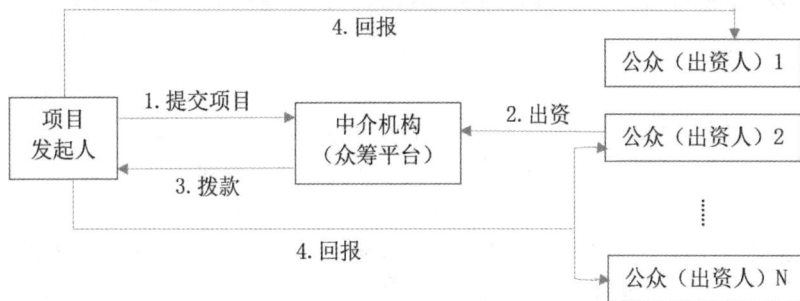

图8-3　众筹模式的构建及运作流程

1. 以众筹的服务对象进行的分类

根据众筹的服务对象的不同，可分为综合型众筹和垂直型众筹。

1) 综合型众筹

综合型众筹通常都是大型服务平台，面向广大创业群体，覆盖领域广、涉及专业多，像 Kickstarter 与 Funders club 就是属于这种类型，国内的"众筹网""点名时间"等也是综合型众筹的典型。综合型众筹往往涉及各种各样的服务对象，资金募集的规模也不等，小到几千元，大到几百万都可能，募集者有个人创业者，也有专业公司。《滚蛋吧!肿瘤君》这本由网络知名漫画家熊顿创作的漫画于 2012 年 4 月在"点名时间"发起众筹，筹资目标是10 万元人民币。结果上线第一天就募集到了 11 万元，最终有 34 万元到账，12 万人浏览了该项目，赢得了 4163 位支持者。

2) 垂直型众筹

垂直型众筹一般专注于某一领域，定位鲜明，如专业服务于传媒、APP、演出活动、艺术创作、电子游戏、房地产、餐饮、时尚、新闻业等。目前专业的、按产业与项目分类的众筹平台更加符合社会的需求。

淘梦网就是一家专注于微电影制作的垂直型众筹平台，帮助电影人获得拍摄微电影所需资金。电影人可以拥有电影项目主页、分享电影拍摄计划、募集所需的资金启动电影梦想，投资人可以支持打动人心、产生共鸣的电影项目，获得项目发起人承诺的特色回报。淘梦网对于众筹项目在执行过程中是全程免费的，并且还帮助电影人较小作品的发行，在微电影获得收益后提取 10%作为佣金，其余由制作人与投资者共享。这类垂直型众筹平台专注于某一领域，专业性较强，容易获得业内认可，吸引的投资者往往对专业比较理解甚至充满激情，有助于项目的成功融资。

2. 以众筹的参与性质进行的分类

根据众筹的参与性质的不同，可分为股权型众筹和非股权型众筹。

1) 股权型众筹

股权型众筹主要面向一些创业项目，通过向公众筹集创业资金来实现创业项目，然后以创业企业的收益回报投资者。这些众筹参与者就成为创业项目的原始股东，风险公担、收益共享。

股权型众筹包括凭证式众筹、会籍式众筹、天使式众筹、非股权型众筹。

(1) 凭证式众筹。凭证式众筹即项目发起人通过众筹平台向公众发售一种权益凭证，在众筹到预定规模的资金后，发起人即设立创业公司进行运营。在传媒、文化创意领域，这种模式容易得到公众认可。在公司运营获得收益后，持有凭证的所有人可享受应得的权益。由于向公众发售这类权益凭证，在我国有着严格的限制，如公开向超过 200 人以上募集资金，必须得到银监部门的批准，否则即为不合规项目。因此，在小额化的市场中，要募集到项目运作的足够资金，参与人数限制在 200 人以下并不现实，这也是这种模式在国内推广最大的瓶颈。

(2) 会籍式众筹。会籍式众筹相对来说是一种小众的投资模式，项目发起人通常在一个圈子内向特定对象发起股权融资，融资额度相对会较大，在募集资金规模达到后，发起人即成立公司。这类公司往往是以餐饮、娱乐、休闲为主，认购股权的投资者即成为新公司的会员，享受其提供的特定服务。认购股权相当于购买了一份未来企业的会员证，取得了会员资格。相比其他众筹模式，这种会籍式众等对参与者有着严格的控制标准，并非愿意投资都能如愿。

(3) 天使式众筹。这种模式是通过网络平台发布创业项目，吸引到足够数量的小额投资人(天使投资人)，并凑满融资额度后，投资人就按照各自出资比例成立有限合伙企业(领投人像普通合伙人，跟投人像有限合伙人)，再以该有限合伙企业法人身份入股被投项目公司，持有项目公司出让的股份。而融资成功后，作为中间平台的平台则从中抽取一定的融资顾问费。

2) 非股权型众筹

可以说，除了股权型以外的众筹都是非股权型的。这些众筹项目并不以获得项目股权作为回报形式，通常以实物(作品、产品)或使用权(门票、免费下载、免费试用等)作为回报手段。由于不涉及金钱报酬之类问题，所以近阶段在我国没有太多法律方面的限制问题，政策风险相对较小。

3. 以众筹回报性质进行的分类

根据众筹回报性质的不同，可以分为公益型众筹和非公益型众筹。

1) 公益型众筹

公益型众筹的回报主要是来自精神方面的回报。公益型众筹项目的参与者，本意是奉献一份爱心，而受助人则通过自己的方式，对捐助人进行感谢，对方此时获得的是一种精神上的满足。清华大学工业工程系的一群学生坚持了 3 年，对北京一家残障人士福利院进行帮扶，教他们跳舞、唱歌，甚至还帮他们糊纸盒。这些学生在众筹的网站上发起了名为"残月星辉"的项目，募集 3000 元，帮助那些残障孩子。项目实现后，支持者们则得到了学生们制作的明信片、T 恤、残障孩子创作的画册等小作品。

2) 非公益型众筹

投资在众筹项目成功后可以获得一定回报的，都不属于公益型。非公益型众筹项目在我国应该是占主流的，其回报方式也多种多样。

(1) 现金回报型。现金回报型主要是通过股权权益获得回报，如红利、股息等，这里不再赘述。

(2) 实物回报型。实物回报型主要通过获得众筹项目成功的产品、作品、纪念品等作为回报。很多艺术、创作活动，通过众筹筹集资金运作项目，投资者在未来优先获得产品或作品，相当于是一种预售行为。

(3) 参与体验型回报。众筹项目成功后，投资者可以获得体验机会，如获得演唱会门票、会员卡等。

(4) 复合型回报。复合型回报即众筹投资人可以获得一种以上的回报。零壹咖啡项目发起人经营的咖啡馆不是为了卖咖啡，而是要为创业者提供行业交流、创业指导、创业路演、小型团队办公、人才对接、产品设计、投融资对接等多种类型的创业服务。

本章小结

作为一种全新的金融模式，网络金融来势凶猛，搅局行业，冲击着传统金融服务，改变着人们的生活消费习惯。网络金融的纵深发展，已经突破了在传统金融业务模式上进行简单的网络化延伸的范畴，依靠网络、移动通信、云计算等新技术，利用移动支付、P2P 等新模式，突破传统金融概念和货币创造模式，改变了交易、投资与信贷业务相关的产品和服务组合，使得网络金融业务不再局限于金融机构，非金融机构也在积极介入并推动着这个新生事物的发展，从另一个角度看，互联网金融有别于传统金融，是去中介化金融创新的产物，在大数据和云计算的支撑下，更好地为投资者提供个性化、有针对性的金融服务，动摇着传统金融业的格局。本章在讨论了网络金融创新基本知识的基础上，介绍了云计算和大数据技术在网络金融领域的应用，详细分析了近年来涌现出的基于网络的金融创新，具体包括产品创新、理财服务创新、融资服务创新等相关内容。

本章习题

一、问答题

1. 网络金融的创新包括哪些范畴?

2. 简述网络金融创新的概念。

3. 网络金融的创新活动对传统金融领域产生了怎样的冲击?

4. 云计算和大数据对网络金融产生什么影响?

5. 何谓互联网理财?

6. 什么是 P2P? 目前市场上 P2P 的模式有哪些?

7. 什么是众筹? 目前市场上众筹的模式有哪些?

二、实践训练

实训项目: 网络金融创新实践。

实训目的: 体验网络融资、网络理财等服务。

实训步骤:

(1) 查询几家从事网络融资的网站,并根据该类网站提供的融资产品的不同,分析不同网站的产品特点。

(2) 查询网络金融理财服务网站,看看除了余额宝之外,还有哪些网络理财产品? 分析不同网络理财产品各自的特点。

(3) 浏览相关站点(如中国人民银行),了解中国政府在网络融资方面最新的政策和规定。

第九章　网络金融安全

【学习要点及目标】

- 理解网络金融安全的概念和网络金融的交易安全要求。
- 掌握网络金融安全的隐患、内容和措施。
- 掌握网络金融安全技术。
- 了解加密技术、数字签名和防火墙技术。
- 掌握网络金融认证技术。
- 熟知数字证书、安全协议和标准。
- 了解 SSL、HTTPS、SSH、SET、PKI 技术。

【核心概念】

网络金融安全　移动金融安全　加密技术　数字签名　防火墙　网络认证　数字证书
网络安全协议　SSL　HTTPS　SSH　SET　PKI

【引导案例】

情况很严重：2014 年互联网用户数据库泄露事件盘点

在 2014 年年中，大大小小的网上个人信息泄露事件频发，信息安全问题比以往任何一个年份都更为突出。越来越多的公民个人信息成为不法分子争抢的"香饽饽"，要么被直接出卖非法获利，要么被犯罪分子利用，从事电信诈骗、非法讨债甚至绑架勒索等犯罪活动。也正是这些信息泄露事件的切肤之痛，让更多的网民对信息安全有了更直接、更深刻的认识。

1. 携程网信息安全门事件

乌云漏洞平台于 2014 年 3 月 22 日晚间发布消息称，携程系统存在技术漏洞，可导致用户个人信息、银行卡信息等泄露。漏洞泄露信息包括用户姓名、身份证号、银行卡类别、银行卡卡号、银行卡 cvv(信用卡背面的三位数安全码)码等。这意味着，一旦这些信息被黑客窃取，在网络上盗刷银行卡消费都将易如反掌。

作为国内在线旅游市场份额最大的服务商，携程的日均酒店预订、票务预订等业务量以十万计。像携程一样愈发融入公众生活的电商网站越来越多。有过网购经历者知道，使用这些网站的前提是"注册"，而注册用户一定要填写诸多个人信息，支付也多半是刷卡完成的。出现在携程上的漏洞，很容易让人们对所有的电商网站的安全性产生怀疑。

2. 小米 800 万用户数据泄露

2014 年 5 月 13 日晚间，有爆料称小米论坛用户数据库疑似泄露，涉及用户约 800 万。经乌云漏洞报告平台证实，小米数据库已在网上公开传播下载，与小米官方数据吻合。

在得知这一消息后，小米手机用户小孟立即下载上述数据库进行比对。"不看不知道，一看吓一跳！我以前删除过的短信，竟然都在小米云里面。"

据安全专家分析，小米论坛官方数据库泄露，涉及 800 万使用小米手机、MIUI 系统等小米产品的用户。泄露数据带有大量用户资料，可被用来访问小米云服务并获取更多的私密信息，甚至可通过同步获得通讯录、短信、照片、定位、锁定手机及删除信息等。

有安全专家分析说："从网络流传的小米数据库判断，数据库中的密码数据使用了保护措施，黑客还原明文密码的概率为 70%～80%，简单密码容易被破解。此外，疑似小米的泄露数据还带有用户资料，可能被不法分子利用进行诈骗。"

3. 快递官网遭入侵，1400 万条用户信息被转卖

2014 年 8 月 12 日，有消息称，多家快递网站因存在漏洞遭黑客入侵，有 1400 万条个人信息在网络上被层层转卖。

消息称，2014 年 3 月起有快递企业发现大量该公司快递单信息在网上被叫卖。随后警方调查发现，这些信息以图片格式存在，上面除了有快递编码外，还详细记录着收货和发货双方的姓名、电话号码、住址等个人隐私信息。

根据警方调查，上述个人信息是由黑客恶意通过快递公司网站漏洞获取。据犯罪嫌疑人交代，其通过网站漏洞登录网站后台，然后再通过上传(后门)工具就能获取该网站数据库的访问权限，进而得到这些个人信息。犯罪嫌疑人表示，如果某个快递公司网站存在漏洞，20 秒就可以拿到这些数据。警方共从犯罪嫌疑人电脑中查获了 1400 万条个人信息。

信息泄露事件背后往往是一条完整的利益链条，这些个人隐私最终成为不良商家牟利的工具。

(资料来源：常磊. 情况很严重：盘点 2014 年网上个人信息泄露事件. 半月谈, 2014.12.27)

【案例导学】

由于网络金融的远距离网络操作性而非传统的面对面支付方式，安全问题已成为大家关注网络金融运行安全的首要方面。完成网络金融活动中资金流的网络支付与结算因涉及商务实体最敏感的资金流动，所以是最需要保证安全的方面，也是最容易出现安全问题的地方，如密码被盗、钓鱼网站、收款抵赖等。因此，保证网络金融的安全其实很大部分就是保证网络金融过程中网络支付结算流程的安全，这正是银行与商家，特别是客户关心的焦点问题。在目前我国社会信用体系不太完善而且商务诚信较差的情况下，更是如此。对于非研发人员来说，很少需要对安全领域内的基础技术进行深入的研究，但是鉴于日常系统使用时会经常遇到各种安全相关的问题，熟悉和了解这些网络金融安全技术的基本原理和使用场景还是非常必要的。本章对非对称加密、数字摘要、数字签名、数字证书、SSL、

HTTPS 等这些安全领域内的技术进行一番简要的介绍，并解释它们之间的关系。通过对本章的学习，读者可以掌握网络金融安全的概念、内容和措施，了解移动金融安全的有关知识，掌握当前网络金融采用的安全技术，包括加密技术、数字签名和防火墙技术等，熟知网络金融认证技术，如网络认证技术、数字证书，以及网络安全协议与标准。

第一节 网络金融安全概述

一、网络金融安全问题的提出

事实表明：交易安全是用户最关心的问题。网络金融的安全问题可以定义为：与金融交易有关的信息能否通过互联网进行安全传输的一系列相关问题。网络金融安全涉及的环节较多，其中包括技术方面、管理方面、社会意识方面、网络标准方面和法律方面等。网络金融安全问题从技术层面狭义地讲，就是由于当前技术的缺陷导致网络金融交易出现可以利用的漏洞，存在着大量的安全隐患。

任何网络安全系统都是相对安全的，而不是绝对安全的。例如，防病毒系统总是在新病毒开始对社会有影响的情况下，才发现和研究防止该病毒的措施，也就是说安全系统总是在新的安全问题下进行改造和升级的，安全系统总是滞后于非安全因素的发展。这个结论提醒我们网络安全工作是必须时刻需要注意的，没有一劳永逸的网络措施，应树立正确的网络安全观念。具体来说，目前网络金融面临的主要安全问题有以下五个方面。

(一)信息在网络传送过程中被窃取或盗用

信息在网络传输过程中的安全性是网络金融面临的最大安全问题，它造成的后果是非常严重的。例如，当一个客户的银行卡账户和密码在网上被窃取后，盗用者就可以利用客户的银行卡账户和密码轻轻松松地转出客户的资金，给客户造成极大的损失，同时客户由于银行卡并没有丢失，并不能及时发现资金被转走，只有当银行卡内资金不明不白地大量减少时，才有可能发觉被人盗用。

(二)信息被篡改

例如，本来总支付额为 1000 元，结果支付命令在网上发出后，由于不知哪一方的原因从支付账号中划去了 2000 元，这就给网络金融交易一方造成了损失。

(三)无法有效验证网络金融双方的身份

一些不法商家或个人利用网络贸易的非面对面性，以及互联网上站点的开放性和不确定性进行欺诈活动。假冒合法用户或发送假冒信息，如伪造电子邮件或盗取 QQ 欺骗其他用户。

(四)对信息内容进行抵赖、修改和否认

交易的某方为了自己的利益,随意否认支付行为的发生或发生金额,或更改发生金额。例如,支付方当日并没有支付 1000 美元货款却坚持说已经支付完毕;收款方已经收到 10 000 元货款而矢口否认,或者本来交易额只有 1000 元,却坚持认为发生了 2 000 元等。这些行为发展下去,将会给网络金融的信用体系造成毁灭性的打击。不过现在因为有了第三方支付平台,这些问题都迎刃而解了。

(五)网络金融系统非人为性或被故意攻击而导致服务中断瘫痪

由于客户的账户信息存放在相应的银行后台服务器中,当银行网络遭到非人为的损害或黑客的故意攻击而导致银行后台服务器出现错误、运行中断或瘫痪时,客户肯定无法使用其网银服务;或者导致正在进行的网络支付进程中断。此外,当网络病毒造成网络堵塞时,网络金融交易的过程将拖延,这也可能造成交易双方的损失或客户的流失。例如,2003 年 1 月 25 日,互联网上出现一种新型蠕虫病毒即"2003 蠕虫王",这种病毒具有极强的传播能力,在亚洲、美洲、澳大利亚等地迅速传播,它大量消耗网络资源,导致网络访问速度非常慢,甚至导致全球主干网基本瘫痪。互联网的瘫痪势必影响网络金融处理系统的正常运行。

基于以上几点,可以看出,如果没有充分的网络金融安全保证,商家和客户就极有可能担心网上的安全问题而被迫放弃网络金融活动,因而阻碍了网络金融的发展。信息的安全、资金的安全、网络金融系统的安全都会直接影响到网络金融能否顺利进行。因此,保证网络金融的安全是网络金融的核心问题,也是难点。

二、网络金融安全隐患

网络金融安全方面的隐患,既有网络方面的因素,又有计算机系统方面的因素。

(一)网络的安全隐患

网络的安全隐患主要指以下几个方面。

1. 木马

不少读者都碰到过这样的现象:打开一个网站,结果页面还没显示,杀毒软件就开始报警,提示检测到木马病毒。有经验的朋友会知道这是网页恶意代码,这就是典型的网页挂马现象。网页挂马攻击采用在网页中嵌入脚本,通过执行脚本获取信息或者下载木马下载器,用浏览器查看一个带有木马的页面时,木马程序会随着看到的页面自动下载,并开始在计算机上启动运行。网络木马全称为"网络特洛伊木马",是隐藏在程序或页面里而掩盖其真实目的程序,可窃听计算机上的保密信息,并将这些信息传给攻击者设定的服务器,

从而盗取受害者的信息。更糟的是，"网络特洛伊木马"还可改变或删除被害人机器上的信息，产生完整性危害。

例如，"网银木马"是针对网上交易系统编写的木马病毒，其目的是盗取用户的卡号、密码，甚至安全证书。此类木马种类虽然不如网游木马的数量多，但它的危害更加直接，受害用户的损失更加惨重。"网银木马"通常针对性较强，木马作者可能首先对某银行的网上交易系统进行仔细分析，然后针对安全薄弱环节编写病毒程序。以 2004 年的"网银大盗"病毒为例，在用户进入中国工商银行网银登录页面时，会自动把页面换成安全性能较差，但依然能够运转的老版页面，然后记录用户在此页面上填写的卡号和密码。

2. 网络攻击

DoS 是 Denial of Service 的简称，即拒绝服务，造成 DoS 的攻击行为被称为 DoS 攻击，其目的是使计算机或网络无法提供正常的服务。打一个形象的比喻来理解 DoS，街头的餐馆是为大众提供餐饮服务，如果一群地痞流氓要 DoS 餐馆的话，手段会很多，比如霸占着餐桌不结账，堵住餐馆的大门不让路，骚扰餐馆的服务员或厨师不能干活，甚至更恶劣……相应的计算机和网络系统则是为互联网用户提供互联网资源的，如果有黑客要进行 DoS 攻击的话，可以想象同样有好多手段。今天最常见的 DoS 攻击有对计算机网络的带宽攻击和连通性攻击。带宽攻击是指以极大的通信量冲击网络，使得所有可用网络资源都被消耗殆尽，最后导致合法的用户请求无法通过。连通性攻击是指用大量的连接请求冲击计算机，使得所有可用的操作系统资源都被消耗殆尽，最终计算机无法再处理合法用户的请求。

3. "钓鱼网站"的安全威胁

所谓"钓鱼网站"是一种网络欺诈行为，是指不法分子利用各种手段，仿冒真实网站的地址以及页面内容，或者利用真实网站服务器程序上的漏洞在站点的某些网页中插入危险的 HTML 代码，以此来骗取用户银行或信用卡账号、密码等私人资料。"钓鱼网站"通常伪装成银行及电子商务等网站，"钓鱼网站"的域名和真实网站的有细微差别，一般稍加辨别是容易看出的。例如，中国银行的真实域名是 www.boc.cn，而"钓鱼网站"的域名会使用类似 www.boc.net、www.boc.com 这样很接近的域名，且往往以提供链接的方式引诱用户上当。

目前，"钓鱼网站"的主要获利手法有：通过"钓鱼网站"设下陷阱大量收集用户个人隐私信息，从而贩卖个人信息或敲诈用户；通过"钓鱼网站"收集、记录用户网上银行账号、密码，盗取用户的网银账户内资金；假冒网上购物、在线支付网站，欺骗用户直接将钱打入黑客账户；假冒产品和广告宣传获取用户信任，骗取用户金钱；恶意假冒团购网站或购物网站，假借"限时抢购""秒杀"等噱头，让用户不假思索地提供个人信息和银行账号，直接获取用户输入的个人资料和网银账号密码信息，进而获利。

　　"钓鱼网站"的传播途径主要包括：通过 QQ、MSN、阿里旺旺等客户端聊天工具发送传播链接；在搜索引擎、中小网站投放广告，吸引用户点击链接，此种手段常被假医药网站、假机票网站使用；通过 E-Mail、论坛、博客、SNS 网站批量发布链接；通过微博、Twitter 散布链接；通过仿冒邮件，如冒充"银行密码重置邮件"，来欺骗用户进入；感染病毒后弹出模仿 QQ、阿里旺旺等聊天工具窗口，用户点击后进入"钓鱼网站"；恶意导航网站、恶意下载网站弹出仿真悬浮窗口，点击后进入"钓鱼网站"；伪装成用户输入网址时易发生的错误，如 gogle、corn、sinz、com 等，一旦用户没有看清，就误入"钓鱼网站"。

(二)计算机系统的安全隐患

　　计算机系统的安全隐患主要包括以下几个方面。

1. 漏洞

　　漏洞是在硬件、软件、协议的具体实现或系统安全策略上存在的缺陷，从而可以使攻击者能够在未授权的情况下访问或破坏系统，是受限制的计算机、组件、应用程序或其他联机资源的无意中留下的不受保护的入口点。如果一个缺陷不能被利用来干"原本"不能干的事(安全相关的)，那么就不能被称为安全漏洞，所以安全漏洞必然和漏洞利用紧密联系在一起。漏洞利用的视角有以下几个方面。

　　(1) 数据视角：访问本来不可访问的数据，包括读和写。这一条通常是攻击者的核心目的，而且可造成非常严重的灾难(如银行数据被黑客改写)。

　　(2) 权限视角：主要为权限绕过或权限提升。通常权限提升都是为了获得期望的数据操作能力。

　　(3) 可用性视角：获得对系统某些服务的控制权限，这可能导致某些重要服务被攻击者停止而导致拒绝服务攻击。

　　(4) 认证绕过：利用认证系统的漏洞而不用授权就能进入系统。通常认证绕过都是为权限提升或直接的数据访问服务的。

　　(5) 代码执行角度：将输入的内容作为代码来执行，从而获得远程系统的访问权限或本地系统的更高权限。

2. 数据库泄露

　　近几年，信息泄露、信息篡改等信息安全问题屡见不鲜，所有存在数据的地方，只要数据是有价值的，就存在风险，就有人会想办法去窃取、篡改、贩卖，从中牟利。例如，北京市教育考试院信息篡改事件、教育学籍信息泄露事件、深圳孕妇信息的"泄密光盘"、车主股民信息泄露、福彩中奖信息篡改、"力拓门"事件，从个人隐私，到企业的商业秘密，甚至到政府国家的核心机密，都出现了不同程度的信息安全问题。这些案例都告诉我们，数据安全保护十分重要。由于目前大部分重要数据都是通过数据库系统来存储的，因此，数据库安全保护尤其重要。

3. 缓冲区溢出

在当前网络与分布式系统安全中，被广泛利用的 50%以上都是缓冲区溢出，在计算机安全领域，缓冲区溢出就好比给自己的程序开了个后门，这种安全隐患是致命的。缓冲区溢出在各种操作系统、应用软件中广泛存在，而利用缓冲区溢出漏洞实施的攻击就是缓冲区溢出攻击。缓冲区溢出攻击，可以导致程序运行失败、系统关机、重新启动，或者执行攻击者的指令，比如非法提升权限。

计算机程序一般都会使用到一些内存，这些内存或是程序内部使用，或是存放用户的输入数据，这样的内存一般称作缓冲。溢出是指盛放的东西超出容器容量而溢出来了，在计算机程序中，就是数据使用到了被分配内存空间之外的内存空间。而缓冲区溢出，简单地说就是计算机对接收的输入数据没有进行有效的检测(理想的情况是程序检查数据长度并不允许输入超过缓冲区长度的字符)，向缓冲区内填充数据时超过了缓冲区本身的容量，而导致数据溢出到被分配空间之外的内存空间，使得溢出的数据覆盖了其他内存空间的数据。

4. 电子邮件炸弹

电子邮件炸弹可以说是目前网络安全中最为"流行"的一种恶作剧方法，而这些用来制作恶作剧的特殊程序也称为 E-Mail Bomber。当某人或某公司的所作所为引起了某位好事者的不满时，这位好事者就会通过这种手段来发动进攻，以泄私愤。这种攻击手段不仅会干扰用户的电子邮件系统的正常使用，甚至它还能影响到邮件系统所在的服务器系统的安全，造成整个网络系统全部瘫痪，所以电子邮件炸弹是一种杀伤力极其强大的网络武器。

三、网络金融的交易安全要求

在网络金融的业务活动中，网络金融的安全可以概括为两个大的方面：一是系统的安全，二是交易的安全。

系统的安全主要是指保证网络系统软件、硬件支撑平台的正常运行，保证网络软件的可靠运行、硬件支撑平台和支付网关的畅通无阻，防止网络病毒、黑客的攻击、支付的故意延缓和网络通道的故意堵塞等。交易安全性要求主要体现在交易信息的保密性、交易信息的完整性、交易信息的不可否认性、交易信息的对称性和交易者身份的确定性五个方面。

(一)交易信息的保密性

在网络金融交易活动中，交易双方并不想让第三方知道他们之间进行交易的具体情况，包括资金账号、客户密码、支付金额等信息。但是由于交易双方的信息传递是通过网络进行的，如银行卡的账号和用户名被人知悉，就可能被盗用，因此必须对传送的资金数据进行加密。

(二)交易信息的完整性

数据在传送过程中不仅要求不被别人窃取，还要求数据在传送过程中不被篡改，能保持数据的完整。消息接收方收到消息后，必定会考虑收到的消息在传送过程中是否发生了改变。如交易的一方对交易条件进行有利于自己的更改，则可大幅受益，而对方可能就会因此而蒙受损失。

(三)交易信息的不可否认性

在电子商务活动中，支付是交易流程中一个重要环节，也是交易活动成功的标志。当一方支付成功，则表示已经开始履行交易合约，而对方也应随之履行应该完成的责任。因此，交易支付的信息成为重要的物证，也是一旦发生交易纠纷时的凭证。因此，当支付方完成支付时，有关的信息就被系统记录，任何一方都无法否认。

(四)交易信息的对称性

网络金融交易过程中，所有的交易信息应该及时反馈给客户，保证交易信息的对称。金融机构应充分提示客户相关的安全风险并提供及时通知客户资金变化的服务。如果客户选择该服务，应在交易发生后实时告知客户其资金变化情况；对于大额转账等高风险操作(金融机构可根据自身情况对高风险操作进行界定)发生后，金融机构应在确保客户有效联系方式前提下，立即将资金变动情况通知客户。

(五)交易者身份的确定性

网上交易、支付、转账的双方很可能素昧平生，相隔千里，商店和银行担心网络购物的持卡人是否持卡人本人，避免扣了张三的款，却将货送给李四的现象。持卡人担心商城和银行的可靠性，即在网络金融业务中，参加交易的各方，包括商户、持卡人和银行必须采用如 CA 认证的措施能够认定对方的身份。

四、网络金融安全的内容

网络金融的安全，既指计算机系统与网络技术的安全，又包括网络金融业务特点所要求的运作安全。目前网络存在的主要安全问题，主要是网络实体不符合安全标准、网络非授权访问、信息泄露和丢失、破坏数据完整性、非恶意的网络干扰、病毒侵害等。

(一)网络金融的实体安全

网络实体安全包括环境安全、设备安全、媒体安全，其目的是保护计算机及通信设施免遭水、火、有害气体和其他人为失误、犯罪行为的破坏。

1. 网络金融环境安全

计算机网络通信系统的运行环境应按照国家有关标准设计实施，应具备消防报警、安全照明、不间断供电、温湿度控制系统和防盗报警，以保护系统免受水、火、有害气体、地震、静电的危害。

2. 网络金融设备安全

网络金融设备安全包括防止电磁信息的泄露、线路截获，以及抗电磁干扰。通信设备和通信线路的装置安装要稳固牢靠，具有一定对抗自然因素和人为因素破坏的能力。

3. 网络金融媒体安全

网络金融媒体安全包括媒体自身和数据的安全。媒体自身的安全主要是安全保管、防盗、防毁和防霉；数据安全是指防止数据被非法复制和非法销毁。

(二)网络金融交易的过程安全

网络金融交易活动中，过程性安全尤其重要，这直接影响到用户对网络金融功能使用的结果，并决定了网络金融业务的生命。

1. 网络金融服务过程的实时性

网络金融交易活动对时效的要求非常高，在支付和转账过程中，时间的延迟会导致交易性质发生改变，如铁道部网络订票平台在春节和国庆期间，因用户数量剧增导致系统数据库并发超限，很多用户订票成功并支付后，网银支付成功的信息无法及时传回主服务器，导致用户的支付无法被确认而失效。而网络证券交易中，更是直接关系到交易的成功，延迟交易可能导致重大的经济损失，往往千分之一秒的延迟，可能导致交易的失败而错失行情。

2. 网络金融服务过程的通畅性

网络带宽往往也对网络金融的交易结果产生影响。如果是用户一端的带宽不够，则导致用户无法正常打开网页，或者无法完成加载网银功能的过程而无法使用网银服务。如果是网银端带宽的问题，那么当用户数量过大时，严重的拥堵导致网站无法正常打开，形成拒绝服务的情况。网站服务器的容量也是影响用户使用的关键，在容量超限时，服务器崩溃直接导致所有人都无法利用网银服务。如果网络金融服务经常发生影响网络通畅性的事故，则网络金融的服务质量会严重下降。

3. 网络金融服务过程的完整性

一次网络金融服务过程，无论是支付还是转账，是股票交易还是购买理财产品，一旦用户提交了服务请求，都希望网络系统能够一次即完成服务。但是，由于各种原因，用户的信息往往会在传输过程中发生丢失现象。在大部分情况下，用户需要刷新屏幕来重新提交，但是有时候也会发生反复丢失信息的事件，导致服务的延误。有些情况是网络金融网站在回复请求时信息的不完整，比如没有回复支付成功的信息，导致用户重复支付等。过程的不完整性还会引起交易抵赖事件，当交易发生不利变化时，不利的一方总是乐于利用这种结果而不会主动请求重新发送完整信息。

五、网络金融的安全措施

网络金融的安全措施应从网络安全和数据安全两方面入手。

(一)网络安全措施

网络系统安全运行的实现必须有一套安全措施和技术手段，具体如下。

1. 广域网和局域网之间的访问控制

对特定的网段、服务，建立有效的访问控制策略，这样在大多数攻击到达之前就能进行阻止。现在多数路由器防火墙和专门的网络防火墙可以基本实现这一目的。防火墙的局限性在于不能过滤不良数据(如病毒、后门程序)，这些数据、文件传输到内部网络被执行后，很容易形成资料的外泄和损失。

2. 网络安全访问控制

网络安全访问控制的指导思想是将非法用户和网络资源之间相隔离。网络服务虽然越来越多，但运行的系统常常只局限在某部门和某几个部门之中。不同系统的用户能够访问其他系统就存在安全的隐患，采用技术手段控制内部网络的访问是必要的。网络分段，主要有逻辑分段和物理分段两种模式。

1) 逻辑分段

逻辑分段是指将整个系统在网络层(ISO/OSI 模型中的第三层)上进行分段。例如，对于 TCP/IP 网络，可把网络分成若干 IP 子网，各子网间必须通过路由器、路由交换机、网关或防火墙等设备进行连接，利用这些中间设备(含软件、硬件)的安全机制来控制各子网间的访问。

2) 物理分段

物理分段通常是指将网络从物理层和数据链路层(ISO/OSI 模型中的第一层和第二层)上分为若干网段，各网段相互之间无法进行直接通信。目前，许多交换机都有一定的访问控制能力，可实现对网络的物理分段。

在实际应用过程中，通常采取物理分段与逻辑分段相结合的方法来实现对网络系统的安全性控制。

3. 对集中访问者的鉴别

建立全网通信的身份识别系统，实现用户的统一管理，统一授权，防止未经授权的用户非法使用系统资源。对网络金融用户身份的鉴别方法有很多，常用的方法有密码验证。但许多用户的密码选用不科学，很容易被猜到，因此可用建立弱口令库的方式，对口令事先评估，降低被猜到的概率。还可以采用问答方式、IC 卡、个人主体特征鉴别、接入回叫、用户时限等方式提高安全性。

(二)网络金融的数据安全措施

网络金融的数据安全措施有以下几个方面。

1. 磁盘阵列

磁盘阵列(Redundant Arrays of Independent Disks，RAID)，中文全称为独立冗余磁盘阵列。简单地说，RAID 是一种把多块独立的硬盘(物理硬盘)按不同的方式组合起来形成一个硬盘组(逻辑硬盘)，从而提供比单个硬盘更高的存储性能和数据备份技术。在用户看起来，组成的磁盘组就像是一个硬盘，用户可以对它进行分区、格式化等。总之，对磁盘阵列的操作与单个硬盘一模一样。不同的是，磁盘阵列的存储速度要比单个硬盘高很多，而且可以提供自动数据备份。

2. 数据备份

数据备份是容灾的基础，是指为防止系统出现操作失误或系统故障导致数据丢失，而将全部或部分数据集合从应用主机的硬盘或阵列复制到其他的存储介质的过程。数据备份的功能是在用户数据一旦发生损坏后，利用备份信息可以使损坏数据得以恢复，从而保障了用户数据的安全性。

3. 双机容错

双机容错目的在于保证数据永不丢失和系统永不停机。双机容错系统通过软硬件的紧密配合，将两台独立服务器在网络中表现为单一的系统，提供给客户一套具有单点故障容错能力，且性价比优越的用户应用系统运行平台。双机容错是监控功能和切换功能的综合，其基本工作原理是服务器间通过软件监控服务器的 CPU 或应用，并互相不断发出信号，当某服务器发生中断，其他服务器接收不到其发出信号时，软件的切换功能发生作用，将中断服务器的工作在指定服务器上启动起来，使服务器的工作得以继续。双机容错实际上是集群容错的特例，双机指两台服务器间，集群指多台服务器间，两者区别主要在于服务器数量的不同。

4. NAS

NAS(Network Attached Storage，网络附属存储)按字面简单说就是连接在网络上，具备资料存储功能的装置，因此也称为"网络存储器"。它是一种专用数据存储服务器，包括存储器件(如磁盘阵列、CD/DVD 驱动器、磁带驱动器或可移动的存储介质)和内嵌系统软件，可提供跨平台文件共享功能。它以数据为中心，将存储设备与服务器彻底分离，集中管理数据，从而释放带宽、提高性能、降低总拥有成本、保护投资。其成本远远低于使用服务器存储，而效率却远远高于后者。

5. SAN

SAN(Storage Area Network，存储区域网络)是一种专门为存储建立的独立于 TCP/IP 网络之外的专用网络。采用网状通道(Fibre Channel，简称 FC，区别与 Fiber Channel 光纤通道)技术，通过 FC 交换机连接存储阵列和服务器主机，建立专用于数据存储的区域网络。

6. 数据迁移

数据迁移，又称分级存储管理，是一种将离线存储与在线存储融合的技术。它将高速、高容量的非在线存储设备作为磁盘设备的下一级设备，然后将磁盘中常用的数据按指定的策略自动迁移到磁带库(简称带库)等二级大容量存储设备上。当需要使用这些数据时，分级存储系统会自动将这些数据从下一级存储设备调回到上一级磁盘上。对于用户来说，上述数据迁移操作完全是透明的，只是在访问磁盘的速度上略有怠慢，而在逻辑磁盘的容量上明显感觉大大提高了。

7. 异地容灾

数据往往会因为各种因素而遭到毁坏，如地震、火灾、丢失等，异地容灾解决方案的出现则可通过在不同地点建立备份系统，从而进一步提高数据抵抗各种可能安全因素的容灾能力。异地容灾就是在不同的地域，构建一套或者多套相同的应用或者数据库，起到灾难后立刻接管的作用，这样就算本地的容灾备份中心发生了大灾大难，也可以从异地快速恢复数据或接管系统。

8. 数据库加密

数据库加密系统是一款基于透明加密技术的数据库防泄露系统，该产品能够实现对数据库中的敏感数据加密存储、访问控制增强、应用访问安全、安全审计以及三权分立等功能。

9. 硬盘安全加密

硬盘加密是指将计算机用户的硬盘进行加密，防止信息泄露。计算机硬盘加密有五种方法，分别是修改硬盘分区表信息、对硬盘启动加口令、对硬盘实现用户加密管理、对某个逻辑盘实现写保护、磁盘扇区数据加密。

(三)网络金融传输安全措施

为保证网络金融数据的安全，须采用数据传输加密、数据完整性鉴别技术、防抵赖技术和防病毒技术。

1. 数据传输加密技术

数据传输加密一般常用链路加密和端到端加密。前者侧重在链路上而不考虑信源与信宿，对于保密信息通过各线路采用不同的密钥提供安全保护。后者是指信息由发送者加密，然后作为不可阅读和不可识别的数据通过网络，这些信息一旦到达目的地，将自动重组、解密，成为可读数据。

2. 数据完整性鉴别技术

采用数据完整性鉴别技术，主要是为了防止信息被篡改和破坏。许多协议已具有完整性鉴别的方法，但对于网络攻击中改变信息包的内容，应采用更有效的技术来进行完整性控制。

3. 防抵赖技术

防抵赖技术包括对源和目的双方的证明。通常采用有数字签名或采用可信的第三方标识等方法。防抵赖技术在另一方面可以有效地防止信息被冒名顶替。

4. 防病毒技术

网络金融同样要采用防病毒手段来防护计算机病毒的侵扰。网络防病毒工作主要包括预防计算机病毒侵入、检测侵入系统的计算机病毒、定位已侵入系统的计算机病毒、防止病毒在系统中的传染、清除系统中已发现的病毒和调查病毒来源。在网络环境中，计算机病毒具有扩散面广、破坏性大、传播性强和针对性强等特点，威胁力和破坏力不可估量。网络防病毒是网络安全性建设中重要的一环。预防病毒技术、检测病毒技术、消除病毒技术应在网络防病毒工作中全面采用。

【小资料 9-1】 网络金融的安全防范

网络金融的安全防范包括：一要保护电脑和手机的系统安全，定期升级系统补丁，安装专业的杀毒软件和安全软件；二是不要到不安全的网站下载软件，以防被捆绑木马病毒；三是做好网银等网络金融安全工作，做好数字证书等安全服务；四是尽量不要外插来历不明的 U 盘或移动设备，避免感染病毒。

六、移动金融安全

【案例9-1】 移动金融存风险

2015年1月13日，中央银行发文支持移动金融。目前移动互联网金融正成为各大金融机构抢夺的焦点。目前，由腾讯推出的微信支付可谓火遍全城，用户只需在微信中关联一张银行卡，并完成身份认证，即可将装有微信APP的智能手机变成一个全能钱包，整个支付过程非常简捷。此功能一经推出，立刻引来众多用户的关注使用。可以说，互联网金融的出现大大弱化了银行、证券公司等金融机构的中介功能。随着科技水平的飞跃式发展，移动互联网、移动终端的高速普及，移动互联网金融将进一步突破时间和空间局限，促使金融交易活动更加直观快捷。但值得注意的是，移动互联网金融发展虽快也埋下了诸多隐患，监管机制跟不上科技发展的速度，让风险无处不在。据艾媒咨询的报告数据显示，影响用户不常使用互联网金融产品、服务因素方面，首当其冲的则是担心安全问题，其占比高达62.2%。

根据《2014年Q4移动安全数据报告》，数据显示恶意软件不断攀升，窃取隐私、恶意盗版以及支付类恶意软件成为这一季度的主要传播病毒，给用户带来极大危害。在移动金融行业，除了手机支付毒王"银行悍匪"升级版，还有"银行扒手""银行毒手"等病毒成为基金理财金融类APP染毒的罪魁祸首。

(资料来源：佚名. 移动金融安全存隐患 用户且用且忧虑. 网易手机，2014.5.27)

(一)移动金融安全简介

根据大量移动金融案例分析，常见的移动金融安全问题包括：应用缺陷、钓鱼网站、病毒木马、欺诈信息(电子邮件、手机短信)、数字证书文件窃取、动态密码被盗用、人为因素等。支付涉及用户、网络、商户、金融机构等多个环节，每个环节都存在网络与技术上的风险点。从交易的端到端流程分析，可将移动支付安全分为三个层面：网络基础设施安全、交易过程、终端。

(1) 网络基础设施安全，包括支付平台、接入网络、POS机、手机终端、软件程序等构成的IT基础设施的安全保障。网络基础设施常见的安全问题包括网络传输中数据被截取、密码短信拦截、软件漏洞被黑客利用、电子商务网站被植入木马、交易信息被泄露等。

(2) 交易过程安全，包括用户开始登录发起交易到交易完成的各环节安全保障。首先要确保参与交易各方的身份识别，确认商家和消费者的合法身份；其次是交易过程监控，如账号监测、分级安全管理、风险管理控制等。常见问题如账户或卡被盗用、恶意支付请求、欺诈短信、欺诈邮件、钓鱼网站等。

(3) 终端安全，主要威胁包括系统后门或漏洞导致的恶意软件危害、病毒木马植入，以及终端丢失、用户信息泄密导致的账户盗用问题等。此外，我国商业信用体系尚不够完善，还可能造成恶意透支、恶意拒付等风险。

(二)移动金融安全防范

移动金融安全防范的措施包括以下几个方面。

(1) 不要轻信陌生人发来的二维码信息，如果扫描二维码后打开的网站要求安装新应用程序，不要轻易安装。

(2) 遇到交易对方有明显古怪行为的，应当提高警惕，不要轻信对方的说辞。

(3) 保持设置手机开机密码的习惯。在手机中安装可以加密的软件，对移动支付软件增加一层密码，这样，即使有人破解了开机密码，支付软件仍可以有密码保护。登录密码和支付密码也要设置为不同。不要把密码保存在手机里，或者设置成生日、车牌等容易被猜到的个人信息。

(4) "电子密码器失效""U 盾升级"等属于常用的诈骗术语，如果收到类似短信，又无法判断真伪，应直接拨打银行的官方客服电话进行咨询，或者是到银行网点柜台办理，绝对不能通过短信中的网址登入网络银行。

(5) 出门不要将银行卡、身份证及手机放在同一个地方。如果一同丢失，他人可使用支付软件的密码找回功能更改密码，危险程度极高。

(6) 一旦手机突然没有信号，在排除了信号问题和手机故障后，要查询 SIM 卡是否被他人补办，并将支付平台内的余额转出。

(7) 如果手机丢失，可在电脑上登录支付宝等账号，关闭无线支付业务。如果身份证、银行卡连同手机一并丢失，向公安机关和银行挂失。

(8) 由于伪基站诈骗流行，骗子通过伪基站技术可以将发信号码伪装成银行官方客服号码。因此，即使是银行官方客服号码发来的类似短信，也不要轻信。如果收到此类短信，要通过银行官方客服进行咨询。

第二节 网络金融安全技术

网络的发展给金融带来了巨大的机遇，但同时也给交易的安全带来了很大的冲击，互联网的安全成了信息安全的热点，网络安全领域的技术众多，但是归根结底，它们都是为了保障以下三个方面。

(1) 认证用户和服务器，确保数据发送到正确的客户机和服务器。

(2) 加密数据以防止数据中途被窃取。

(3) 维护数据的完整性，确保数据在传输过程中不被改变。

在我们正式开始对每一项技术进行介绍之前，让我们先有一个宏观的认识，图 9-1 罗列了我们将要涉及的安全技术以及它们之间的关联。

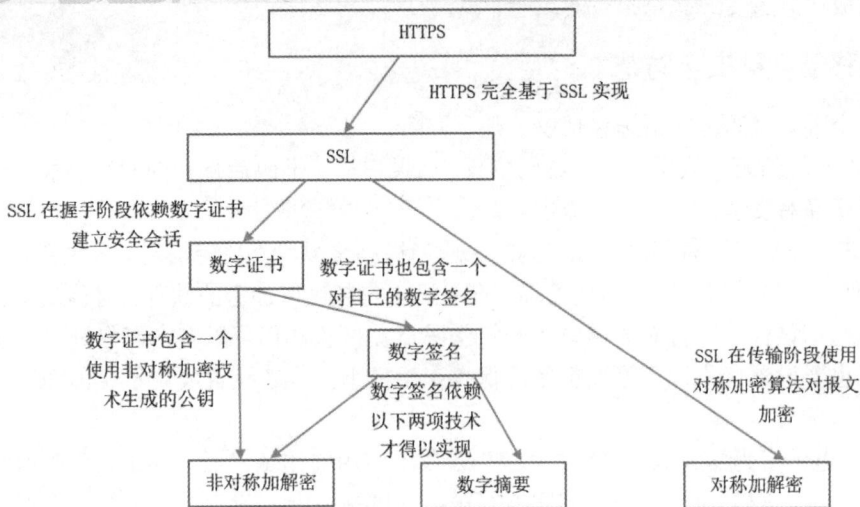

图 9-1　常用安全技术及其之间的关联

一、加密技术

(一)加密技术基础

加密技术是计算机网络采取的基本安全措施，主要是为了保护信息不被第三方窃取。所谓加密，就是用基于数学方法的程序和保密的密钥(一串由数字或字符组成的字符串,也称"Key")对信息进行编码，把计算机数据变成一堆杂乱无章难以理解的字符串，也就是把明文变成密文。这样，即使别人得到了密文，也无法辨认原文。我们将未加密的消息称为明文，明文可被传送或存储。用某种方法伪装消息隐藏其内容的过程称为加密，加密的消息称为密文。加密时采用的一组规则称之为加密算法，密文到达目的地后，需要再以相应的算法，配合一个密钥，将密文再解密成明文，这就是"解密"。对密文解密时采用的一组规则称之为解密算法。加密、解密算法是在一组仅有合法用户知道的秘密信息的控制下进行的。试图从密文分析出明文的过程称之为破译。

如果加密和解密使用的是同一个密钥，那么这就是"对称密钥加解密"(最常见的对称加密算法是 DES)。如果加密和解密使用的是两个不同的密钥，那么这就是"非对称密钥加解密"(最常用的非对称加密算法是 RSA)。这两个不同的密钥一个叫作公开密钥(Public Key)另一个叫私有密钥(Private Key)，公开密钥对外公开，任何人均可获取，而私有密钥则由自己保存，其实公钥和私钥并没有什么不同之处，公钥之所以成为公钥是因为它会被公开出来，产生任意份拷贝，供任何人获取，而只有服务主机持有唯一的一份私钥，从这种分发模式上看，我们不难看出其中的用意，这种分发模式实际上是 Web 站点多客户端(浏览器)与单一服务器的网络拓扑所决定的，多客户端意味着密钥能被复制和公开获取，单一服务器意味着密钥被严格控制，只能由本服务器持有，这实际上也是后面要提到的之所以能通过数据证书确定信任主机的重要原因之一。

(二)对称密钥加密技术

对称密钥加密技术，又称为私有密钥加密技术。它的原理为：信息发送方用一个密钥对要发送的数据进行加密，信息的接收方用同样的密钥解密，而且只能用这一密钥解密。由于这对密钥不能被第三方知道，所以又称为私有密钥加密技术。

例如，甲、乙两公司之间进行交易，两个公司持有共同的密钥，甲公司向乙公司订购原材料，用共用的密钥加密，发给乙公司；乙公司收到后，同样用这一共用的密钥解密，就可以看到这一订单的所有完整的、未被更改的消息，如图9-2所示。

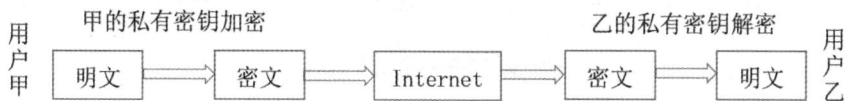

图9-2　私有密钥加密示意图

对称密钥加密法需要在通信双方之间约定密钥，一方生成密钥后，要通过独立的安全的通道传送给另一方，然后才能进行通信。

这种加密方法在专用网络中使用效果较好，并且速度快。这是因为通信双方比较固定，可预先约好密钥。由于通信双方比较固定，银行内部专用网络传送数据一般都采用对称密钥加密技术。军事指挥网络上一般也采用这种对称密钥加密技术。

对称密钥加密法应用到网络支付上也有一定的不便：与多人通信时，需要太多的密钥。而电子商务是面向千千万万客户的，有时不可能给每一位用户配备一把密钥，所以电子商务只靠这种加密方法是不行的。

在公共网络，如互联网上，用对称密钥加密法传送交易信息会发生困难。一个商家想在互联网上同几千万个用户安全地进行交易，每一位用户都要通过此商户分配一个特定的密钥并通过独立的安全通道传达，密钥数量巨大，这几乎是不可能的。

常见的对称密钥加密算法有DES、3DES、Blowfish、IDEA、RC4、RC5、RC6和AES，其中，最著名的对称密钥加密算法为DES算法。DES是美国标准局确定的自1977年起得到广泛应用的同一数据加密算法，该算法的密钥是64位的。它一个非常重要的应用是银行交易，DES用于加密个人识别号和通过自动取款机进行的记账交易，票据交易所内部银行支付系统用DES来鉴别每周的交易。

(三)非对称密钥加密技术

非对称密钥加密法又称为公开密钥加密法，它的加密和解密所用的密钥不同，所以称为非对称密钥加密技术。它的原理为：共有两个密钥，在数学算法上相关，称作密钥对。

用密钥对中任何一个密钥加密，可以用另一个密钥解密，而且只能用此密钥对中的另一个密钥解密。

例如，交易一方甲厂商采用密钥生成程序(某种算法)生成两个密钥后，将其中一个保存好，叫做私人密钥，将另一个密钥公开的散发出去，叫做公开密钥。任何一个收到公开密钥的客户，都可以用此公开密钥加密信息，发给甲厂商，这些信息只能被甲厂商的私人密钥解密。只要甲厂商没有将私人密钥泄露给别人，就能保证发送的信息只能被甲厂商收到，如图9-3所示。

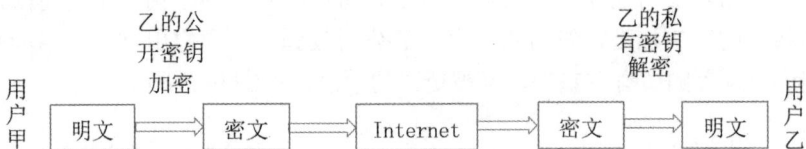

图 9-3　公开密钥加密示意图

非对称密钥加密法的算法原理是完全公开的，加密的关键是密钥，用户只要保管好自己的私人密钥，就不会泄密。

常见的非对称密钥加密法有：RSA 算法、Diffie-Hellman 算法等，其中，最著名的公开密钥加密法是由 RSA 公司发明的 RSA 算法。RSA 算法的安全性能与密钥的长度有关，长度越长越难解密。在用于网络支付安全的系统中使用的密钥长度为 1024 位和 2048 位。

非对称密钥比对称密钥加密法的速度慢很多，也是数字签名手段的技术基础之一。

(四)混合密码技术

非对称密码和对称密码是两种不同的技术，用来解决不同的问题，它们有各自的特长和缺点，不能简单地进行比较。对称密码适合加密数据，其速度快并且对选择密文攻击不敏感。非对称密码可以适应网络的开放性要求，密钥管理问题较为简单，尤其可方便地实现数字签名和验证，两者的区别如表9-1所示。

表 9-1　对称密钥加密技术和非对称密钥加密技术对比

特　性	对称密钥加密技术	非对称密钥加密技术
密钥种类	密钥是私有的	一个私有，一个公开
密钥管理	简单、不容易管理	需要数字证书及认证机构
密钥数量	单一	成对的
速度	非常快	比较慢
用途	大量资料的加密	小文件的加密

由于公开密钥加密必须要由两个密钥的配合使用才能完成加密和解密的全过程，因而有助于加强数据的安全性。但是，公开密钥加密也有其缺点，主要是加密和解密的速度很

慢,用公开密钥加密算法解密同样的数据所花费的时间是利用私有密钥加密算法的1000倍。所以,公开密钥加密不适合对大量的文件信息进行加密,一般只适用于对少量数据(如会话密钥)进行加密。将公开密钥加密与私有密钥加密算法结合起来使用,才能起到扬长避短的目的。

为了充分利用非对称密钥加密和对称密钥加密算法的优点,克服其缺点,解决每次传送更换密钥的问题,出现了混合密码系统。混合密码系统就是利用对称加密算法加密大量输入数据以提高机密性保障,然后利用公钥加密对称密钥,如果想使多个接受者都能使用该消息,可以对每一个接受者利用其公钥加密一份对称密钥,从而提供存取控制功能。因此,混合密码系统可同时提供机密性保障和存取控制。

(五)数字信封技术

在网络金融活动中,对信息的加密往往同时采用两种加密方式,将两者结合起来使用,数字信封就是一种综合利用对称加密技术和非对称加密技术两者的优点进行信息安全传输的一种技术。

数字信封的原理是:对需要传送的信息如电子合同、支付指令的加密采用对称密钥加密法;但密钥不先由双方约定,而是在加密前由发送方随机产生;用此随机产生的对称密钥对信息加密,然后将此对称密钥用接收方的公开密钥加密,准备定点加密发送给接收方。这类似于用"信封"封装起来,信封里面装的是对称密钥,所以称为数字信封。接收方收到信息后,用自己的私人密钥解密,打开数字信封,取出随机产生的对称密钥,用此对称密钥再对所收到的密文解密,得到原来的消息。因为数字信封是用信息接收方的公开密钥加密的,只能用接收方的私人密钥解密打开,别人无法得到信封中的对称密钥,也就保证了信息的安全,又提高了速度。

在使用对称密钥加密时,密钥的传递以及密钥的更换都存在安全风险。采用数字信封技术,对称密钥通过接收方的公开密钥加密后传给对方,可以保证密钥传递的安全。而且此对称密钥每次由发送方随机生成,每次都在更换,更增加了安全性。数字信封比较适合传送一些重要的短小信息,如银行账号、密码等。

数字信封技术在外层使用公开密钥技术,可以充分发挥公开密钥技术安全性高的优势,而内层的私有密钥长度较短,用公开密钥加密长度较小的密钥尽可能地规避公开密钥技术速度慢的弊端。

由于数字信封技术结合了公开密钥加密技术和私有密钥加密技术的优点,同时又没有它们的缺点,因而得到了广泛的应用。

(六)数字摘要

我们在下载文件的时候经常会看到有的下载站点提供下载文件的"数字摘要"(如图9-4所示),供下载者验证下载后的文件是否完整,或者说是否和服务器上的文件"一模一样"。

其实，数字摘要就是采用单项 Hash 函数将需要加密的明文"摘要"成一串固定长度(128 位)的密文，这一串密文又称为数字指纹，它有固定的长度，而且不同的明文摘要成密文，其结果总是不同的，同样的明文其摘要必定一致。因此，将"数字摘要"称为"数字指纹"也许可能会更贴切一些。"数字摘要"是 https 能确保数据完整性和防篡改的根本原因。

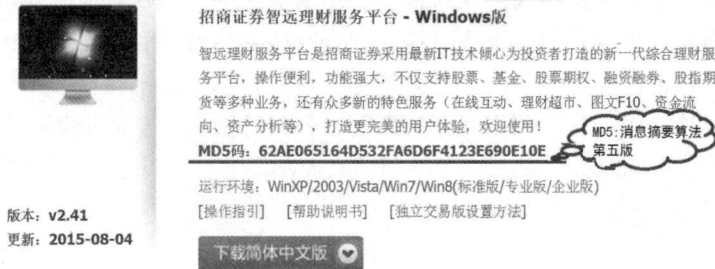

招商证券智远理财服务平台 - Windows版

智远理财服务平台是招商证券采用最新IT技术倾心为投资者打造的新一代综合理财服务平台，操作便利，功能强大，不仅支持股票、基金、股票期权、融资融券、股指期货等多种业务，还有众多新的特色服务（在线互动、理财超市、图文F10、资金流向、资产分析等），打造更完美的用户体验，欢迎使用！

MD5码：62AE065164D532FA6D6F4123E690E10E　　MD5:消息摘要算法 第五版

运行环境：WinXP/2003/Vista/Win7/Win8(标准版/专业版/企业版)

[操作指引]　[帮助说明书]　[独立交易版设置方法]

版本：**v2.41**
更新：**2015-08-04**

[下载简体中文版]

图 9-4　招商证券官网的行情软件下载页面

单向 Hash 函数又称单向散列函数，是一种计算相对简单但却很难进行逆向运算的函数。从数学上来讲，就是相当给定一个值 x，利用单向散列函数 y=f(x)很容易求出 y 的值，但是如果给定 y 则不可能求出相应的 $y=f^{-1}(x)$。散列函数在数字签名中生成信息摘要，这是一种单向函数，具有以下两个方面的特征：

(1) 函数必须是真正单向的；

(2) 散列计算不可能对两条信息求出相同的摘要。

目前，由 RSA 数据安全公司研制的 MD5 算法(摘要算法、哈希算法)使用得比较普遍。另外，在电子商务和网络金融中美国政府的安全散列算法(SHA1)也比较广泛。

【小资料 9-2】　MD5 码简介

为什么网上提供的是"7 个男人和一个女人的故事"，下载下来却是"葫芦娃"呢？

一般软件或者说文件都有自己的固定文件格式或者架构信息，说简单一点就是"世界上没有完全相同的 2 片叶子"，因为 MD5 是一种不可逆的加密算法。软件发布者采用 MD5 算法计算一组数值，让下载的用户进行 MD5 数值对比，也就是 MD5 校验。由于 MD5 加密不可逆算，如果数值一样，那就表示文件没有被修改。反之，则被修改了。

MD5 校验工具，其实就是一个 MD5 加密计算的软件。把下载好的软件或工具拖动放到软件里面计算然后得到软件的 MD5 值。我们可以到网上去搜索"MD5 校验工具"下载，安装好之后，运行 MD5 校验工具，添加好我们下载的软件之后，MD5 校验会自动开始计算出当前下载软件的 MD5 值，对比一下网站上发布的 MD5 码，如果相同，则表示文件没有被修改过，如果不同，建议不要使用。

二、数字签名

(一)数字签名的概念

日常生活中，通常通过对某一文档进行签名来保证文档的真实有效性，以防止其抵赖行为，签名可以对签字方进行约束，以作为日后查证的依据。在网络环境中，一般用电子数字签名作为模拟，从而为网络金融活动提供不可否认的服务。

数字签名，就是利用数字加密技术实现在网络传送信息文件时，附加个人标记，以实现传统上手写签名或印章的作用，以表示确认、负责、经手、真实等。数字签名就是在要发送的消息上附加一小段只有消息发送者才能产生而别人无法伪造的特殊数据，而且这段数据是原消息数据加密转换后生成的用来证明消息是由发送者发来的。数字签名可做到既保证签名者无法否认自己的签名，又保证接收方无法伪造发送方的签名，还可作为信息发收双方对某些有争议信息的法律依据。因此，它除了具有手工签名的全部功能外，还具有难伪造、可通过远程线路传输等优点。

(二)数字签名的原理

数字签名技术是不对称加密算法的典型应用。数字签名的应用过程是数据源发送方使用自己的私钥对数据校验或其他与数据内容有关的变量进行加密处理，完成对数据的合法"签名"，数据接收方则利用对方的公钥来解读收到的"数字签名"，并将解读结果用于对数据完整性的检验，以确认签名的合法性。数字签名技术是在网络系统虚拟环境中确认身份的重要技术，完全可以代替现实过程中的"亲笔签字"，在技术和法律上有保证。在数字签名应用中，发送者的公钥可以很方便地得到，但用以加密的私钥则需要严格保密。

(三)数字签名与传统签名的比较

数字签名的作用与传统签名的作用一样，传统签名解决现实支付的真实有效性，数字签名可以解决以下网络支付中的安全鉴别问题。

(1) 接收方伪造：接收方伪造一份文件，并声称这是发送方发送的。

(2) 发送方或接收方否认：发送方或接收方事后不承认自己曾经发送或接收过支付单据。

(3) 第三方冒充：网上的第三方用户冒充发送或接收消息，如信用卡密码。

(4) 接收方篡改：接收方对收到的文件如支付金额进行改动。

数字签名与传统签名的区别是：手写签名或者个人印章是模拟的，因人而异，即使同一个人也有细微差别，比较容易伪造，要区别是否是伪造，往往需要字迹专家。而数字签名是 0 和 1 的数字串，极难伪造，要区别是否为伪造，不需要专家，鉴定起来比较方便且成本低。

(四)数字签名的过程和实例

1. 数字签名的过程

假如发送方想把一份报文发送给接收方,在发送报文前,发送方用一个 HASH 函数从报文文本中生成报文摘要,然后用自己的私人密钥对这个摘要进行加密,这个加密后的摘要将作为报文的"签名"和报文一起发送给接收方,接收方首先用与发送方一样的 HASH 函数从接收到的原始报文中计算出报文摘要,接着再用发送方的公用密钥来对报文附加的数字签名进行解密,如果这两个摘要相同,那么接收方就能确认报文是从发送方发送且没有被遗漏和修改过。这就是结合"非对称密钥加解密"和"数字摘要"技术所能做的事情,这也就是人们所说的"数字签名"技术。在这个过程中,对传送数据生成摘要并使用私钥进行加密的过程就是生成"数字签名"的过程,经过加密的数字摘要,就是人们所说的"数字签名"。

2. 数字签名的实例

我有个文件叫"合同",在发送前:

(1) 我对"合同"进行 MD5 计算得到"合同的 MD5_1"。

(2) 用我的私钥对"合同的 MD5_1"加密,得到"合同的签名"。

我把"合同"和"合同的签名"发给了你,你现在校验合同是否未被修改:

(1) 你对"合同"进行 MD5 计算得到"合同的 MD5_2"。

(2) 你用我的公钥对"合同的签名"解密,得到"合同的 MD5_1"。

(3) 比较"合同的 MD5_1"和"合同的 MD5_2",如果相同则说明未被修改。

数字签名技术就是对"非对称密钥加解密"和"数字摘要"两项技术的应用,它将摘要信息用发送者的私钥加密,与原文一起传送给接收者。接收者只有用发送者的公钥才能解密被加密的摘要信息,然后用 HASH 函数对收到的原文产生一个摘要信息,与解密的摘要信息对比。如果相同,则说明收到的信息是完整的,在传输过程中没有被修改,否则说明信息被修改过,因此,数字签名能够验证信息的完整性。需要注意的是,数字签名只能验证数据的完整性,数据本身是否加密不属于数字签名的控制范围。

综上所述,数字签名有两种功效:一是能确定消息确实是由发送方签名并发出来的,因为别人假冒不了发送方的签名;二是数字签名能确定消息的完整性。

三、防火墙技术

在电子商务的应用中,企业内部网络必须与外部网络如互联网进行连接,这就使企业的内部网络系统置于公开的被攻击状态。为了保护企业的内部网络系统的安全,设置防火墙是最普遍的手段。

(一)防火墙的概念

防火墙的本义是指古代人们在房屋之间修建的一道墙，可以防止火灾发生的时候蔓延到别的房屋。网络上的防火墙不是指物理上的防火墙，而是指隔离在本地网络与外界网络之间的一道防御系统，是这一类防范措施的总称。

防火墙是一种非常有效的网络安全模型。在互联网上，通过它来隔离风险区域(外网或有一定风险的网络)与安全区域(局域网)的连接，但不妨碍人们对风险区域的访问。防火墙内的网络通常叫可信网络，而防火墙外的网络叫不可信网络。防火墙相当于一个过滤设备，它允许特定的信息流入或流出被保护的网络。在理想的情况下，防火墙保护应保护未经授权的用户访问防火墙内的网络，从而保护敏感信息；同时又不能妨碍合法用户，在防火墙之外的员工应能访问防火墙所保护的网络和数据文件。

(二)防火墙的类型

防火墙的类型如下。

1. 包过滤防火墙

包过滤防火墙也称为网络级防火墙，包过滤技术是在网络层对数据包进行选择，选择的依据是系统内设置的过滤逻辑，被称为访问控制表。包过滤防火墙通过检查数据流中每个数据包的源地址、目的地址、所用的端口号、协议状态等因素，或它们的组合来确定是否允许该数据包通过。路由器是内部网络与互联网连接必不可少的设备，因此，在原有网络上增加这样的防火墙几乎不需要任何额外的费用。一个路由器便是一个"传统"的网络级防火墙，大多数的路由器都能通过检查这些信息来决定是否将所收到的包转发，但它不能判断出一个 IP 包来自何方、去向何处。而网络级防火墙可以判断这一点，它可以提供内部信息以说明所通过的链接状态和一些数据流的内容，把判断的信息同规则表进行比较，在规则表中定义了各种规则来表明是否同意或拒绝包的通过。

网络级防火墙简洁、速度快、费用低，并且对用户透明，但是对网络的保护很有限，因为它只能检查地址和端口，对网络更高协议层的信息无理解能力。

2. 应用层网关防火墙

应用层网关防火墙是在网络应用层上检查过滤进出的数据包，并在过滤的同时，对数据包进行必要的分析、登记和统计，形成报告。我们使用浏览器时所产生的数据流或是使用 FTP 时的数据流都是属于这一层。应用层防火墙可以拦截进出某应用程序的所有封包，并且封锁其他的封包(通常是直接将封包丢弃)。理论上，这一类的防火墙可以完全阻绝外部的数据流进到受保护的机器里。但每一种协议需要相应的代理软件，使用时工作量大，效率不如网络级防火墙。

应用层防火墙监测所有的封包并找出不符规则的内容，可以防范电脑蠕虫或是木马程序的快速蔓延。不过就实现而言，这个方法既烦且杂(软件有千百种)，所以大部分的防火墙都不会考虑以这种方法设计。

数据包过滤和应用层防火墙有一个共同的特点，就是仅仅依靠特定的逻辑判定是否允许数据包通过，一旦满足逻辑，则防火墙内外的计算机系统建立直接联系，防火墙外部的用户便有可能直接了解防火墙内部的网络结构和运行状态，这有利于实施非法访问和攻击。

3. 代理服务器防火墙

代理服务器防火墙是利用代理服务器主机将外部网络和内部网络分开，主要在应用层实现。当代理服务器收到一个客户的连接请求时，先核实该请求，然后将处理后的请求转发给真实服务器，在接受真实服务器应答并做进一步处理后，再将回复交给发出请求的客户。代理服务器在外部网络和内部网络之间发挥了中间转接的作用。所以，代理服务器有时也称作应用层网关。

代理服务器可对网络上任一层的数据包进行检查并经过身份认证，让符合安全规则的包通过，并丢弃其余的包。它允许通过的数据包由网关复制并传递，防止在受信任服务器和客户机与不受信任的主机间直接建立联系。

代理服务器代表某个专用网络同互联网进行通信，类似在股东会上某人以你的名义代理你来投票。当我们将浏览器配置成使用代理功能时，防火墙就将我们的浏览器的请求转给互联网，当互联网返回响应时，代理服务器再把它转给你的浏览器。代理服务器也用于页面的缓存，代理服务器在从互联网上下载特定页面前先从缓存器取出这些页面，内部网络与外部网络之间不存在直接连接。

4. 规则检查防火墙

包过滤防火墙和应用级网关分别工作在 OSI/RM 的不同层次上，且采用了不同的方法来保障网络的安全。这两种方法各有自己的优点，但也都存在某些不足之处。而规则检查防火墙则是集这两种防火墙技术的优点所形成的另一种防火墙。它能像包过滤防火墙一样，在网络层上通过检查 IP 地址等手段，过滤掉对内部网络进行访问的非法数据包，也能像应用级网关一样，对服务的类型和服务信息的内容进行检查，过滤掉其中的非法访问。仅此，即可见规则检查防火墙已是一种性能更好的防火墙。

第三节　网络金融认证技术

网络金融与传统金融的最大区别是互联网属性——虚拟性，网络身份的确认、线上融资信用风险、假冒网站、交易欺诈等一系列问题，都是源于网络的虚拟化而带来的信任问题。网络金融的健康发展依赖于完善的网络金融认证体系。

一、网络认证技术

网络认证技术包括传统的网络认证技术、双因素认证和 USB key、预留信息验证。

(一)传统网络认证技术

1. 传统网络认证技术的形式

传统的网络认证技术主要采用基于口令的认证方法。当被认证对象要求访问提供服务的系统时，提供服务的认证方要求被认证对象提交该对象的口令，认证方收到口令后，将其与系统中存储的用户口令进行比较，以确认被认证对象是否为合法访问者。

2. 传统网络认证技术的优点

这种认证方法的优点在于一般的系统(如 UNIX、Windows、Linux 等)都提供了对口令认证的支持，对于封闭的小型系统来说不失为一种简单可行的方法。

3. 传统网络认证方法的不足

传统网络认证方法的不足有以下几个方面。

(1) 用户每次访问系统时都要以明文方式输入口令，很容易泄密。

(2) 口令在传输过程中可能被截获。

(3) 系统中所有用户的口令以文件形式存储在认证方，攻击者可以利用系统中存在的漏洞获取系统的口令文件。

(4) 用户在访问多个不同安全级别的系统时，都要求用户提供口令，用户为了记忆的方便，往往采用相同的口令。低安全级别系统的口令更容易被攻击者获得，从而用来对高安全级别系统进行攻击。

(5) 只能进行单向认证，即系统可以认证用户，而用户无法对系统进行认证。攻击者可能伪装成系统骗取用户的口令。

对于第(2)点，系统可以对口令进行加密传输；对于第(3)点，系统可以对口令文件进行不可逆加密。尽管如此，攻击者还是可以利用一些工具很容易地将口令和口令文件解密。

(二)双因素认证技术

所谓双因素认证技术，就是在传统的口令等认证因素的基础上，再配合一种认证方法，来达到安全认证的目的。广义上讲，利用一种以上认证技术的都被称为双因素认证，现在部分网络金融系统甚至出现了三种或更多的认证技术同时应用的情况。

1. 双口令认证

这种方法是要求用户在登录网站访问或进行网上支付时，必须按照提示输入两个口令，只有两个口令都获得通过才可以进入用户系统或完成支付。例如，网银支付时使用多种认证手段，如图9-5所示。

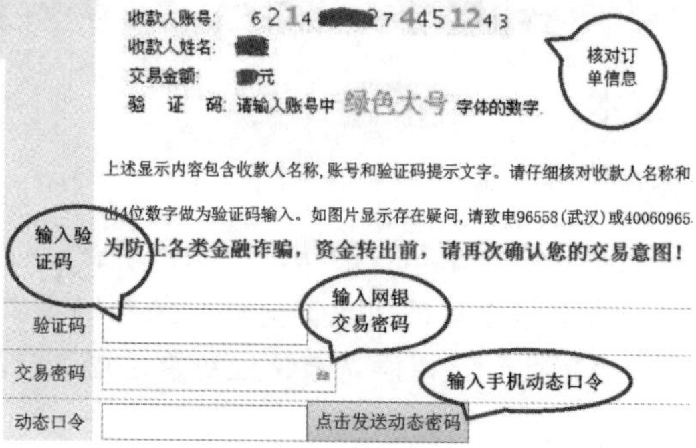

图 9-5　网银支付时使用多种认证手段

2. 动态口令牌

1) 介绍

动态口令牌是一种内置电源、密码生成芯片和显示屏、根据专门的算法每隔一定时间自动更新动态口令的专用硬件。基于该动态密码技术的系统又称一次一密系统，即用户的身份验证密码是变化的，密码在使用过一次后就失效，下次登录时的密码是完全不同的新密码。作为一种重要的双因素认证工具，动态口令牌被广泛地运用于安全认证领域。动态口令牌可以大大提升网上银行的登录和交易安全。

2) 优点

动态口令牌的优点集中体现在不仅非常安全，而且使用非常方便。动态口令又称一次性密码，每 60 秒随机更新一次，其优点在于一个口令在认证过程中只使用一次，下次认证时则更换使用另一个口令，使得不法分子难以仿冒合法用户的身份，用户也不需要去记忆密码。动态口令牌的使用十分简单，无须安装驱动，用户只要根据网上银行系统的提示，输入动态口令牌当前显示的动态口令即可。

3) 原理

动态口令牌拥有内置芯片和一个可以显示多达 6 位数字的 LCD 窗口，但其体积很小，可以系在钥匙环上。当用户在柜台申请动态口令牌时，银行工作人员会将动态口令牌与网银用户绑定建立一对一对应关系，动态口令牌的内部芯片每分钟都会使用一种算法，组合该种子与当前时间，生成一个随机的数字。而在银行的网银认证服务器会采取和这个动态密码器同一种算法产生同样的一个随机数字，保证动态口令牌和银行的网银服务器的单一认证，就像每个客户都有了世界上独一无二的身份认证，保证客户使用网银的安全性。

动态口令牌的有效使用时间为出厂后三年(失效日期标示于动态口令牌背面)，超过有效使用时间后，动态口令牌将自动失效。

(三)USB Key

1. 介绍

USB Key 外形酷似 U 盘，又称为 U 盾，是一种 USB 接口的硬件设备。它内置单片机或智能卡芯片，有一定的存储空间，可以存储用户的私钥以及数字证书，利用 USB Key 内置的公钥算法实现对用户身份的认证。由于用户私钥保存在密码锁中，理论上使用任何方式都无法读取，因此保证了用户认证的安全性。

2. 原理

USB Key 中存放着你个人的数字证书，并不可读取。同样，银行也记录着你的数字证书。当你尝试进行网上交易时，银行会向你发送由时间字串、地址字串、交易信息字串、防重放攻击字串组合在一起进行加密后得到的字串 A，你的 U 盾将根据你的个人证书对字串 A 进行不可逆运算得到字串 B，并将字串 B 发送给银行，银行端也同时进行该不可逆运算，如果银行运算结果和你的运算结果一致便认为你合法，交易便可以完成，如果不一致便认为你不合法，交易便会失败。

黑客需要同时取得用户的 USB Key 以及用户的用户名和密码，才可以登录系统。即使用户的 PIN 码被泄露，只要用户持有的 USB Key 不被盗取，合法用户的身份就不会被仿冒；如果用户的 USB Key 遗失，拾到者由于不知道用户的用户名和密码，也无法仿冒合法用户的身份。

【小资料 9-3】　国内主要商业银行的网银动态口令

1. 中国银行动态口令牌

我们在中国银行开户开通网银支付的功能时银行会给我们一个动态口令牌(如图 9-6 所示)，也称为中银 E 令卡，它内置有电源和密码生成的芯片和显示屏，是根据独特的算法，每隔一定的时间口令卡将会自动更新动态口令的密码号数。只要密码在使用过一次后就会失效，下一次再使用时就会是新的一个密码。

这个口令卡有几个好处就是方便，不用安装驱动，我们只要在转账付款时根据当时网上银行提供的提示，输入动态口令当前显示的动态密码就可以完成交易；在进行网上银行转账时，我们把收款人的姓名、转入银行卡账号、所属银行、金额等都填写完成之后，在选择安全交易工具时，如果你设定的是"动态密码+手机交易码"作为交易工具，那么，则同时需要用到这两个工具。

在转账信息确认无误后我们点击获取手机验证码，此时银行系统会发一条短信验证码到你的手机，打开手机信息查看输入到交易码框里；同时看你手上的口令卡当前屏幕显示的 6 位数字，把它输入网银页面的动态口令框即可，如图 9-7 所示。

图 9-6　中国银行动态口令牌

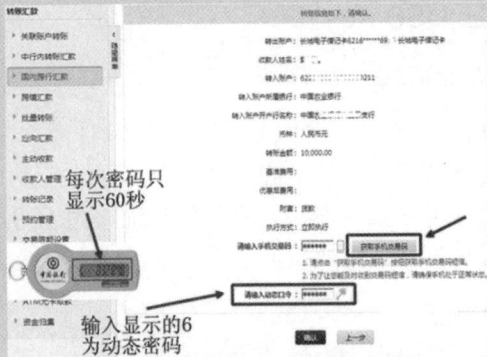

图 9-7　输入动态密码+手机交易码

需要注意的是，每次密码只是显示 60 秒时间，所以要把握好每一次的变换，因为有可能手机短信会慢一些，就会导致动态密码和手机交易码不能同一时间输入；还有就是动态密码不能连续错误 5 次，超过 5 次错误当天将会锁定，一直要到过了当天的 24:00 点才会恢复正常有效密码。

2. 中国工商银行动态口令卡

口令卡相当于一种动态的电子银行密码。口令卡上以矩阵的形式印有若干字符串(如图 9-8 所示)，客户在使用电子银行(包括网上银行或电话银行)进行对外转账、B2C 购物、缴费等支付交易时，电子银行系统就会随机给出一组口令卡坐标，客户根据坐标从卡片中找到口令组合并输入电子银行系统。只有当口令组合输入正确时，客户才能完成相关交易。这种口令组合是动态变化的，使用者每次使用时输入的密码都不一样，交易结束后即失效，从而杜绝不法分子通过窃取客户密码盗窃资金，保障电子银行安全。

申领电子银行口令卡后，登录中国工商银行个人网上银行，系统将自动激活口令卡；当消费者在完成下单的工作后，确认支付信息无误后，系统会提供一组口令卡坐标，填写相关的坐标数字；根据已经刮开的电子银行口令卡坐标进行对应，对应后输入电子银行的口令卡信息(例如，横坐标为 D，竖坐标为 8，其交集即为坐标密码)，如图 9-9 所示。

图 9-8　工商银行动态口令卡

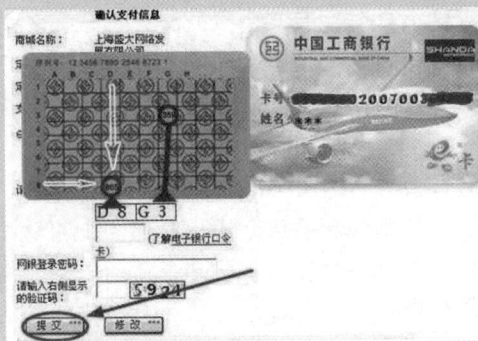

图 9-9　输入电子银行的口令卡信息

3.中信银行手机动态口令

个人网银手机动态口令的功能是为无证书客户和文件证书客户提供的一种附加、可选的安全控制手段，以构建一个分层次的安全认证体系，满足不同层次客户的需要。

开通个人网银手机动态口令功能后，在进行网上转账等关键交易确认时，通过移动网络发送给客户的一次性的包含用户转账账号、金额、动态密码在内的短信，用户需要输入短信中与网上编号一致的动态密码，才能完成转账。短信密码无法在网上被截取，从而保证客户资金账户的安全。

其他银行网银使用的动态口令，大致与上述三种模式类似或相同，这是目前中国网络金融动态口令使用的基本方式。

(四)预留信息验证

预留信息验证是帮助用户有效识别银行网站、防范不法分子利用假银行网站进行网络诈骗的一项安全服务。用户可以在银行预先记录一段文字(即"预留信息")，当登录个人网上银行时，首页自动显示预留的信息，以便用户验证是否登录真实的网上银行。如果网页上没有显示预留验证信息或显示的信息与用户的预留信息不符，应该立即停止交易并拨打银行24小时客户服务热线(必须拨打全国统一的客服电话号码，现在银行都有5位短号码，千万不能拨打该问题网页上的任何电话)。用户可以在网点注册个人网上银行时设置预留信息，也可在登录个人网上银行后，在"个人设置"功能菜单下的"客户信息修改"中进行设置或修改。

预留信息验证是一种反向认证手段，有效地让用户验证所登录的网银系统的真伪，免受"钓鱼网站"一类的不法侵犯，保证网银的安全。

现以中国工商银行网上银行"预留信息验证"服务为例进行介绍，当用户设置好个人网上银行预留信息后，如果在第三方网站进行网上购物并采用中国工商银行网上银行支付货款，中国工商银行将在支付页面中回显用户预留的信息，以便用户验证是否为真实的工商银行个人网上银行。登录个人网上银行，进入"客户服务"—"客户信息修改"模块中的"查询/修改预留信息"功能，如图9-10所示。

在"预留信息"后的输入框内输入一段特定文字(如喜爱的歌曲名称、诗句等)，可以是长度不超过60字符的任意汉字、英文字母或符号，输完后单击"确定"按钮即可。

当消费者在网上购物并进行在线支付时，会链接到中国工商银行支付页面，如图9-11所示。

在该页面中，消费者输入支付卡号后，单击"验证预留信息"按钮。如果该商户是中国工商银行特约网站，在按钮下方的信息框中将显示消费者在网上银行中预留的信息，消费者核对无误后就可以放心地进行支付，如图9-12所示。

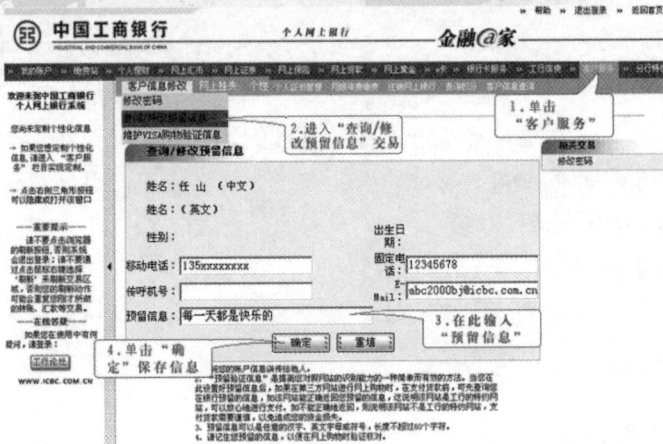

图 9-10　中国工商银行网上银行"预留信息验证"服务界面

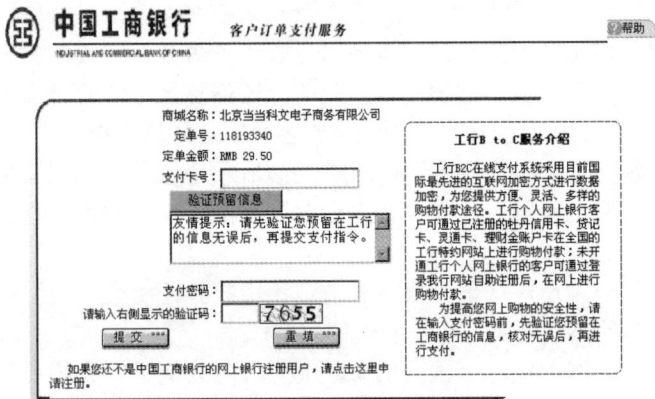

图 9-11　中国工商银行支付页面

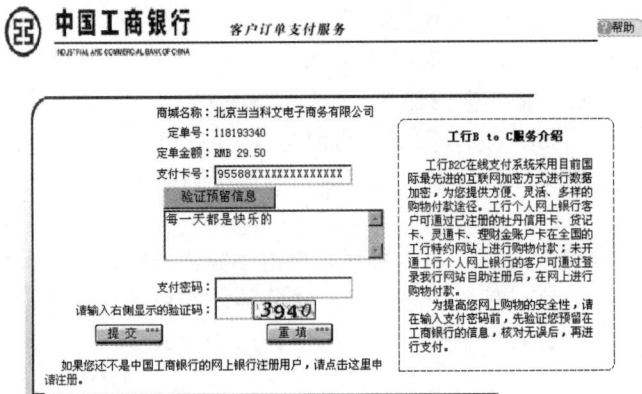

图 9-12　验证预留信息

如果不能正确返回信息，则说明该网站不是中国工商银行的特约网站，应立即停止支付，以免造成资金损失。

二、数字证书

(一)数字证书的产生

为了保证电子商务环境的安全性，防范信息传递以及交易过程中的欺诈行为，不仅要在信息传输过程中采用加密技术，保证不被第三者知道，还必须在网上建立一种信任及验证机制，使交易与支付各方能够确认其他各方的身份，这就要求参加电子商务的各方必须有一个可以被验证的身份标识，即数字证书。数字证书是一种数字标识，可以说是互联网上的安全护照或身份证明。

(二)数字证书的概念

数字证书是一个经证书授权中心数字签名的包含公开密钥拥有者信息和公开密钥的文件。最简单的证书包含一个公开密钥、名称以及证书授权中心的数字签名。一般情况下，证书中还包括密钥的有效时间、发证机关(证书授权中心)的名称、该证书的序列号等信息，证书的格式遵循 ITUT X.509 国际标准。

数字证书是由权威公正的第三方机构即 CA(Certification Authority)中心签发的，以数字证书为核心的加密技术可以对网络上传输的信息进行加密和解密、数字签名和签名验证，确保网上传递信息的机密性、完整性，以及交易实体身份的真实性，签名信息的不可否认性，从而保障网络应用的安全性。

与身份证一样，数字证书必须具有唯一性和可靠性。为了达到这一目的，需要采用很多技术来实现。通常情况下，数字证书采用公钥体制，即利用一对互相匹配的密钥进行加密、解密。每位用户自己设定一把特定的仅为本人所有的私有密钥(私钥)，用它进行解密和签名；同时设定一把公共密钥(公钥)并由本人公开，为一组用户所共享，用于加密和验证签名。当发送一份保密文件时，发送方使用接收方的公钥对数据加密，而接收方则使用自己的私钥解密，这样信息就可以安全无误地到达目的地了。通过数字的手段保证加密过程是一个不可逆过程，即只有用私有密钥才能解密。公开密钥技术解决了密钥发布的管理问题，用户可以公开其公开密钥，而保留其私有密钥。

(三)CA 中心

数字证书由一个认证中心(CA)签发，认证中心类似于现实生活中公证人的角色，它具有权威性，是一个普遍可信的第三方。当通信双方都信任同一个 CA 时，两者就可以得到对方的公开密钥从而能进行秘密通信、签名和检验。

认证中心 CA 是一个可信的第三方实体，其主要职责是保证用户的真实性。本质上，

CA 的作用同政府机关的护照颁发机构类似，用于证实公民是否是其所宣称的那样(正确身份)，而信任这个国家政府机关护照颁发机构的其他国家，则信任该公民，认为其护照是可信的，这也是第三方信任的一个很好实例。

(四)数字证书的颁发过程

数字证书的颁发过程一般为：用户首先产生自己的密钥对，并将公共密钥及部分个人身份信息传送给认证中心。认证中心在核实身份后，将执行一些必要的步骤，以确信请求确实由用户发送而来，然后，认证中心将发给用户一个数字证书，该证书内包含用户的个人信息和他的公钥信息，同时还附有认证中心的签名信息。用户就可以使用自己的数字证书进行相关的各种活动。数字证书由独立的证书发行机构发布，各不相同，每种证书可提供不同级别的可信度。用户可以从证书发行机构获得自己的数字证书。

(五)网银数字证书的申请与安装

目前，大部分网银的专业版都要求使用数字证书，以提高网银的安全性。不同银行的数字证书申请与安装的方法有一定的差别，一般分成两种：直接网页下载安装和 USB Key 证书安装。

1. 直接网页下载安装

这种方法比较简单，用户在柜台开通网银业务后，银行会给用户一个密封的信封，其中包含着凭以下载证书的参考号和授权码(简称两码)，然后凭密码信封下载网银证书后直接在电脑上进行安装。证书保存格式只能是 pfx 文件格式，cer 格式的证书不能被导入使用。

2. USB Key 证书安装

现在大多数银行都要求专业版用户必须使用 USB Key 作为载体的证书。以 U 盾为例，私钥直接在卡内产生且从不导出，将 CA 中心颁发的安全数字证书下载到 U 盾中与私钥对应。用户只要安装 U 盾的驱动(有些是免驱动型)、加密服务软件就可以通过安全加密通道确认客户身份后登录网上银行系统，享受网上银行所提供的账户之间的转账、在线消费支付、代缴费用等一系列金融服务。金融服务的交易数据，都会被送入 U 盾中，并利用 U 盾中客户的私钥进行数字签名，然后传送至网上银行系统进行验证，从而保证金融交易的安全性、完整性和不可抵赖性。

第四节　网络金融安全协议与标准

网络安全协议可用于保障计算机网络信息系统中秘密信息的安全传递与处理，确保网络用户能够安全、方便、透明地使用系统中的密码资源。安全协议在金融系统、商务系统、政务系统、军事系统和社会生活中的应用日益普遍。

一、安全协议的相关概念

(一)网络协议

如同人与人之间相互交流是需要遵循一定的规矩一样，计算机之间的相互通信需要共同遵守一定的规则，这些规则就称为网络协议。

(二)TCP/IP

TCP/IP(Transmission Control Protocol/Internet Protocol)即传输控制协议/互联网络协议，TCP/IP 是一种网络通信协议，它规范了网络上的所有通信设备，尤其是一个主机与另一个主机之间的数据往来格式以及传送方式。通俗而言，TCP 负责发现传输的问题，一有问题就发出信号，要求重新传输，直到所有数据安全正确地传输到目的地；而 IP 是给互联网的每一台联网设备规定一个地址。

(三)HTTP 协议

HTTP 协议(HyperText Transfer Protocol，超文本传输协议)是用于从 WWW 服务器传输超文本到本地浏览器的传输协议。HTTP 协议可以使浏览器更加高效，使网络传输减少。它不仅保证计算机正确快速地传输超文本文档，还确定传输文档中的哪一部分，以及哪部分内容首先显示(如文本先于图形)等。

(四)OSI/RM 参考模型

OSI/RM(Open System Interconnection Reference Model)即开放系统互连基本参考模型。开放，是指非垄断的；系统是指现实的系统中与互联有关的各部分。

世界上第一个网络体系结构由 IBM 公司提出(1974 年，SNA)，以后其他公司也相继提出自己的网络体系结构如：Digital 公司的 DNA，美国国防部的 TCP/IP 等，多种网络体系结构并存，其结果是若采用 IBM 的结构，只能选用 IBM 的产品，只能与同种结构的网络互联。

为了促进计算机网络的发展，国际标准化组织 ISO 于 1977 年成立了一个委员会，在现有网络的基础上，提出了不基于具体机型、操作系统或公司的网络体系结构，称为开放系统互联模型。

OSI/RM 模型把网络通信的工作分为 7 层，分别是物理层、数据链路层、网络层、传输层、会话层、表示层和应用层。

(五)FTP

FTP 是 File Transfer Protocol(文件传输协议)的英文简称。用于互联网上的控制文件的双向传输。同时，它也是一个客户机/服务器应用程序，用户通过一个支持 FTP 协议的客户机程序，连接到在远程主机上的 FTP 服务器上。基于不同的操作系统有不同的 FTP 应用程序，而所有这些应用程序都遵守同一种协议以传输文件。在 FTP 的使用当中，用户经常遇到两个概念："下载"(Download)和"上传"(Upload)。"下载"文件就是从远程主机拷贝文件至自己的计算机上；"上传"文件就是将文件从自己的计算机中拷贝至远程主机上。用互联网语言来说，用户可通过客户机程序向(从)远程主机上传(下载)文件。FTP 最典型的应用是网站空间内容(已制作完毕的网站的页面、图片、音视频等)的上传和下载操作。

(六)POP

POP(Post Office Protocol)即邮局协议，用于电子邮件的接收，它使用 TCP 的 110 端口。现在常用的是第三版 ，所以简称为 POP3。POP3 仍采用 Client/Server 工作模式，Client 被称为客户端，一般我们日常使用电脑都是作为客户端，而 Server(服务器)则是网管人员进行管理的。举个形象的例子，Server(服务器)是许多小信箱的集合，就像我们所居住楼房的信箱结构，而客户端就好比是一个人拿着钥匙去信箱开锁取信一样的道理。

二、SSL

SSL(Secure Socket Layer)即安全套接层协议，为 Netscape(网景公司)所研发，Web 浏览器与 Web 服务器之间安全交换信息的协议，用以保障在互联网上数据传输的安全。

SSL 提供的服务包括：①认证用户和服务器，确保数据发送到正确的客户机和服务器；②加密数据以防止数据中途被窃取；③维护数据的完整性，确保数据在传输过程中不被改变。

三、HTTPS

(一)HTTPS 简介

HTTPS(Hyper Text Transfer Protocol over Secure Socket Layer)，是以安全为目标的 HTTP 通道，简单讲是 HTTP 的安全版，即由 SSL+HTTP 协议构建的可进行加密传输、身份认证(确认客户端连接的目标主机是否是真实正确的主机)的网络协议。HTTPS 实际上应用了 Netscape 的安全套接层协议(SSL)作为 HTTP 应用层的子层。HTTPS 使用端口 443，而不是像 HTTP 那样使用端口 80 来和 TCP/IP 进行通信。其明显特征为网址前面以 https 开头，如在访问网络银行时，如图 9-13 所示。

图 9-13　网络银行使用 HTTPS 协议的举例

(二)HTTPS 实例

首先，客户端向服务器发出加密请求，服务器用自己的私钥加密网页以后，连同本身的数字证书一起发送给客户端，如图 9-14 所示。

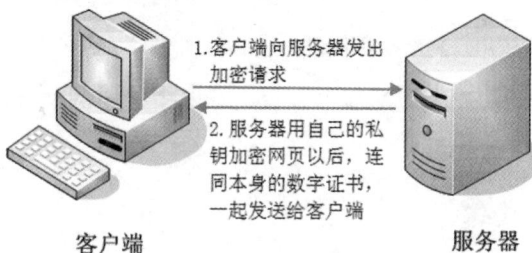

图 9-14　客户端与服务器建立 HTTPS 通信

其次，微软的 IE 浏览器自带一个数字证书管理器，"证书管理器"中存有"受信任的根证书颁发机构"列表。客户端电脑会根据这张列表查看解开数字证书的公钥是否在列表之内。其方法为：打开 Internet Explorer，在 Internet Explorer 的菜单上，单击菜单中的"Internet 选项"，选取"内容"选项卡，单击"证书"按钮来查看用户信任的当前证书的列表，如图 9-15 所示。

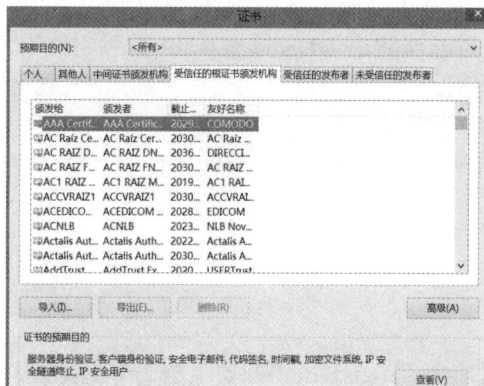

图 9-15　查看数字证书

如果数字证书记载的网址与你正在浏览的网址不一致，就说明这张证书可能被冒用，浏览器会发出警告，如图 9-16 所示。

如果这张数字证书不是由受信任的机构颁发的，或者安全证书日期失效，或者安全证书名称无效，浏览器会发出另一种警告，如图 9-17 所示。

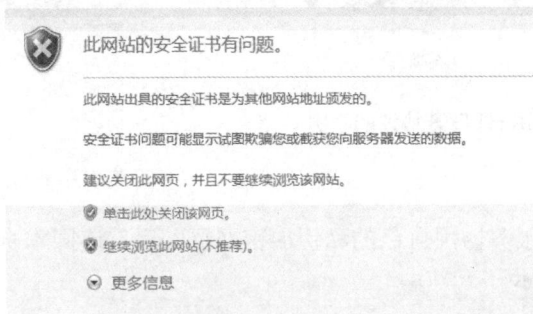

图 9-16　数字证书被冒用，浏览器发出警告　　图 9-17　数字证书有问题，浏览器发出警告

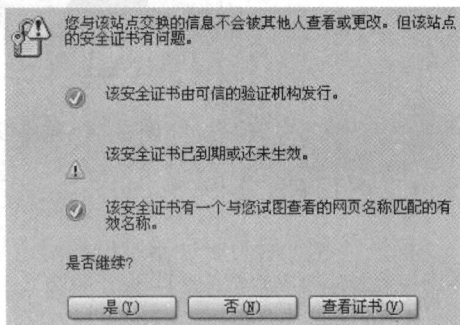

如果数字证书是可靠的，客户端就可以使用证书中的服务器公钥，对信息进行加密，然后与服务器交换加密信息。

四、SSH

SSH(Secure Shell Protocol)即安全外壳协议。传统的网络服务程序，如 FTP、POP 在本质上都是不安全的，因为它们在网络上用明文传送口令和数据，别有用心的人非常容易就可以截获这些口令和数据。而且，这些服务程序的安全验证方式也是有其弱点的，就是很容易受到"中间人"(Man-in-the-Middle)这种方式的攻击。所谓"中间人"的攻击方式，就是"中间人"冒充真正的服务器接收你传给服务器的数据，然后再冒充你把数据传给真正的服务器。服务器和你之间的数据传送被"中间人"转手做了手脚之后，就会出现很严重的问题。通过使用 SSH，你可以把所有传输的数据进行加密，这样"中间人"这种攻击方式就不可能实现了，而且也能够防止 DNS 欺骗和 IP 欺骗。使用 SSH，还有一个额外的好处就是传输的数据是经过压缩的，所以可以加快传输的速度。SSH 有很多功能，它既可以代替 Telnet，又可以为 FTP、POP，甚至为 PPP 提供一个安全的"通道"。SSH 客户端与服务器端通信时，用户名及口令均进行了加密，有效防止了对口令的窃听。

五、SET

(一)简介

SET 协议(Secure Electronic Transaction)即安全电子交易协议，是由 Master Card 和 Visa 联合 Netscape，Microsoft 等公司，于 1997 年 6 月 1 日推出的一种新的电子支付模型。SET

协议是 B2C 上基于信用卡支付模式而设计的，它保证了开放网络上使用信用卡进行在线购物的安全。SET 主要是为了解决用户、商家、银行之间通过信用卡的交易而设计的，它具有保证交易数据的完整性和交易的不可抵赖性等种种优点，因此它成为目前公认的信用卡网上交易的国际标准。

(二)SET 提供的服务

SET 协议为电子交易提供了许多保证安全的措施，具体表现在以下几个方面。

1. 保证客户交易信息的保密性和完整性

SET 协议采用了双重签名技术对 SET 交易过程中消费者的支付信息和订单信息分别签名，使得商家看不到支付信息，只能接收用户的订单信息；而金融机构看不到交易内容，只能接收到用户支付信息和账户信息，从而充分保证了消费者账户和定购信息的安全性。

2. 确保商家和客户交易行为的不可否认性

SET 协议的重点就是确保商家和客户的身份认证和交易行为的不可否认性，其理论基础就是不可否认机制，采用的核心技术包括 X.509 电子证书标准、数字签名、报文摘要、双重签名等技术。

3. 确保商家和客户的合法性

SET 协议使用数字证书对交易各方的合法性进行验证。通过数字证书的验证，可以确保交易中的商家和客户都是合法和可信赖的。

(三)SET 的交易流程

SET 交易过程中要对商家、客户、支付网关等交易各方进行身份认证，因此它的交易过程相对复杂，具体如下。

(1) 客户在网上商店看中商品后，和商家进行磋商，然后发出请求购买信息。

(2) 商家要求客户用电子钱包付款。

(3) 电子钱包提示客户输入口令后与商家交换握手信息，确认商家和客户两端均合法。

(4) 客户的电子钱包形成一个包含订购信息与支付指令的报文发送给商家。

(5) 商家将含有客户支付指令的信息发送给支付网关。

(6) 支付网关在确认客户信用卡信息之后，向商家发送一个授权响应的报文。

(7) 商家向客户的电子钱包发送一个确认信息。

(8) 将款项从客户账号转到商家账号，然后向顾客送货，交易结束。

从上面的交易流程可以看出，SET 交易过程十分复杂性，在完成一次 SET 协议交易过程中，需验证电子证书 9 次，验证数字签名 6 次，传递证书 7 次，进行签名 5 次，4 次对称加密和非对称加密。通常完成一个 SET 协议交易过程大约要花费 1.5～2 分钟甚至更长时间。由于各地网络设施良莠不齐，因此，完成一个 SET 协议的交易过程可能需要耗费更长的时间。

电子支付无论要采取哪种支付协议，都应该考虑到安全因素、成本因素和使用的便捷性这三方面，由于这三者在 SET 协议和 SSL 协议里的任何一个协议里面无法全部体现，这就造成现阶段 SSL 协议和 SET 协议并存使用的局面。但即便将来业界开发结合这三个优点的电子支付协议，也未必能完全保证电子支付和网上银行的安全。

六、PKI

PKI(Public Key Infrastructure)即公钥基础设施，是目前网络安全建设的基础与核心，是网络金融安全实施的基本保障。

在常规经济交易中，交易双方现场交易，可以确认购买双方的身份。利用商场开具的发票和客户现场支付商品费用，无须担心发生纠纷和无凭证可依。但通过网上进行经济交易时，由于交易双方并不现场交易，因此，无法确认双方的合法身份，同时交易信息是交易双方的商业秘密，在网上传输时必须保证安全性，防止信息被窃取。双方的交易非现场交易，一旦发生纠纷，必须能够提供仲裁。

PKI 采用证书进行公钥管理，通过第三方的可信任机构(认证中心，即 CA)把用户的公钥和用户的其他标识信息捆绑在一起，其中包括用户名和电子邮件地址等信息，以在互联网上验证用户的身份。PKI 把公钥密码和对称密码结合起来，在互联网上实现密钥的自动管理，保证网上数据的安全传输。

因此，从大的方面来说，所有提供公钥加密和数字签名服务的系统，都可归结为 PKI 系统的一部分，PKI 的主要目的是通过自动管理密钥和证书为用户建立起一个安全的网络运行环境，使用户可以在多种应用环境下方便地使用加密和数字签名技术，从而保证网上数据的机密性、完整性和有效性。数据的机密性是指数据在传输过程中，不能被非授权者偷看；数据的完整性是指数据在传输过程中不能被非法篡改；数据的有效性是指数据不能被否认。

本章小结

金融是现代国家经济的核心，银行、证券、保险和信托并称现代金融业的四大支柱，以现代信息技术和互联网为基础发展起来的网络经济，不仅改变了宏观经济的运行模式和传统经济理论，而且影响着人们的思维理念、行为模式、行为准则和相互之间的联系方式。随着网络金融业务的发展，其在金融机构整个业务中所占份额不断加大，为金融机构的竞争与发展拓展了新的空间。但同时人们也看到，金融网络频遭攻击，客户金融资产在网上被盗卖、资金在网上被盗取的案件时有发生，网络金融的安全问题日益突出。本章向读者讲述了计算机系统网络安全和网络金融业务运作安全相关的知识，对网络金融的安全技术、认证技术、安全协议与标准做了详细介绍。

本章习题

一、问答题

1. 网络金融主要的安全隐患包括哪些方面？

2. 网络金融安全的主要内容有哪些？

3. 面对网络金融安全隐患，可以采取哪些安全措施？

4. 什么是加密技术？加密有哪些主要类型？

5. 什么是非对称加密？什么是对称加密？两者的区别在哪里？各有什么特点？

6. 什么是数字签名？其原理是什么？如何验证数字签名？

7. 什么是防火墙？防火墙有哪些类型？

8. 什么是数字证书？其传输和认证过程是怎样的？

9. 请解释以下协议的概念：SSL、HTTPS、SSH、SET、PKI。

二、实践训练

实训项目：证券软件客户端安全性验证(如招商证券)。

实训目的：确保下载的证券软件客户端是完整和安全可靠的。

实训步骤：

(1) 登录招商证券官网，可在百度中输入"招商证券"搜索，在有"官网"字样的链接上单击进入招商证券官网；

(2) 下载招商证券软件客户端；

(3) 下载招商证券官网提供的 MD5 生成器；

(4) 运行 MD5 生成器：ZszqMD5.exe；

(5) 单击"浏览"，选择已下载的文件，窗口中将自动产生该文件的 MD5 码；

(6) 检查生成的 MD5 码是否与招商证券官网下载页面上提供的相应软件的 MD5 码是否相同；

(7) 如果得到的 MD5 码和招商证券官网网站公布的相同，则所下载的文件是完整且正确的，可以继续安装使用；

(8) 如果得到的 MD5 码和招商证券官网网站公布的不同，说明你下载的文件不完整，或者该文件已被恶意修改，为防止风险，请您不要使用该客户端，并及时联系客户中心95565。

第十章　网络金融的经营管理

▨ 【学习要点及目标】

- 掌握网络金融的经营模式。
- 了解网络金融的支撑基础。
- 熟悉网络金融的变革。
- 了解网络银行机构的营销管理。
- 了解网络保险机构的经营管理。
- 了解呼叫中心的概念。
- 了解呼叫中心在金融业的应用。

▨ 【核心概念】

网络金融模式　众筹　网络支付系统　移动互联网　金融脱媒　影子银行　呼叫中心

▨ 【引导案例】

面对网络金融，传统金融应如何应对？

2008年12月7日阿里巴巴集团主席兼首席执行官马云在"第七届中国企业领袖年会"发表演讲时说："如果银行不改变，我们就改变银行。"

2012年9月10日招商银行行长马蔚华在参加公开活动时借用比尔·盖茨的话说："传统银行如果不改变，将是21世纪一群要灭绝的恐龙。"

是什么让马云放此豪言？又是什么让马蔚华发出如此感叹？答案是网络金融。网络金融如同不安分的"初生牛犊"，在吞噬着昔日传统金融领地的同时，更在观念上催生着创新。

"现在网上什么都有，什么都能买到，只要鼠标点一点，就可以等着收货。"在刚刚过去的"双11"，在一家公司从事售后服务的小高收获颇丰，"早就把要买的东西统统放到购物车里，到时间付钱，就全部搞定了。"从网络银行到支付宝，再到团购网站会员，小高"一应俱全"：前不久装修的钱是直接通过支付宝付给店家的；这个月的信用卡账单是用网络银行还款的；和朋友聚餐也是在团购网上团购了优惠券才去的。省心省时省力省钱，虚拟的网络给人们的生活带来了实实在在的方便。对于时常要到外地出差的小高来说，特别值得一提的是网络购票，过去在火车站里排长龙的经历已经一去不复返了，"有了网络购票，方便多了，有没有票、买哪个时间段，都可以自行选择。"

金融是现代经济的核心。在过去相当长的时间里，传统商业银行牢牢站在金融生态的顶端，位于金融价值链最有价值的部分，但是随着网络的普及，情况正发生翻天覆地的变化。2012 年 11 月 11 日，这是一个让所有银行都刮目相看的日子，支付宝当天的交易额达到了 191 亿元。其中，支付宝快捷支付占所有交易的 45.8%，支付宝余额支付占 31%，而传统网银支付，所有银行渠道相加只占到 23.2%。不仅在支付领域，信贷市场也是互联网公司觊觎的一块"肥肉"。2010 年以来阿里小贷已完成 15 万家小微企业贷款，总贷款额达到数百亿，不良率仅为 0.9%。2012 年网络 P2P 贷款更是异常火爆，人人贷 2013 年 1 月 10 日推出的 1000 万理财产品更是在 26 分钟就被一抢而空。如果网络信贷像淘宝一样发展，那将是整个银行业的恶魔。互联网已经颠覆很多行业，传统金融业也不能幸免。

传统银行在未来一段时期内可能至少遇到以下三大难题。首先，物理网点不但不会给传统银行带来竞争优势，反而可能增加营运成本。早在 2001 年我国加入 WTO 之初，受制于经营网点数量不足，国内外资银行业务发展受到很大制约。也正是因为尝到这样的甜头，才使中资银行得到"跑马圈地"的启发，以致传统银行跨区域发展成为潮流。但是，由于互联网金融更多借助智能手机终端，很容易就形成成本低廉的营销网络。以中国工商银行为例，其 4 亿的客户数量是通过几十年不懈积累完成的，而与此相对比，仅仅经过一两年时间，微信用户数量就已突破 6 亿。因此，传统商业银行应尽快对过去物理网点多多益善的思维定式深入反思，同时在虚拟网点铺设上加强战略研究和布局，避免在利率市场化加速、竞争空前白热化时代，陷入成本入不敷出的困境。

其次，传统银行的人才技术优势可能在短期内荡然无存。目前很多银行业人士还认为自己拥有多年积累的风控经验，掌握金融企业生存发展的秘籍，互联网金融草根可能不堪一击。然而实际情况却是，只要互联网金融企业能够提供诱人的薪酬待遇，传统银行根本不掌握令自己百战百胜的独享技术。与此同时，随着网络金融企业客户数量爆炸式成长，大数据技术开始能够得到前所未有的应用，帮助新生的网络金融有效控制风险，甚至像微型企业贷款这种让传统银行感到十分棘手的问题也能迎刃而解。

最后，传统银行发展受到现有制度的极大约束。长期以来，监管层反复提示传统银行高度警惕网络借贷、民间借贷和小额贷款公司等存在的风险，要求筑牢与民间金融之间的防火墙。但这些指令也是"双刃剑"，在有利于防范金融风险的同时，也导致传统银行与网络金融渐行渐远。与此相反，网络金融企业不断创新产品和服务，进而不断侵蚀传统银行业务领域。

网络金融给各方带来的影响可谓喜忧参半：对于普通老百姓而言，它带来的更多是一种便利和福利，且对于打破金融价格垄断以及让金融更好服务实体经济都有不言而喻的意义。对于监管部门而言，它带来的是对于民间金融与正规金融关系定位的重新思考。对于传统银行来说，它带来的是一种撼动和挑战。以余额宝为例，从诞生仅仅经过 9 个月时间，其资产、客户数量就已达到我国中等规模银行水平。显而易见，尽管传统银行霸主地位仍在，但要在网络时代延续过去的繁荣，恐怕很难唾手可得，必须在知己知彼基础上进行变革。

面对网络金融春天的到来，传统金融特别是传统银行应怎样应对？

首先，必须转变观念，充分认识网络金融对自己带来的颠覆性冲击。每一个网络银行借助网络平台的存贷款、中间业务、支付结算业务等都是无地域限制的。而且，其依托网络特别是呈现几何速度增长的移动网络，其金融业务的高效、透明、便利性、快捷性是传统银行无法比拟的。这个冲击波要比余额宝大许多倍。传统金融特别是传统银行面对网络金融的态势，必须放下所有幻想，迅速拥抱网络金融，舍此都是末路。

其次，要与大型网络企业合作，包括阿里巴巴、腾讯、百度、京东等，要么合作建立网络银行，要么通过互惠互利合作购买其线上客户积累的大数据为我所用。

需要强调的是，传统银行虽然也有大量客户数据，但是这种客户数据与网络企业特别是阿里巴巴平台上的大数据对于金融来说不是一个概念的。银行拥有的数据是客户经营结果的财富和现金流数据。而电商平台上的数据是客户从生产、库存、销售、财务流、现金流等全方位的数据。

唯其如此，传统银行才能拥抱网络金融所带来的春天。

(资料来源：李少星.互联网进入百姓生活.浙江经济网，2014.11.20；

新平.传统银行亟需融入互联网金融.中国证券报，2014.3.26；

余丰慧.互联网金融来了，传统银行勿掉队.羊城晚报，2015.1.7)

【案例导学】

随着信息技术的发展，网络正悄然而迅速地走进我们的日常生活。它使各行各业都发生了深刻的变化，即使在被喻为"最后的沉睡巨人"的金融业领域，也正在逐步摆脱其繁杂的"清规戒律"的束缚，而开始一场静悄悄的革命。通过本章的学习，读者可以了解网络金融的经营模式，掌握网络金融机构经营管理方面的知识，熟知呼叫中心的相关概念及在金融业中的应用情况。

第一节　网络金融的经营模式

网络金融的经营模式以互联网及其不断延伸为依托，注重知识资产的质量和经营的效益，把业务中心放在金融产品或服务的多样化和满足客户的个性化需求上，将不同金融机构间的竞争扩展到金融信息服务以至其他信息服务的开拓和深化上。

一、网络金融的发展模式

网络金融的发展主要有以下两种模式。一种是由传统金融机构为适应客户的需求，在继续提供传统业务服务的同时，积极利用互联网作为新的服务手段，建立金融网站，提供网络金融服务。它是原有的金融机构与网络信息技术相结合的结果。另一种是完全依赖互联网，由纯网络金融机构提供虚拟的金融服务。这类金融机构一般只有办公地址，没有砖瓦型的分支机构或营业网点，几乎所有业务都通过网上进行。

(一)传统金融机构发展网络金融业务的方式

在竞争的压力下，传统金融机构被迫加入网络金融服务体系，以满足客户的需求。对它们而言，网络金融通常是其发展新客户、稳定老客户的手段。传统金融机构在发展网络金融业务时，可以采取以下三种方式：一是收购已有的纯网络金融机构；二是建立自己的网络银行；三是与 IT 网站合作。下面将分别举例说明。

1. 收购已有的纯网络金融机构

加拿大皇家银行(Royal Bank of Canada，RBC)是加拿大规模最大、盈利能力最好的银行之一。在超过一个世纪的时间里，加拿大皇家银行在美国只从事金融批发业务。1998 年，加拿大皇家银行以 2 千万美元收购了安全第一网络银行(SFNB)除技术部门以外的所有部分，此时该网络银行的客户户头有 1 万个，其存款余额早在 1997 年就超过了 4 亿多美元。在加拿大皇家银行收购安全第一网络银行(SFNB)的时候，后者的发展已经出现了停滞的迹象，那么为什么还要收购呢？加拿大皇家银行收购安全第一网络银行的战略目的，一是在于扩大其在美国金融市场的业务和份额。加拿大皇家银行以收购安全第一网络银行(SFNB)的方式步入了美国金融零售业务的市场，利用安全第一网络银行(SFNB)吸收的存款投资于加拿大的中小企业，获取收益；更重要的一点是，加拿大皇家银行利用这次收购，将业务拓展至一个新兴的、飞速发展的领域。这次收购使加拿大皇家银行立即站在了网络银行发展的最前沿，况且在美国设立一家传统型分行需要 200 万美元，而维持安全第一网络银行这样一个 10 人机构的费用要远远低于任何一家传统分行，所以完全是一次低成本、高效益兼并的典范。在收购之后，为了吸引更多的客户，加拿大皇家银行利用自身雄厚的资金实力，在市场营销方面采取了两种策略。首先，提高了支票账户的存款利息。它们许诺最先申请网络银行账户的 10 000 名客户可以在年底之前享受 6%的优惠利率。在信息公布后的前六个星期，账户的申请者已经达到了 6500 人；第二，购买了超级服务器，使客户可以在瞬时传输电子数据和检查账户目前以及历史情况。尽管其他网络银行都以在开业后的第一年就盈利为战略目标，安全第一网络银行(SPNB)却在被加拿大皇家银行收购后连续两年亏损，在它们看来，盈利是几年后的事，毕竟客户是最重要的。

2. 建立自己的网络银行

威尔士·法戈银行(Wells Fargo)是这方面典型的例证。这个位于加利福尼亚州的银行，是美国最大的银行之一，在 10 个州拥有营业机构，管理着 1009 亿美元的资产。早在 1992 年，威尔士·法戈银行就开始建设其自己的作为网络和以网络银行服务为核心的信息系统。

威尔士·法戈银行建立网络银行的战略目的在于适应客户变化了的交易偏好和降低经营成本。在开发其网络银行业务时，威尔士·法戈银行通过调查发现，客户不仅需要查询账户余额、交易记录、转账、支付票据、申请新账户和签发支票等基本网络银行业务，还需要一种有关账簿管理、税收和财务预算的服务。它们便在 1995 年，与微软货币(Microsoft Money)、直觉(Intult)和快讯(Quicken)建立战略联盟，利用它们的软件包提供这方面的服务。在降低成本方面，以每天 40 多万客户通过网络与威尔士·法戈银行进行交易来计算，据银行自己估计，每 200 万笔交易从银行柜面服务转向网络服务将节省 1500 万美元，即每笔交易节省 7.5 美元。随着客户从分行向低成本的网络转移，它们将节约大量的费用。

3. 与 IT 网站合作

有 IT 技术优势的网站主要为传统金融机构在网络化的过程中提供技术保证与服务。美国由于在网络用户数量、普及率等方面有着明显的优势，因而成为发展网络保险的先驱者。在美国，几乎所有的保险公司都已上网经营。由于网上保险公司可以将各大保险公司的各种保险产品集合起来，用户可以反复比较后轻松地作出自己的选择，因此，网上保险得到了用户的青睐。

(二)纯网络金融机构的发展模式

对于纯网络银行的发展模式而言，也有两种不同的理念。一种是以印第安纳州第一网络银行(First Internet Bank of Indiana，FIBI)为代表的全方位发展模式；另一种是以休斯敦的康普银行(CompuBank)为代表的特色化发展模式。

1. 全方位发展模式

对于应用这种发展模式的网络银行而言，它们并不认为纯网络银行具有局限性。它们认为随着科技的发展和网络的进一步完善，纯网络银行完全可以取代传统银行。这些纯网络银行一直致力于开发新的电子金融服务，以满足客户的多样化需要。为了吸引客户和中小企业，纯网络银行必须提供传统型银行所提供的一切金融服务。

2. 特色化发展模式

持有这种观点的纯网络银行也许更多一些。它们承认纯网络银行具有局限性，与传统型银行相比，纯网络银行提供的服务要少得多，例如，因为缺乏分支机构，它们无法为小企业提供现金管理服务；也不能为客户提供安全保管箱。纯网络银行若想在竞争中获取生存必须提供特色化的服务。这类银行的代表就是康普银行，这家位于休斯敦的纯网络银行只提供在线存款服务。在康普银行的高级管理人员看来，纯网络银行应该专注于具有核心竞争力的业务发展，至于其他的业务可以让客户在别的银行获得。它们认为，客户可以在互联网上发现想要的一切，如果一家银行想将客户局限在自己提供的业务中是绝对错误的。除这种极端的情况以外，其他纯网络银行的特色化发展模式也很具有借鉴价值。耐特银行是仅次于安全第一网络银行(SFNB)的纯网络银行，在后者被收购以后，它成为纯网络银行业的领头羊。耐特银行的服务特色在于以较高的利息吸引更多的客户。它们认为，每一个纯网络银行的客户都是从其他银行吸引过来的，所以吸引客户在纯网络银行的战略中应是第一位的，而利息则是吸引客户的最佳手段。

二、网络金融的支撑基础

金融的核心是跨时间、跨空间的价值交换，其最基本功能是融通资金，即将资金从储蓄者转移到融资者手中。随着信息技术的迅猛发展，金融交易已经从传统的专网不断向互联网进行渗透，网络作为新兴中介，将金融跨时间、跨空间的价值交换发挥到了极致，并且这种趋势还在呈几何级数增长。

"网络+金融"的发展已经历了网上银行、第三方支付、个人贷款、企业融资等多阶段，并且越来越在融通资金、资金供需双方的匹配等方面深入传统金融业务的核心。无论哪种金融业态，都离不开支付体系。"网络+金融"模式的标志性特征就是通过对现有支付体系的颠覆，改造整个金融业态，挑战现有金融理论体系。支付正在成为传统金融与网络金融携手融合、走向未来的共同入口。

如果说金融是经济的血液，那么支付就是金融的血管，它关系到一国金融业的效率与稳定。支付体系是一国金融系统的核心基础设施，回顾支付体系的发展历史，经历了实物支付、银行卡支付到网络金融支付等阶段。在当前的网络金融时代，支付主要表现为移动支付和第三方支付，并逐渐呈现出支付媒介去现钞化、支付终端去 PC 化、支付机构去银行化、支付环节去时点化的趋势和特征。我国目前则处于现金(实物支付)、银行卡支付以及移动支付、第三方支付并存的状态。其中，银行卡支付处于主导地位，移动支付、第三方支付发展势头强劲。移动支付、第三方支付具有交易成本低的优势，并且具有金融商品属性，使得移动支付、第三方支付可能取代现金和银行卡，成为未来的主要支付方式。

实际上，支付问题是网络金融服务体系的基础和支撑，也是现代金融得以顺畅发展的"骨骼"。支付具有中介和信息双重功能。无论是实物货币、金属货币，还是现钞货币，都是作为一般等价物形式的支付中介。信息作为交易中的数量关系，依附于支付中介上。从这个意义上说，正如"货币天然是金银，金银天然不是货币"，没有了支付，新模式和新业务就无从谈起，网络金融大厦将轰然倒下。

三、网络金融的变革

网络金融使人类社会的组织形态、生活方式，以及商业模式产生了巨大的变化。作为经济活动主要参与者的金融业，也正在这场网络化、信息化、数字化的浪潮中经历着巨大变革。

(一)"金融脱媒"的第三波浪潮

"脱媒"一般是指在进行交易时跳过所有中间人而直接在供需双方间进行。在金融领域，脱媒是指"金融非中介化"，即在金融管制的情况下，资金供给绕开商业银行体系，直接输送给需求方和融资者，完成资金体外循环。

网络信息技术的发展促进了"脱媒"的发展，因为当公司直接向用户销售产品与服务的方式在技术上成为可能时，公司将可以完全跳过批发商和零售商直接将产品与服务送到客户手中。这样导致的成本降低将使得制造商和消费者同时获利。

20世纪90年代起，中国"金融脱媒"已经历两个快速发展阶段。一是20世纪90年代，证券市场突飞猛进，家庭金融资产构成从以银行储蓄为主转为向证券资产分流，因为存款人可以从投资基金和证券寻求更高回报的机会，而公司借款人可通过向机构投资者出售债券获得低成本的资金，削弱了银行的金融中介作用；二是自2010年以来，利率市场化和金融管制催生的影子银行，拓展出大量的直接融资模式。

【小资料 10-1】 何为"影子银行"

"影子银行"，一般是指那些有着部分银行功能，却不受监管或少受监管的非银行金融机构。简单理解，影子银行就是那些可以提供信贷，但是不属于银行的金融机构。因为难以监管，那它对货币造成的影响，包括流通速度和规模就没办法准确估算，所以在2008年的全球金融危机后，很受人们的重视。

美国的"影子银行"包括投资银行、对冲基金、货币市场基金、债券保险公司、结构性投资工具(SIV)等非银行金融机构。

在我国，影子银行主要包括信托公司、担保公司、典当行、地下钱庄、货币市场基金、各类私募基金、小额贷款公司以及各类金融机构理财等表外业务、民间融资等，总体呈现出机构众多、规模较小、杠杆化水平较低但发展较快的特征。

(资料来源：金改100问. http://www.wenzhou.gov.cn/col/col6000/index.html)

网络金融可看作"脱媒"的第三波浪潮，在未来金融创新发展中扮演着鲶鱼角色，将改变商业银行的价值创造和价值实现方式，重构已有融资格局。更为重要的是，它将带来全新的金融理念。以网络借贷为例，它的改变在于规则再造，即借助信息整合、挖掘的方法和标准化、批量化的量化技术手段提高借贷效率、提高风控能力、降低贷款成本。更重要的是，网络借贷平台还带来了一种新的微贷理念：信贷不再是一种权利，而是一种公平合理交易的商品和服务。

【小资料 10-2】 鲶鱼效应

挪威人喜欢吃沙丁鱼，尤其是活鱼。市场上活鱼的价格要比死鱼高许多。所以渔民总是想方设法地让沙丁鱼活着回到渔港。可是虽然经过种种努力，绝大部分沙丁鱼还是在中途因窒息而死亡。但却有一条渔船总能让大部分沙丁鱼活着回到渔港。船长严格保守着秘密。直到船长去世，谜底才揭开。原来是船长在装满沙丁鱼的鱼槽里放进了一条以鱼为主要食物的鲶鱼。鲶鱼进入鱼槽后，由于环境陌生，便四处游动。沙丁鱼见了鲶鱼十分紧张，左冲右突，四处躲避，加速游动。这样沙丁鱼缺氧的问题就迎刃而解了，沙丁鱼也就不会死了。这样一来，一条条沙丁鱼活蹦乱跳地回到了渔港。这就是著名的"鲶鱼效应"。

鲶鱼效应对于市场经济有着重要的警示作用。它指出，一个市场如果能采取一种手段或措施，使组织、企业和个体产生一种危机感，从而激发出组织、企业和个体的活力，刺激一些企业活跃起来投入到市场中积极参与竞争，从而激活市场中的同行业企业积极参与竞争，从而使得市场更为高效。

目前看，新一轮"金融脱媒"革新中，互联网企业如同"门口的野蛮人"，明显处于攻势地位，借助平台、入口及客户数量等多方面优势，多点快速出击，让人应接不暇；而商业银行则处于守势，往往是被动迎战，有时甚至找不到战场。

随着本轮革新的不断深入，商业银行纷纷加快服务的转型与升级，正在努力追赶这一轮的创新潮流。商业银行应着眼于本轮互联网金融革新的根本动力，立足金融服务的本质，积极融入、创新求变，从竞争差异化、客户中心化、人才复合化、平台开放化等方面入手，才能尽快摆脱潮流追随者的地位，做网络金融的推动者。

(二)互联网企业介入网络金融业务

从目前的市场情况看，我国的互联网企业从事的金融业务基本可以划分为支付结算类、融资类、投资理财保险类等几大类。而在每一类中又可根据具体业务模式进行一些细分。至于虚拟货币在我国尚未成气候，暂不做讨论。

在支付结算业务中，首先是那些依托自有网上购物网站发展起来的综合性支付平台。这类平台具备在线支付、转账汇款、担保交易、生活缴费、移动支付等功能，代表企业有"支付宝""财付通"等。除支持自有购物网站的支付需求外，一些综合性支付平台已经与各类购物网站、电商平台签约，为它们提供支付结算服务。

其次是独立的第三方支付平台。这类平台的代表企业有"快钱""环迅支付""首信易支付"、"拉卡拉"等。这类支付平台通常并无自有购物网站，主要通过各式各样的支付业务为其合作商户服务。例如，"快钱"的生活类支付业务，"环迅支付"的网游支付业务，"首信易支付"还从事支付返现的活动，"拉卡拉"推出了电子账单处理平台及银联智能 POS 终端，可以提供用户线下支付和远程收单服务。

在融资业务中，类型很多，结构各异。例如，P2P 模式、P2P 网络借贷，原本是指通过网络平台实现并完成的小额借贷交易。正常的 P2P 具有单笔交易金额较小，供需双方以个人、小企业为主的特征。如果再作进一步细分的话，目前 P2P 在国内又可分为好几种模式。

一是无担保线上模式，代表企业为"拍拍贷"。该模式下，网络平台不履行担保职责，只作为单纯的中介，帮助资金借贷双方进行资金匹配，是最"正宗"的 P2P 模式。这种模式本质类似直接融资。据了解，这是不少国外监管机构唯一允许存在的 P2P 模式。

但国内目前 P2P 的主流模式是有担保线上模式，代表企业有"红岭创投"等。这种模式下的网络平台扮演着"网络中介+担保人+联合追款人"的综合角色，提供本金甚至利息担保，实质上是承担间接融资职能的金融机构。

再有就是债权转让模式，代表企业为"宜信"。该模式下，借贷双方通常不直接签订债权债务合同，而采用第三方个人先行借款给资金需求者，再由资金借出方将债权转让给其他投资者的模式。通过不断引入债权并进行拆分转让，网络公司作为资金枢纽平台，对出资人和借款人进行撮合。

除此之外，还有一些网贷公司是由传统的民间借贷发展而来的，它们通过网络主要是进行宣传营销，吸引资金出借人和借款人到公司洽谈借贷事宜。其特点是往往对借款人要求抵押，对出借人提供担保，可以看作是一种比较典型的民间集资借贷行为。

目前媒体报道最多、网络最为热议的就是以"阿里小贷"为典型代表的，基于信息的搜集和处理能力而形成的融资模式。它与传统金融依靠抵押或担保的模式不同，主要基于对电商平台的交易数据、社交网络的用户信息和行为习惯的分析处理，形成网络信用评级体系和风险计算模型，并据此向网络商户发放订单贷款或信用贷款。

另一种融资模式可称为供应链金融模式，代表企业为"京东商城"。该模式下电商企业不直接进行贷款发放，而是与其他金融机构合作，通过提供融资信息和技术服务，让自己的业务模式与金融机构连接起来，双方以合作的方式共同服务于电商平台的客户。在该模式中，电商平台只是信息中介，不承担融资风险。

除以上几种主要的网络融资模式之外，我国也出现了类似于美国的 Kickstarter，通过网络平台直接"向大众筹资""让有创造力的人获得资金"的做法，例如"点名时间""有利网"等互联网企业，目前规模都还不大。

在投资、理财、保险类业务方面，一种是为金融机构发布贷款、基金产品或保险产品信息，承担信息中介或从事基金和保险代销业务，代表企业有"融 360""好贷网"信息服务网站，以及"数米网""铜板街""天天基金"等基金代销网站。另一种是将既有的金融产品与互联网特点相结合而形成的投资理财产品或保险产品。以"余额宝"和"众安在线"的运费险、快捷支付盗刷险等为代表。以余额宝为例，客户将支付宝余额转入余额宝，则自动购买货币基金，同时客户可随时使用余额宝内的资金进行消费支付或转账，相当于基金可 T+0 日实时赎回。"众安在线"则主要通过互联网进行保险销售和理赔，目前专攻责任险和保证险，并且已在研发包括虚拟货币盗失险、网络支付安全保障责任险、运费保险、阿里巴巴小额贷款保证保险等保险产品。

(三)传统金融机构介入网络金融业务

互联网及移动互联网的飞速发展，引发传统金融业的嬗变，在互联网企业强势进军金融业的背景下，传统金融企业不得不或借力网企发展，或自身发力网络领域，以应对竞争。

中信银行与银联商务有限公司于 2013 年 6 月 4 日签署战略合作协议，共同推出全新 POS 网络商户贷款业务。这距中信银行与腾讯开展合作不过短短半年。其实，近年来，银行就不断自建或筹备电子商务平台，如建行"善融商务"、交行"交博汇"和中行"云购物"等。

险企进军互联网也是不遗余力。2012 年，国华人寿在淘宝官方旗舰店店创下了"三天一个亿"的销售额，刷新了中国电子商务发展 10 年来的首个单品销售纪录，这使众多同行看到了金融电子化的威力。而保险业进军互联网最令人瞩目的事件，莫过于中国平安联手阿里巴巴和腾讯两大网络巨头创建了众安在线财产保险公司，这被认为是金融行业的互联网革命。

不仅银行和险企在互联网金融领域施展拳脚，基金行业也跃跃欲试。平安集团董事长马明哲在 2013 年新春致辞上表示，"保险业未来最大的竞争对手，不是其他传统金融企业，而是互联网。"因此，传统金融业攻克互联网成为必修课。

(四)民间金融介入网络金融

网络金融和民间金融，这二者之间是有一种天然的关系的。首先，人们认识到民间金融是有边界的。第一，它有一个信息的边界，比如在民间金融中，最开始的借贷是产生于熟人之间，大家相互是知根知底的，彼此间的"软信息"是在长期的交往中产生的，而不是基于像财务报表那类材料产生的，这种"软信息"有一个有效边界。第二，是交易成本的边界，主要体现于两个方面：其一，是我要评估你的信用状况，这个是需要成本的；其二，是你有投资的需求，我有用钱的需求，此二者的匹配也是需要成本的。一旦突破它的信息边界和交易成本边界，就会变得非常不安全，就会发生道德风险的行为。

而网络金融，能够扩大民间金融的这种边界，原因有以下三个方面。第一，网络金融对信息的处理采取一种社会化的方式。以阿里金融为例，它目前的信用评估是非常不错的，阿里金融目前有一亿左右的客户，它能很好地掌握这些客户的支付、还款及购物信息，比如通过输入一个用户的 ID 来查询这个用户有什么样的消费习惯、其平时购买哪些产品、其邮寄地址是什么，这样就可以大致知道这个用户平时工作或生活在什么地方，并且可以在几个纬度内找到和这个用户有关的一些人，从而更好地了解这个客户的信用状况。所以阿里金融的授信系统和银行是不一样的，比如输入一个人的名字，可能连这个人的面都没有见过，它就可以提供这个人大致的有关情况，可以给这个人以多大的授信，这就是互联网下信息处理的特点。第二，网络金融对风险防范的效果非常明显。一个民间金融组织的规模控制在 30 个人以内的时候是相对安全的，如果突破这个规模的话，那风险将变得难以控制，因为人和人之间就会不熟悉了，从而会导致风险的产生；但是，在网络金融中，这种风险的分散效果是非常明显的。第三，网络金融提高了交易可能性。在典型的民间金融中，是和熟悉的人发生业务关系，但是在网络金融中，可能和一个完全不认识的人发生业务关系。

第二节　网络金融机构的经营管理

随着网络经济迅速发展，现有的传统金融企业已经紧跟网络化趋势，迅速响应，参与网络化改造，创新网络金融机构的经营管理。企业的经营管理是一个整体而复杂的课题，包括营销管理、组织结构、市场定位等。下面就银行、证券、保险机构经营管理的某一方面进行介绍。

一、网络银行机构的营销管理

【案例 10-1】　招商银行"因您而变"的经营理念

招商银行坚持"科技兴行"的发展战略，立足于市场和客户需求，充分发挥拥有全行统一的电子化平台的巨大优势，率先开发了一系列高技术含量的金融产品与金融服务，打造了"一卡通""一网通""金葵花理财""点金理财"、招商银行信用卡、"财富账户"等知名金融品牌，树立了技术领先型银行的社会形象。1999 年，招商银行在国内第一家启动了包括网上个人银行、网上企业银行等在内的网上个人银行理财软件——"一网通"，"一网通"分为大众版和专业版，两种"一网通"在国内率先将网络技术与传统金融服务相结合，满足了客户足不出户就能享受银行服务的需求。

(资料来源: http://wenku.baidu.com)

(一)网络银行营销与传统银行营销的区别

网络银行营销与传统银行营销都是银行的一种经营活动，都是把满足消费者需要作为一切活动的出发点，但是银行在网上建立了无形的虚拟分支机构，把银行服务带入人们日常生活与工作的各个层面，这是传统银行营销所无法达到的。网络银行营销与传统银行营销的区别主要表现在以下几个方面。

1. 营销模式不同

传统银行营销依赖层层严密的渠道，并以大量的人力和广告投入市场。而网络银行营销是充分运用网络的各项资源，形成以最低的成本投入，获得最大的市场销售量的新型营销模式。

2. 营销方式不同

随着网络技术迅速向宽带化、智能化、个人化方向发展，网络银行客户可以在更广阔的领域内实现声、图、像、文一体化的多维信息共享和人机互动功能。

3. 与客户关系不同

网络银行的营销是一种以顾客为焦点的竞争形态，争取顾客、留住顾客、建立亲密的顾客关系、分析顾客需求、创造顾客需求等都是最重要的议题。

4. 竞争形态不同

由于网络的自由开放性，网络时代的市场竞争是透明的，人人都能掌握竞争对手的信息与营销作为。

5. 营销组织不同

网络经济时代，银行内外部沟通与经营管理均依赖网络作为主要渠道和信息源，所带来的影响包括营销人员的减少、组织层次的减少、营销网点的减少、渠道的缩短以及虚拟网点、虚拟部门等组织的盛行。

(二)网络银行的市场定位及其策略选择

所谓市场定位，就是根据竞争者现有产品在市场上所处的位置，针对消费者对该产品某种特征或属性的重要程度，强有力地塑造出本企业产品与众不同的、给人印象鲜明的个性或形象，并把这种形象生动地传递给消费者，从而使该产品在市场上确定适当的位置。

1. 网络银行客户群体的划分

网络银行应该将市场划分为更细小的市场或客户群体，根据自身的战略定位，选择具有不同特征的目标市场，实施不同的营销策略和方法，做到营销定位准确，从而达到理想的营销效果。

网络银行客户群可以细分为个人客户群和企业客户群。

1) 个人客户群

根据调查，最愿意接受网络银行服务的是刚刚大学毕业的年轻人，但是他们普遍缺乏经济基础，也不能给网络银行带来更多的盈利。因此，我国网络银行的主要客户应该是年龄在25～35岁的白领阶层，职业主要是金融业、高科技企业、外企、政府机构中的高层职员等，地域上主要是沿海地区的一些商业发达城市。

2) 企业客户群

经过统计，上网的企业一般是跨国公司、外商独资企业、中外合资企业以及我国的外向型企业、大型集团公司、高新科技企业等。对网络银行来说，公司客户群选择网络银行的依据一般是网络银行的经营战略以及自身的实力。无论是大企业还是中小企业，都有一定的盈利空间存在。大企业选择网络银行服务时，更看重的是业务品种的多元化和服务的整体支持能力；而中小企业看重的是具体业务品种的数量、种类以及可以给予的服务优惠。

2. 网络银行目标市场定位

目标市场定位实际上就是网络银行结合自身的内外条件，判断自身的优势与劣势后，再决定向哪一类客户提供怎样的金融产品和服务组合的过程。网络银行在对客户群进行细分后，就可以进行有效的市场定位，确定自己的目标市场。例如，中国农业银行就将网络银行的市场定位在为"三农"服务上。

3. 网络银行的营销策略

网络银行具有服务需求弹性大和同质性的特点，网络银行产品的这一趋同性，给同业竞争带来了你我难分的尴尬。品牌的作用在于把同质性远胜于传统银行产品的网络银行产品从金融同业中区分出来。

实践证明，打造出产品或服务的品牌，是最好的市场推广方式。品牌不仅代表了一个产品或一项服务的含金量，更代表了一家企业的市场份额和影响力。要提高网络银行品牌的知名度，建立客户忠诚度：一是要提高产品质量和服务，尽可能使客户满意；二是向客户提供更具差异化和人性化的产品和服务，并加强宣传，让客户感受到网络银行产品带给客户的多方面内在价值；三是要用信用打造品牌，增强品牌的竞争力；四是要发展子品牌和亚品牌，延伸品牌价值，全面梳理现有产品，将产品延伸至所有客户层次，针对客户不同需求提供不同解决方案，让客户充分享受增值的、个性化的银行业务组合，形成系列品牌。

二、网络证券机构的管理体制

【案例 10-2】 轻型证券营业部受推崇

"在家门口就可办理开户，有问题可以随时过来咨询，平时借助微信也可以跟投资顾问随时交流。"在一家轻型证券营业部内，李先生在与投资顾问交流股票信息，他对于轻型营业部非常认同。更让李先生欣慰的是，由于轻型营业部降低了租金和人工成本，佣金率也十分低，给他的佣金率为"万三"，对此他十分满意。

轻型营业部又称"小微"营业部，没有直播行情的大屏幕，也没有大户室、中户室、散户室，只有投资顾问、营销经理的工作柜台以及一个会议室。"如今轻型营业部如同便利店一样，开设在住宅小区，让用户感到非常便利。"一家券商营业部营销经理宋先生说，受网络金融影响，股民到证券公司营业部来炒股的人数日益减少，各大券商改变了经营模式，大力建设轻型营业部，以实现"增收节支"，增加多元化经营收入，节省营业部租金、人员成本等。轻型营业部借助低佣金率吸引大量客户，借此推广多元化业务寻求新的利润增长点，如新三板咨询、销售资管产品、约定回购、质押回购等。

(资料来源：青岛全搜索电子报，2014.10.13)

网络金融管理理念突出管理的整体性、服务的特殊性，面向不同客户的多样化需求，注重未来的长远发展。互联网应用普及后，各机构推出的金融产品差别不大，这种传统的管理模式已经不能满足更为激烈的竞争环境要求，只有转向建立以客户为中心的管理体制，才能为客户提供更具针对性的服务，为各种决策分析提供支持。同时，由于信息技术在网络金融中的重要作用，网络金融出于安全、高效的目的，需要在数据传输、加密和鉴定等方面进行不断地监测和升级，从而要求在技术方面进行统一的安排和管理。

(一)网络证券机构的组织结构

在信息技术逐步渗透到金融业务、管理和决策等全过程的情况下，金融企业的组织结构由金字塔形变成了网络扁平化。

网络技术的应用替代了公司许多基层人员的工作，特别是取代了庞大的代理人工作，降低了中层管理人员的管理幅度。大量信息借助 IT 技术进行及时快速的传递，可大大缩减公司内部原有的进行信息处理和传递的中间管理人员的层次和数量。信息的传递方向也从传统的只在管理层纵向传递，转变为既可纵向传递，还可以横向交流，解决了横向机构的沟通问题，为企业能快速响应市场发展变化创造了必要的条件。信息共享的实现使所有员工获得了丰富的知识来源，为充分发挥员工的积极性和创造性提供了必要条件。互联网的开放性使企业之间能进行有效的实时沟通，为建立企业间新型的合作伙伴关系奠定了基础。建立在现代信息技术基础上的信息化企业的新型组织结构层次少、效率高，既强调人的自主创造性，又能发挥团队作用，既是高弹性和高度分权，又是反应灵活具有强竞争力的有机体。

总之，信息化企业的新型组织结构与传统企业组织结构有巨大的区别，二者的比较如表 10-1 所示。

表 10-1　信息化企业的新型组织结构同传统组织结构的比较

项　目	传统组织结构	新型组织结构
组织结构的基本模式	职能式	有机式
结构形式特征	金字塔式	扁平式、团队式、虚拟式
组织活动特征	稳定、重复、单一	灵活、自主、分散、协作
主要结构单元	职能部门	团队、团队网络
分工	高度分工和专业化	分工程度低、提倡适应性和通才
权力的集中程度	高度集中、注重权威	高度分散、强调自主创造
管理层次	多	少
中间管理层	庞大臃肿	精简

项 目	传统组织结构	新型组织结构
管理范围	窄	宽
信息流向	纵向为主	纵向、横向兼备
部门间的关系	缺乏沟通、协调难	沟通容易、重视沟通
协调方式	靠规章制度和权力等级	通过网络灵活协调

(二)应用软件实施管理

从管理对象来分，可以将管理分成业务管理和行为管理。业务管理更侧重于对组织的各种资源的管理，比如财务、设备、产品等相关的管理。而行为管理则侧重于对组织成员行为的管理，以此而产生了组织的设计、机制的变革、激励、工作计划、个人与团队的协作、文化等的管理。

业务管理和行为管理应该是相辅相成的，就像人的两只手一样，要配合起来才能要好地发挥管理的作用。如果其中任何一只手出了问题，都会对管理的整体带来损失，甚至让组织管理停滞不前，受到严重的阻力。

相对应地，作为管理落地的工具，信息化软件也可以分为两大类：ERP 软件系与协同软件系。其中，ERP 软件系包括财务软件、设备管理软件、CRM、HR、库存软件甚至各种行业性业务管理软件等，其作用主要是帮助组织的业务管理推行落地的。协同软件系包括协同 OA、HR、CRM、绩效、网络、门户、IM、邮件等，其作用主要是帮助组织实现行为管理落地的。

三、网络保险机构的经营管理

在本质上，网络保险既是一种全新的保险销售方式和渠道，又是网络经济背景下的一种全新的保险经营理念和管理模式。在形式上，网络保险又表现为从微观到宏观各个层面的复杂系统或有机组织。因此，网络保险的经营管理既要尊重复杂系统或有机组织的演化规律，又要符合经济管理理论与实践的普遍原则和一般规律。实施网络保险经营管理的关键点在于转变经营观念，实现模式的战略转移，充分利用信息技术，重新设计业务流程，调整组织结构，实现"以客户为中心"的市场拉动型的营销管理战略，真正发挥互联网络的信息平台优势，展现网络保险的市场潜力。

(一)网络保险的人力资源管理

推动中国网络保险从试验性向实用性发展的关键是人力资源管理，培养合格的、适应网络保险需要的不同层次的人才。

(1) 从事网络保险的人员，需要既是电子技术网络专家又是金融专家的高级人才。

CIO(Chief Information Officer)，即企业信息主管，是一个企业负责信息技术和信息系统的高级主管，也是企业领导者的一员。他在组织内部具有整体协调的能力和权力，其职能是从战略高度考虑公司信息系统的规划实施，掌握其发展前景。由于 CIO 在信息化的规划、实施、系统集成、资源管理以及日常的经营决策中发挥着不可或缺的作用，所以几乎所有的美国 500 强公司都设置了自己的 CIO。而在中国保险公司中，技术和业务很难有效结合的原因之一就是缺乏能够深入了解业务的规律、参与业务核心层和经营决策的信息技术专家。目前，这种人才在国内非常缺乏，因此，依据市场化原则引进此类高层次人才就显得尤为必要。

(2) 保险公司应从提高员工整体素质入手，培养出熟悉网络操作的管理人员和营销人员，组建一支能够胜任保险网络安全管理的技术队伍，扩大中级人才阵容。网络经济具有很强的学习效应，即干中学，而学习效应所实现的收益递增主要来自工作中经验和知识的积累、增值与传递效应。各保险机构加强对员工的技术培训，增强员工在网络操作方面的技能，激励他们将所掌握的技术应用于实践中，就可以营造一种鼓励创新和学习的良好环境，提高保险公司的整体工作效率。

(3) 保险企业可以配合政府部门和科研院校，多渠道培养具有一流专业水平的复合型保险人才，加强与国外企业的交流，将人才的培养和引进更好地结合在一起。

(二)网络保险的目标确定、需求分析与市场定位

网络保险的系统建设与经营管理要求组织的高层领导先进行目标确定，市场人员要依据既定目标进行市场和需求的调查分析，确定企业的市场定位。

保险公司建立网络保险系统的主要目标有两个：一是更好地满足投保人多样化的保险需求，扩大客户群，吸引更多的潜在客户，促进客户关系管理；二是提高企业的运行效率，强化内部经营管理，降低经营管理成本。

需求的调查分析包括分析自身需求、市场需求、客户需求等。市场的调查分析包括市场环境分析、客户分析、供求分析和竞争分析等。

网络保险企业要依据业务需求和自身条件，找准企业的市场定位，明确希望通过互联网营销做些什么、怎样做、对象是谁，然后才能研制保险营销主页，确定保险营销主页的风格取向、包装以及运用哪些技术手段来实现等。保险营销主页的内容要充实，不断创新，富有新意。好的保险营销主页只有一个标准：当访问者访问这个主页时会被深深吸引，并且成为经常的造访者。通过网络加深与社会公众的沟通，既是探索网络保险营销的起点，也是我国保险企业走向世界的基本途径。

(三)网络保险的业务流程改造

从信息技术层面来看，网络保险系统是保险公司网站和其内联网的集成，它们发挥着保险公司业务流程的传导载体的作用。保险企业进行电子商务，并不是对传统保险业务流

程的简单电子化和网络化，网上保险服务的流程也不是传统保险服务流程的简单复制，应该依据电子商务条件和运作方式，利用信息技术构造更加先进、合理和有效的业务流程。

网络保险不改变保险公司的展业、承保、核保、理赔等基本业务流程的内容，而是依靠信息技术改变这些基本业务的处理方式。为建立网上保险系统，保险公司必须充分利用信息技术，对原有业务流程进行重新设计。许多原来由人工处理的业务，将通过网络由计算机自动完成。客户可以通过保险网站了解公司的保险产品和服务等信息，做出投保选择；保险事故发生后，可以直接通过网站向保险公司提出赔偿要求。为防止逆向选择，核保成为承保业务中的重要环节，在许多寿险业务中，保险公司需要了解被保险人的健康状况，因此在决定是否接受投保申请时，保险公司要实现与医院系统的联网，才能及时通过互联网了解被保险人的既往病史，提高核保的工作效率。保险费的支付和保险金的给付是保险交易的必备环节，如果保险公司和网络银行以及认证中心实现了计算机联网，保险公司就能通过方便快捷的网上支付，降低运营管理成本。另外，与工商、税务和保险监管机构的信息交流，同样可以通过互联网高效完成，与监管机构的密切联系还有助于监控保险公司的经营风险。

(四)网络保险的组织结构调整

保险企业在网络保险业务构建的过程中，应根据网络保险经营的特点和要求，对企业组织结构做出适当的调整，从而实现企业运作的高效。实际上，网络技术的应用替代了公司内部许多基层人员的工作，取代了庞大的保险代理人队伍的工作，而且降低了部分中层管理人员的工作量；同时，大量信息通过网络进行及时快速的处理和传递，减少了公司内部原有的进行信息处理和传递的中间管理人员的层次和数量。因此，网络保险的出现，使得现代保险公司与传统的保险公司相比，省去了底层的代理人队伍和减少了管理层次，提高了各个部门的专业化程度和整体的网络正效应。

(五)网络保险的营销模式转变

网络保险的出现为保险开辟了新的营销渠道，为保险公司进行市场调研、更好地宣传保险产品和保证售后服务提供了方便。但同时保险公司也需要相应地对其营销模式做出调整，具体的营销模式调整可以从以下不同的角度来进行。

(1) 从传统集中于少数同质化险种的营销模式，向个性化、多险种营销模式转变。目前我国保险市场上险种同构现象极其严重，这容易加大业务拓展的难度，导致过度竞争，不利于保险行业的健康发展。网络保险具有很强的灵活性、针对性，我们应该利用网络保险的优势积极开发新险种，满足不同客户的多样化需求。

(2) 从单向的市场营销向互动的网络营销模式转变。传统的保险营销手段，如媒体广告等，只能提供单向的信息输送，客户常处于被动接受地位。网络保险的出现促进了客户和保险公司之间的互动交流。我们应该充分利用网络高效互动的新型营销方法，强调以客户为中心，从市场调研、保险产品设计到承保后的各项客户服务工作，始终要和客户保持密切联系，从而能更好地满足客户的需要。

第三节　呼　叫　中　心

一、呼叫中心概述

随着社会的发展、财富的积累、金融知识的普及和同业竞争的加剧，人们对金融服务的要求更高，选择的余地更大。在网络经济时代，金融业为了更好地生存和发展，必须改变传统的管理理念和服务方式，要建立起以客户为中心、以客户价值为导向的营销理念，要将由客户引发的被动服务转变成为由银行引发的主动营销服务。

金融服务的形式和内容要由确定的金融产品服务逐渐演变为多元化、个性化的金融百货商店和金融服务中心。建立现代化客户服务营销中心(Call Center)是转变经营理念、提升服务手段的重要保证。现代化客户服务营销中心的建立不仅是金融机构优质服务的体现，也是金融机构拓展市场的有效渠道，更主要的是确立了一种新的服务和营销体系，一种现代化金融机构所必需的经营方式和服务手段。

(一)呼叫中心的概念

呼叫中心是一种新兴的信息服务形式，是一种基于 CTI 技术，充分利用通信网络和计算机网络的多项集成功能，与企业连为一体的一个完整的综合信息服务系统。它通过电话系统、E-mail、Web 页面交互系统、移动网络等新信息技术方式，连接到某个信息数据库，并由计算机语音自动应答设备或者人工客服将客户要检索的信息传播给客户。随着商业与技术的发展，企业已经不满足于仅仅通过语音访问呼叫中心，它们理想中的呼叫中心需要具备使用一套共用业务规则管理多种媒体类型的能力，准确报告呼叫中心活动的能力，提取历史信息以支持业务决策的能力，以及分配呼叫中心资源以实时响应业务需求变化的能力。在以互联网为核心的新信息技术的迅猛发展和广泛应用情况下，网络呼叫中心为满足以上要求应运而生。由此，呼叫中心逐渐超越原始的售后服务中心、故障处理台的概念，正在发展成为现代企业了解和把握客户需求有效的工具。20 世纪 90 年代以来，以呼叫中心为代表的 CTI 应用在全球金融、证券、保险等各个行业迅猛发展，逐步发展成为一个完整的电子商务系统，它的最大作用在于能有效地、高质量地为用户提供多种服务。

(二)呼叫中心的分类

1. 按照构建模式划分

按照构建模式，呼叫中心可以分为外包型和独建型。

1) 外包型呼叫中心

外包型呼叫中心是一个独立的呼叫中心运营商，拥有较大的运营规模，可以接受各个企业的业务委托并按照各个企业的需求开展各项呼叫服务。在这种构建模式下，企业无须自行设立呼叫中心，配置任何设备或客服人员，只需要将自身需求和相关信息提供给呼叫中心运营商，即可按照约定开展客户服务。这种方式可以节约成本，并为客户提供一个较为专业的服务。

2) 独建型呼叫中心

独建型呼叫中心是指各个企业根据自身行业特征、实际需求、营销战略等需要，购入设备，开发程序，培养专业人员，呼叫中心作为企业的一个单独部门运行，为本企业客户提供服务。这种方式有较大灵活性，有利于对用户信息规整分析，企业可以最大限度地利用自身呼叫中心进行营销和客户关系管理。

2. 按照功能划分

按照功能分类，可以分为营销型呼叫中心、服务型呼叫中心和综合型呼叫中心。

1) 营销型呼叫中心

营销型呼叫中心也称呼出型呼叫中心，主要是呼出业务，即主动营销的模式，通过电话和用户进行联络，推销企业产品，并将各类反馈信息存储于数据库中。这种类型的呼叫中心通过积极主动的营销可以为企业创造直接经济效益，但同时对客服人员的专业水平和营销技巧有较高要求。

2) 服务型呼叫中心

服务型呼叫中心也称呼入型呼叫中心，主要是呼入业务，包括解答客户咨询、受理客户投诉、自动语音业务等。呼入型呼叫中心的设立可以为客户提供更完善的售后服务，更好地树立企业品牌形象。

3) 综合型呼叫中心

综合型呼叫中心即呼入/呼出型呼叫中心，呼入、呼出业务并存，是一个较为完整的系统。综合型呼叫中心为客户提供售后服务的同时，积极寻找并维系客户，根据客户需求再改进企业产品、服务、营销等。这种类型的呼叫中心可以促使企业整体经营水平的提升。

二、呼叫中心在金融业的应用

呼叫中心成功地将通信服务功能、客户关系管理和金融机构实际业务有机融合，使金融服务的内容更广泛、方式更灵活，同时也迎合了目前客户服务个性化的趋势，通过呼叫中心可以为客户提供高质量、高水平的金融服务，如个人理财顾问、访问金融信息、提供服务案例演示、加强客户关系管理、维护客户群、利用呼叫中心的集成方案进行交易管理等。

(一)银行呼叫中心

呼叫中心可以广泛地应用于银行业。通过呼叫中心，银行可以向客户提供包括余额查询、转账处理、信用卡结算、股票操作、外汇买卖在内的各项基础服务，以及信息咨询等增值业务服务，同时也能够充分利用自己所拥有的客户资料信息，主动向客户提供针对性的服务。

我国银行早期研究开发和应用的呼叫中心尚处在前台服务阶段，提供的服务品种有限，仅能完成账户查询、余额交易、打印对账单等简单功能。目前各商业银行进行系统整合后的呼叫中心如中国工商银行 95588、中国银行 95566、中国建设银行 95533 等，正在逐步由前台服务向后台服务过渡。各行都在建立统一的数据处理中心及统一的对外服务平台，这对提高银行内部工作效率、合理配置资源、集中共享信息、制定科学的营销策略、实施准确的市场定位、降低经营成本、提高综合竞争力和综合效益有很现实的促进作用。

招商银行在金融电子化发展中脱颖而出，成为我国股份制商业银行中发展较好、较快的银行之一。下面以招商银行为例说明呼叫中心在银行业的应用。

建立 95555 呼叫中心以前，招商银行在全国各地分行已经建立了基于电话语音卡的电话银行系统。随着招商银行的不断发展，原有的电话银行系统存在着较大的局限性，已不能满足各方面的需求，包括：①数据分散，系统工作量大，安全性差，主要原因是原系统分散的各子系统间不能共享信息；②可扩展性差，这将不利于提高银行竞争力；③接入方式单一，仅支持电话、传真、客户终端等方式接入，且不同接入方式不能实现信息共享；④功能单一，不能与人工服务配合使用，无法做到市场细分和个性化服务；⑤信息利用效率低，无法实现银行产品的整合营销。

因此，1998 年 10 月，招商银行启动 95555 呼叫中心建设项目，从提供简单咨询的客服中心发展为集服务、营销、交易、投资理财等为一体的远程银行中心，包括电话银行和空中银行两大服务体系，为全行客户提供涵盖个人银行、公司银行、电子银行、证券、资产、外汇、投资理财、交易、商旅等全方位远程金融服务，依托高度集约化、流程化、智能化的银行交易系统和客户经营管理平台，通过空中理财、空中贷款、空中商旅等一系列新产品，为客户带来便捷、安全、舒适的一站式服务体验。95555 呼叫中心具有如下的特点。

(1) 实现多媒体接入，与网络银行、移动银行整合，提供 3A 服务。基于多媒体接入技术实现网络银行、电话银行、移动银行的整合，95555 呼叫中心可以在任何时间(Anytime)，任何地点(Anywhere)，以多种方式(Anyway)为客户提供服务。

(2) 提供针对性和差异化服务，优化客户体验。招商银行技术部门开发了以提供个性化服务为主题的新一代电话银行——95555 个性化电话银行，即菜单定制化的个性化的 IVR 业务流程，这一创新为招商银行拓展新业务提供了强有力的支持。95555 个性化电话银行可根据客户的情况，提供个性化菜单定制、展现个性化的流程，播报个性化的关怀营销信息、提供智能化的菜单引导，使客户能够获得招商银行更加快捷、更加方便的全方位一站式的全新的电话银行服务。客户细分、疑难申诉室、"一事通"投诉处理系统和 40088-95555 贵宾专线等服务的设置体现了招商银行个性化服务的策略。此外，双语服务、预告等待时长等也是其服务特色之一。

(3) 建立呼出管理系统，增强营销功能。95555 呼叫中心提供通知类、营销类呼出服务。例如，通过 95555 人工外拨服务，招商银行可以主动以电话、传真、电子邮件等方式与客户联系，向客户发送有关贷款本息的追索、业务交易情况、理财申请和投诉的回复、各种重要通知、业务宣传资料等信息。此外，呼叫中心积极通过各种呼出方式向客户介绍招行产品与服务，有针对性地开展交叉营销活动获得利润。

(4) 建立运营管理平台，提高管理水平。95555 呼叫中心的后台管理系统实现了集成的监控和警告日志、考评质检和报表功能。呼叫中心平台提供了图形化界面的监控功能，供系统维护人员监视系统设备和资源运行状态，并自动进行告警和日志记录。其次，呼叫中心通过考评、质检功能对人工座席的工作状况进行封闭式管理，保证客户服务水平。最后，呼叫中心可以通过报表生成工具对各种数据源进行报表定制，既可以对客户信息系统中的数据进行管理和挖掘，帮助银行更好地分析客户行为，也可以对系统处理的各种业务进行统计分析，利于系统监测和座席考评。

(二)保险呼叫中心

呼叫中心在保险业也有广泛的应用，人保财险呼叫中心 95518 成立于 2000 年，开创了中国金融业全国服务专线的先河。在数十年的发展历程中，95518 始终秉承"人民保险，服务人民"的企业宗旨，践行"拨通 95518，保险服务送到家"的服务承诺，向广大客户提供 7×24 小时的全天候电话服务，获得了广大客户的信任和好评，曾多次获得"中国最佳呼叫中心""文明窗口""五四红旗团组织"等荣誉称号。

平安财险 95512 呼叫中心于 2003 年开始筹建，平安财险 95512 创建初期即以省为单位建立呼叫中心，并且依托其信息技术优势建立了后援中心，实现了各呼叫中心的相互连接，同时后援中心能够为各呼叫中心提供多方面的支持，形成了"后台全国集中、座席省级集中、夜班区域集中"的运营模式，拥有全国即时统一调度能力。

平安产险客服热线 95512 服务内容从单纯的车险接报案服务迅速扩展为涵盖了平安产险所有险种的报案、查勘/救援调度、咨询、投诉及众多的销售支持服务，还为大陆以外的汇丰保险客户提供大陆地区的医疗救援热线服务。95512 同时开展了产险的各项客户回访工作，为产险提升客户满意度及多渠道销售、续保、风险管理等工作提供了强有力的支持。目前 95512 的运营已完成了其本身服务平台与各核心业务系统的完全对接。发达的数据后台处理，为其实现高效率的客户服务起着至关重要的作用。

保险公司呼叫中心一般具备以下几个方面的功能。

(1) 全天候服务：能提供 7×24 小时的不间断服务。大型保险公司在全国各地的网络确保了客户在国内任何地点和任何时间，都可以通过保险公司服务人员语音、IP 电话、电子邮件、传真、文字交谈、视频信息等任何通信方式获得客户服务。

(2) 成本控制中心：保险公司大量保险责任案件需要报案、查勘、定损、资料收集等环节，在人力、物力上成本巨大。通过呼叫中心节约和简化案件的流程和环节，可以有效控制保险公司的成本支出。

(3) 内外衔接：呼叫中心的客户代表和管理人员是保险公司连接客户的窗口，客户的问题通过呼叫中心能够及时转交相关部门解决，同时通过客户反映问题和客户回访的整理，可以促进公司改进和完善流程和服务。

(4) 技术管理并重：呼叫中心采用现代化的技术，有高效的管理系统，随时可以了解呼叫中心运行情况和服务人员的工作情况，确保达到企业的客户服务目标和提高客户服务水平。

国外保险公司呼叫中心经过不断的发展，已经充分运用 CRM、互联网、数据库等技术，整理和分析了大量的客户信息，经过分类和分析，针对客户需求开发了丰富的保险产品，比如针对年轻人的意外险、健康险、责任险和信用险产品。客户在保险期限内发生的保险事故，可以通过电话、E-mail、短信等方式报案，保险公司在接到任务派遣人员处理客户报案的同时，服务人员已经了解客户的基本情况和以往的索赔历史，可以减少询问，及时为客户提供服务。客户的索赔记录和理赔过程自动录入系统，作为产品设计和服务优化的资料。客户存在欺诈的情况，保险公司核实后将进入客户信用记录，并和政府、银行等共享。

国内保险公司，如人保财险、中国人寿、中国平安等已经开始研究呼叫中心如何整合承保、理赔、客户服务和销售的渠道和资源，落实"以客户为中心"的经营理念，采用集中式的模式，运用互联网、无线宽带、4G 及视频技术，实现呼叫中心综合平台的运用，进一步提高保险公司的服务水平和市场竞争力。

建设新型呼叫中心是实现金融机构新的经营理念和经营模式的重要基础和手段，也是原有呼叫中心发展的必由之路。在新型呼叫中心的建设中，服务和营销要紧密结合起来，以服务促进营销，以营销拓展服务，这是呼叫中心能否从成本中心发展为利润中心的关键。员工不能仅仅以回应客户需要为满足，重要的是培养营销文化，使每一个人都是成功的推销员，时刻不忘招揽业务，牢固树立成本和效益观念，加速实现呼叫中心由成本中心向利润中心的战略转变，使新型呼叫中心成为现代化银行新的服务营销体系和综合性的服务支持平台。

本章小结

本章从网络金融的经营模式、网络金融机构的经营管理两个角度，探索网络经济环境下网络金融的经营模式和经营管理方法。此外，对呼叫中心这一服务形式在网络金融经营管理中的作用进行了详细说明。

本章习题

一、问答题

1. 网络金融有哪几种模式？
2. 网络金融的支撑基础是什么？
3. 网络支付系统的概念是什么？
4. 试解释众筹、金融脱媒和影子银行的概念。
5. 以网络银行机构为例，说明你所理解的网络金融产品营销。
6. 谈谈你对网络保险机构经营管理的理解与体会。
7. 什么是呼叫中心？阐述呼叫中心在网络金融业中的应用。

二、实践训练

实训项目：网络金融的经营管理实践。

实训目的：通过实践学习网络金融的经营管理知识。

实训步骤：

(1) 各选取一家金融机构(如招商银行、国泰君安证券、太平洋保险)，浏览其官方网站；

(2) 分析这些金融机构的营销策略；

(3) 分析这些金融机构的组织架构；

(4) 分析这些金融机构的人力资源管理；

(5) 了解这些金融机构的呼叫中心服务。

第十一章 网络金融风险与监管

▨ 【学习要点及目标】

- 理解网络金融风险的定义、类型和成因。
- 了解网络金融风险对宏观金融的影响。
- 掌握网络金融监管的原则、内容和措施。
- 熟知网络金融法的概念。
- 了解网络金融交易的法律问题。
- 了解网络金融机构监管的法律问题。

▨ 【核心概念】

风险 金融风险 网络金融风险 流动性风险 信用风险 操作风险 法律风险 系统风险 网络金融监管 网络金融法

▨ 【引导案例】

网络支付是当前大家使用最广泛，创新最活跃，关注度比较高的业务。近年来，依托电子商务的繁荣和移动互联的快速发展，在监管部门的支持和市场各方的共同努力下，以第三方支付为代表的新兴行业主体的网络支付业务呈现爆发式增长态势。2014 年，支付机构累计发生网络支付业务 374.22 亿笔，金额 24.72 万亿元，同比分别增长 93.43%和 137.6%，给百姓的消费支付和金融业务办理带来极大的便利。

但随着第三方网络支付业务与各类电商模式、互联网金融的深度融合，行业快速发展中暴露出一些风险及隐患，对消费者资金安全形成现实和潜在的威胁。客观来看，这个行业进入了一个需要进行规范、加以调整和制度梳理的阶段。

在此背景下，中国人民银行于 2015 年 7 月 31 日发布了《非银行支付机构网络支付业务管理办法(征求意见稿)》(以下简称《办法》)。

1. 对支付账户的支付进行分类并采取限额管理

《办法》对综合类、消费类支付账户分别规定年累计 20 万元、10 万元限额，对不同安全级别的支付指令验证方式分别设置为单日付款不超过 5000 元、1000 元的限额。极小部分超出上述年度和单日付款限额的客户，可以选择支付机构提供的跳转银行网关或快捷支付方式，用本人的银行卡(银行账户)完成对外付款。同时需强调的是，对于支付账户单日累计金额 5000 元或 1000 元的限制性规定，仅适用于消费者支付账户内的资金扣款，而非针对银行账户。上述的限额管理对那些使用快捷支付和网关支付的消费者基本没有影响。

2. 对于支付账户根据不同验证类型采取不同限额规定

《办法》规定，支付机构如采用不少于两类验证要素，且其中包括安全级别较高的数字证书或电子签名，则可以与客户通过协议自主确定支付账户的消费额度。采用包括数字证书和电子签名在内的两类验证信息验证的交易，代表着最高的安全级别，所以从监管角度对于这种身份验证方式下的支付交易不做额度限制。而支付机构若采用两种以上验证要素，但不含数字证书、电子签名的，从支付账户安全性角度视为中档级别账户，则参照商业银行、银行卡清算机构的相关监管要求，相应对账户余额的消费限定为5000元。

考虑到小额支付场景下对支付速度的客观需要，最大程度保障客户资金安全，《办法》允许支付机构在小额支付业务中简化支付指令的验证方式，仅采取一类验证要素甚至不采取验证要素，但前提必须是支付账户单日累计交易金额限定为1000元以内，且支付机构须对交易产生的风险损失无条件承担全额赔付责任。

3. 对于支付指令验证方式的解释

数字证书与电子签名是适应PC时代的验证方式，但在移动支付已成主流的今天，是很难运用到手机上的。此外因为PC浏览器厂商安全规则的改变，数字证书与电子签名或将无法再提供服务(浏览器不再支持外部第三方插件)。而随着生物识别技术的发展，包括人脸、指纹等生理特征的技术与应用是未来较为可靠和可行的安全验证手段，效力上应等同于数字证书和电子签名。

4. 对于转账业务的解释

转账业务基本已经成为网络支付机构民生服务中的基本服务，而2014年某支付机构的转账业务环比增长4倍。市场对转账有强烈需求，比如学生家长向学校缴纳学费、房客向房东交房租、向慈善机构捐款等常见场景，还包括电子商务中的上下游结算的普遍情况。

5. 对于相关业务的规定

《办法》认可了支付机构通过远程非面对面的方式为个人客户开立电子账户，且根据支付机构采取的客户实名认证方式强弱区别设置相应的账户权限及交易限额。

《办法》促进了个人客户将银行账户向支付账户迁移的进程，特别是在小额便捷支付方面，加速了银行相对支付机构"后台化、通道化"的趋势。

《办法》暂时保护了银行结算账户的主体地位。

6. 对于"网络支付"的定义

《办法》第二条对"网络支付"进行了定义，即"客户通过计算机、移动终端等电子设备，依托公共网络信息系统远程发起支付指令，且付款客户电子设备不与收款客户特定专属设备交互，由支付机构为收付款客户提供货币资金转移服务的活动"。据此理解，监管部门将《关于促进互联网金融健康发展的指导意见》的"互联网支付"根据场景以及付款客户电子设备是否与收款客户特定专属设备交换，划分为"非面对面支付"与"面对面支付"。所谓非面对面支付就是"网络支付"，面对面支付则是移动电话近场支付(如NFC支付、

HCE 支付)、扫码支付等(如二维码、条形码支付)等。由于面对面支付尚属创新支付,且发展空间巨大,监管部门出于鼓励创新的原则,未对这些面对面支付业务做出规定,留出了市场进一步创新的空间。

人民银行广泛、公开得征求并吸收各方意见,有利于最大范围地收集行业及公众建议,寻求最大公约数,积极争取各方理解和支持,更好地凝聚力量推动行业持续健康发展。随着 2015 年"互联网+"国家战略的推进,网络支付将成为支撑传统经济与互联网结合升级转型的基础服务之一。因此,进一步提升单笔及日累计支付限额,以满足"互联网+"国家战略未来发展的需要,同时也使得法规具备一定前瞻性。

(资料来源:佚名.支付新规再辨析.经济观察报,2015.8.8)

【案例导学】

网络金融的崛起对传统金融的监管目标、模式与手段、分业经营与分业监管的格局、商业银行内部风险管理体系等形成了冲击。相比传统金融业务,网络金融的虚拟性、非接触性和跨地域性使风险的类型与以往截然不同,而网络金融本身的技术特性也使风险层面大大扩展,甚至可能威胁到宏观经济和货币政策。因此,对网络银行的运营、电子货币的发行和流通、网络证券和网络保险的运作,国际合作和网络金融犯罪的防范和治理,都需要深入地探讨。通过对本章的学习,读者可以理解网络金融的监管体系中的网络金融监管的定义、类型和成因,网络金融监管的基本原则、主要内容及加强网络金融监管的主要措施,理解网络金融法的特点、基本原则,掌握网络金融法体系的主要内容,以及网络银行、网络证券、网络保险等主要领域的法律规范。

第一节 网络金融风险

一、网络金融风险的定义

风险有两种定义,一种定义强调了风险表现为不确定性,说明风险产生的结果可能带来损失、获利或是无损失也无获利,属于广义风险,金融风险属于此类;另一种定义则强调风险表现为损失的不确定性,表现为损失的不确定性,说明风险只能表现出损失,没有从风险中获利的可能性,属于狭义风险。

(一)金融风险

金融风险是指与金融有关的风险,如金融市场风险、金融产品风险、金融机构风险等,是一定量金融资产在未来时期内的预期收入遭受损失的可能性。一家金融机构发生的风险所带来的后果,往往超过对其自身的影响。金融机构在具体的金融交易活动中出现的风险,有可能对该金融机构的生存构成威胁。具体地说，一家金融机构因经营不善而出现危机，有可能对整个金融体系的稳健运行构成威胁，一旦发生系统风险，金融体系运转失灵，必然会导致全社会经济秩序的混乱，甚至引发严重的政治危机。

严重的金融风险导致的金融危机，则会对一国、一地区，甚至整个世界范围产生经济波动，影响经济发展。从世界上一些国家的教训看，金融危机不管由什么原因引起，最终都表现为支付危机，或是无法清偿到期的国内外债务，或是银行系统已不能满足国内存款者的普遍提存要求继而进一步导致挤兑甚至是银行破产。正是从这种基于对流动性重要程度的重视，不少货币金融理论著作都将最初的系统风险定义为支付链条遭到破坏或因故中断导致的危险现象。例如，著名的"亚洲金融危机"和美国"次贷危机"就是两次影响巨大的金融风险的爆发。

(二)网络金融风险

网络金融是金融与网络技术全面结合的产物，其内容包括传统金融业务的网络化应用，如网上银行、网上证券、网上保险、网络期货、网上支付、网上结算等，也涵盖了利用网络环境进行的金融业务创新，如第三方支付、网络余额理财、P2P 网贷、众筹等。在网络金融的发展过程中，安全性和便捷性始终是一对矛盾，两者相互制约，这使我们面临着不同于传统金融的新的金融风险。

二、网络金融风险对宏观金融的影响

网络金融的出现对中央银行的作用、货币政策的有效性、货币需求的稳定等也产生了重要的影响，形成了一定的宏观风险。

(一)中央银行职能被削弱

中央银行可以通过铸币税来获得其运行的资金，基本上不需要财政的支持。网络金融时代使得很多金融机构甚至非金融机构可以参与电子货币的发行，形成所谓的"去中心化"。这种竞争型的发行机制对中央银行的铸币税收入造成严重影响，中央银行依靠垄断货币发行的收入来源逐渐萎缩，其独立性也受到威胁，控制力将大大削弱。

(二)货币政策的有效性降低

网络金融时代，金融机构和公众的行为都出现了变化，央行执行货币政策的手段以及控制目标也在不断改变，货币政策在网络金融的影响下，其有效性也受到威胁，具体表现在以下几个方面。

1. 对货币供应量的定义不断变化

传统的货币银行学按照各种货币形式的流动性将货币分为：M0，M1，M2，M3 等不同的层次。在网络金融环境下，尤其是电子货币出现后，货币供应层次的定义也发生了相应的变化，各国中央银行的货币统计口径也必须随之不断调整和变化。这就对央行进行货币供应量的控制提出了难题，滞后的统计数据往往使货币政策的有效性大打折扣。

2. 货币供给的发生机制也在变化

货币供给由货币乘数和基础货币决定，其中货币乘数又取决于法定准备金率、超额准备金率、通货比率等。除法定准备金率外，超额准备金率和通货比率受到金融机构和公众行为的影响，在网络金融的条件下，这两个变量日益内生化，逐渐脱离中央银行的控制。

3. 货币政策工具的作用机制也发生了变化

作为三大货币政策工具，法定准备金率、再贴现率和公开市场操作，在网络金融出现后，其作用机制和作用效率都受到了不同程度的影响。网络金融环境下加快了金融创新，促进了金融市场一体化进程，使投资者可以面临更多的资产品种和投资机会，尤其当网络金融机构掌握了电子货币发行的主动权后，中央银行采用公开市场操作控制信用规模的效率将大大降低。

(三)货币需求变得不稳定

网络金融的产生减小了人们为满足交易动机取得现金的交易成本，降低了货币需求。这种变化影响了金融市场上金融资产的供求关系，从而加剧了金融资产价格的波动，形成另一个金融风险因素。

电子货币的出现和信息通信技术的发展加快了货币流通的速度。随着电子货币的出现，货币与存款的流通速度将大大提高，货币需求和物价水平也会随之发生变动，还加剧了货币流通速度的变动。这使得货币需求结构和稳定性都受到不同程度的影响。

三、网络金融风险的主要种类

网络金融风险的种类如下。

(一)网络金融的一般风险

传统金融面临的风险在网络金融的运行中依然存在，但由于网络金融采用与传统金融不同的方式拓展和创新金融服务业务与工具，这种金融服务具有超越时空的特征，所以类似的风险在表现形式及程度上有所变化。网络金融的一般风险包括市场风险、流动性风险、信用风险、操作风险和法律风险等。

1. 市场风险

作为金融体系中最常见的风险，市场风险是由于利率、汇率、股票、商品等价格变化导致银行损失的风险。顾名思义，市场风险实际包括利率风险、汇率风险、股市风险和商品价格风险四大部分。

1) 利率风险

利率风险是整个金融市场中最重要的风险。利率风险是指金融机构因利率变动而蒙受损失的可能性。在网络环境下，国际游资的流动速度更加迅速，这种规模庞大、期限较短、流动性强的资金随着利率的变化，从低利率区域流向高利率区域，大规模地快速流入流出，会对网络金融机构的资产负债以及一国的国际收支、国内金融市场的稳定性等产生重大影响。

2) 汇率风险

汇率风险是市场风险的重要组成部分。一般而言，外汇汇率变动会带来汇率风险，而金融机构从事外汇业务所面临的风险比从事本币业务面临的风险更大，这是由于外汇风险造成的经营亏损，不仅会危及金融机构本身，而且会对该国的国际收支、外汇储备和外债直接产生消极影响。

3) 股市风险

股市风险是股票持有者所面临的所有风险中最难对付的一种，它给持股人带来的后果有时是灾难性的。在股票市场上，行情瞬息万变，并且很难预测行情变化的方向和幅度。

4) 商品价格风险

商品价格风险是指投资者所持有的各类商品的价格发生不利变动而给投资者带来损失的风险。这里的商品包括可以在二级市场上交易的某些实物产品，如农产品、矿产品(包括石油)和贵金属等。

2. 流动性风险

流动性风险是指资产到期时不能无损失变现的风险。例如，银行的流动性需要主要来自存款的提取和贷款的需求，这种提取和需求银行不能完全掌控，非预期的提取和非预期的需求会造成银行的支付能力不足，从而导致流动性风险，流动性风险对于任何商业银行都是客观存在的。

对网络银行而言，如果网络银行将出售的电子货币进行投资，客户又要求回赎电子货币时，网络银行没有足够的资金满足客户兑现电子货币或结算要求时，就会面临流动性风险。一般来说，当网络银行投资的资产无法迅速变现，或者出现重大损失时，就会使网络银行遭受流动性风险。网络银行常常会因为流动性风险恶性循环而陷入信誉危机之中，并最终导致银行的破产与倒闭。

3. 信用风险

信用风险是指金融交易者在合约到期日不完全履行其义务的风险。例如，贷款得不到偿还或者因投资质量恶化而造成违约，这会给传统金融机构特别是传统银行带来可能的损失。信用风险又分两种情况：一是银行贷款或投资后客观情况发生变化，使其质量下降从而引发的风险；二是由于借款人存心欺诈，或借款人经营不善，或银行贷款、投资决策失误而造成的违约。这两种风险的性质是完全不同的，前者属于银行业务中正常的风险，后者则应避免。

网络银行也面临以贷款无法偿还或欺诈的信用风险，其特殊性在于网络银行的贷款通过网络实现，无论是资料遭篡改或贷款被冒领都将影响客户对网络贷款业务的信心。对于信用重于一切的商业银行来说，这会造成巨大的信用风险。传统商业银行开展传统贷款业务通常要求客户提供担保、抵押或质押等方式来转嫁或减少风险损失。

4. 操作风险

操作风险是指由于金融机构的交易系统缺陷、管理失误、控制缺失、欺诈以及其他一些因操作人员失误等因素导致潜在损失的可能性。网络金融机构的操作风险可能来自于客户的疏忽，也可能来自于网络金融机构安全系统和其产品的设计缺陷及操作失误。操作风险主要涉及网络金融机构账户的授权使用、风险管理系统、与其他金融机构和客户间的信息交流、真假电子货币的识别等。

按照以上定义，操作风险涵盖部分管理风险。管理风险是指银行业务经营中存在的营私和盗窃的风险。所谓营私，是指银行高级管理人员利用职权谋取私利，如贷款给自己的亲友或朋友等。至于盗窃，有来自内部的，也有来自外部的。这些风险都是因管理不善造成的，只要加强管理是有可能避免的。

5. 法律风险

法律风险是指由于交易对手不具备法律或监管部门授予的交易权利从而导致一定损失的可能性，往往与信用风险直接相关。网络金融业务牵涉的法律，包括消费者权益保护法、财务披露制度、隐私保护法、知识产权保护法、货币发行制度以及国与国之间的法律法规制度差异等。网络金融机构的法律风险来源于违反相关法律规定、规章和制度，以及在网上交易中没有遵守有关权利义务的规定。

网络金融的法律风险有以下主要表现：首先，在发生纠纷时，双方当事人的权利得不到有效的保护；其次，网络金融机构可能因为使用电子货币和提供虚拟金融服务业务而涉及客户隐私权的保护问题；再次，网络金融机构在自己的官网上建立与重要客户的连接，也可能使金融机构陷入各种商业法律的官司纠纷之中；最后，如果网络金融机构的业务领域拓展到国外，就增加了网络金融业务的国际法律风险和国家风险。

(二)网络金融的特殊风险

随着综合应用系统在金融领域的逐步推广，联机网络系统正在由地市分行数据中心向省域数据中心集中，并最终实现全国数据大集中的转移。数据中心的集中和网络金融的发展使金融系统的网络安全管理重点发生了变化，将面临不同于传统金融的新的特殊金融风险，对网络风险管理工作提出了更高的要求。网络金融的发展使网络金融涉及通信、设备和管理等许多方面，其特殊风险从原因上大致可分为系统、业务两个方面。

1. 系统风险

网络金融是基于全球电子信息系统运行的金融服务形式。网络金融的系统性风险是指在网络金融运营的整个系统中，如果某一环节出现问题就可能导致整个系统不能正常运转，以至最终威胁金融市场的系统运行与稳定。网络金融的系统性风险具体表现为技术风险和管理风险。

1) 技术风险

技术风险是针对网络金融安全性而言，基于互联网的网络金融机构和业务面临着与传统金融不同的安全性挑战，这是网络金融最为重要的系统性风险。不同的网络安全性能不一样，潜在的技术风险也不相同。一般而言，金融机构提供电子化服务的网络分成内联网、外联网和互联网，三者的开放性依次增加，安全性依次降低。

一方面，网络金融机构直接连接外部的各类各级网络，提供大量的查询和金融交易服务，其本身无论是数据还是系统都存在高度风险。另一方面，由于网络金融系统与业务主机应用系统之间存在着大量的数据通信，加大了内联网和外联网系统的风险。同时，网络金融机构容易受到来自网络内部和外部的病毒攻击，因此，网络金融机构一般都设计有多层安全系统，以保护网络金融虚拟金融柜台的安全运行。但仍应看到，网络技术的快速发展、黑客攻击行为增多等现象，使客户私人信息存在较大的泄密可能性，网络金融机构和客户都将承受这种不确定带来的系统风险。此外，网络金融机构的计算机系统停机、磁盘遭破坏、病毒侵入等因素，也将形成网络金融的技术风险。

2) 管理风险

管理风险是指网络金融机构由于管理不善而造成的风险。如由于管理的漏洞，使得网络金融机构内部发生职员操作不当或欺诈行为，金融机构因此而承担严重的操作风险。此外，网络金融机构的高级管理人员必须对信息技术的发展有清晰的认识，否则将承担信息技术解决方案的选择风险。在系统技术选择上，网络金融机构必须选择一种技术解决方案来支撑网上金融业务的开展，因而存在所选择的技术解决方案在设计上可能出现缺陷或被错误操作的风险。不仅如此，网络金融机构往往依赖外部市场的服务支持来解决金融机构内部的技术或管理难题，这种做法也使得网络金融机构暴露在可能出现的操作风险中。外部的技术支持者可能并不具备满足网络金融机构要求的足够业务技术能力与社会公信力，也可能因为自身的财务困难变更服务技术甚至终止提供服务，这样将无法持续向网络金融机构提供高质量的技术支持。

2. 业务风险

网络金融的业务风险具体表现为支付和结算风险、市场选择风险、信誉风险。

1) 支付和结算风险

网络金融有 3A 金融(Anytime、Anywhere、Anyway)之称,网络金融的经营者或客户通过各自的计算机终端就能随时与世界任何一家客户或金融机构办理证券投资、保险、信贷和期货交易等金融业务。这使得网络金融业务环境有很大的地域开放性,并导致网络金融中支付、结算系统的国际化,从而大大增加了结算风险。基于电子化支付系统的跨国跨地区的各类金融交易数量巨大,因此,任何一个地区金融网络的故障都会影响全国乃至全球金融网络的正常运行和支付结算,并造成经济损失。

2) 市场选择风险

市场选择风险是指由于信息不对称导致网络金融机构面临不利市场选择而引发的业务风险。首先,由于网络金融机构无法在网上鉴别客户风险水平而处于不利的选择地位;其次,在虚拟金融服务市场上,网上客户不了解每家金融机构提供服务质量的高低;最后,由于网络金融市场上金融机构与客户之间信息处于严重的不对称状态,客户将可能比在传统商品形式市场上更多地利用信息优势发生对网络金融机构不利的道德风险行为。

3) 信誉风险

信誉风险是指网络金融交易的任何一方不能如约履行其义务的风险。由于网络金融虚拟性的特点,与传统金融相比,金融机构物理结构和建筑的重要性大大降低,交易双方互不见面,只是通过网络发生联系,这使得对交易者身份、交易真实性等验证的难度加大,增大了交易者之间在身份确认、信用评价方面的信息不对称,从而增大了信用风险。在我国,网络金融中的信誉风险不仅来自服务方式的虚拟性,还有社会信用体系的不完善而导致的违约可能性。此外,信誉风险还可能来自网络金融出现巨额损失,或者网络金融的支付系统发生安全问题时,无论原因是来自内部还是来自外部,都会影响社会公众对网络金融的商业信心。一旦网络金融提供的虚拟金融服务产品不能达到公众所预期的水平,且在社会上产生广泛的不良反应时,就形成了网络金融的信誉风险。

四、网络金融风险的成因

网络金融风险的成因有以下几个方面。

(一)网络金融主体因素引发风险

网络金融主体因素引发风险的原因有以下几个方面。

1. 网络金融主体地位不确定引发风险

在法律与法规监管体系中,不同的法律定位决定了监管的范围措施和力度。网络金融长期处于网络运营与金融业务的交叉地带，网络金融机构的法律地位是其监管体系中的核心问题。因此，这种特征导致了网络金融的很多业务，尤其是创新业务往往处在交叉地带。这些在灰色地带发展的业务形态缺乏主体地位，游离在监管之外，也给业务本身带来了风险。

2. 网络金融监管体系不健全导致监管真空

由于网络金融很多创新业务既非金融业的标准业务，也不属于网络业务范畴，导致了"两不管"现象。另外，网络金融业务的特殊性也给监管带来困难，网络的无边界性、虚拟性、高科技化使传统监管手段失效。

在网络信贷方面，按照国内借贷利率的有关规定，不得超过银行贷款基准利率的 4 倍。实际上国内 P2P 行业出现虽然名义利率不超过限度，但加上服务费用等超过 4 倍贷款基准利率的情形非常普遍，涉及高利贷的风险非常突出。P2P 平台缺乏对资金来源审查的手段，容易造成洗钱犯罪的监管漏洞。国内一些 P2P 平台为招揽客户，推出了许多异化产品，运作后证明都存在缺陷或风险，但却处于监管空白之下。例如，P2P 网贷平台为招揽人气发放的高收益、超短期限的"秒标"，通过网站虚构一笔借款，由投资者竞标并打款，网站在满标后很快连本带息还款。这种方式将虚增交易量和虚降坏账风险，误导投资人，并且在短期内吸收大量资金，却不进行冻结，存在金融诈骗风险。由于"秒标"的标的不产生实际价值，容易被用来制造"庞氏骗局"。

3. 交易主体权益保护机制不健全

网络金融中，交易主体权益保护存在两类较为突出的具体缺陷。

(1) 消费者售后服务不完善。在网络金融交易模式下，电子商务平台上活跃的卖方大量为中小企业主及个体工商户，根据《中华人民共和国民法》规定，个体工商户必须在国家工商行政登记机构登记注册并取得营业资格才能营业，但目前此类个体工商户在网上进行资金借贷还没有经过任何行政审批，只需向平台备案，从而产生商家信用和交易安全的问题。

(2) 平台退出时的消费者资金处理制度缺位。网络金融平台在经营过程中，可能因为经营失败、政策变动或者战略原因发生破产、兼并、重组等。在此情况下，由于无合理的担保商，国家也没有明确规定，用户的资金保全将是一个重大问题。

4. 混业经营的需求增大了不稳定性

网络金融出现后，金融机构间的竞争日益加剧，加之立法的落后和监管当局管制的放松，网络金融活动显现出混业经营的态势，这使得金融风险交叉"传染"的可能性增加了。在一国国内，原先可以通过分业、设置市场屏障或特许等方式，将风险隔离在一个相对独立的领域内，分而化之。但在网络金融混业经营的条件下，这种隔离风险的手段已经失效。因此，一旦一种金融业务的运营出现风险，将对整个金融体系的安全造成威胁。

(二)网络信用及认证环境不健全

网络信用及认证环境不健全的原因有以下几个方面。

1. 网络信用体系不健全

我国的网络金融发展程度不高，大数据资源和大数据技术都没有跟上模式创新的步伐，社会信用体系还处于完善阶段，较难依靠外界第三方力量对交易双方的信用状况进行准确评价，在网络金融"去中心化""脱媒化"趋势下，暴露出了巨大风险根源。例如，P2P 平台一股强制要求借款人提供基础资料，自愿提供财产证明、学历证明等详细信息。一方面，此类信息极易造假，给信用评价提供错误依据，交易者也可能故意隐瞒不利己的信息，导致 P2P 平台在选择客户时处于不利地位；另一方面，P2P 平台所获取的资料存在滞后性、片面性，不构成"大数据资源"。

2. 网络信用的脆弱性和多变性

金融业是依据高度发达的信用关系支撑的，信用关系形成了一个广泛的社会连锁网络，这个网络上任何一个环节受破坏都会引起连锁反应。在网络经济环境下，企业经营的范围与模式发生了巨大的改变，信用关系比传统经济环境下更加复杂，从而也使信用关系的脆弱性更加突出。在经济剧烈波动时，信用的猛烈扩张与猛烈收缩常常会造成货币信用的严重危机，使得网络金融的风险更加多变，在放大效应下，风险发生的不确定性更加突出。

3. 电子证书制度尚不完善

2012 年 3 月新《中华人民共和国刑事诉讼法》明确了电子证据的独立法律地位，电子证据在保存、真实性判断方面的问题在立法上已经基本得到解决；《中华人民共和国电子签名法》第 6 条规定了对数据电文的保存要求。但在司法实践中，由于电子证据的生成、传递、存储、再现等运行的各个环节容易对他人合法权益造成侵犯，同时所依赖的计算机系统易受攻击、窜改且难被发现，对电子证据的真实性判断仍比较困难。此外，对电子证据的界定、定位、取证、举证、质证和认证方面仍存在不小难度，尤其是对于电子数据可采性的标准，尚未给出明确的规定，对电子证据合法性与真实性的认定是司法实践亟待解决的关键问题。如何将以数据电文形式存储的电子书证提取出来，在我国现有的诉讼法律制度中也无规定。

(三)数字化、虚拟化环境提高风险控制难度

网络金融是基于数字化、虚拟化环境运行的金融服务形式，网络金融的活动在网络中主要表现为数据的存储和传输，无论是存储还是传输，任何一个环节产生问题都会影响数据的真实性和正确性。

1. 电子通信的快捷便利性加剧了金融机构的流动性风险

网络金融的出现打破了用户的地域限制，信息优势开始向客户方向转移，金融产品价格的比较变得更加容易，可供选择的范围也更加广泛。这使得客户的流动性增强，但很容易引起金融机构资产和负债的大幅波动，金融机构对资金来源和市场情况做出准确的判断变得困难，稍有不慎就会陷入流动性不足的困境中。

2. 电子信息的高技术性带来操作性风险

网络金融业务的操作是建立在网络金融信息系统之上的，金融机构与客户的交易主要通过电话、电脑和 ATM 等电子技术手段进行，这就给网络金融机构带来了与技术密切相关的操作性风险。一个细小的错误操作往往将造成致命性的后果，补救成本也相比传统金融有所增加。而部分网络金融机构开发的创新业务，在便利性的同时也增加了风险。如支付宝为了提高用户体验，推出了"快捷支付"服务，以电子证书方式进行用户身份认证，跳过网银端口，只要一个密码即可完成支付。在快捷的同时，操作的风险也陡然提升。部分网络金融机构为方便用户找回密码，设置了短信取回的功能，已经出现了用户丢失手机导致了不法分子利用此功能更改用户密码盗取余款的事件。高技术可以为业务创新做出推动，也可以改善用户体验，但是也增加了风险。

第二节　网络金融监管

【案例 11-1】　央行发布互联网金融健康发展意见

2015 年 7 月 18 日，为鼓励金融创新，促进互联网金融健康发展，明确监管责任，规范市场秩序，经党中央、国务院同意，中国人民银行、工业和信息化部、公安部、财政部、国家工商总局、国务院法制办、中国银行业监督管理委员会、中国证券监督管理委员会、中国保险监督管理委员会、国家互联网信息办公室日前联合印发了《关于促进互联网金融健康发展的指导意见》(银发〔2015〕221 号，以下简称《指导意见》)。

《指导意见》按照"鼓励创新、防范风险、趋利避害、健康发展"的总体要求，提出了一系列鼓励创新、支持互联网金融稳步发展的政策措施，积极鼓励互联网金融平台、产品和服务创新，鼓励从业机构相互合作，拓宽从业机构融资渠道，坚持简政放权和落实、完善财税政策，推动信用基础设施建设和配套服务体系建设。

《指导意见》按照"依法监管、适度监管、分类监管、协同监管、创新监管"的原则，确立了互联网支付、网络借贷、股权众筹融资、互联网基金销售、互联网保险、互联网信托和互联网消费金融等互联网金融主要业态的监管职责分工，落实了监管责任，明确了业务边界。

　　《指导意见》坚持以市场为导向发展互联网金融，遵循服务好实体经济、服从宏观调控和维护金融稳定的总体目标，切实保障消费者合法权益，维护公平竞争的市场秩序，在互联网行业管理，客户资金第三方存管制度，信息披露、风险提示和合格投资者制度，消费者权益保护，网络与信息安全，反洗钱和防范金融犯罪，加强互联网金融行业自律以及监管协调与数据统计监测等方面提出了具体要求。

　　下一步，各相关部门将按照《指导意见》的职责分工，认真贯彻落实《指导意见》的各项要求；互联网金融行业从业机构应按照《指导意见》的相关规定，依法合规开展各项经营活动。

（资料来源：佚名.央行发布互联网金融健康发展意见.中国人民银行网站,2015.7.18）

　　网络金融利用电子、信息、网络等高科技手段进行快速和规模巨大的跨国电子货币交易，某一国国内金融网络发生故障，必将对本国经济、金融和社会安全带来巨大破坏性影响，同时也将影响到全球金融网络的正常运行。因此，加强网络金融监管就显得尤为重要。

一、网络金融监管概述

(一)网络金融监管的概念

　　网络金融监管是指金融主管机关或金融监管执行机关为保护存款人的利益，维护金融体系的安全稳定，推动经济的发展，根据金融法规对以计算机网络为技术支撑的金融活动所实施的监督管理。

(二)金融监管的目的

　　金融监管的目的主要包括以下几个方面。

1. 维护银行间公平有效的竞争

　　各国金融监管当局应该创造一个适度的竞争环境，这种适度的竞争环境既可以经常保持银行经营活力，同时又不至于引起银行业经营失败破产倒闭，导致经济震动。为此中央银行金融监管要为银行业创造一个公平、高效、有序竞争的环境。

2. 保护存款人的利益

　　加强网络银行的监管，使存款者感觉到使用的方便和安全。面临日益猖獗的黑客攻击，监管部门更应该加大技术监管的力度，保护存款人的利益。

3. 确保金融秩序安全

　　金融业是一个庞大的网络系统，它们相互之间都存在千丝万缕的联系，因此一家系统出了问题很可能引起连锁反应，导致一系列银行和金融机构经营困难，所以中央银行金融监管的首要目标就是要维护国内金融体系的安全和稳定性。

4. 保证中央银行货币政策的顺利实施

货币政策是当今各国宏观调控的主要手段,而中央银行是货币政策的实施主体。货币政策的有效实施必须以银行金融业为中介。因此,中央银行金融监管要有利于保证货币政策的顺利执行,发行电子货币要有利于金融业对中央银行的调节手段及时准确地传导和执行。

二、网络金融监管的基本原则

为了实现金融监管的目标,金融监管当局在网络金融监管中应该坚持以下几个基本原则。

(一)依法监管的原则

依法监管的原则包括两重含义,一方面网络金融机构同样必须纳入国家金融管理当局的监督管理,不能有例外,要有法律保证;另一方面管理当局实施监管必须依法而行,否则难以保持管理的权威性、严肃性、强制性和一贯性,也就不能保证监管的有效性。

(二)合理适度竞争原则

竞争是市场经济条件下的一条基本规律,是优胜劣汰的一种有效机制。金融管理当局管理重心应放在创造适度竞争环境上,既要避免造成金融业高度垄断,排斥竞争从而丧失效率与活力,又要防止出现过度竞争、破坏性竞争从而波及金融业的安全和稳定,引起社会经济生活的剧烈动荡。为此,网络金融监管的目标应是创造一个公平、高效、适度、有序的竞争环境。

(三)自我约束与外部强制相结合的原则

外部强制管理得再严格、再规范,也是相当有限的,如果管理对象不配合、不愿自我约束而是千方百计设法逃避、应付对抗,那么外部强制监管也难以收到预期效果;相反,如果将希望单纯地放在网络金融机构本身自觉自愿的自我约束上,则难以有效防范种种不负责任的冒险经营行为与道德风险的发生。因此,要把创造自我约束环境和加强外部强制管理有机地结合起来。

(四)经济效益与安全稳健相结合的原则

要求网络金融机构安全稳健地经营业务是金融监管的目的,为此所设的金融法规和一系列指标体系都应着眼于金融业的安全稳健运行及风险防范。但网络金融的发展毕竟在于满足社会经济高速发展的需要,追求发展就必须讲求效益。因此,金融监管必须将切实地防范风险同促进网络金融机构的效益协调起来。

此外,金融监管当局还应注意如何顺应不断变化的市场环境,跟踪网络技术的发展,对过时的监管内容、方式、手段等及时进行调整。

三、网络金融监管的主要内容

对网络金融的监管可以分为两个大的方面：一是针对网络金融机构提供的网络金融服务进行监管；二是针对网络金融对国家金融安全和其他管理领域形成的影响进行监管。鉴于网络金融的特殊性，对其监管目前应主要体现在带有全局性的问题上。

(一)对网络金融的服务程式和真实性的监管

网络金融监管的重点是对网络金融系统中金融服务的确切性、真实性、合规性进行监管。实际上，网络金融机构可以更准确地被定义为一种先进的网络金融服务系统，对该系统中金融服务的确切性、真实性、合规性的监管应是网络金融监管的重点。首先，网络金融机构的业务应符合国家的金融政策，尤其是要控制网络金融机构利用其相对于传统金融服务方式的低成本优势进行不正当竞争。其次，对于网络金融机构提供的各项金融服务，因各金融机构间发展特色及侧重点各异，在相似名义下的金融服务内容不完全相同，尤其是使用该项服务的用户若接受不同的协议，这必将造成整个服务提供的混乱。因此，应形成一套标准的行业服务规范对在线支付、网上保险、网上证券交易等各种网络金融服务进行条例式的规定。网络金融的优势之一在于将服务的空间范围极大地扩展而吸引客户，那么服务标准的制定则是整合网络金融资源的基础。这些标准的制定应由最高监管机构负责，同时赋予这些标准以强制性色彩。就服务的真实性监管而言，应当建立网络金融交易确认系统。对于每一笔网络金融业务，用户有权利进行交易确认。例如，必须通过安全的签名电子邮件或其他方式请求用户给予最后确认，以保证每一笔资金的流向都有最后接收人的确保。对于在同一银行的两个账户之间的转账业务，同样需要银行的确认。这是保证金融交易安全及交易真实有效的必要措施。

(二)对网络金融系统安全性的监管

网络金融发展最关键的因素是安全问题，如何确保交易安全是网络金融发展需克服的最大障碍。

监管当局应成立专门的技术委员会对网络金融的系统安全进行资格认证和日常监管，对网络金融机构的系统安全提出监管规范，要求其按任务要求，层层设防。

(1) 访问控制监管。采取防火墙、虚拟保险箱和其他加密技术来保护网络金融机构并保护客户利益不受损害。

(2) 建立安全评估监管组织体制。成立技术委员会对网络金融的系统安全进行资格认证和日常监管，规范系统分布安全。

(3) 日常监管维护。实施网络安全的控制和管理。

(4) 风险责任负责制。从政策上规定网络金融机构的风险责任分摊机制。在网络金融运行中，有的损失比较容易分摊责任，有的则很困难，如黑客入侵等造成的损失。从长远发展看，监管者应让网络金融机构承担大部分此类风险，以迫使其不以高度技术化的系统安全为借口损害客户利益。

(三)对消费者的权益进行监管

面对网络金融，消费者处于一个信息不对称的被动地位，与网络金融机构相比，消费者是网络技术背景下的弱势群体。除了消费者应注意加强自身风险意识外，风险控制的主动权很大程度上取决于监管者和网络金融服务的提供者。

(1) 避免网络金融机构利用其隐蔽行动优势向消费者推销不合格的服务或低质量、高风险的金融产品，损害消费者利益。网络金融机构对客户资料和账户交易资料有保密的义务，未经客户许可或特定执法机关执法要求，金融机构不可将客户资料向第三方提供。

(2) 考虑与网络金融高技术服务特点相应的责任。网络金融服务隐含了对高效率时间利用和使用便捷的承诺。客户通过网络金融完成金融交易时，责任一方对损害的赔偿不仅应包括对市场交易直接成本的赔偿，还应包括对市场交易效率成本的合理赔偿。例如，消费者接受网上银行业务和参与电子货币行为的动机在于其便利和高效。如果因为网上银行人为或技术的原因，丧失应有的便利性，不能及时获得流动性，不能按预期的高效率实现支付结算功能等，那么除了由此造成的直接损失外，对间接损失也应该适当考虑由事先承诺提供这些便利的金融机构来承担。

(四)对利用网络金融方式进行犯罪的监管

网络金融的一个明显特点就是用户的分散、隐匿，向开户账户输入一串代码，就可享受各式金融服务，资本也可实现跨国流动。这就为网络"洗钱"、偷税漏税等犯罪活动提供了便利。基于网络金融的飞速发展，犯罪分子无疑会进行充分的"网络犯罪创新"。各国央行及早防范并进行监管是整个网络安全健康发展的重要一环。为防范网络金融犯罪，央行应建立数字认证中心，以签发代表网络主体身份的"网络身份证"，加强对参与网络金融交易的企业和个人进行识别，亦加强对进入网络系统的资金来源和流向的合法性审核。

(五)对网络金融跨境金融服务的监管

网络金融理论上可以实现任何地点、任何时间、对任何客户提供任何金融服务的要求。网络金融机构只需要具备当地服务器，就可以将本国金融服务实现跨国提供，这对那些没有放宽金融服务外资准入的国家提出了阻断这种服务的要求。中央银行应该明确规定，对网络金融机构的金融服务进行服务种类的阻断，只允许其提供符合金融分业监管的特定业务；也应对网络金融服务进行服务地域的阻断，只允许其提供覆盖本国允许对外的地域的金融服务。如果可能的话，应要求网络金融机构提供全球并账运作资料，而不仅仅是东道国分支机构资料，以全面监管网络金融机构在本国和全球的金融活动。就我国而言，跨境业务可能涉及逃汇、走私、转移国有资产等问题。因此，加强对网络金融跨境业务的监管应该与目前我国的对外政策、外汇制度等相适应。

(六)对网络金融的市场准入和市场退出的监管

近几年，我国网络金融发展迅速，但也暴露出了一些问题和风险隐患，例如，行业发展"缺门槛、缺规则、缺监管"；客户资金安全存在隐患，出现了多起经营者"卷款跑路"事件。

1. 市场准入

传统金融业是一种实行许可证制度的特殊行业，而在以金融自由化、网络化、全球化为特征的网络金融时代，金融业生存的环境将大大改变。由于网络金融降低了市场进入成本，削弱了现今传统金融机构所享有的竞争优势，扩大了竞争所能达到的广度和深度，这种相对公平的竞争可能会吸引非金融机构和高科技公司分享这片市场，提供多种金融产品和服务。为了把握非金融机构提供网络金融服务的市场准入问题，要从准入的标准、注册制度、地域界定、业务范围等方面确立起相应的准入制度。

2. 市场退出

网络信息传播速度快、范围广，使得网络金融机构易受突发事件的影响，并有可能导致经营失败。网络经济的低可变成本、积累效应、先发优势等特点，使得将来的网络金融市场必然是几家高流量的网站主导的市场，一些网络金融机构也不得不放弃或退出这一领域。与传统金融机构不同，网络金融机构的市场退出，不仅涉及存贷款等金融资产的损失或转移，而多年积累的客户交易资料、消费信息、个人理财方式、定制资讯等，也面临着重新整理、分类和转移的要求。当出现意外时，极有可能给客户造成损失。由此，对网络金融市场退出的监管也应引起格外重视。

(七)网络金融创新业务的监管

2014 年 12 月 18 日，中国证券业协会推出《私募股权众筹融资管理办法(试行)》(下称《办法》)并公开征求意见，股权众筹被正式纳入监管。

为规范非银行支付机构网络支付业务，央行 2015 年 7 月 31 日发布了《非银行支付机构网络支付业务管理办法(征求意见稿)》(下称《管理办法》)，向社会公开征求意见。这是继 2015 年 7 月 27 日保监会发布《互联网保险业务监管暂行办法》之后，第二个互联网金融监管细则。此前《互联网保险业务监管暂行办法》是 2015 年 7 月 18 日央行等十部委发布《关于促进互联网金融健康发展的指导意见》后"一行三会"首家出台的细则。《管理办法》出台预示着对互联网金融监管的逐步加强，其意或旨在促进该行业规范发展，但此次政策可能引发第三方支付市场洗牌，同时预计未来针对 P2P 等互联网金融热门行业的一系列细化监管文件将陆续出台。

四、加强网络金融监管的措施

作为新生事物，网络金融既需要市场驱动，鼓励创新，也需要监管措施得力，鼓励金融创新与完善金融监管协同推进、引导，促进网络金融这一新兴业态健康发展。

(一)建立和完善网络金融条件下前瞻性的法律、法规

法律体系的空缺是目前各国对网络金融缺乏足够管理能力的根本原因之一。网络金融涉及的法律问题十分复杂广泛，涵盖了电子合同的法律有效性、知识产权保护、个人隐私权保护和安全保证等方面。行之有效的法律框架才是进行网络金融监管的理论依据。

考虑到网络金融的特点，在具体的法制内容上，应特别注意市场准入、电子签字的合法性、交易证据的真实性、因事故或故障造成损失时当事者的责任等几方面的规制。

(二)注重金融机构的自我管理与规范，将监管与自律有机结合

网络金融的特性要求打破单纯由监管当局制定"游戏规则"的固有模式，与金融机构合作，充分依赖金融企业和市场的自我管理与规范，将是网络金融条件下管理当局需遵守的一条基本原则。监管当局只有承担起网络金融发展的促进者和协调者的角色，加强金融信息沟通，才能较好地实现其管理的职能。

由此，监管当局应十分注重督促和协助金融机构加强内部管理，采取有效的内控措施。在一个健全的内部控制系统之下，网络金融机构可以及时发现各种风险和隐患，及早采取措施防范风险。任何外部监管行为只是起到揭示性作用，真正能够减少甚至避免风险发生则需依赖于金融机构本身。

(三)确立统一监管体制，强化对网络金融业务的全面管理

网络金融的发展，将导致金融业务综合化发展趋势不断加强。金融产品的延伸、金融服务的信息化和多元化以及各种新金融产品销售渠道的拓展，使得金融业从强调"专业化"向"综合化"转变。传统的按业务标准将金融业划分为银行业、证券业、信托业和保险业的做法已失去时代意义。

同样，传统的分业监管的监管制度也将受到严峻挑战。一方面，分业监管将造成资源浪费，因为由多个监管主体对综合经营的网络金融机构齐头并进地进行监管，会形成重复劳动，也会加大被监管者的交易成本；另一方面，传统的分业监管也将导致监管不力。由此，"分业监管"制度需要由"统一监管"制度来代替，监管体制应从"机构监管型"转向"功能监管型"。

(四)健全非现场监管体系，严格规范网络金融的信息披露要求

网络金融环境下，金融交易的虚拟化使金融活动失去了时间和地域的限制，交易对象变得难以明确，交易时间和速度加快，现场检查的难度将会加大，非现场检查将越加显出其重要作用。

非现场监管具有覆盖面宽、连续性强的特点，通过非现场监管有利于发现新问题和对现场检查的重点提出参考意见，有利于信息的收集，并对金融机构潜在问题提出预测、预警。非现场监管的这种特点将使其成为网络金融环境中的一种有效监管方式。为此，监管当局要逐步从现场稽核监管为主转到以现场稽核监管和非现场稽核监管相结合，并逐渐转到以非现场稽核监管为主的轨道上来。

同传统金融机构的信息披露相比，对网络金融的信息披露要求应当更加严格，特别要强调其信息披露的公开性。网络金融机构应及时向社会公众发布其经营活动和财务状况的有关信息。良好的信息披露制度可以促使投资者和存款人对其运作状况进行充分的了解，有利于发挥社会公众对网络金融机构的监督制约作用，促使其稳健经营和控制风险。

(五)加强网络金融条件下金融监管的国际协调与合作

网络金融是一种无须跨国设立分支机构即可将业务伸向他国的全新的金融组织形式，由此，国际金融监管合作的内容和形式必须根据这种特点而展开。其内容和形式主要包括网络金融业务标准的国际协调、跨国法律适用于管辖权的国际合作与协作、控制网络国际短期资本流动的协调、打击网络金融犯罪的国际合作、汇率的国际协调等方面。

第三节　网络金融法律与法规

一、网络金融法概述

(一)网络金融法的概念和特征

金融是现代经济的核心，将网络信息技术运用于金融领域，给我们的经济生活带来了深远影响。法律作为上层建筑的一部分，势必会对网络金融所涉及的社会关系和社会行为加以调整和规范。

1. 网络金融法的概念

网络金融法是调整网络金融关系的各种法律规范的总称，是金融法应对金融电子化、网络化的产物。网络金融法不是一个独立的部门法，仍属于金融法的范畴，它所规范的社会关系同时也被银行法、证券法、保险法、网络信息保护法、电子商务法等法律约束。

2. 网络金融法的特征

网络金融法具有以下几个方面的特征。

1) 技术性

网络技术的运用给传统金融活动带来了高效率，也带来了高风险，要保证金融业安全稳健地运用，必须在立法中统一技术标准，所以越来越多的法律文件直接引用技术规范。中国证监会《证券公司网上证券信息系统技术指引》就引用了大量的技术性规范。

2) 混合性

网络金融法既有私法的自治性，又有公法的规范性。在网络金融交易方面，它强调尊重交易主体的个人意志；在网络金融监管方面，它对涉及社会整体利益和金融安全的问题适度干预。

3) 开放性

计算机技术的飞速发展使过于严格、精确的法律规范往往还没生效就已经跟不上技术变革的脚步，为了防止几经周折生效的法律规范在现实生活中过早地退出历史舞台，网络金融领域的立法中大量使用开放性条款。

4) 国际性

借助互联网的作用，电子货币使全球货币资金的流动更加迅速。为了应对各国在资金划拨手段上发生的巨大变化，联合国国际贸易委员会于 1992 年公布了《国际贷记划拨示范法》，网络金融立法的国际化趋势不容忽视。

(二)网络金融法的调整对象

不同的社会关系由不同的法律加以规范，网络金融法的调整对象是人们在网络金融活动中所形成的各种社会关系，它包括：网络金融交易关系和网络金融监管关系两个方面。

1. 网络金融交易关系

网络金融交易关系是指各种社会主体借助网络完成诸如存贷款、银行结算、证券交易、保险产品买卖等相关金融交易所形成的社会关系。与传统金融交易关系相比，二者的共同之处是交易形成的法律关系都属于民商事法律关系，都适用当事人意思自治原则、契约自由原则、过错责任原则等民商法基本原则。二者的不同之处表现在主体方面和交易形式方面。网络金融交易是以数据信息作为识别当事人身份的唯一标准，区别于传统金融交易当事人身份的实际核实，同时网络金融交易的电子程序也比传统的交易方式更迅速。

2. 网络金融监管关系

网络金融监管关系是指政府主管部门对网络金融活动进行监督管理所形成的法律关系。政府的干预主要体现在对金融机构进入市场的限定，对网络金融业务的强制性规定，对网络金融业务安全的监控，以及对违规行为的查处等方面。与网络金融交易关系相比，网络金融监管关系双方当事人的法律地位并不平等，是一种监管与被监管的强制性关系。

二、网络金融交易的法律问题

网络金融正在发展中，建立和完善相应的法律、法规，科学合理地界定各业态的业务边界及准入条件，落实监管责任，明确风险底线，保护合法经营，坚决打击违法和违规行为显得尤为紧迫而必要。

(一)网络银行交易中的法律问题

网络银行交易中的法律问题主要有以下几个方面。

1. 客户身份信息泄露引起的法律纠纷

客户身份信息是指银行在网络交易中用于识别客户身份的信息，包括客户号(用户昵称、证件号码等)、密码、电子证书、网银盾、动态口令、签约设置的主叫电话号码、签约设置的手机 SIM 卡(GSM 网)或 UIM 卡(CDMA 网)等。客户身份信息泄露的原因主要有两个：一是客户自己保管不善或在操作时不注意防范被他人获取；二是银行对客户信息没有尽到保密义务使信息泄露。对于前者，因客户有意泄露交易密码，或者未按照服务协议尽到应尽的安全防范与保密义务造成损失的，银行可以根据电子服务协议的约定免于承担相应责任，即所造成的损失应由客户自己承担。纵观各家网络银行的服务协议，虽然表述略有不同，但都要求客户妥善保管本人信息。对于后者，在交易过程中，因为银行及其工作人员工作疏忽造成客户信息泄露，致使客户账户资金被盗的损失应由银行承担赔偿责任。

2. 银行系统漏洞导致客户账户被盗

银行系统自身存在的漏洞主要有两种情况：一是由于网络银行的硬件出现问题，导致交易错误或不能交易；二是由于网络银行软件或具体操作程序出现问题，导致服务迟延、服务不当或不能服务。对于前者，银行有保障自身计算机硬件设施正常运行的义务，当硬件设施事故导致客户利益受损时，银行要承担赔偿责任。如果硬件设备本身质量不合格，银行在对客户承担法律责任后，可向设备销售者、生产者追究法律责任。对于后者，银行对客户安全服务的承诺中也包括对技术安全的承诺。因此，银行软件或具体操作程序出现问题给客户带来经济损失的，银行应向客户赔偿损失。

3. 不法分子攻击网络导致客户账户被盗

由于攻击银行系统难度高、代价大，更多的不法分子将目光转移到终端用户身上。常用的盗号手段有四：其一，发送电子邮件，以虚假信息引诱客户中圈套；其二，利用钓鱼网站进行诈骗；其三，利用木马技术窃取客户信息后实施盗窃活动，通过记录键盘操作来盗取账号和密码是典型的作案方式；其四，利用公共无线网络设置陷阱。通过公共免费无线网络分享好吃的、好玩的、好看的内容的同时，也将自己的个人信息"分享"出去，针对上述不法侵害行为，客户完全有权追究黑客的法律责任。

4. 网络银行外包服务商失职造成客户损失

网络银行的重要性毋庸置疑，不过受到资金和技术等因素的限制，有些中小银行无法独立完成网络银行业务，所以将网络银行业务外包给有实力的 IT 服务商。网络银行业务外包，就是金融机构将网络银行部分系统的开发、建设，网络银行业务的部分服务与技术支持，电子银行系统的维护等专业化程度较高的业务委托给外部专业机构承担的活动。

银行应对外包业务进行风险管理和安全管理，禁止外包服务商转包并严格控制分包。如果银行没有尽到管理责任，没有建立完整的业务外包风险评估与监测程序，在发生意外情况下不能够实现外包服务供应商顺利变更，给客户财产带来损失的，银行要承担相应的法律责任。反之，如果银行已经按照有关法律法规和行政规章的要求，尽到了电子银行风险管理和安全管理的相应职责，但因其他金融机构或者其他金融机构的外包服务商失职等原因，造成客户损失的，则由外包服务商承担相应责任，银行除协助客户处理有关事宜外并不承担责任。

(二)网络证券中的法律问题

网络信息技术的发展，使证券公司可以通过数据专线将证券交易所的股市行情和信息资料实时发送，也使投资者可以通过互联网向其开户的证券公司下达证券交易指令、进行资金划拨、获取成交结果，但便捷高效的网络服务也使网络证券交易的风险明显高于传统证券交易，其法律问题也明显复杂于传统证券交易。

1. 网络证券委托当事人的权利和义务

网络证券委托是证券公司通过互联网，向在本机构开户的投资者提供用于下达证券交易指令、获取成交结果的一种服务方式。网络证券委托法律关系的主体是证券公司和投资人，双方在网络证券委托协议或合同中约定各自的权利和义务。

2. 网络证券委托交易风险的承担

证券公司接受投资人的委托进行证券交易，如果交易指令无法执行，势必引发双方的法律纠纷。面对网络给证券委托交易带来的各种风险，如何划分当事人的法律责任，需要具体问题具体分析。①因证券公司网络交易系统硬件或软件存在缺陷，导致交易指令无法执行，给投资者造成的损失，应由证券公司承担。②因投资者的电脑系统出现故障、感染病毒或电脑系统与网上交易系统不匹配，导致无法下达委托指令或委托失败的，应由投资者自己承担责任。③因通信线路繁忙、服务器负载过重，投资者不能及时进入行情系统的，则需要进一步分析。通常情况下，引起通信线路繁忙、服务器负载过重的原因有两个：一是投资者的网络宽带有限；二是证券公司的系统容量有限。前者的风险应由投资者自己承担，后者的风险则应由证券公司承担。但如果证券公司及时提供足够的替代方法，如电话委托等形式，证券公司的责任应当得到部分免除。④因地震、台风、水灾、火灾、战争等不可抗力，或因停电等无法控制、无法预测的突发事故，给投资人造成的损失，证券公司不承担赔偿责任。

(三)网络保险交易中的法律问题

对保险人而言，网络保险可以降低经营成本，延长业务时间，提高工作效率；对投保人而言，网络保险的保险信息丰富，透明度较高，利于比较筛选。网络保险的蓬勃发展给保险法领域带来了新的研究课题。

1. 电子保单的法律效力

保险单又称保单，是保险合同的正式书面形式。运用互联网进行保险交易，保单是以电子数据的形式存在的。根据我国《合同法》和《电子签名法》的规定，书面形式不仅指合同书或信件，也包括数据电文。由此可知，电子保单与纸质保单应具有同等法律效力。

2. 电子保单的解释规则

电子保单作为网络保险当事人行使权利、履行义务的法律依据的前提是当事人对保单的内容有统一、准确的理解，并能将自己的真实意思用正确的语言表达出来。在现实生活中，由于投保人和保险人没有办法面对面地进行交流，加之双方对文字的理解能力不同，很容易发生分歧和争议，所以对电子保单的内容进行合理解释有助于双方当事人全面适当地履行保险合同。根据《合同法》的相关规定，在对争议条款进行解释时，倾向于投保人、被保险人和受益人。

3. 网络保险中电子签名的法律效力

我国《电子签名法》中规定的电子签名，是指数据电文中以电子形式所含、所附用于识别签名人身份并表明签名人认可其中内容的数据。如果将电子签名技术运用于保险领域，通过它来证明当事人的身份、证明当事人对文件内容的认可，可以使保险公司实现网上投保、在线支付、网上智能核保和发送电子保单等全 E 化流程。可靠的电子签名与手写签名或者盖章具有同等的法律效力。

三、网络金融机构监管的法律问题

金融机构的交易活动是金融业运行的核心，关系到整个社会经济的稳定，世界各国都将金融机构作为金融监管的主要内容之一。为确保银行业、证券业和保险业的正常运作，维护银行客户、证券投资人、投保人的利益，从整个金融体系的安全出发，我国对金融机构的市场准入、业务范围、业务安全等有严格的法律规定。

(一)对网络银行的法律规定

网络银行除了存在传统银行运营中的各种风险，还产生了基于网络信息技术的系统风险和基于虚拟金融服务的业务风险。要保证网络银行安全、平稳运行，除了参照传统银行的监管标准外，应重点考虑以下几方面的问题。

(1) 网络银行的市场准入制度。经中国银监会批准，金融机构可以在中华人民共和国境内开办电子银行业务，向中华人民共和国境内企业、居民等客户提供电子银行服务，也可以开展跨境电子银行服务。

(2) 网络银行业务的审批制度。金融机构在开办各种电子银行业务时，应根据电子银行业务的类型，分别向中国银监会提出申请或报告。

(3) 网络银行安全评估制度。在我国，网络银行安全评估是金融机构开办或持续经营电子银行业务的必要条件，也是金融机构电子银行业务风险管理与监管的重要手段。

(二)对网络证券的法律规定

证券作为重要的金融产品，证券网络交易直接关系着整个国家金融系统的安全，因此，国家对网络证券必须实现严格的管理。

(1) 网络证券委托的市场准入制度。网络证券委托是投资者进行网上交易的必经程序，为了保证网上交易的安全，只有达到法定条件，获得中国证监会颁发的"经营证券业务许可证"的证券公司，才可向中国证监会申请开展网上委托业务。

(2) 网络证券咨询服务的法律规制。网络证券投资咨询是取得监管部门颁发的相关资格的机构及其咨询人员，通过电话、传真、电脑网络等电信设备系统为投资者提供证券投资的相关信息或建议，并收取服务费用的活动。

(3) 网络证券信息系统安全管理制度。为保证网络证券业务顺利开展，证券公司应制定安全管理制度，内容包括：安全管理目标、安全管理组织、安全人员配备、安全策略、安全措施、安全培训、安全检查、系统建设、运行管理、应急措施、风险控制、安全审计等。

(三)对网络保险的法律规定

网络已成为保险公司销售保险的新渠道，网络保险业务的风险隐患也在逐步积累。目前针对网络保险的监管，仍适用《中华人民共和国保险法》以及中国保监会公布的《保险专业代理机构监管规定》《保险经纪机构监管规定》《保险公估机构监管规定》《保险代理、经纪公司互联网保险业务监管办法(试行)》等法律法规和中国保监会的有关规定。

网络保险可从以下几个方面实施严格监管。

(1) 网络保险市场准入制度。保险代理、经纪公司开展互联网保险业务，应当具备《保险代理、经纪公司互联网保险业务监管办法(试行)》规定的相关条件。

(2) 网络保险业务的管理制度。开展网络保险业务除应遵守与传统保险相同的管理制度外，还应符合《保险代理、经纪公司互联网保险业务监管办法(试行)》的相关规定。

(3) 网络保险中的隐私保护制度。应在网络保险监管法规中，对个人隐私给予特别保护，使网络保险业务健康有序发展。

四、网络金融法律与法规案例

2015 年 7 月 18 日，中央银行会同有关部委牵头、起草、制定了互联网金融行业"基本法"——《关于促进互联网金融健康发展的指导意见》(以下简称《指导意见》)。

《指导意见》指出：互联网金融是传统金融机构与互联网企业利用互联网技术和信息通信技术实现资金融通、支付、投资和信息中介服务的新型金融业务模式，如图 11-1 所示。

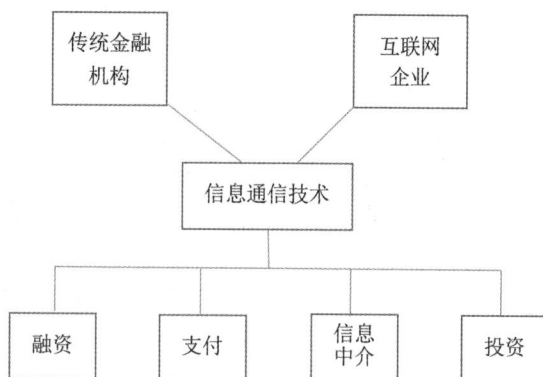

图 11-1　互联网的本质确定为"金融"

《指导意见》按照"依法监管、适度监管、分类监管、协同监管、创新监管"的原则，确立了互联网支付、网络借贷、股权众筹融资、互联网基金销售、互联网保险、互联网信托和互联网消费金融等互联网金融主要业态的监管职责分工，落实了监管责任，明确了业务边界，如图 11-2 所示。

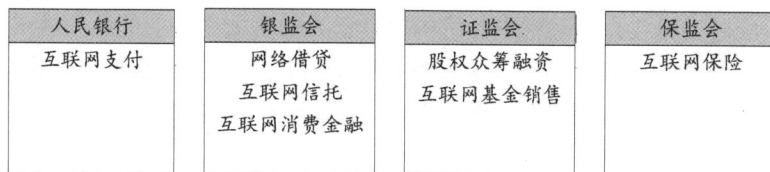

图 11-2　互联网金融分类监管

《指导意见》坚持以市场为导向发展互联网金融，遵循服务好实体经济、服从宏观调控和维护金融稳定的总体目标，切实保障消费者合法权益，维护公平竞争的市场秩序，在互联网行业管理，客户资金第三方存管制度，信息披露、风险提示和合格投资者制度，消费者权益保护，网络与信息安全，反洗钱和防范金融犯罪，加强互联网金融行业自律以及监管协调与数据统计监测等方面提出了具体要求。

《指导意见》同时明确了互联网金融的相关概念。

1. 互联网支付

互联网支付是指通过计算机、手机等设备，依托互联网发起支付指令、转移货币资金的服务。互联网支付应始终坚持服务电子商务发展和为社会提供小额、快捷、便民小微支付服务的宗旨。银行业金融机构和第三方支付机构从事互联网支付，应遵守现行法律法规和监管规定。第三方支付机构与其他机构开展合作的，应清晰界定各方的权利义务关系，建立有效的风险隔离机制和客户权益保障机制。要向客户充分披露服务信息，清晰地提示业务风险，不得夸大支付服务中介的性质和职能。互联网支付业务由人民银行负责监管。

2. 网络借贷

网络借贷包括个体网络借贷(即P2P网络借贷)和网络小额贷款。个体网络借贷是指个体和个体之间通过互联网平台实现的直接借贷。在个体网络借贷平台上发生的直接借贷行为属于民间借贷范畴，受合同法、民法通则等法律法规以及最高人民法院相关司法解释规范。个体网络借贷要坚持平台功能，为投资方和融资方提供信息交互、撮合、资信评估等中介服务。个体网络借贷机构要明确信息中介性质，主要为借贷双方的直接借贷提供信息服务，不得提供增信服务，不得非法集资。网络小额贷款是指互联网企业通过其控制的小额贷款公司，利用互联网向客户提供的小额贷款。网络小额贷款应遵守现有小额贷款公司监管规定，发挥网络贷款优势，努力降低客户融资成本。网络借贷业务由银监会负责监管。

3. 股权众筹融资

股权众筹融资主要是指通过互联网形式进行公开小额股权融资的活动。股权众筹融资必须通过股权众筹融资中介机构平台(互联网网站或其他类似的电子媒介)进行。股权众筹融资中介机构可以在符合法律法规规定前提下，对业务模式进行创新探索，发挥股权众筹融资作为多层次资本市场有机组成部分的作用，更好服务创新创业企业。股权众筹融资方应为小微企业，应通过股权众筹融资中介机构向投资人如实披露企业的商业模式、经营管理、财务、资金使用等关键信息，不得误导或欺诈投资者。投资者应当充分了解股权众筹融资活动风险，具备相应风险承受能力，进行小额投资。股权众筹融资业务由证监会负责监管。

本章小结

本章从网络金融风险的定义、主要种类、形成原因和对宏观金融的影响分析出发，讨论了网络金融的监管体系中的网络金融监管的含义和目的、网络金融监管的基本原则、网络金融监管的主要内容、网络金融监管的主要措施，论述了网络金融法的特点、网络金融法的基本原则及网络金融法体系的基本内容，分别介绍了电子银行、网络证券、网络保险等网络金融主要领域的法律规范。

本章习题

一、问答题

1. 试述网络金融风险的定义。
2. 网络金融风险有哪些主要类型？
3. 网络金融风险的成因主要有哪些？
4. 试述网络金融监管的定义。
5. 试述网络金融监管的基本原则。
6. 网络金融监管有哪些主要内容？
7. 试述加强网络金融监管的措施。
8. 试述网络金融法的概念。
9. 简述网络金融法的调整对象。

二、实践训练

实训项目：网络金融风险与监管实践。

实训目的：综合运用相关知识分析国内外网络金融监管的实践进程，理解网络金融活动主体的责、权、利关系，体会对网络金融双刃剑特征的把握。

实训步骤：

(1) 在网络上收集网络金融风险案例；

(2) 在网络上分别收集电子货币、网络银行、网络证券和网络保险方面的违法案例；

(3) 在网络上搜索国际国内网络金融监管的最新动态；

(4) 查询相关网站，了解中国政府在网络金融和互联网金融方面的政策规定。

(5) 在网络上搜索信息，了解网民们对网络金融监管关注的焦点问题和心理预期；

(6) 深入了解网络金融风险危害的同时增强网络金融风险管理和监管意识；

(7) 了解网络金融监管的成效、问题与措施。

参 考 文 献

[1] 黄健青，陈进. 网络金融[M]. 北京：电子工业出版社，2011.

[2] 彭晖. 网络金融理论与实务[M]. 2 版. 西安：西安交通大学出版社，2015.

[3] 曹敏. 网络金融[M]. 北京：电子工业出版社，2014.

[4] 杨天翔. 网络金融[M]. 2 版. 上海：复旦大学出版社，2015.

[5] 陈联刚. 网络金融与实训[M]. 北京：经济科学出版社，2008.

[6] 张铭洪，张丽芳. 网络金融学[M]. 北京：科学出版社，2010.

[7] 崔泽园. 网络金融[M]. 大连：东北财经大学出版社，2014.

[8] 张劲松. 网络金融[M]. 北京：机械工业出版社，2014.

[9] 史晨昱. 互联网再掀新一轮"金融脱媒"浪潮[N]. 21 世纪经济报道，2013.

[10] 佚名. 目前我国互联网企业是如何介入金融业务的[EB10L]. 亿恩 IDC 资讯，2013.

[11] 佚名. 传统金融企业备战互联网 电子化创新把好安全关[N]. 通信信息报，2013.

[12] 郑立华. 互联网金融要坚守底线[N]. 中国商报/中国商网，2013.

[13] 沈红兵. 网络零售支付与结算[M]. 重庆：重庆大学出版社，2011.